Aus Freude am Lesen

Ganz dicht dran – ein Schriftsteller in der faszinierenden
Welt der Basketballprofis: Kabine, Halle, Mannschaftsbus. Als
Juniorenspieler träumte Thomas Pletzinger von einer
Profikarriere, als Autor hat er als teilnehmender Beobachter
eine Saison mit dem Profiteam von Alba Berlin verbracht.
Ihn interessieren die Menschen und ihre Geschichten:
Spieler, Trainer, Manager und Fans. Wie stellt man ein Team
zusammen? Wie kommt man durch die Playoffs?
Wie hält man dem immensen Druck stand?
Thomas Pletzinger erzählt von der Magie des Spiels, von
seiner Ästhetik und Kultur, von Glück und Euphorie des
Erfolgs, aber auch von enttäuschenden Niederlagen, vom
Schmerz im Training und der Monotonie der Reisen – und
immer wieder von sich und seiner Begeisterung für diesen
Sport. Bemerkenswert ist, wie nah er den Akteuren kommt,
welche Dramen sich hinter den Kulissen abspielen, welche
Szenen er einfängt. Mit einer literarischen Sprache geht er
dem Reiz und Schrecken des Profisports nach.

THOMAS PLETZINGER, geboren 1975, wuchs in der Basket-
ballstadt Hagen auf und verbrachte seine ganze Jugend in
Sporthallen. Für eine Profikarriere reichte es nicht, stattdessen studierte er Amerikanistik in Hamburg und am
Deutschen Literaturinstitut Leipzig. Sein Romandebüt
»Bestattung eines Hundes« erschien 2008, danach begleitete
er für sein Sachbuch »Gentlemen, wir leben am Abgrund«
(2012) ein Jahr lang die Basketballprofis von Alba Berlin.
2018 erhielt er für seine Arbeit den Comicbuchpreis der
Berthold-Leibinger-Stiftung, 2021 erscheint »PARADISO« –
die achtteilige Fernsehserie zu »Bestattung eines Hundes«.
Er lebt mit seiner Frau und seinen drei Töchtern in Berlin
und arbeitet als Autor und Übersetzer.

THOMAS PLETZINGER

GENTLEMEN

WIR LEBEN AM ABGRUND

btb

Diese Geschichte beruht auf wahren Begebenheiten und
Ereignissen. Einige Figuren tragen geänderte Namen.

Sollte diese Publikation Links auf Webseiten Dritter enthalten,
so übernehmen wir für deren Inhalte keine Haftung,
da wir uns diese nicht zu eigen machen, sondern lediglich auf
deren Stand zum Zeitpunkt der Erstveröffentlichung verweisen.

Peguin Random House Verlagsgruppe FSC® N001967

3. Auflage
Genehmigte Taschenbuchausgabe September 2013,
btb Verlag, in der Penguin Random House Verlagsgruppe GmbH,
Neumarkter Str. 28, 81673 München
Copyright © 2012 by Verlag Kiepenheuer & Witsch, Köln
Umschlaggestaltung: semper smile, München
Umschlagmotiv: © Masterfile/Mark Tomalty
Druck und Einband: GGP Media GmbH, Pößneck
SK · Herstellung: ast
Printed in Germany
ISBN 978-3-442-74615-6

www.btb-verlag.de
www.facebook.com/btbverlag

Für Martha Maria

Dribble, dribble. That's real interesting.
– Jonathan Franzen, *Freedom*

Gentlemen, we are living on the edge.
– Luka Pavićević

Build a Rocket Boys!
– Elbow, *Lippy Kids*

INHALT

PROLOG

GROSSES SCHWEIGEN IM BUS NACH BAMBERG. Alle sind auf ihren Plätzen, alles ist wie immer: der dicke Micha am Steuer, dahinter sitzen Baldi und Demirel und Coach Katzurin, alle arbeiten und telefonieren. Konsti liest Handke, Bobby schnarcht. Mein Platz ist neben den Wasserkästen. Die Spieler reisen oben im Doppeldecker, kreuz und quer über die Sitze verteilt, Yassin Idbihi inmitten von Zeitungsseiten, *Süddeutsche, Spiegel, taz,* gleich daneben Schaffartzik mit Buch. Schultze und Femerling diskutieren, Rochestie singt vor sich hin, Beach Boys, Rochestie singt immer vor sich hin. Staiger schläft auf dem Gang, der 2,13-Mann Miro Raduljica sitzt kerzengerade eingeklemmt zwischen den Liegesesseln, den Blick stoisch nach vorn, Tadija kann nicht stillhalten. Bryce sitzt dort, wo früher Hollis Price gesessen hat. Jenkins unter Kopfhörern ganz hinten auf der Rückbank, Derrick Allen mit den Scoutingpapieren, McElroy in sein Kissen gewickelt. Ganz vorn der Physio, Tommy und Hi-Un, der Doc. Alles ist wie immer, und gleichzeitig ist alles anders. Heute ist ein perfekter Tag für eine letzte Busfahrt, klar und sauber, die Sonne über allem. Die Route ist wie immer: Siegessäule, Avus, Schkeuditzer Kreuz, Pause an der Autobahn, bergauf, bergab, Bamberg. Es liegt Melancholie in der Luft, aber das würde niemand zugeben. Am Morgen haben ein paar Spieler ihre Schränke im Trainingszentrum geräumt, Duschgel und Kinderbilder, Amulette und löchrige Socken. Der dicke Micha hat die Taschen eingeladen und jeden einzeln begrüßt. »Das allerletzte Mal heute«, hat er gesagt, »danach fahr ich euch nirgendwo mehr hin.«

Die Saison war lang, die längste in der Geschichte von Alba Berlin. Wir sind seit mehr als zehn Monaten unterwegs. Seit dem Trainingslager in Kranjska Gora in den slowenischen Alpen sitzen wir in Bussen, Flugzeugen und Umkleidekabinen, wir standen an italienischen Buffets, an Gepäckbändern in Moskau, wir saßen in Quakenbrücker Konferenzräumen, auf Hagener Kabinenbänken, in Cafés an der Peripherie von Sevilla, wir checkten ein, wir checkten aus, wir steckten im Schnee und in der Krise. Wir waren in hundert Autobahnraststätten, dreißig mitternächtlichen McDonald's, Burger Kings und Subways. Ich sage »wir«, weil ich die Mannschaft von Alba Berlin seit letztem August begleite. Die Spieler haben Gewichte gehoben, Videos gesehen, Interviews gegeben, sich die Knöchel tapen lassen, Autogramme geschrieben und Wunden geleckt. Ich habe auf meinem Platz in der Kabine gesessen, ich habe zugesehen, hingehört und mitgeschrieben. Ich habe gegessen, was die Mannschaft gegessen hat, ich habe Stück für Stück meine Objektivität aufgegeben. Ich bin dabei gewesen.

Die Mannschaft hat in diesen zehn Monaten fast siebzig Spiele gespielt, in der Euroleague-Qualifikation, im Eurocup, Pokal und in der Bundesliga. Es gab schlimme Niederlagen, es gab Tränen, Nasenbluten, Sehnenrisse. Diese Saison war eine lange Reise durch schwierige Landschaft: das frühe Ausscheiden im Eurocup, die verfehlten Erwartungen, bittere Niederlagen, Beschwerdegesichter bei Fans und Journalisten. Der Tiefpunkt war die höchste

Niederlage der Vereinsgeschichte: ein 52:103-Kugelhagel, ausgerechnet in der Bamberger Halle. Wir wurden aus der Stadt gejagt, Hohn und Spott, Schimpf und Schande. Coach Katzurin löste Luka Pavićević als Trainer ab, zwei Spieler gingen, drei neue kamen. Wir verloren weiter, es gab Niederlagen in Serie, es ging immer weiter bergab. Wir scheiterten im Pokal. Dann gab es einige überzeugende Siege, es ging endlich wieder bergauf.

Vor allem aber ging es immer weiter: Alba Berlin hat die Playoffs erreicht. Und morgen ist Samstag, der 18. Juni, und die Mannschaft von Alba Berlin ist immer noch dabei, *wir* sind immer noch dabei – viel länger, als die Journalisten geschrieben und die meisten vermutet haben, viel länger, als Bobby vorausgesagt hat. Vielleicht hat manchmal sogar der Mannschaft selbst die Überzeugung gefehlt. Dieser 18. Juni war monatelang ein abstraktes Datum, ein irrealer Tag in weiter Ferne: der allerletzte Spieltag der Saison. Um diesen Tag zu erreichen, mussten unwahrscheinliche und unglaubliche Dinge geschehen: Zwei kräftezehrende und nervenzerfetzende Playoff-Serien gegen Oldenburg und Frankfurt mussten gewonnen werden, das Finale musste in die fünfte und entscheidende Runde gehen.

Und jetzt sitzen wir im Bus und fahren nach Bamberg, zum Finale um die Deutsche Meisterschaft. Das alles klingt wie für Sportromantiker ausgedacht, als wäre es Romanmaterial, ein Drehbuch vielleicht, samt Showdown auf der staubigen Hauptstraße eines Dorfes, und Ennio Morricone dirigiert. »Noch ein Kapitel für dein Buch?«, hat Yassin Idbihi nach jedem gewonnenen Spiel gefragt, als hätte ich diese Saison erfunden, um etwas erzählen zu können. Morgen ist Samstag, der 18. Juni, morgen kann Alba Berlin nach einer turbulenten und komplizierten Spielzeit trotz allem noch deutscher Meister werden. Wir fahren Richtung Südwesten. Diese Saison mag wie eine rasante Achterbahnfahrt klingen, aber sie fühlt sich an wie eine irrwitzig lange Busreise Richtung Bamberg.

Die Spieler reden, aber wenn zwanzig Männer zehn Monate lang im Bus sitzen, verliert das Sprechen immer mehr an Bedeutung. Englisch ist die Sprache der Basketballwelt und die lingua franca im Bus. Am Ende einer Saison kann ein Außenstehender den Unterhaltungen kaum mehr folgen. Femerling und Schultze diskutieren seit der Abfahrt heute Morgen über irgendetwas, an das sich keiner von beiden genau erinnern kann. Vielleicht ging es ursprünglich einmal um Telefone, BlackBerry-vs.-iPhone, oft beginnt es mit solchen Dingen, aber jetzt geht es darum, wer wann was und wie gesagt hat. Die beiden diskutieren über das Diskutieren an sich. Seit Monaten sitzen sie nebeneinander in Mannschaftsbussen und Flugzeugen, seit Monaten teilen sie sich die Hotelzimmer. Femerling ist Waldorf und Schultze ist Statler, sie sind Müller-Lüdenscheidt und Doktor Klöbner.

Eine professionelle Basketballmannschaft ist eine eigentümliche Familie, in der bereits alles gesagt wurde, die aber trotzdem weiterredet. Die Sprache einer Basketballmannschaft ist rau und roh, sie ist voller Schmähungen, Superlative, Sexismen und nationaler Vorurteile. Es wird imitiert, drei Sprachen werden miteinander verquirlt, es wird gegrölt, anzitiert, uneigentlich gesprochen, es wird gespottet. Es wird in drei Sprachen geflucht, *Alter, what's wrong with you, brate!,* es wird albern, kindisch, klug, grandios, es wird lautpoetisch, »NeinNeinNein«, sagt Femerling, »DochDochDoch«, sagt Schultze. Und wenn es drauf ankommt, versteht sich eine gute Basketball-mannschaft ganz ohne Worte.

Wir verlassen Berlin zum letzten Mal in dieser Saison. An den Busfenstern rauschen die alten Autobahnraststät-ten und Grenzanlagen der Stadt vorbei. Der Berliner Bär nickt uns melancholisch zu.

Ich muss etwa neun Jahre alt gewesen sein, als ich irgend-wann im Herbst 1984, kurz nach meiner Erstkommu-nion, in einer Fünfziger-Jahre-Turnhalle in Hagen zum ersten Mal einen Basketball in die Hand bekam. Im Bus nach Bamberg erinnere ich mich an die Glasbausteine und Sprossenwände, an den dunklen Geruch des Gerä-teraums, die Risse in der blauen Weichbodenmatte, an die anderen Kinder, die längst wussten, was ein Korbleger war, rechts-links-hoch, verstehst du? Mein Cousin An-dreas hatte mich mitgenommen, mein erster Trainer hieß Martin Grof, in meiner Erinnerung trägt er grün-weiße Turnschuhe von Converse und ausgewaschene Jeans. Bas-ketball galt damals als Sportart für Studenten. Martin fuhr einen alten Opel, glaube ich, er wird Student gewesen sein. Er brachte mir bei, dass man die Hand beim Wurf abknickt, dass sich der Ball rückwärts drehen soll, dass eine hohe Flugkurve das Wichtigste ist, er zeigte uns im-mer wieder, wie der Ball fliegen sollte, er traf einen Wurf nach dem anderen, er gab den Rhythmus beim Korbleger vor, tak-tak-tak, immer wieder rechts-links-hoch, eine Art Tanz, tak-tak-tak.

In meinem ersten Sommer als Basketballer fuhr ich

mit dem Linienbus 512 zum Training, manchmal durften Andreas und ich in Martins winziger Wohnung ein Basketballvideo aus Amerika sehen, der Fernseher auf einer umgedrehten Bierkiste, eine importierte Videokassette mit dem fünften Spiel der Finalserie Boston Celtics gegen Los Angeles Lakers im alten Boston Garden. Mehr gab es nicht. Immer wieder Spiel Nummer fünf, Boston gewann immer wieder 121:103.

»Martins Bruder ist Profi«, sagten die anderen Kinder, und irgendwann sah ich mein erstes Bundesligaspiel, das Derby SSV Hagen gegen TSV Hagen in der verrauchten und völlig überfüllten Ischelandhalle, ich hielt mir die Ohren zu vor Lärm und die Augen vor Spannung. Ich war erstaunt, dass Menschen derartig hoch springen konnten wie der schwarze Aufbauspieler Keith Gray, der sekundenlang in der Luft stand, ehe er warf. Ich war verblüfft und verängstigt von der wilden Begeisterung erwachsener Menschen, von ihren Trommeln, ihren Gesängen, vom Biergeruch und Zigarettenrauch. In einem Aufsatz über die Welt im Jahr 2000 schrieb ich damals, dass ich Basketballprofi in Amerika sein würde, genauer: in Boston (ohne die geringste Ahnung zu haben, wo Boston genau lag). Ich würde gegen Magic Johnson spielen, ich würde gewinnen, 121:103. Meine Lehrerin Frau Elsner attestierte mir im Zeugnis »die Tendenz, manchmal fast poetisch abzuschweifen«.

Meine Jugend habe ich in Turnhallen verbracht, ich erinnere mich an jede einzelne, die Umkleidekabinen, Waldläufe, Krafträume, ich erinnere mich an die Busverbindungen dorthin. Wir trampten zu den Europaligaspielen von Bayer Leverkusen, ich erinnere mich an »Sly« Kincheon, an Mike Koch und Arvidas Sabonis. Ich erinnere mich an die knallbunten Kronos-Schuhe von Rimas Kurtinaitis, den sie den »Dreierzar« nannten, weil er der erste UdSSR-Spieler im Westen war. Ich kenne das Quietschen auf dem Linoleum in Turnhallen von Saloniki bis Soest. Ich bin auf- und abgestiegen, ich habe Fahnen wehen und Trikots brennen sehen, ich lerne heute immer noch Statistiken auswendig. Ich hatte die Trikotnummer 7 wie Toni Kukoč, und lange Haare wie Henning Harnisch. Einmal habe ich am Grab von Dražen Petrović gestanden und war zutiefst gerührt.

Ich habe zugesehen, wie meine Mannschaftskameraden Bundesligaspieler wurden, Nationalspieler sogar. Ich musste irgendwann einsehen, dass ich nicht gut genug war, um Basketballprofi zu werden, ich war nicht talentiert und kaltschnäuzig genug, in den entscheidenden Momenten hat mir die Hand gezittert. Irgendwann im Sommer 1994 habe ich meine Trikots gefaltet und in den Schrank gelegt, und da liegen sie heute noch.

Basketball hat mich trotzdem nicht in Ruhe gelassen. Ich bin Enthusiast, aber Fan bin ich nur in seltenen Momenten. Es fällt mir schwer, eine Mannschaft vorbehaltlos gut zu finden. Ich liebe das Spiel, aber da sind immer auch Nostalgie und Melancholie, wenn ich die Spieler beim Training beobachte, in der Kabine, beim Spiel. Es ist mein alter Traum, der mich nicht loslässt. Die klaren Tagesabläufe und sauber gesteckten Ziele, der weite Horizont der körperlichen Möglichkeiten. Es ist die fast völlige Unwahrscheinlichkeit der Erfüllung einer alten Idee. Es ist die Unerreichbarkeit eines körperlichen Zustands, einer Leichtigkeit, Schnelligkeit, Biegsamkeit. Die Sprungkraft, die vergeht. Es ist das langsame Abhandenkommen dieser Möglichkeiten. Das Nicht-gegangen-Sein eines Lebenswegs. Es ist das Verschwinden der Zeit. Ich habe eine Saison lang im Mannschaftsbus von Alba Berlin gesessen, eine Saison lang habe ich beobachtet, was ich als Kind hatte sein wollen. Mein Platz war mittendrin, gleich neben den Wasserkästen.

Heute also das alles entscheidende Endspiel, dann ist meine Saison vorbei. Ein solcher Showdown klingt fast unglaubwürdig: Am Ende einer langen Saison stehen sich die zwei Schwergewichte des deutschen Basketballs gegenüber, der Titelverteidiger Brose Baskets Bamberg und Alba Berlin. Das eine Team zu Hause noch ungeschlagen, das andere immer wieder nah am K.o., zwei Boxer mit schweren, müden Fäusten. Aber dieser irrwitzige Saisonverlauf ist nicht erfunden, und in Bamberg dirigiert Gotthilf Fischer eine alte Aufnahme der deutschen Nationalhymne. Die Bamberger haben eine Saison lang national alles und jeden geschlagen, der sich ihnen in den Weg gestellt hat, manche wurden regelrecht verprügelt, und auch international haben sie sehr respektabel mitgespielt. Die Experten halten die Bamberger Mannschaft in einer Best-of-five-Serie für unschlagbar. Bamberg hat Heimrecht, und Bamberger Heimrecht bedeutet in diesem Jahr die Meisterschaft. »Stand up for the Champion« haben sie auf ihre Klatschpappen drucken lassen.

Wir spielen heute zum siebten Mal in dieser Saison gegen Bamberg. Beim ersten Mal kassierten wir die höchste Niederlage der Vereinsgeschichte. Die Mannschaft wurde auseinandergeschraubt, demontiert, säuberlich eingetütet und in Einzelteilen nach Hause geschickt, »103:52 – ich war dabei« steht jetzt auf den T-Shirts der Bamberger Fans. Auf der Rückfahrt war das Schweigen im Bus betreten, verunsichert vielleicht, vielleicht zweifelnd. Es war der konkrete Anfang von Coach Luka Pavićevićs Ende. Bis heute hat kein Berliner Spieler oder Trainer oder Manager dieses Spiel vergessen.

Zum Gegner ist längst alles gesagt: der amtierende Deutsche Meister, der Pokalsieger, die beste deutsche Mannschaft. Muli Katzurin ist jetzt unser Headcoach, er hat das Team nach all den Niederlagen neu und anders wieder zusammengesetzt. Wie immer haben die Co-Trainer Konstantin Lwowsky, Bobby Mitev und Mauro Parra alle Partien des Gegners gesichtet und Videoclips der Angriffs- und Verteidigungssysteme erstellt, sämtliche Variationen, das gesamte Playbook. Zusätzlich hat jeder Spieler zwanzig Seiten detaillierte Informationen zu den Spielern des Gegners bekommen, zu ihren Stärken und Schwächen, zu ihren Vorlieben, Statistiken, Körpermaßen. Dazu eine DVD mit Videosequenzen der direkten Gegenspieler. Alles ist bekannt, alle Informationen sind da. Man weiß, dass Bamberg das Spiel mit zwei besonderen Spielzügen eröffnen wird, die den Center Tibor Pleiß ins Spiel bringen sollen. Man weiß, dass der irre explosive Kyle Hines in 75 Prozent der Fälle über rechts attackiert, von außen wirft er nur im Notfall. Man kennt seine Armspannweite. Man weiß, wann, wie und von wo Casey Jacobsen werfen wird. Und so weiter. Man weiß eigentlich alles.

Und alles ist wie immer: die Busroute, das Hotel Residenzschloss. Wir pflegen die gleichen Rituale und Gewohnheiten. Bamberg und Berlin gehen in die letzte Runde der kräftezehrenden Playoffs. Wir spielen best of five. Man kennt sich in- und auswendig. Dieses letzte

Spiel ist ein Spiel mit Bedeutung und auf Augenhöhe. Die Haut auf beiden Seiten ist dünn. Als die Finalserie beginnt, hat Alba gerade erst gegen Frankfurt gewonnen. Für die taktische Umstellung ist sehr wenig Zeit, aber alles ist vorbereitet. Katzurin und die Coaches dozieren, die Mannschaft erfährt alles, aber das Wissen bleibt Theorie, Bamberg gewinnt 90:76 und geht in Führung. Im zweiten Spiel läuft es besser, wir gewinnen 80:71. Wir sind am Abgrund eines uneinholbaren Rückstands entlangspaziert und nicht hineingefallen. Es gibt weitere Videostudien und Gespräche. Bryce Taylor sieht sich das komplette Spiel in Zeitlupe an, um den Gegner besser zu verstehen.

Vor dem dritten Spiel nennt Coach Katzurin Jacobsen nur noch Casey. In einer Playoff-Serie lernt man den Gegner so gut kennen, dass man ihn ungefragt beim Vornamen nennen darf. Die Spieler können die Bewegungsabläufe ihrer Gegenspieler im Training nahezu perfekt imitieren: wie Anton Gavel wirft, wie sich Predrag Šuput beschwert, wie sich Casey mit beiden Händen den Schweiß aus dem Gesicht streicht. Spiel drei geht trotz dieses Detailwissens wieder an Bamberg, 90:74, die Bamberger Halle ist brüllend laut, der Gegner ist besser und konkreter. Das vierte Spiel gewinnt Alba in eigener Halle, sehr handfest und sehr beeindruckend mit 87:67. »Mit Herz«, sagt Micha, der Busfahrer, »mit Verstand und Mut.« Nach dem Spiel schwappt Euphorie durch die Halle, Fahnen wehen, die Menschen tragen Gelb und stehen Spalier. Es steht zwei zu zwei, die Serie ist ausgeglichen.

Unser Bus erreicht Bamberg. An der Ampel am Ortseingang stehen ein paar Halbstarke mit Zigaretten. Sie rufen etwas, grinsen, aber durch die Scheiben kann man nichts verstehen. Bei Grün recken sie die Fäuste und spucken Richtung Bus. Der dicke Micha flucht und hupt, der Coach sieht nachdenklich aus dem Fenster. Bamberg hat eine gute und eine beängstigende Seite. Die gute: Bamberg ist eine wirklich schöne Stadt. Die Regnitz, die Universität, ein mittelalterlicher Stadtkern, verschlungene Wasserwege, gutes Bier, windschiefe Häuser und Katzenkopfsteine. Micha navigiert nur langsam hindurch, die Gassen sind zu eng und zu malerisch. Touristen spazieren herum, sitzen an Brunnen und essen Eis. Andere machen Bootsfahrten durch Klein-Venedig. Wir passieren ein Spezialgeschäft für Lodenhüte. Die beängstigende Seite Bambergs: die gereckten Fäuste, die gesenkten Daumen, die gestreckten Mittelfinger. Eine Art Wut. Auf das Ortseingangsschild hat jemand mit rotem Edding *FREAK CITTTTY!* geschmiert. Bamberg liebt sein Basketballteam, und Bamberg hasst seine Gegner.

Wir wissen, was uns erwartet: »Freak City«. Die Stechert-Arena, einen Gebäudekomplex mit Supermarkt und Getränkehandel am Stadtrand, nennen sie hier die »Frankenhölle«. »Bauernstube« wird Baldi sagen und lächeln, wenn wir aus dem Bus steigen. Vom Parkplatz wird es nach gebratenen Hähnchen riechen. 6100 Bamberger Zuschauer werden pfeifen und brüllen, sie werden auf ihren Trommeln herumprügeln, über allem wird das monotone Dröhnen der Klatschpappen hängen. Rauch wird in der Luft liegen, Trockeneis und Pyrotechnik, alles wird in das dreckig rote Bamberger Licht getaucht sein, die Zuschauer ganz in Rot, rote T-Shirts, rote Perücken, rot flimmernde Teufelshörner, die Banden werden rot leuchten. Es wird wahnsinnig heiß sein, die Sonne wird auf die

Halle knallen, die roten Scheinwerfer wie Wärmelampen. Es wird krachen, es wird donnern, der Hallensprecher wird in Ekstase geraten, die drittgrößte Mehrzweckhalle Bayerns ist heute Abend ein Hangar für ein Düsenflugzeug. Die siebenhundert mitgereisten Berliner Fans werden sich tapfer wehren, aber die Halle wird sie in Grund und Boden lärmen.

Wenn Bamberg einläuft, wird man seine eigenen Gedanken nicht mehr verstehen können. Sven Schultze erwartet ein 130-Dezibel-Pfeifen, die Zuschauer haben sich entschlossen, ihn zu hassen, obwohl oder gerade weil er aus Bamberg kommt. Auf mich wartet Paul Neumann, der feuerspuckende Wutbürger, er wird das Spiel über hinter mir stehen und wie besessen schimpfen. Es geht hier nicht um fränkische Gastlichkeit, es geht um die deutsche Meisterschaft und die Qualifikation für die Euroleague. Es geht um Ehre und viel Geld. Best of five. Es steht zwei zu zwei, heute Abend fällt die Entscheidung. Für einige wird es das letzte Spiel im Berliner Trikot sein, Kapitän Femerling spielt vielleicht das letzte Spiel seiner langen Karriere. Die Hölle wird es sein, die perfekte Kulisse für ein Basketballspiel dieser Größenordnung.

Wir werden begleitet. In der regulären Saison fährt niemand mit der Mannschaft zu Auswärtsspielen, niemand reist im Januar nach Hagen und im Februar nach Quakenbrück. Aber jetzt im Frühsommer, in den Playoffs, zum Finale um die deutsche Basketballmeisterschaft, folgen uns sechs Reisebusse voller Fans, ein beflaggter Autokonvoi und die komplette Pressemeute. Morgen warten 25 Berliner Journalisten in der Halle auf uns: Sebastian Arlt von der *Morgenpost*, Bardow oder Spannagel vom *Tagesspiegel*, Herr Reinsch von der *FAZ*. Die *Bild*, die *BZ*, der *Kurier*. Die Sportfeuilletonisten, die ewigen Sportromantiker, der schmierige Boulevard. Die Volontärin, die plötzlich Fragen stellen muss, die sie bis vor zwei Stunden gar nicht hatte. Der, den sie die Made nennen. Das Radio. Zwei Fernsehteams. Der Dreivierteljournalist. Die Presse steht im Kabinengang und wartet. Die Augen sind auf uns gerichtet, der Druck knackt in den Ohren. »Die alle«, sagt Mithat, und wie immer weiß man nicht, ob er es ernst meint oder Witze macht, denn Mithat sieht seit Tagen schon so aus, als würde er niemandem mehr trauen, nicht der Presse, aber auch nicht der Euphorie, der Liebe zum Spiel, den Ergebnissen, dem Spiel an sich, dem Ball meinetwegen, »die alle fahren nur mit, um uns verlieren zu sehen.«

Zurück zum Schweigen: Morgen ist also der 18. Juni, und die deutsche Basketballmeisterschaft wird entschieden. Die Halle ist restlos ausverkauft, Tausende werden auf dem Maxplatz jubeln. Es wird irre laut, schon deshalb muss die Mannschaft ohne Worte auskommen. In jedem Jahr kommt eine Basketballmannschaft an den Punkt, wo alles formuliert ist, alles gesagt und alles geschrieben. Es ist die Stunde, in der wir alles voneinander wissen: Trainer über Spieler, Spieler über Trainer, Spieler über Spieler, und alle über das Spiel. Bamberg weiß alles über Alba, und Alba weiß alles über Bamberg. Meine Saison ist fast vorbei. Die einzige noch übrig gebliebene Frage wird auf dem Parkett beantwortet, ganz konkret, ganz physisch. Alles liegt jetzt in den Körpern der Spieler.

Großes Schweigen also, als der Bus durch Bamberg rollt, vorsichtig durch die Gassen, hinein in die Euphorie für dieses Spiel, vorbei an rotzenden Halbstarken und ihren gereckten Fäusten. Ein konzentriertes Schweigen, eine entschlossene Stille. Die Spieler starren aus dem Fenster auf die Stadt. Der Bus hält. »Freak City!«, sagt Schultze in das hydraulische Zischen, »wir sind hier, um zu gewinnen!« – »Championship!«, sagt Rochestie, »let's go!« Wir packen unsere Sachen. »Fuck yeah!«, sagt Bryce Taylor. Ich habe meine erste und letzte Saison als Basketballprofi erlebt, ich bin hier, um davon zu erzählen.

DER SOMMER
IST EIN WARTESAAL

ALS ICH DEN COACH ZUM ERSTEN MAL TRAF, brannte die Sonne auf den DDR-Bungalow, in dem die Büros von Alba Berlin untergebracht sind. Es war der heißeste Nachmittag des Jahres 2010, wir waren verabredet. Am Türrahmen hing ein Plastikschild: »Trainerbüro«. Ich klopfte an die Milchglastür. »Just a second!« Luka Pavićević war seit drei Jahren Cheftrainer in Berlin, ich kannte ihn nur aus dem Fernsehen und aus der Entfernung der Zuschauertribünen, er schien ein überaus konzentrierter Mensch zu sein. Er trug die Uniform des Trainerstabs: dunkle Anzüge, weiße Hemden und lederbesohlte Schuhe, er schien sich darin nicht wohlzufühlen.

Was mir schon von Weitem aufgefallen war: eine Narbe quer über Pavićevićs halben Kopf, von der Stirn ausgehend. Niemand wusste, woher diese Narbe kam, ein Unfall, ein Tumor? »Der Krieg«, sagte jemand. Wenn der Coach die Halle kurz vor Spielbeginn betrat, mit kantigen und ungelenken Schritten, erkannte man, dass er einmal Spieler gewesen war. Auf Ledersohlen bewegte er sich langsam, fast vorsichtig, seine Karriere schien ihm in den Knochen zu stecken, er wirkte älter, als er war.

Pavićević wurde im Sommer 1968 in Podgorica, ehemals Titograd, geboren. Er sei montenegrinischer Serbe oder serbischer Montenegriner, sagte er mir später, das komme immer drauf an, mit wem er spreche. Ich wusste, dass er der Spielmacher der einst besten europäischen Mannschaft gewesen war, des Teams von Jugoplastika Split. Er hatte Toni Kukoč, Dino Rađa und Žan Tabak dirigiert. In seinem ersten Jahr in Berlin war er überraschend Deutscher Meister geworden, ein Jahr später Pokalsieger, aber danach hatten seine Mannschaften trotz ihrer durchschnittlich achtzigprozentigen Gewinnquote keine Titel mehr geholt. Zuletzt hatte sein Team im Finale des Eurocup gegen Valencia verloren. Pavićević betrat die Halle bei Heimspielen erst spät und saß beim Aufwärmen reglos im Hintergrund. Er sah den Spielern und seinen Assistenten zu, ab und zu zog er einen Zettel aus der Innentasche seiner Anzugjacke und starrte auf das Papier. Er schien die Halle zu ignorieren, die Zuschauer, den Gegner. An der Art, wie er sich die Hände rieb, war seine Konzentration ablesbar, wie er leicht hineinblies, wie er manchmal leise klatschte. Wie ein Skirennfahrer schien er in Gedanken die Strecke zu vermessen, die vor ihm lag. Pavićević redete mit sich selbst, seine Lippen bewegten sich kaum merklich. Kurz vor Spielbeginn sprang er plötzlich auf und schüttelte den Schiedsrichtern die Hände, den gegnerischen Trainern, dem Kampfgericht. Dann setzte er sich ebenso plötzlich wieder auf einen Stuhl. Alles war strahlender Lärm, die Scheinwerfer erloschen, die Mannschaften wurden vorgestellt. Der Coach saß still und wartete.

Das letzte Spiel, das ich von Pavićević und Alba Berlin gesehen hatte, war eine kraftlose Niederlage in der Frankfurter Ballsporthalle im letzten Frühsommer gewesen. Alba war gleich in der ersten Runde der Playoffs sang- und klanglos gegen die Frankfurt Skyliners ausgeschieden. Pavićević war nach Spielende mit gesenktem Kopf im Spielertunnel verschwunden, die Anzugjacke hinter sich über den Boden schleifend. Er hatte gebückt und unendlich müde ausgesehen, er hatte sich bewegt, als trage er allein die Verantwortung für etwas viel Größeres und Bedeutenderes als ein verlorenes Basketballspiel.

Mich hatte dieser Eindruck verwundert, aber im Nachhinein weiß ich, dass ich richtiglag: Für den Coach ging es um viel mehr als um dieses eine Spiel. Frankfurt erreichte das Finale um die Deutsche Meisterschaft, auf Alba Berlin wartete ein langer Sommer. Nach dem frühen Ausscheiden hatte das Berliner Management angekündigt, die Ursachen für das enttäuschende Saisonende zu finden. Niemand sei sicher, hatte Geschäftsführer Marco Baldi gesagt, nur der Coach würde bleiben.

Im Frühjahr hatte ich meinem Jugendidol Henning Harnisch meine Idee von einem Basketballbuch beschrieben. Harnisch war jetzt Vizepräsident von Alba Berlin. Wir hatten uns in einem Düsseldorfer Flughafenhotel getroffen, mitten in einer Star-Wars-Convention. Um uns herum standen lauter Darth Vaders, Wookies und überlebensgroße R2-D2s. Prinzessin Lea hatte uns schweigsam Limo serviert. Harnisch war ein Enthusiast, ihm gefiel meine Idee.

Marco Baldi gab sein Okay bei einem Weizenbier im *Schleusenkrug* im Tiergarten. »Warum denn ausgerechnet Alba?«, fragte er, und ich erzählte vom Ausscheiden in Frankfurt, das ich im Frühsommer beobachtet hatte. Ich sprach von meinem gescheiterten Traum, Profi zu werden, und meiner Nostalgie, wenn ich Basketballspiele sah. Es würde sicher eine spannende Saison werden. Außerdem wohne ich in Berlin.

Teammanager Mithat Demirel, ein ausgebuffter Basketballer, der gerade erst seine Spielerkarriere aufgrund einer Augenverletzung hatte beenden müssen, sagte ebenfalls zu. Für ihn würde das nächste Jahr sein erstes als Verantwortlicher sein, aber er würde sich dabei von mir auf die Finger schauen lassen. In meinen Vorgesprächen mit Albas Vereinsführung war irgendwann immer von Luka Pavićevićs sehr klarer Vision des Spiels die Rede gewesen, von seiner unfassbaren Akribie, seinem konkreten Plan für die Zukunft, seiner Idee vom perfekten Spiel. Luka Pavićević habe ein *Konzept.* »Der Coach wird das letzte Wort haben wollen«, erklärte Demirel, »Luka will immer die Kontrolle behalten.«

Die offizielle Meinung war also: Für Alba Berlin gibt es keinen besseren Headcoach als Luka Pavićević. »Wir werden alle Steine umdrehen, aber Luka Pavićević bleibt unser Trainer«, hatte Marco Baldi den Journalisten nach dem Ausscheiden in Frankfurt in die Apparate diktiert. In ihrem überhitzten Bungalow im Berliner Mauerpark hatten die Manager den Sommer über gemeinsam mit Luka Pavićević an einer neuen und besseren Mannschaft gebaut. Man hatte wie angekündigt Steine umgedreht, neue Spieler verpflichtet und alte entlassen. Nur drei aus der alten Mannschaft waren geblieben. Im Biergarten hatte Baldi die Qualität seines Coaches gepriesen, später war allerdings auch von der »Verbissenheit« und »Besessenheit« des Coaches die Rede gewesen, von seiner »begrenzten Flexibilität«.

Auch das war eine Überzeugung der Vereinsführung: Baldi, Harnisch und Demirel hatten Pavićević zur Zusammenarbeit mit einem Sportpsychologen zu überreden versucht. Aber Pavićević hatte gezögert. Also hatten sie darauf bestanden. Es war nicht einfach, aber schließlich hatten sich der Coach und der Psychologe getroffen und begonnen, miteinander zu arbeiten. »Luka Pavićević ist schon als Spieler sehr genau und strukturiert gewesen«, hatte Henning Harnisch einmal gesagt. Die beiden hatten gegeneinander gespielt. »Er hat eine klare Vorstellung, wie die Dinge sein müssen. Er hat eine Vision vom richtigen Basketball. Aber da ist noch viel mehr. Er ist ein kluger Mensch.« Harnisch sprach von Luka Pavićević, wie man von einer Romanfigur spricht, gleichermaßen fasziniert und analytisch. »Luka wird sich ändern müssen«, sagte er. »Dieses Jahr ist für ihn entscheidend.«

Aus der Entfernung der Zuschauertribünen hatte ich Luka Pavićević nie richtig einordnen können. Er war kein eindeutiger Mann. Ich hatte ihn bei der Arbeit beobachtet, aufs Äußerste konzentriert. Ich hatte gehört, was andere über ihn sagten, ich hatte gelesen, was die Presse über ihn schrieb. Er war auf irritierende Weise faszinierend.

Wenn das Spiel begann, wenn das Flutlicht ansprang und sich der Trockeneisnebel verzog, war Pavićević plötzlich mit zwei, drei Schritten an der Seitenlinie. Sein Körper stand unter Spannung, ein Dirigent vor dem Orchester, ein Maler vor der Leinwand, das ungemalte Bild bereits ganz genau im Kopf. Bei der ersten bedeutsamen Aktion des Spiels zog sich der Coach die Anzugjacke aus und hängte sie über den Trainerstuhl, als dürfe sie nicht schmutzig werden. Das war eines seiner Rituale: Er zog die Jacke erst wieder an, wenn das Spiel entschieden war, wie er mir später einmal erklärte, *the very second when the game breaks.* Er krempelte die weißen Hemdsärmel auf: Luka Pavićević spielte sein Spiel.

Der Sommer ist ein Wartesaal. Im Juli und August passiert im professionellen Basketball vordergründig nichts: Es gibt keine Spiele, keine Ergebnisse, die Bühne ist leer. Hinter den Kulissen der Profiteams wird gearbeitet. Die Spieler verbringen den Sommer bei ihren Familien, in Basketballcamps, Sportclubs und den Turnhallen amerikanischer Universitäten. Sie hoffen auf Einladungen zu den amerikanischen Sommerligen. Sie schlafen aus, sie trainieren, sie warten auf Angebote der Profiteams. Ein paar Spieler sind mit ihren Nationalmannschaften unterwegs. Die Spieleragenten warten auf Anrufe der Manager, die Manager warten auf Anrufe der Spieleragenten. Die Trainer warten auf Budgetentscheidungen ihres Managements. Die Fans warten auf die nächste Saison, und bis dahin warten sie auf Nachricht, *wie* es weitergehen wird, sie vertreiben sich die Zeit mit Spekulationen, ab und zu gibt es eine kurze Pressemitteilung.

Ich stand vor dem Trainerbüro von Alba Berlin und wartete auf Luka Pavićević, ich klopfte wieder an die Glastür, dann trat ich einfach ein.

Im Büro saßen zwei Männer zwischen halb gepackten Kartons an ihren Schreibtischen. Pavićević im Unterhemd, unrasiert und knochig, Füße auf dem Kirschfurnier, ein Telefon am Ohr, ihm gegenüber ein älterer Herr mit Brille auf der Nasenspitze, ein sympathisches und irgendwie professorales Lächeln. Pavićević hob die Hand und bedeutete mir, ich solle kurz warten. Er sprach serbisch mit irgendwem, manchmal wechselte er ins Englisch, er fluchte. Jeder, der einmal Basketball gespielt hat, kennt diese jugoslawischen Flüche, јебем ти мајк, fick deine Mutter, Иди у пичку лепу материну. Der Coach nickte, notierte, warf Spielernamen in den Raum, fluchte weiter. Die Fenster standen sperrangelweit auf, Wespen flogen rein und raus. Der Professor drückte auf einer Sportuhr herum, manchmal tippte er mit spitzen Fingern ein paar Worte in den Computer und schrieb Zahlen in ein Formular.

Auf dem Tisch vor Pavićević stand ein tragbares DVD-Gerät, man hörte das leise Quietschen von Turnschuhen und den Applaus eines Publikums. Der Professor erhob sich, nahm die Brille ab und steckte sie in seine Hemdtasche. Er gab mir die Hand, nickte höflich, die Brille fiel zu Boden. Der Professor lächelte und hob sie beiläufig wieder auf.

»Your name Thomas?«

»Yes.«

»Švraka.«

»Švraka?«

»Yes. Athletic trainer. Mika.«

»Nice to meet you, Mika.«

»Yes. Maybe.«

Pavićević telefonierte ungerührt weiter. Professor Mika ließ wieder seine Brille fallen und hob sie lächelnd wieder auf. Ich hatte den Eindruck, vor einem Rätsel zu stehen. Hinter Pavićević stand ein Regal voller Sachbücher: Biografien von Larry Bird und Bill Russell, :07 Seconds or less von Jack McCallum, A Season on the Brink von John Feinstein. Life on the Run von Bill Bradley. In der Ecke des Zimmers lehnte ein Flipchart mit Spielernamen an der Wand, rot und schwarz, einige eingekreist, andere durchgestrichen, einige kannte ich, von anderen hatte ich noch nie gehört.

~~PG S. Hamann~~

~~T. Rochestie~~

~~C Chubb~~
~~H. Schaffartzik Ank~~
~~Bryce T ????~~

Irgendwann legte der Coach sein altes Mobiltelefon zur Seite, fegte eine Wespe vom Tisch und stand auf. Er kramte in einem der Kartons, er nahm ein Hemd heraus und sah mich an. »A writer, uh? Let me put on a shirt. I'm Luka.«

Bei unserer zweiten Begegnung erklärte mir der Coach seine Regeln. Er empfing mich im brandneuen Alba-Trainingszentrum in Berlin-Mitte. Das Trainingszentrum war eine aufwendig renovierte DDR-Turnhalle inmitten der Hochhäuser an der Leipziger Straße. Es gab riesige Umkleiden, hervorragendes Parkett, nagelneue Korbanlagen und einen hochmodernen Kraftraum. Hier trainierten die Profis. Und wenn sie nicht in der Halle waren, spielten hier die Jugendteams, Kindergruppen und Senioren. Pavićević und seine Trainer waren umgezogen, um immer bei der Mannschaft sein zu können. Die Kartons aus der Geschäftsstelle standen unausgepackt im Büro. Der Coach saß in seinem drehbaren Chefsessel aus weißem Leder, ich stand davor wie ein Praktikumsbewerber. Auf dem Fensterbrett neben Lukas Schreibtisch stand eine geschmacklose Dekoflasche Obstbrand mit einem gläsernen Basketballspieler darin, der auf einen gläsernen Korb warf (Flaschenpost). Am anderen Ende des Zimmers raschelte der Assistenztrainer Dejan Mijatović in seinen Unterlagen. Lukas zweiter Assistent und Videokoordinator Konstantin Lwowsky sah verstohlen auf seinen Bildschirm. Professor Mika suchte seine Brille.

»Sit«, sagte der Coach, also setzte ich mich.

Pavićević erhob sich und zählte auf, er legte Pausen

zwischen seine Sätze, er wartete auf mein Nicken: »Eins: Du sitzt bei den Trainern. Im Bus, im Flugzeug, beim Essen. Zwei: Wir sind immer pünktlich. Drei: Unter keinen Umständen störst du den Rhythmus des Teams. Seine Konzentration. Vier: keine Interviews mit Spielern an Spieltagen. Fünf: Ich entscheide, wann du dabei bist. Sechs: Während der Saison bleibt alles in der Kabine. Sieben: Im Trainingslager in Kranjska Gora tragen wir Mannschaftsuniform, Alba-T-Shirt und Alba-Hose, alles Adidas, Tommy gibt dir dein Zeug. Acht: Du folgst unseren Regeln. Neun: Ich kann das alles jederzeit beenden.« Pavićević ging langsam zurück zu seinem Tisch, setzte sich wieder in den weißen Sessel und legte die Füße hoch. Der Coach sah mich einige Sekunden lang an, er schien darauf zu warten, dass ich den Blick senkte, dann grinste er. »Zehn«, sagte er, sein Lieblingsautor sei Elmore Leonard, ob ich *Rum Punch* kenne oder *Out of Sight*? Die seien alle auch zu Filmen geworden, *Rum Punch* zum Beispiel heiße als Film *Jackie Brown*, grandios! Oder Stephen King. Oder *Little Drummer Girl* von John le Carré, *Die Libelle*. »Nur damit eines klar ist«, sagte Luka Pavićević. »Ich freue mich, dass du dabei bist.«

Meine Saison im deutschen Profibasketball begann an einem Sonntagmorgen im August, bei unentschiedenem Wetter, Nieselregen und Hitze. Sie begann, wie sie enden würde: mit einer Busfahrt. Ich war der Erste am Treffpunkt, ich hatte mir die Regeln des Coaches zu Herzen genommen. Der massive Busfahrer Micha lehnte an seinem Bus vor dem Trainingszentrum: weiße Stoppeln, breites Grinsen, Berliner Seele, die einem zur Begrüßung auf die Schulter haut – und die Schulter bricht.

Ich erklärte mich: Ich sei einmal Basketballer gewesen,

jetzt sei ich Schriftsteller und hier, um ein Buch über Alba und die Saison zu schreiben, nicht als Sportjournalist, sondern als Geschichtenerzähler. Ein wenig auch als Ethnologe. Nicht ergebnisorientiert, sondern auf der Suche nach dem Wesen des Spiels. Ich sei nie Profi geworden, wolle aber wissen, wie dieses Leben gewesen wäre. »Ich will«, sagte ich zu Micha, dem Busfahrer, »der Welt des Profisports auf den Grund gehen.« Micha sah mich an, als wisse er das alles schon und noch viel mehr. Er nahm mir den Koffer aus der Hand und packte ihn in den Bus (er *wusste* mehr als ich).

Auf Pavićevićs Befehl waren mir erstmal zwei T-Shirts und schwarze Shorts mit dem Alba-Logo ausgehändigt worden. Am Abend vor der Abreise hatte ich meine Frau gefragt, ob ich die Reise tatsächlich in Alba-Weiß-und-Schwarz antreten solle, das Albatros-Logo auf der Brust. Ich hatte von ethnologischen Methoden und journalistischer Unabhängigkeit geredet (»Bist du nervös?«, hatte sie gefragt). Jetzt stand ich in Zivil am Bus und wartete auf die Mannschaft, mit der ich die nächsten zehn Monate verbringen sollte. »Na dann«, grinste Micha, »viel Glück in dieser Welt.«

Eine professionelle Basketballmannschaft ist eine merkwürdige Gemeinschaft: 22 Männer, die zehn Monate lang mehr Zeit miteinander verbringen als mit ihren Familien. Alba Berlin plante dieses Jahr mit einem Trainer, drei Assistenten, zwei Ärzten, einem Physiotherapeuten, einem Teambetreuer und 14 Spielern. Der Jüngste im Tross war der gerade mal siebzehnjährige türkisch-deutsche Nachwuchsspieler Can-Jonathan Kleiner, Sohn einer deutschen Mutter und eines türkischen Vaters, aufgewachsen in Antalya. Demirel hatte ihn auf der Talentsuche in der Türkei gefunden und nach Berlin geholt. Kleiner kam an diesem ersten Morgen als Erster an, ein schüchterner Junge von 2,06 Meter, der grüßte und schwieg. Als Nächster fuhr Professor Mika in einem silbernen Alba-VW auf den Parkplatz.

Professor Mika hieß eigentlich Mihajlo Švraka und war 1955 in Belgrad geboren. Er wirkte gelehrt, fast weise, und weil ich nicht gut mit Namen bin, merkte ich mir »Professor Mika«. Er hatte die serbische Hochsprunglegende Dragutin Topić zur Olympiade in Sydney gebracht, ehe er zum Basketball und mit Coach Pavićević nach Berlin gekommen war. Professor Mika touchierte beim Einparken das Parkplatztor mit seinem Seitenspiegel. Er stieg aus, seine Brille fiel auf den Boden.

»It's okay«, sagte er und lächelte.

Professor Mika ist bei Alba Berlin für die Spielerkörper verantwortlich, er kann auf Deutsch und Englisch zählen und Kommandos geben: »Bankdrücken! Bench press! Zehn mal hundertzwanzig! Stretch achilles!« Alle wissen, dass er die Mechanik des menschlichen Körpers beherrscht, aber im Restaurant keine Bratkartoffeln bestellen kann. Er könnte Legenden erzählen, wenn er die Sprache dazu hätte. Wir standen wortlos in der Gegend. Professor Mika spannte einen Schirm auf. Wir warteten.

Dann kam der Assistent, bepackt mit Taschen, Büchern und Computern. Konstantin Lwowsky ist eine unwahrscheinliche Figur im Profibasketball: mittelgroß, mittelschwer und mittelcool zwischen lässigen Giganten. Er hat Geisteswissenschaften studiert, aber ist dann Basketballtrainer statt Deutschlehrer geworden. Er ist 36 Jahre alt und Vater eines Dreizehnjährigen, er ist mit einer toughen Berliner Polizistin verheiratet. Lwowsky trug Jeans und eine Retro-Trainingsjacke. Er war seit fünf Jahren die rechte Hand des Trainers von Alba Berlin, erst von Henrik Rödl, dann von Luka Pavićević. Er ist Analytiker, Taktiker und Logistiker. Er nimmt kein Blatt vor den Mund. Lwowsky schlendert nicht, Lwowsky will ankommen. Er ist ein nüchterner Enthusiast, und sein zügiger Gang verrät: Lwowsky ist Läufer. Als er sich am ersten Tag der Saison vor dem Trainingszentrum vorstellte, das Telefon am Ohr, war mir nicht klar, dass Konstantin Lwowsky meine Sicht auf das Spiel Basketball komplett verändern würde. Er warf seine Taschen in den Bus. »Du bist der Schreiber?«, fragte er. »Wir reden später. Ich bin Konsti.«

Um sieben kamen die Spieler. Die meisten kannten sich, sie hatten schon zusammen gespielt oder trainiert. Alle hatten voneinander gehört. Die Basketballwelt ist klein, man spricht übereinander. An diesem ersten Tag der Saison ist alles mit Bedeutung aufgeladen. Die Spieler begrüßten sich mit ungelenken Shugs, den männlich-schüchternen Handschlag-Umarmungs-Kombinationen, die es überall gibt, wo Männer unter sich sind: im Hip-Hop, im Militär, im Sport. Den Trainern wurde respektvoll zugenickt, mir wurde die Hand gereicht. Untereinander sprachen sich die Trainer mit »Coach« an (eine Familie mit gleichen Namen).

»Good morning, Coach!«

»Good morning, Coach!«

Konsti stand an der Bustür und sammelte die Reisepässe ein. Ich stand dabei und wusste nicht, ob die anderen wussten, was ich hier machte (ich wusste es selbst nicht). Es war kurz nach sieben am Sonntagmorgen, viel zu früh für Basketballprofis, aber alle waren pünktlich, alle waren ausgestattet, alle waren uniformiert.

Ein Spieler nach dem anderen fuhr vor, parkte, lud sein Gepäck ab und übergab es dem dicken Micha. Die Nachwuchsspieler zuerst: Kleiner, Joshiko Saibou, Joey Ney und Andreas Seiferth, alle mit dem Traum, irgendwann einmal Vollprofi zu sein, alle auf dem Sprung dahin. Dann die Serben in einem Auto: Marko Marinović, ein kleiner, drahtiger Aufbauspieler, der in der letzten Saison mit Valencia den Eurocup gewonnen hatte. Er lachte, man sah ihm an, dass er sich auf die Saison freute. Marinović freute sich oft, er hatte am Höhepunkt seiner Karriere einen schweren Autounfall überlebt – er schien ständig erstaunt zu sein, dass er immer noch Profisportler war.

Der Flügelspieler Tadija Dragićević galt als Rohdiamant. Er war bei Roter Stern Belgrad einmal der beste Spieler der Adriatic League gewesen, aber dann hatte ihn eine schwere Knieverletzung aus der Bahn geworfen. Nach einer schwierigen letzten Saison in der ersten italienischen Liga bei Lottomatica Rom hatte ihn Luka Pavićević nach Berlin geholt. Die beiden kannten sich, sie hatten 2005 gemeinsam Bronze bei der U20-Europameisterschaft gewonnen. In diesem Jahr ging es um Tadijas Karriere als Basketballprofi. Dragićević trug ein Kreuz um den Hals und wippte nervös von einem Bein auf das andere.

Der amerikanische Guard Hollis Price hatte bereits 2005/06 eine Saison für Alba gespielt, war Publikumsliebling geworden und danach zu einer beeindruckenden europäischen Karriere aufgebrochen. Er hatte in Spanien, Litauen, Russland und Italien gespielt. Jetzt war er zurück. Von den tragischen Geschichten, die man sich über Hollis erzählte, vom Hurricane Katrina, von Crack und Krebs in der Familie war nichts zu ahnen. Sein breites Lächeln hatte ihn weit gebracht, also lächelte Hollis breit. Er stieg als Erster in den Bus, setzte seine Kopfhörer auf und beobachtete die anderen: den großen Flügelspieler Derrick Allen, der gerade erst aus Frankfurt nach Berlin gekommen war, ein höflicher Mann aus Gadsden, Alabama, der ständig auf den Zehenspitzen stand, was seine Bewegungen hektisch aussehen ließ. Immanuel McElroy, einen der wenigen Spieler, die schon im letzten Jahr dabei gewesen waren. Er war schwer tätowiert und seit Jahren der beste und härteste Verteidiger des Teams. Er sei Vater von drei Kindern und trotzdem ein einsamer Mann, wird man mir später erzählen, ein schwieriger Charakter.

Mannschaftsarzt Hi-Un Park schleppte seinen Medizinkoffer über den Parkplatz, ein permanent freundlicher Deutsch-Koreaner im Kapuzenpulli, dem man weder sein Alter noch seinen Beruf ansah. Der Coach stieg aus einem Taxi, ein paar Unterlagen im Arm. Sein Gesicht war müde, die Augen wach, Professor Mika hielt einen Kaffee für ihn bereit. Pavićević nickte und vertiefte sich drei Reihen vor mir sofort in seine Papiere.

Zuletzt kamen die Veteranen: der deutsche Nationalspieler Sven Schultze mit einem Becher Kaffee in der Hand, Breite und Härte von Ferne, graues Haar und Freundlichkeit aus der Nähe. Schultze war schon zweifacher Vater und deshalb morgens um sieben viel wacher als die anderen Spieler. Er galt als disziplinierter Musterathlet, war eine Maschine. Auf dem Spielfeld war er wegen seiner Härte gefürchtet, in der Kabine war er Wortführer und Witzbold. Er hatte die letzten Jahre in Italien und Griechenland gespielt, jetzt war er mit seiner Familie zurück in Berlin. Schließlich hielt das riesige schwarze Porsche-SUV des Kapitäns mitten auf der Straße. Patrick Femerling stieg aus und ging mit langsamen Schritten zum Bus, seine Tochter auf dem Arm.

An Femerling erinnere ich mich, wenn ich mich an mich selbst erinnere: Wir sind beide Jahrgang 1975, wir hatten mit fünfzehn, sechzehn oft gegeneinander gespielt, Düsseldorf gegen Hagen. Femerling war damals riesig, dünn und blass gewesen. Ich trug Zopf und Stirnband. Wenn ich Patrick Femerling in den letzten Jahren gesehen hatte, zumeist im Fernsehen, hatte ich mich immer wieder an einen Dunking erinnert, im Grunde den einzigen, an den ich Erinnerungen hatte. Es muss in einer Leverkusener Turnhalle gewesen sein, etwa im Sommer 1992. In meiner Erinnerung verteidigt mich ein Düsseldorfer Flügelspieler, ich täusche und gehe an ihm vorbei, Femerling kommt unter dem Korb zur Hilfe. Er will mich blocken, aber es gelingt ihm nicht.

Später ging Femerling an die University of Washington nach Seattle, spielte für die Huskies und wurde deutscher Rekordnationalspieler. Ich wurde aussortiert und ging zu Indierock-Konzerten. Patrick Femerling spielte seit fünfzehn Jahren professionell Basketball, er hat in seiner internationalen Karriere fast alles gewonnen, was man gewinnen kann. Auch ein paar deutsche Meisterschaften mit Berlin. Seine vierjährige Tochter Mia war in Athen geboren und hat in Sevilla Spanisch gelernt. Femerling sah an mir vorbei, er schien sich nicht an mich zu erinnern. Wie sollte er auch: Meine Laufbahn war zu Ende, als seine begann. Patrick Femerling küsste seine Tochter auf die Stirn und stieg in den Bus. »Herzlich willkommen, liebe Kinder!«, sagte er wie eine Kindergärtnerin. »Schön, dass ihr alle da seid.« Dann faltete er sich in seinen Sitz, 2,13 Meter, seine Gelenke quietschten. Wir waren fast komplett, nur Jenkins fehlte noch. Die Spieler nahmen ihre Plätze ein, die sie bis zu Saisonende nicht mehr abgeben würden. Es würde ein turbulentes Jahr werden, aber die Plätze im Bus würden bleiben.

Der Tag wäre günstig gewesen für einen Neuanfang. Es hatte aufgehört zu regnen, und Berlin zeigte kurz, was es konnte: Der Bus bog am Checkpoint Charlie ab, am Brandenburger Tor brach die Sonne durch die Wolken, die Straße des 17. Juni strahlte feucht. Aber Julius Jenkins war dann doch zehn Minuten zu spät gekommen, alle hatten gewartet und dem Sprühregen zugesehen. Der Coach hatte mit den Assistenten gesprochen, alle hatten die Uhr im Blick. Dann war Jenkins aus dem Taxi gesprungen und ohne ein Wort hinten eingestiegen. Dreads und Kopfhörer, er erhielt das höchste Gehalt und erzielte die meisten Punkte. Er hatte sich grußlos auf seinen Platz in der letzten Reihe gesetzt, der coolste Typ im Schulbus. Micha hatte die Türen geschlossen und war sofort losgefahren.

Die Stimmung war trüb, Pavićević war verärgert. Nicht so sehr über Jenkins' Verspätung, sondern darüber, dass seine Regeln missachtet und seine Autorität noch vor Saisonbeginn untergraben worden waren. Alle wussten, dass es spürbare Konsequenzen geben würde. Jenkins würde eine Strafe zahlen müssen, ehe der Strafenkatalog überhaupt verkündet worden war.

Pavićević schrieb Textnachrichten, Demirel telefonierte auf Türkisch, Lwowsky las den Pressespiegel der letzten Tage. Profisport ist ein Geschäft, und der Mannschaftsbus ist ein Büro. Die Spieler sprachen leiser als erwartet: vom Sommer in den slowenischen Bergen, der ihnen bevorstand, von Professor Mikas berüchtigten Shuttle-Läufen, von ihren Körpern und Verletzungen. Sie sprachen vom letzten Jahr, von den bitteren Niederlagen am Ende, von den Neuigkeiten aus ihrer Welt. Von der letztjährigen Mannschaft waren nur noch McElroy, Jenkins und der junge Seiferth im Kader, der Rest war neu oder zurückgekehrt. Und dann stand an einer Ampel plötzlich ein Alba-Mülllaster neben dem Bus, ein riesiges Bild von Steffen Hamann auf der Seite.

Hamann hatte das Gesicht Alba Berlins sein sollen. Er war ein Spieler, der kämpfte und verteidigte, der die Drecksarbeit machte. Er war ein gut aussehender Mann, das Publikum hatte ihn zwar nicht geliebt, aber dennoch respektiert und gemocht, obwohl er für den großen Rivalen Bamberg zwei Meisterschaften gewonnen hatte. Hamann war für sie Bamberg gewesen, dann hatten sie ihn »Steffi« und »Susi« genannt. Hamann hatte einen Dreijahresvertrag über insgesamt 650.000 Euro netto bei Alba unterzeichnet, eine ungewöhnlich lange Vertragslaufzeit im deutschen Basketball. In Berlin hatte er sich wohlgefühlt. Alles war perfekt gewesen: Spieler, Management und Trainer hatten eine gemeinsame Vorstellung der Zukunft geteilt.

Als diese Vorstellung dann nicht wahr wurde, als die Titel ausblieben, hatte sich die Meinung gewandelt. Der Coach und die Vereinsführung waren während der beiden gemeinsamen Spielzeiten zu der Überzeugung gekommen, dass Hamanns Qualitäten in erster Linie Image und Marketing gewesen waren, sein Kampfgeist auf Außenwirkung bedacht, eine Aufopferung für das Rampenlicht. Hamann habe richtigen Einsatz nur dann gezeigt, wenn ihm jemand dabei zugesehen habe. Er hätte zum Spielmacher und Kopf der Mannschaft werden sollen, aber er habe keinen Aspekt seines Spiels verbessert. Hamann habe zu viel nebenher gemacht, zu viel dieses und jenes. Unter Zukunft hatte man sich bei Alba etwas anderes vorgestellt, also traf man eine unpopuläre Entscheidung und löste den Vertrag auf.

Pavićević hatte Hamann die Entscheidung persönlich mitgeteilt. Sie hatte für böses Blut gesorgt und Kreise gezogen: »Alba reißt sich sein deutsches Herz raus«, titelte der *Berliner Kurier*. Hamann hatte in einem Interview Vorwürfe gegen Alba erhoben, und Manager Marco Baldi hatte gekontert. Hamanns Agent Marko Pešić war sauer auf Coach Pavićević gewesen, Pavićević war sauer auf den Agenten. Mithat Demirel war gleich zu Beginn seiner ersten Saison zwischen die Fronten geraten. Die Verhandlungen mit Pešićs anderem Klienten Heiko Schaffartzik gerieten ins Stocken. Hamann hatte seine Wohnung in Prenzlauer Berg erbost verlassen. Man hatte martialisches Vokabular verwendet, alte Freunde wollten sich die Beine brechen, ewige Rache wurde geschworen.

Die Zeitungen berichteten ein paar Tage über diese allseitige Wut, dann wurden Hollis Price und Marko Marinović als Nachfolger Hamanns vorgestellt. Alle Beteiligten wussten insgeheim, dass man eine Einigung finden würde. Pešić und Demirel würden wieder miteinander sprechen, denn Pešić repräsentierte etliche andere Spieler in Albas Kader. Pavićević würde mit zwei neuen Spielmachern in die Saison gehen. Steffen Hamann würde für das groß angelegte Basketballprojekt Bayern München spielen. Er würde in München gutes Geld verdienen, aber sein Bild würde weiterhin auf den Alba-Mülllastern durch Berlin fahren und neben dem Mannschaftsbus an der Ampel warten.

Es war eigentümlich leise im Bus. Alle hatten Hamann gesehen, jeder machte sich seine Gedanken. *Profibasketball*, notierte ich in mein Notizbuch, *ist anders,*

*als gescheiterte Spieler und Sportromantiker wie ich sich
das vorstellen. Müllwagen. München. Money Boy.* Dann
war der Moment vorbei, der Müllwagen fuhr an, der Bus
musste noch warten. »Steffi verpisst sich«, stellte jemand
fest.

Als wir den Flughafen erreichten, stand der Coach auf.
»Gentlemen«, sagte er und wartete einen Moment, dass
Jenkins seine Kopfhörer abnahm und die Gespräche verstummten. *Gentlemen.* Der Coach nickte erst aus dem
Fenster, dann fixierte er seine Mannschaft. Alle rechneten
mit einer Grundsatzrede, aber Pavićević überlegte es sich
anders. Die Bustüren öffneten sich mit hydraulischem Zischen. »Welcome to Alba Berlin,« sagte er und stieg aus.
Dann kletterte ein Spieler nach dem anderen ungelenk
und mühsam hinterher, wie Riesen eben klettern, sie staks-
ten über den Parkplatz und ins Terminal, zum Check-in
für Flug AB 8912 nach Klagenfurt. Das Warten hatte ein
Ende, wir waren unterwegs.

UNIVERSE
OF FUN

DER ERSTE FREIE TAG und Mithat Demirel spielte Katz und Maus mit seinem Gegner. Wir saßen auf einem Tennisplatz am Waldrand des Dorfes und sahen zu, wie Mithat den Assistenztrainer Konsti von einer Ecke des Tennisplatzes in die andere scheuchte. Die Augustsonne stand steil auf dem roten Sand, dem Nadelwald und den felsigen Karawanken dahinter. In der Ferne zog ein Gewitter heran. Wir hatten eine Woche harter Arbeit hinter uns, jetzt machte die Mannschaft Pause. Der Coach saß seit heute Morgen auf der Terrasse des Hotels in einem riesigen weißen Sofa unter Pinien, trank einen Espresso nach dem anderen und fachsimpelte mit seinen Trainern. Professor Mika warf mit Pinienzapfen nach Eichhörnchen.

Mannschaftsbetreuer Tommy Thorwarth war seit einer Woche nonstop im Einsatz. Bevor die Mannschaft flog, hatte er sein Auto mit Equipment, Vitaminen und Medikamenten voll geladen und war nach Slowenien gefahren. Wenn die Mannschaft jetzt trainierte, arbeitete Tommy an Gewichten. Er war einmal der bissigste Verteidiger Alba Berlins gewesen, aber dann hatte eine Serie von Knieverletzungen seine Karriere beendet. Er hatte danach eine Ausbildung zum Physiotherapeuten gemacht, aber ihm schien das Leben als Profi zu fehlen. Er war körperlich so fit, dass er jederzeit mittrainieren konnte. Er kümmerte sich um alles, Handtücher, Schuhe, Trikots. Heute war sein erster freier Tag seit Wochen. Tommy, der Mannschaftsarzt, und die Physiotherapeuten hatten sich deshalb eine Tageskarte für die Sommerrodelbahn gekauft.

Ein paar Spieler lagen in der Sonne und sahen den Downhill-Bikern bei ihren spektakulären Stürzen zu. Jenkins saß in der Lobby und sprach mit der Familie in seinem Computer. Der Rest war auf den Zimmern und schlief, weil professionelle Basketballspieler immer und überall schlafen können. Langeweile und Leere vergehen am schnellsten im Schlaf.

Am freien Tag drehten sich die Verhältnisse: Teammanager Mithat Demirel ließ den Assistenztrainer Konstantin Lwowsky laufen, und die Spieler sahen ihnen dabei zu, Sven Schultze mit nacktem Oberkörper in der Sonne, die Füße auf dem Schiristuhl. Patrick Femerling eine Limo in der Hand, »Mia« und »Caroline« in verschlungenen Buchstaben auf dem Rippenkäfig.

Vor einer Woche waren wir in Kranjska Gora angekommen, einem slowenischen Wintersportdorf, eine Dreiviertelstunde vom winzigen Klagenfurter Flughafen entfernt. Wir waren gelandet und hatten nervös schweigend auf das Gepäck gewartet. Als es schließlich kam, nahmen Spieler und Trainer automatisch die exakt gleichen Plätze im nächsten Bus ein. Wir fuhren eine Weile am giftgrünen Wörthersee entlang, weiße Segel und Sportboote, ein Stück Postkarten-Kärnten, vorbei an malerischen Bergwiesen und Feuerholzstapeln, Kühen und Sonnenflecken. Im Radio slowenische Schlager.

Wir überfuhren zwei Grenzen, von Österreich nach Italien und schließlich nach Slowenien. Ich saß an meinem

Platz in der dritten Reihe, niemand sprach mit mir. Die Spieler wurden in Doppelzimmer einsortiert, Coaches und Manager wohnten einzeln, die Physios bekamen ein zusätzliches Arbeitszimmer. Die Coaches legten die Zimmerbelegungen fest: wer zu wem passe, welcher Spieler Motivation brauche, welcher Spieler Kontrolle, welcher Ermunterung und welcher Disziplin. Schultze und Femerling in ein Zimmer, weil sie sich kannten? Amerikaner mit Amerikanern? Serben und Deutsche unter sich? Pavićević und die Coaches überlegten hin und her. Für die Dynamik und die oft beschworene Teamchemie konnten solche früh getroffenen Entscheidungen von folgenschwerer Bedeutung sein. Die Zimmernachbarn würden das Trainingslager miteinander verbringen, später in der Saison jede Auswärtsreise und die langen, leeren Wochen im Winter, dann die entscheidenden Playoff-Wochen im Frühsommer. Die Zusammenstellung der Spieler war im Vorjahr ein Problem gewesen, innerhalb der Mannschaft hatten sich Blöcke gebildet, ein paar Zimmerkollegen waren aneinandergeraten.

Ich lauschte und kam mir für dieses Lauschen schäbig vor. Ich starrte auf mein Telefon, als würde ich Nachrichten lesen, um von meinem unbefugten Zuhören abzulenken. Manchmal wechselten die Trainer ins Serbische, ich meinte, meinen Namen zu hören und dass für mich ein Zimmer im Nachbarhotel reserviert sei, die Mannschaft im Hotel Kompas, ich im Špik fünf Kilometer flussabwärts. Alle schienen mir gegenüber eigentümlich achtsam zu sein. Ich fragte mich, ob ich durch das Mithören serbischer Gespräche überhaupt irgendetwas herausfinden würde oder ob mein Profijahr bereits auf der Hinfahrt zum Trainingslager vorbei sein könnte. Ich betrachtete die Blumenwiesen und Nadelwälder und Felsen und fragte mich, warum keiner der Amerikaner aus dem Fenster sah.

Am Abend unserer Ankunft hatte Dejan Mijatović die Vorhänge zugezogen, um die Konzentration zu bündeln. In einem Konferenzraum im zweiten Stock des Hotel Kompas herrschte angespannte Stille, einer nach dem anderen betraten die Spieler das dunkle Zimmer. An der Wand hatte ein Bild des höchsten Berges Sloweniens gehangen, des Triglav (Dreikopf, 2864 Meter hoch), aber Mijatović hatte es von der Wand genommen und umgedreht in eine Ecke gestellt. Die braunen Gardinen verhängten den Blick auf die Julischen Alpen. Das sei kein symbolischer Akt, erklärte er mir, es gehe allein um die Konzentration der Spieler.

Als Letzter betrat Luka Pavićević das Zimmer und schloss die Tür hinter sich. »Gentlemen!«, sagte er und ging sehr langsam durch den Raum. Er trug eine ausgebeulte graue Trainingshose, die ihm um die Beine flatterte, Joggingschuhe, dazu ein weißes T-Shirt. *Gentlemen.* Der Coach hatte sich vor einigen Wochen bei einem Veteranenspiel der legendären Jugoplastika-Mannschaft den Rücken verrenkt und die linke Wade verletzt. Es sah so aus, als müsse er ständig die Zähne zusammenbeißen.

Er musterte die Spieler, die Spieler starrten vor sich hin.

»Gentlemen, we have five weeks«, formulierte der Coach kurz, aber archaisch, sein gerolltes R war dabei deutlicher zu hören als sonst. »We are not soldiers, but we are going to war.« Pavićević gab die Ziele aus: Die Qualifikation für die Euroleague sei immens wichtig für den Club, aber auch für die Karriere jedes einzelnen Spielers. Die Euroleague, das wüssten sie alle, sei das Höchste für

Europa. Dann komme die Bundesliga, dann der Pokal. Es gehe bei Alba um Titel, sagte Pavićević, und immer um die Meisterschaft.

Mithat Demirel verteilte Kopien der Teamregeln und Clubgesetze und wirkte dabei vorsichtig. Es war seine erste offizielle Handlung als Teamverantwortlicher. Wer dem Team schade, sagte er, der habe mit harten Strafen zu rechnen, Verspätungen, falsche Kleidung, technische Fouls würden hart geahndet. Und so weiter. Demirel übergab das Wort an den Mannschaftsarzt, und Hi-Un Park erklärte den Spielern, dass sie nichts, rein gar nichts, ohne sein Wissen einnehmen dürften: keine Nahrungsergänzungsmittel aus den USA, aus Serbien oder der Türkei, keine Zusatzpräparate, keine Medikamente. Drogen sowieso nicht. Auch nicht mal kurz kiffen. Wer Schmerzen habe, komme zu ihm, er habe alles, was legal sei. Es werde teaminterne Dopingproben geben, die Nationalspieler würden ja sowieso von der NADA getestet und sollten darauf achten, ihre Meldefristen einzuhalten.

Ich sah mich im Konferenzsaal um, die Spieler scharrten mit den Füßen. Der Coach stellte mich vor: »Wir haben dieses Jahr einen Gast, er schreibt Romane und wird überall dabei sein.« Niemanden schien das zu wundern, niemand reagierte, vielleicht hörten die Spieler auch gar nicht mehr zu. Jeder dieser jungen Männer hatte in seinem Sportlerleben schon unzählige Traineransprachen gehört, jetzt saßen sie hier in einem abgedunkelten Konferenzraum in Slowenien wie Grundschüler nach den Sommerferien. Sie wollten raus und spielen. Pavićević nickte, und um 18.21 Uhr eröffnete er die Saison: »We have five weeks, gentlemen«, hatte er wiederholt, »*Let's go!*«

Jeder Tag war gleich in Kranjska Gora. Wenn Tommy Thorwarth die Spieler gegen halb zehn weckte, war Konstantin Lwowsky bereits ein paar Kilometer die Slava Dolinka entlanggerannt, einen im Sommer spärlichen Wildwasserfluss, der durch Kranjska Gora floss. Für den Assistenztrainer war die Zeit im Trainingslager genauso wichtig wie für die Mannschaft, er brachte sich in Form, denn später im Jahr war dafür zu wenig Zeit. Er würde zu viel arbeiten, um regelmäßig Sport treiben zu können. »Auswärtsfahrten und Trainingslager sind für mich die einzigen Gelegenheiten, zu schlafen und mich richtig zu bewegen«, sagte Lwowsky. Also zog er in Kranjska Gora sein Programm durch: Er stand morgens als Erster auf und rannte durch den Wald, er machte in seinem Hotelzimmer Gymnastik, er hob im Kraftraum Gewichte. Nach dem Abendessen verschwand er ohne viele Worte in seinem Zimmer und sichtete noch ein paar Stunden Videomaterial: Clips möglicher Spieler, ihre Profile und Statistiken. Bei der Teampräsentation ein paar Wochen später würde der Moderator Marco Seiffert Witze über Lwowskys schwankendes Gewicht machen.

Lwowsky war seit zwanzig Jahren Basketballtrainer in Berlin, alle nannten ihn Konsti. In Berlin geboren und aufgewachsen, kannte er die Berliner Basketballszene genau. Obwohl er nie ein richtig guter Spieler gewesen war, war er der geborene Trainer. Seit fünf Jahren arbeitete er bereits für Alba Berlin, er kannte den Laden. Deswegen hatte er hundert Aufgaben: Im Trainerstab war er der Hauptansprechpartner für Pavićević, er koordinierte und organisierte die taktische Vorbereitung und Videosichtung. Er kannte die Spielzüge aller Gegner inklusive sämtlicher Variationen auswendig, er aktualisierte dieses Wissen ständig und stellte die Taktikpapiere für die Spieler zusammen. Er sagte mir, dass er lieber häufiger in der Halle stehen würde, um individuell mit den Spielern zu arbeiten, an ihrem Wurf oder ihrem Defensivverhalten, an ihren basketballerischen Grundlagen. Allerdings musste er unzählige organisatorische Aufgaben übernehmen. Oft war er der Schnittpunkt zwischen Geschäftsstelle und Mannschaft, weil Coach Pavićević aus Prinzip keine E-Mails las und Professor Mika keine Sprache sprach. Wenn man ins Büro kam, saß Konstantin Lwowsky immer am Computer oder telefonierte. Wie viele Menschen, die ihren Beruf lieben, hatte Konstantin Lwowsky zu wenig Zeit. In seiner seltenen Freizeit half er seinem dreizehnjährigen Sohn David bei Physikaufgaben und Deutschaufsätzen. Er liebte Filme, und wenn ihr Dienstplan es erlaubte, saß er mit seiner Frau Silke in den Spätvorstellungen des Kinos am Friedrichshain. Konsti schlief zu wenig. Er fuhr mit öffentlichen Verkehrsmitteln zur Arbeit, damit er in der U-Bahn lesen konnte. Er hatte fast keine Zeit, also lief und schlief er im Trainingslager und auf Auswärtsfahrten. Und am freien Tag verlor er beim Tennis gegen Mithat Demirel.

Um kurz vor zehn sammelten sich die Spieler in der Lobby des Hotels, die Kissenabdrücke noch im Gesicht. Ein Hotelgast mit Lodenhut, Wanderstock und Goretex-Jacke lief zielstrebig auf Femerling zu:

»Sie! Wie ist die Luft da oben?«

»Nun. Ja.«

»Dünn, oder? Wir sind hier ja im Höhentraining. Spaß beiseite: Wie groß sind Sie?«

Femerling besitzt für diese Gelegenheiten ein freundliches Lächeln. »Was soll man dazu sagen?«, sagte er, als die Frau des Gastes ihn und den Gast fotografiert hatte.

Er führe diesen Größendialog ständig und überall, an Flughäfen und beim Bäcker, im VIP-Bereich und im Möbelladen, auf Deutsch, Italienisch, Griechisch, Englisch, Holländisch. Selbst vor dem Frühstück. Und seit es Handykameras gebe, auch meist mit Foto. Das sei Teil des Berufs. Den meisten sei es egal, dass er Basketballspieler sei. In seiner Karriere sind schätzungsweise 15.000 solcher Bilder von Femerling gemacht worden, sie hängen an Wohnzimmerwänden in Piräus und Pforzheim, in Restaurants in Barcelona, in Oldenburger Pizzerien. Die anderen Spieler wurden heute Morgen in Ruhe gelassen. Niemand sagte ein Wort, nur Schultze gackerte leise, weil Femerlings Frisur so früh morgens aussah wie ein Vogelnest. Jenkins versteckte sich unter seinen Kopfhörern. Alle warteten auf Luka Pavićević und betraten den rustikalen Frühstückssaal mit Kamin erst, als der Coach kam.

Der Kader war noch nicht komplett. Pavićević saß vor seinem täglichen Balkanfrühstück, Obst, Paprika und Knoblauch, dazu schwarzen Kaffee. Er aß Pfannkuchen mit Zucker. Zuerst rollte er fünf, dann seufzte er, dann aß er und lachte dabei in sich hinein vor Genuss. Pavićević brach sein Brot. Mit dem Messer zeichnete er Spielzüge auf die Tischdecke. Der Coach murmelte vor sich hin und sprach ein paar Worte mit Professor Mika und Dejan Mijatović.

Die Spieler frühstückten ohne überflüssige Worte. Mithat Demirel trank in der Lobby Espresso und telefonierte mit Manager Marco Baldi in Berlin. Man war mit acht gestandenen Spielern ins Trainingslager gefahren, die restlichen vier Plätze waren mit Nachwuchs besetzt worden. Yassin Idbihi und Lucca Staiger waren noch mit der deutschen Nationalmannschaft unterwegs, im Spätsommer würde die Weltmeisterschaft in der Türkei gespielt werden. Demirel und Baldi waren in ständigem Kontakt mit Agenten und Spielern, in Absprache mit Coach Pavićević führten sie die Verhandlungen.

Grundsätzlich lief alles nach Plan, aber Pavićević war vorsichtig. »Im professionellen Basketball muss man sich gegen alle Eventualitäten absichern«, sagte er, »alles kann passieren, also müssen wir uns gegen alles schützen!«

Die Mannschaft brauchte noch einen Spieler, um sich in fünf Wochen für die Euroleague qualifizieren zu können, die Königsklasse des europäischen Basketballs. Das Team brauchte eine kurzfristige Vertretung für Lucca Staiger, der in Pavićevićs Plan eine wichtige Rolle hatte spielen sollen. Staiger stammte aus Ulm, hatte aber die letzten Jahre für die Iowa State University gespielt. Ein junger Flügelspieler, Position Shooting Guard, der Dreipunktewürfe wie ein Automat traf. Er hatte als Wunderkind gegolten, war in Iowa aber auf seinen unglaublich akkuraten Dreier reduziert worden. Weil er mit dieser Rolle nicht zufrieden gewesen war, hatte Berlin ihn zum Ende der letzten Saison verpflichtet.

»Er ist das Loch in unserer Rüstung«, hatte Pavićević Staigers Defizite in der Verteidigung kommentiert. »Er ist unsere Achillesferse.« Pavićević hatte deshalb den Frühsommer mit Staiger in der Halle verbracht, sie hatten sich vor allem auf die defensive Fußarbeit konzentriert. Aber Staiger hatte sich entschieden, die Weltmeisterschaft in der Türkei dem Trainingslager in Slowenien vorzuziehen, Nationalmannschaft statt Alba Berlin. Jetzt war der Coach verärgert. »Er wird dort nicht spielen«, sagte er und klang frustriert. »Er wird dort auf der Bank sitzen und unsere Vorbereitung komplett verpassen. Er sitzt auf Mallorca in der Sonne, anstatt in Kranjska Gora täglich vier Stunden hinter Julius Jenkins herzurennen.«

Luka Pavićević sprach den Namen seines Namensvetters kurz und hart aus. *Staiga Staiga,* er warf den Namen vor sich auf den Tisch, in seinen Augen die traurige Enttäuschung eines engagierten Lehrers. »Er ist kein Spieler, der schlau oder erfahren genug wäre, um unser Spiel ohne grundlegende Vorbereitung zu verstehen. Er braucht das Trainingslager, um uns helfen zu können. Aber er will Mallorca, also wollen wir Ersatz.«

Pavićević sah in seine leere Kaffeetasse, stand auf und steckte seine Spickzettel vorn in den Hosenbund. »That Taylor-Kid«, murmelte Pavićević, »maybe that Taylor-Kid.«

Der Coach und die Manager hatten auf der Suche nach einer Vertretung für Staiger etliche Kandidaten geprüft und die Suche dann auf zwei Spieler eingeengt: den Litauer Reinaldas Seibutis, der die letzte Saison in Bilbao gespielt hatte, und den Amerikaner Bryce Taylor von der University of Oregon. Taylor hatte schon zwei Jahre Erfahrung im europäischen Basketball vorzuweisen: Er hatte ein Jahr für Montegranaro in der ersten italienischen Liga gespielt und war vor der letzten Saison nach Deutschland gewechselt. Er hatte 2009/10 für die Telekom Baskets Bonn eine solide Saison gespielt, sich dann aber in der entscheidenden Saisonphase am linken Sprunggelenk verletzt. Bonn war in den Playoffs ausgeschieden. Taylor war am College ein bissiger Verteidiger und sicherer Schütze gewesen, als Senior hatte er für die Oregon Ducks im Finale des Pac-10-Tournament das Spiel seines Lebens gemacht, elf Würfe, sieben Dreier, ohne einen einzigen Fehlwurf, *The Perfect Game.*

Seibutis war in der Vereinsführung trotzdem der Favorit gewesen. Er hatte bereits ein Probetraining in Berlin hinter sich, und das Budget von Alba Berlin hätte gerade eben noch genug Raum für einen gestandenen Spieler wie Seibutis gelassen. Damit hätte man den Spielraum für weitere Neuverpflichtungen ausgeschöpft und während der Saison nicht mehr reagieren können. Mit einem weniger erfahrenen Spieler würde man ein Risiko eingehen, und Pavićević verabscheute Risiken. Deshalb wollte er Taylor nur einen Kurzvertrag anbieten.

Die Spieler sammelten sich in der Lobby, um zum Training zu gehen, Demirel stand abseits und telefonierte mit Taylors Agenten Brad Ames und Patrick King, einem deutsch-kanadischen Exprofi, der etliche Amerikaner in der Bundesliga vertrat, auch Derrick Allen und Julius Jenkins waren seine Klienten. Zwischen Demirel und den Agenten ging es um die Laufzeit des Vertrages, sie hatten heute schon zehn Mal miteinander telefoniert, Rücksprache genommen, wieder telefoniert. Staiger war auf der Position des Shooting Guards gesetzt, aber Pavićevićs Intuition sagte ihm, dass sich Alba absichern musste.

Taylor hatte Probleme mit dem *Jumper's Knee*, dem Patellaspitzensyndrom, einem typischen Problem athletischer und sprungstarker Spieler. Taylor und sein Agent wollten einen Einjahresvertrag, Pavićević wollte zunächst nur den Saisonbeginn absichern und sich vor Eventualitäten schützen. Sollte Staiger wider Erwarten gut in die Saison finden, wäre das Team auf der kleinen Flügelposition überbesetzt und das Geld für einen langfristigen Vertrag verschwendet. Demirel legte auf und sah erst fragend sein Telefon, dann Pavićević an. »No move is a move, too«, sagte Pavićević, »keine Reaktion ist auch eine Reaktion«. Der Coach stand auf. »Let's get to work«, kommandierte er, und die Mannschaft erhob sich und machte sich auf den Weg zur Halle.

Zum ersten Mal in der Trainingshalle: exzellentes Parkett und gekühltes Wasser. Im verglasten Kraftraum trainierten slowenische Kickboxer, ein großflächig tätowierter Gigant trat einen Sandsack aus der Verankerung, *Kranjska Gora – Universe of Fun* stand auf einem Werbebanner. Auf dem Weg durchs Dorf herrschte eine angespannte Stille. Jetzt würde es losgehen, aus der Theorie würde verschwitzte Praxis werden. Jenkins tauschte seine Badeschlappen gegen die Basketballschuhe, Tommy Thorwarth rollte die Ballkiste in die Halle. Der Coach rief das Team im Mittelkreis zusammen und fasste sich kurz, es war bereits alles gesagt. Pavićević reckte seine Faust in die Höhe, sein Team rückte zusammen. Spieler und Trainer und Betreuer hielten ihre Fäuste aneinander. Dieses Ritual würde das Team unzählige Male in der Saison durchführen, vor und nach jedem Training, in der Kabine, im Mittelkreis, in den Krafträumen, bei jeder Auszeit. Das Huddle ist das Signal, dass jetzt gemeinsam gearbeitet wird, dass jetzt Konzentration herrscht, dass das Kollektiv zählt.

One

    two

        three

           Alba!

Pavićević sah auf seinen handgeschriebenen Ablaufplan, den er im Bund seiner Jogginghose trug wie einen Lendenschurz. »Let's go, Gentlemen, hoppa!« Die Spieler nahmen sich die Bälle und schlichen zunächst steif über das Spielfeld, wie verschlafene Basketballspieler eben schleichen. Pavićević ließ die Spieler ohne Verteidigung Zwei-gegen-Null, Drei-gegen-Null, Fünf-gegen-Null spielen, McElroy ächzte bei jeder Bewegung, eine

Maschine, die nur langsam anlief. Femerlings eckige Bewegungen blieben eckig. Bei jedem Fehlwurf unterbrach der Coach, »now we have a miss«, und die Spieler mussten die Bälle zur Seite legen, um Sprints zu laufen. Dann brüllte Sven Schultze nach einem unkonzentrierten Wurf des jungen Can plötzlich in die stille Halle: »Come on! Come on!« Schultze schnappte sich gleich im nächsten Drill den Ball, schloss mit krachendem Dunk ab, und Femerling bejubelte das angemessen.

Darauf schien die Mannschaft gewartet zu haben. Plötzlich liefen die Spieler schneller und flüssiger. Von einer Sekunde zur anderen war die Konzentration greifbar. Die Halle war wach. Der Coach bewegte sich behände zwischen den Spielern, die Hände in den Hüften, die Knie leicht gebeugt. Er rief seine serbischen und englischen Kommandos: *Good spacing! Sprint the lane! Good passes!* Pavićević wich den sprintenden Körpern aus wie eine Katze, er schien immer im Voraus zu wissen, wohin das Spiel fließen würde, *Hoppa!*, er kannte die Laufwege. Die wortlose und theoretische Spannung wich der sehr konkreten und körperlichen Arbeit. Man konnte die Erleichterung der Spieler sehen, hören, spüren. Ich erinnerte mich an das Gefühl zu Beginn jeden Trainings, wenn der Körper beschleunigt und das Denken reflexhaft wird, wenn man sich in die Kurven legt und springt, fast fliegt. Die herrliche Automatik der Würfe. Das Unmittelbare der Flugkurven. Das Gefühl für den Ball.

»Basketballspieler«, sagte Konstantin Lwowsky in der Mittagspause auf dem Rückweg ins Hotel, »wollen meistens einfach Basketball spielen.«

Basketballprofis sind keine Genießer. Sie nehmen unfassbare Mengen Nahrung zu sich, und der Mannschaftsarzt

Hi-Un Park muss den Überblick behalten. Er ist nicht nur verantwortlich für die Einhaltung der WADA-Verbotsliste, er kontrolliert auch den Speiseplan. Der Mannschaftsarzt verbietet aus Sicherheitsgründen den Konsum von Mohnbrötchen zum Frühstück und bestellt stattdessen riesige Mengen Rührei und Müsli. Vor jedem Auswärtsspiel erhalten die Hotelköche von Hi-Un eine Liste mit den gewünschten Gerichten: Frühstück, Mittag, Snack am Nachmittag, Abendessen. Jede Mahlzeit ist eine Variation über ein ewiges Thema, es kommt dabei immer darauf an, was die örtlichen Köche aus Hi-Uns ernährungswissenschaftlich fundierter Bestellung machen. Es gab in Kranjska Gora halbe Hähnchen, es gab Hühnerbrust, es gab Pasta mit wahlweise Tomaten- oder Sahnesoße, es gab Suppe, es gab Fisch, es gab Djuveč-Reis, es gab Salat und Obst. In Caserta bei Neapel wird es halbe Hähnchen geben, Hühnerbrust, Pasta mit wahlweise Tomaten- oder Sahnesoße, Fisch, Reis, Salat und Obst. In Samara ebenfalls, in Oldenburg und Bonn, in Sevilla und in Bamberg. Es gibt immer eine örtliche Spezialität: In Caserta gibt es faustgroßen Mozzarella, in Samara sauer eingelegte Eier, in Bad Homburg Frankfurter Grüne Soße, in Bonn steht eine Schüssel Haribo am Ende des Buffets. Die Salzkartoffeln bleiben überall liegen, niemand will irgendwo Aubergine essen. Nach Siegen gibt es überall Rindfleisch und Pommes, bei Busreisen hält die Mannschaft auf dem Rückweg bei McDonald's oder Burger King. Für die Amerikaner bestellt der Doc Tabasco und Ketchup. In Kranjska Gora lagen eingelegte Paprika auf dem Buffet und an besonderen Tagen gab es Ćevapčići, blecheweise standen Donauwellen in der Kuchentheke.

Jeden Abend nahmen die Coaches an der Bar vor dem Speisesaal einen Pflaumenschnaps.

Die vielen Trainingseinheiten kosteten Kraft. Die Spieler sprachen abends nur das Nötigste. Es schien dann nur noch darum zu gehen, die leeren Depots wieder aufzufüllen. Der junge Nachwuchsspieler Joey Ney, der schmal und schüchtern zwischen den Profis saß, leerte konzentriert und rhythmisch einen Teller voller Pasta und Fleisch nach dem anderen, er schien zu schlucken, ohne zu kauen. Als Ney einen randvollen Teller Quarkkrapfen mit Schinken-Sahne-Soße vor sich stellte, sah Femerling ihm erstaunt zu. »Sag mal, Joey«, fragte er, als der Junge den Teller geleert hatte, »war das gerade süß oder salzig?«

»Keine Ahnung,« antwortete Ney, »ich hatte Hunger.«

Vor fünfzehn Jahren waren wir Spieler in der Saisonvorbereitung noch durch den Hagener Mischwald gejagt worden, Runde um Runde auf dem Tartan des Ischelandstadions, Steigerungsläufe, Cooper-Test, die Stadiontreppen hoch und runter. Wir rannten um den Teich und hassten den Sommer (in meiner Erinnerung riecht Sommer nach Tartan, Schotter und Brackwasser).

In Kranjska Gora blieb die Mannschaft in der Halle. Professor Mika verteilte nach dem Warm-up und Stretching seine Pulsuhren, die Spieler schnallten sich die Brustgurte um. Femerling seufzte, stand auf und ging an die Grundlinie. »Tun wir also, was getan werden muss.«

Professor Mika hob seine Brille vom Boden auf und erklärte mir den Trainingsplan. »Wir trainieren die Physis mit basketballtypischen Bewegungsabläufen«, übersetzte Dejan Mijatović. »Let's go«, rief Mika und klatschte in die Hände. Die Spieler begannen, zwischen Grundlinie und Freiwurflinie hin- und herzusprinten, in der Luft lag das Piepen der Pulsuhren, das Keuchen der Spieler, das

Quietschen der Schuhe. Professor Mika trug Zahlen in seine Listen ein, Luka Pavićević saß auf einem Klappstuhl und blätterte im Trainingsplan. »Kein Basketballer läuft zehn Kilometer am Stück durch den Wald«, antwortete Konsti auf meine Frage, was aus dem Waldlauf geworden sei. »Basketballer rennen selten weiter als 25 Meter geradeaus. Im Basketball tritt man an, pausiert kurz, sprintet wieder, es gibt häufige Richtungswechsel und Maximalbeschleunigung, man muss seine Bewegungen koordinieren. Also treiben die Spieler ihren Puls bis etwa 175 hoch, dann pausieren sie kurz, dann wieder 175. Das machst du eine halbe Stunde am Tag, dann bist du fit.«

Jeder Tag war akribisch geplant und bis ins kleinste Detail strukturiert: morgens Athletik und Technik, danach Krafttraining. Dann Mittagessen, Mittagsschlaf, Kaffee. Abends Taktik und Spiel, Abendessen. Vor Trainingsbeginn erläuterte Pavićević, was trainiert werden würde. Dann Huddle, dann Training. Und anschließend fasste Pavićević noch einmal rhetorisch und pädagogisch durchdacht zusammen, was trainiert worden war.

Jeden Abend drehten die slowenischen Kickboxer ihre Runden auf der löchrigen Aschenbahn hinter der Halle, wenn die Basketballer nach getaner Arbeit zu Fuß zurück in ihr Hotel liefen. Jeden Abend kam *Eye of the Tiger* aus der Anlage eines hochgetunten und tiefgelegten VW Golfs, der mit geöffneten Türen auf dem Weg stand. Das Trainingslager funktionierte wie eine Autowerkstatt.

Der Fahrzeugtyp, der Bauplan und der Rahmen standen fest. Dann wurden die Einzelteile bestellt und geliefert. Es wurde geschliffen, geschraubt und gesägt, es wurde optimiert. Coaches und Spieler arbeiteten an den Einzelheiten des Spiels: Körperhaltungen in Angriff und Verteidigung, Bewegungsabläufe im Eins-gegen-Null und Zwei-gegen-Null. Richtige Blocks. Pässe. Rebounds. Dribblings. Eins-gegen-Eins, Zwei-gegen-Zwei. Richtige Entscheidungen. Laufwege bei Schnellangriffen. Würfe. Richtige Wurfauswahl. Drei-gegen-Drei, Vier-gegen-Vier. Jeden Tag, die ganze Woche, das ganze Trainingslager. Alles wurde so oft wiederholt, bis es intuitiv funktionierte, bis die Körper die Abläufe kannten. Dann würden die Einzelteile zu einem funktionierenden Ganzen montiert werden, Fünf-gegen-Fünf, in der Hoffnung, dass die Mannschaft anspringen und Fahrt aufnehmen würde. Sie sollte Rennen gewinnen, *Eye of the Tiger* im Autoradio.

Nach der ersten Woche Trainingslager konnte man bereits einige Fortschritte erkennen: Hollis Price, der designierte Starter auf der Aufbauposition, war mit Hamsterbacken in Kranjska Gora angekommen, jetzt wirkte er schmaler. Schultze feuerte an und weckte auf, Marinović rannte und rannte, McElroy ächzte weniger, Jenkins traf besser. Der Physiotherapeut Frank Erdmann hatte jetzt alle Hände voll zu tun. Er massierte, strich Muskeln aus und dehnte. Er füllte Eis in Plastikbeutel und band sie mit Frischhaltefolie auf Knie und Sprunggelenke.

Das Training wurde komplizierter. Die physische Erschöpfung nach unzähligen Sprints, Shuttle Runs, gestemmten Gewichten und stundenlangem Individualtraining war groß. Hi-Un Park verteilte Vitamine und Mineralien. Die ersten Schmerzmittel kamen dazu. Die Einzelteile wurden jetzt zu Spielsequenzen, Verteidigungsrotationen und Passstafetten zusammengebaut. Die Spieler gewöhnten sich an den Rhythmus, beim Essen wurde gesprochen und herumgealbert. Die unsichere

Spannung der ersten Tage war einer konzentrierten Arbeitsatmosphäre gewichen.

Pavićević wirkte entspannter, er war in seinem Element. Er lief jetzt seltener mit gesenktem Kopf durch die Halle und murmelte vor sich hin, manchmal wich er jetzt ab von der geskripteten Rhetorik seiner Trainingspläne und suchte nach motivierenden Worten: »Let's get better, Gentlemen! Zeigt mir den Willen! Ich will euren Willen sehen!« Manchmal warf er der Mannschaft seine Weisheiten an den Kopf: »We're only as good as our weakest part.« Er griff zu Tiervergleichen: »Ihr müsst Katzen sein. Move like a cat! Move like a cat!« Manchmal spottete er: »Schau mich an, 42 Jahre alt und kaputter Rücken, und trotzdem gehe ich an dir vorbei wie nichts! Du siehst mich gar nicht!« Der Coach machte Witze: »Hier hast du zwei Euro, Seiferth, wenn du deinem Gegner etwas schenken willst, geh zum Bäcker und kauf ihm ein Stück Sahnetorte!« Er provozierte die Veteranen, er malträtierte die jungen Spieler: »What did we do all this shit for? Damit du einfach machst, was du willst? Willst du ins Team, young Joey? Oder willst du nach Hause?«

Jedes Spielsystem wiederholte er, bis es funktionierte. Er gab ihnen Namen, sie hießen *Fist Rotate* und *One down.* »Nochmal! Nochmal! Nochmal!«, dirigierte Pavićević. »One more time, hoppa!« Am dritten Tag beendete der Coach das Training erstmals mit einem Lob: »Good job, gentlemen, and good night!«

Ein anderes Bild von Luka Pavićević: Die Mannschaft in Zweierreihen auf dem Alpenschotterweg zwischen Trainingshalle und Hotel, vorbei am Kindergarten. Die Kinder rannten zum Zaun und schrien vor Freude. Der Coach ging an der Spitze, seine Spickzettel in der Hand.

Dahinter die Trainer, dann Zimmernachbar neben Zimmernachbar, zum Schluss Julius Jenkins in Badelatschen, die Schuhe unter dem Arm, Kopfhörer auf den Ohren.

»Kdor ne skače ta ni Slovenc – Hej, hej, hej«, sangen die Kinder, »wer nicht hüpft, ist kein Slowene.«

Die Spieler waren vor lauter Training und Monotonie zu konzentriert, zu müde, zu uniformiert, um zu reagieren. Ich weiß nicht, ob ich richtig gesehen habe, eigentlich lief ich zu weit hinten, aber der serbische Montenegriner Luka Pavićević sprang sehr kurz und verstohlen in die Luft, wie ein Junge auf dem Schulweg. Er lächelte die Kinder an, wie er sonst selten lächelt, und die Kinder lachten zurück.

Mithat Demirel ist ein Zocker. Am freien Tag in Kranjska Gora trieb er Konstantin Lwowsky über den Tennisplatz und in den Wahnsinn. Konsti wehrte sich mit allem, was er hatte, aber ihm steckte der tägliche Langstreckenlauf in den Knochen. Demirel hingegen hatte erst im letzten Herbst aufgehört, professionell Basketball zu spielen, also war er immer noch fit. Er war ein Berliner Freiplatzbasketballer, Halbtürke, Rotzlöffel und als Teenager schon Deutscher Meister mit Alba, hundertfacher Nationalspieler und Zimmerkollege von Dirk Nowitzki. Als Kind war er über den Zaun in den Tennisverein Preussen eingestiegen, um umsonst spielen zu können. Bei einem Bundesligaspiel gegen Göttingen hatte er im Frühjahr 2008 einen Finger seines Gegenspielers ins Auge bekommen. Zwei Jahre lang hatte er hartnäckig an einem Comeback gearbeitet, aber seine Karriere dann beenden müssen. Die Olympischen Spiele in Peking hatte er verpasst.

Demirel war mit knappen 1,80 Metern immer ein kleiner Aufbauspieler gewesen, aber ein bissiger, schneller und dreister. Er hatte die Übersicht behalten, er hatte die Dinge kontrolliert. Im letzten Jahr war er schon einmal in Kranjska Gora gewesen, damals noch als Spieler und um in Form zu bleiben. Jetzt war er Teammanager. Am Anfang des Trainingslagers hatte er ein wenig nervös gewirkt, er hatte ständig organisiert, die kleinsten Dinge geregelt.

Der erste Satz war eng, Demirel 6, Lwowsky 4. Im ersten Spiel des zweiten Satzes lag Konsti 40:0 vorn, man konnte seine Hoffnung auf die Überraschung erkennen. Es gab Zuschauer. Schultze und Femerling schmähten ihren ehemaligen Aufbauspieler. »Komm schon, Herr Sportdirektor, komm schon!« Demirel grinste und fing an zu spielen, seine Bälle wurden länger, 40:15, 40:30. Konsti Lwowsky spielte plötzlich gegen Mithats Nervenstärke in entscheidenden Situationen, gegen den Ehrgeiz eines eigentlich zu kleinen Nationalspielers, gegen einen Berliner Freiplatzspieler mit Berliner Schnauze, gegen die Erinnerung seiner Hände, gegen seine Kapitänsmentalität (man nannte ihn den »kleinen König«, wenn er nicht dabei war). 40:40, Vorteil, Demirel gewann das Spiel und den Satz mit 6:1. Dann brach ein Gewitter los.

Konstantin Lwowsky schlief bereits, die Spieler ließen sich massieren, und ich spazierte mit dem Coach, Professor Mika und Demirel die leere Dorfstraße entlang. Wir hatten uns Regenschirme geliehen. Alles lief nach Plan, aber das Team war noch nicht komplett. Wir setzten uns in eine vertäfelte Après-Ski-Bar, die Unterhaltung stockte. Pavićević bekam ständig Nachrichten auf sein Mobiltelefon, er redete mit befreundeten Coaches und holte zweite und dritte Meinungen zu Bryce Taylor und Reinaldas Seibutis ein, er rief ehemalige Mitspieler an. Demirel stand unter seinem Schirm im Regen und verhandelte mit Patrick King. Irgendwann legte Pavićević sein Telefon auf den Tisch. »Ich habe alles gesagt«, sagte er, »jetzt muss eine Entscheidung her.«

Der Coach bestellte slowenisches Bier für uns und Wein für Sidekick Mika. Der Professor lächelte und hob sein Glas. »Maybe«, sagte er, »Живели!« – »Živeli!« Wir hoben unsere Gläser. Luka Pavićević erzählte Geschichten. Mihailo Švraka, sagte er, habe einmal ein Bier getrunken, es muss kurz vor den Olympischen Spielen in Sydney gewesen sein, 2000, aber das Bier sei schlecht gewesen, und Mikas Bauch sei aufgequollen wie ein Ballon, man habe ihn leer pumpen müssen. Professor Mika lächelte und fuhr sich über den Bauch, »I think I explode«, sagte er, »I think I dead in Sydney.« Pavićević lachte selten, aber jetzt lachte er laut.

Wir tranken, Demirel stand auf der anderen Straßenseite und telefonierte. Ich fragte nach Basketballdingen, aber Luka Pavićević hatte anderes im Kopf. »This is my thinking«, sagte der Coach und erzählte von seiner Heimatstadt Podgorica 1979, von seiner Familie, serbischen Intellektuellen und Politikern, von seiner Mutter und seinem Vater, von Split im Jahr 1984, von Jugoplastika, er erzählte von dem Autounfall, der ihn 1986 seine intakte Schädeldecke und fast das Leben gekostet habe, sein Vater sei gefahren und habe keinen einzigen Kratzer abbekommen. Er selbst sei förmlich skalpiert worden, aber man habe alles wieder festgenäht.

Der Coach bestellte eine weitere Runde. Mika blieb beim Wein, Demirel ging im Regen auf und ab. Der Coach sprang von einem Thema zum nächsten: die Bomben auf Belgrad im Kosovo-Krieg, 1999. Wie sie in Cafés gesessen hätten und auf die Tomahawks gewartet. Wie laut die Einschläge waren, als der Fernsehsender an der Aberdareva fiel. Würfelspiele und Schnaps auf den Dächern, Anrufe aus Deutschland, CNN auf den Computerbildschirmen, CNN im Fernsehen. »Seitdem«, sagte Pavićević, »lese ich keine E-Mails mehr, per E-Mail kommen nur schlechte Nachrichten.« Professor Mika nickte und nippte. »Und überhaupt! Kosovo Polje?« Pavićević redete und gestikulierte. Ob ich jemals von der Schlacht auf dem Amselfeld gehört hätte, am 15. Juni 1389? Wie die Serben die Osmanen zurückgeschlagen hätten und so Europa vor den Türken bewahrt? Mika sah in sein Glas. »Und dann greift die NATO Belgrad an? Mit Tomahawk-Bombern?« Ich sah ihn an, und Pavićević sah zurück, als wisse ich Bescheid. Ich nickte aus Unwissen, er nickte, weil er sich sicher war.

»I think I dead in Sydney«, sagte Professor Mika, und dann schüttelte Demirel den Regen aus dem Schirm und nahm einen Schluck von dem Bier, das auf ihn gewartet hatte. »Es kann losgehen«, sagte er, »Bryce Taylor hat für zwei Monate unterschrieben. Wir sind komplett.«

PLAYOFF-TIME, BABY!

PLÖTZLICH IST FRÜHLING, plötzlich ist die Zuversicht zurück, schon wieder geht es um alles. Wir sind im Andel's Hotel an der Landsberger Allee, Konferenzsaal Amethyst mit Blick auf Bahngleise und Ruinen. Im Konferenzsaal nebenan findet ein Full-Tilt-Poker-Turnier statt. Wie vor jedem Heimspiel macht die Mannschaft hier ihren Mittagsschlaf. Heute beginnen die Playoffs, und der Unterschied ist nicht zu übersehen. In diesem Jahr ist alles anders gekommen als gedacht: Zwei Spieler wurden entlassen, drei Spieler wurden geholt. Es war ein Kommen und Gehen, sogar der Physiotherapeut wurde ausgetauscht. Marco Pelz für Frank Erdmann.

Die Saison hat ein Trainerteam zusammengewürfelt, mit dem niemand gerechnet hat. Jetzt sitzen die Coaches um einen weiß gedeckten Tisch und warten auf Kaffee und Kuchen, alle in Anzug und weißem Hemd, die Krawatten hängen am Kleiderständer: Der Israeli Samuel »Muli« Katzurin ist jetzt der Cheftrainer, der Mazedonier Boban Mitev ist sein Assistent. Sie sprechen Englisch, wie unter Pavićević nennen sie sich gegenseitig »Coach«. Konsti Lwowsky ist immer noch dabei und schreibt mit Edding die Schlüssel zum Sieg gegen die EWE Baskets Oldenburg auf das Flipchart, rot für die Verteidigung, blau für den Angriff. Professor Mika sitzt immer noch schweigend daneben.

Playoff-Viertelfinale gegen den Tabellensechsten der Hauptrunde! Die Mannschaft des bosnischen Trainers Predrag Krunić hat einen mit sehr guten Einzelspielern bestückten Kader und war erst vor zwei Jahren Deutscher Meister. In der Saison hat Berlin zweimal gewonnen, einmal knapp, einmal deutlich, aber Oldenburg glaubt an seine Chance, schließlich kennen sie die Probleme der Berliner. Der Star der Mannschaft ist der amerikanische Guard Ricky Paulding, ein fantastischer Athlet, der schon seit Jahren in Deutschland spielt. Den Aufbau besorgt der NBA-erfahrene Eddie Gill, unter dem Korb steht der australische Schrank Aron Baynes, auf dem Flügel lauern der erfahrene Litauer Lukauskis und der eiskalte Serbe Bogdanović. »Der hat Eier«, sagt Mithat Demirel, »der hat keine Angst.«

Oldenburg ist eine Mannschaft, die blitzschnell von Verteidigung auf Angriff umschalten kann. Also schreibt Konsti *WE HAVE TO STOP THEIR TRANSITION!* in roten Großbuchstaben auf das Flipchart für die Spieler. Sobald die Oldenburger den Ball bekommen, rennen sie nach vorne, was das Zeug hält, *Guards pushing the ball 1-1!*, entweder schließen Paulding oder Gill selbst ab oder passen den Ball auf Bogdanović außen, *Shooters outside!*, oder den nachfolgenden großen Spieler, *Fast Trailer!* Oldenburg ist eine wahnsinnig schnelle Mannschaft in der Vorwärtsbewegung, aber langsam auf dem Rückweg. *WE HAVE TO RUN!*, schreibt Konsti also in blau, *(they are not a good transition defense team! --> use it!)*. Es wird körperlich zur Sache gehen, *LET'S ATTACK THEM IN-SIDE! (expect a lot of physical fight)* und *BOX OUT* !!!

Der Oldenburger Coach Krunić arbeitet mit Emotionen. Er ist ein Rumpelstilzchen im Anzug, er springt und brüllt und flucht die Seitenlinie entlang. Er arbeitet mit Adrenalin, mit seinem eigenen, mit dem der Mannschaft und dem der Zuschauer. Er gestikuliert, er beschwert sich, er kommt den Schiedsrichtern zu nah. Basketball-trainer dürfen sich nur in ihrer Coaching-Zone vor der Bank aufhalten, aber Krunić treibt es manchmal mitten auf das Spielfeld. Er ist seit Jahren erfolgreicher Trainer in Deutschland, er hat Bonn und Oldenburg trainiert und ist 2009 erstmals Deutscher Meister geworden. Sein explosives Gebaren wird von den Gegnern oft als unprofessionell empfunden, sogar als lächerlich. Er legt Wert auf Disziplin, aber steht an der Seitenlinie wie ein Knallfrosch mit glimmender Lunte. Wer gewinnt, hat recht, und wer verliert, muss gehen. Man hört, dass es in dieser Playoff-Serie um seinen Kopf gehe, denn die Saison war für Oldenburg schwierig und dem Sponsor EWE, dem örtlichen Rundumversorger, soll Krunićs cholerische Explosivität nicht gefallen. *Die Playoffs kennen keine Vergangenheit,* notiere ich. Oldenburg hat die entscheidende Saisonphase erreicht und will jetzt die alten Schwierigkeiten vergessen machen. Tabula rasa, alles neu, alles geht von vorn los.

Um 15.30 Uhr weckt Tommy Thorwarth die Spieler zum Tee. Er ruft jeden einzeln an, »Mac, wake up!«, »Staiger? Halb vier!« Immanuel McElroy kann jetzt wieder gerade gehen, Bandscheibenvorfälle hin, Lumboischialgie her. Der Mannschaftsarzt Schleicher hat ihn mehrere Wochen gespritzt, kleine örtliche Betäubungen, um den harten Muskeln eine Pause zu gönnen, dazu Vitamine und Hyaluronsäure, die Schleicher »Gelenkschmiere« nennt. Der Physio hat Mac wochenlang gedehnt und massiert.

Heute beginnen die Playoffs, die entscheidende Phase der Saison. Nur einer bleibt übrig. Man spielt so lange, bis man entweder ausscheidet oder Meister ist. McElroys malträtierter Rücken muss jetzt nur noch ein paar Spiele bis zum Saisonende halten. Auf die Meisterschaft hofft man hinter den Kulissen zwar, aber nach außen bemühen sich alle um gesund aussehenden Realismus. Der neue Center Miro Raduljica betritt den Raum. Seit er im März aus Istanbul nach Berlin gekommen ist, hat er diszipliniert trainiert. Er hat deutlich abgespeckt, an den Oberarmen kann man jetzt Muskeln erkennen. Heiko Schaffartzik kam im Dezember, mittlerweile hat er seine Sascha-Hehn-Föhnfrisur abgeschnitten. Femerling hatte ihn »Udo« genannt, nach Udo Brinkmann aus der Schwarzwaldklinik. Er trägt ein T-Shirt mit der Aufschrift *Jesus loves this guy,* auf Taylor Rochesties Brust steht *Young & Blessed,* Tadija Dragićević hat sich ein Kreuz auf den Ringfinger der linken Hand tätowiert.

»Es gibt die klassischen Phasen, durch die eine Mannschaft geht«, erklärt mir Baldi, »die Findungsphase, die anfängliche Stabilisierung, dann kommt die Phase der Brüche, der Vibrationen und der Unruhe. Davon hatten wir jede Menge. Der Coach. Die Spielerwechsel. Dann einen schlechten Tadija, ein kleines Tief von Derrick. Staiger, der nicht richtig weiß, wo er steht. Anlaufprobleme von Heiko. Das hat sich jetzt alles gelegt.« Heute ist der erste Tag der alles entscheidenden Tage. Es gibt Tee und Sandwiches, wie immer.

Wieder ein Bus. Bobby Mitev sitzt in voller Montur vor mir und schaut angestrengt aus dem Fenster. Der neue Assistenztrainer ist ein religiöser Mensch, er trägt ein orthodoxes Holzkreuz am Revers, er trägt Gebetsketten um den Hals, zwischen den Fingern, um die Handgelenke. Er trägt ein Marienamulett. Mitev ist ein mythischer Mensch, er trägt eine Kette gegen den bösen Blick. Bobby ist Zwangsneurotiker, er folgt am Spieltag einem strikten Ritual, und niemand darf dieses Ritual stören. Auf der Busfahrt spielt er mit einem Gebetsarmband aus Türkisen und sieht aus dem Fenster auf Berlin. Die Stadt ist grün und warm, die Sonne scheint, der Busfahrer ist neu, er spielt Wolfgang Petry, *Hölle, Hölle, Hölle*. Von hinten brüllt jemand, er solle diese verdammte Scheiße ausmachen, also macht der Busfahrer die Musik aus. Man hört nur noch den Motor und die Stadt um uns herum, dazu Lil Wayne aus Lucca Staigers Kopfhörern.

Bobby beugt sich zu mir wie bei jedem Spiel und sagt voraus, dass Berlin die erste Playoff-Runde gegen Oldenburg ganz klar gewinnen wird. »Three zero!«, sagte er und wirbelt mit seinen Türkisen durch die Luft. »Three! Zero! I'm telling you! There is simply no way that we can lose this series!« Als wir über die Warschauer Brücke fahren, liegt die Halle im Brachland wie ein riesiger Schrein, die Sonne scheint, und in den Gesichtern der Spieler kann man ihre Heldensagen lesen, ihre Heldentaten, die Legenden ihrer kommenden Siege. *Why Wait?* steht in riesigen Buchstaben auf dem Marquee des Michelberger Hotels, Staiger drückt auf repeat, Lil Wayne. Die Spannung ist greifbar. »Why wait?«, fragt Bobby in den Bus, und Konsti, in Überlegungen verwickelt, in Gedanken längst in der Halle, längst in Taktik und Strategie versunken, sagt: »Gut, dass der Quatsch endlich losgeht!«

Um 16.30 Uhr hält der Bus an der O2 World. Vor dem Sportlereingang an Tor sieben wartet Katja von der Beeck in ihrem Rollstuhl. Katja ist ein leidenschaftlicher Fan der Mannschaft, immer trägt sie ihr gelbes Trikot mit Lucca Staigers Nummer 24. Ich habe sie in dieser Saison bei einigen Auswärtsspielen gesehen, manchmal hat sie sogar unten am Spielfeldrand gesessen. Bei Heimspielen empfängt sie die Mannschaft schon vor der Halle, Yassin Idbihi und Staiger schütteln ihr die Hand, ein paar High Fives, ihre Augen strahlen. Ich weiß nicht, was sie beruflich macht und was sie an Basketball und an Alba Berlin so fasziniert. Ich nehme mir vor, mit ihr zu sprechen.

Alba hat die meisten Zuschauer in Europa, im Schnitt über 10.000, und gerade erst ist ein neuer Fanclub gegründet worden, es gibt jetzt Block 212 und den alten Fanclub Alba-Tross, aber von der italienischen Begeisterung im Inferno Bianconero zu Caserta und der Bamberger Wut in der Frankenhölle sind die Berliner noch ein paar Meter entfernt. Diese Saison hat sie auf die Probe gestellt, denke ich, vielleicht werden sie mit wachsender Spannung lauter. Heute stehen ein paar Fans in Gelb in einiger Entfernung, sie scheinen sich nicht näher heranzutrauen.

Wir betreten die Halle: Derrick Allen im weißen Polohemd, Yassin Idbihi in kurzen Hosen, Tadija Dragićević in Jeans und T-Shirt, Staiger in verbeulter Jogginghose, Bryce Taylor, McElroy und zuletzt Jenkins. Sie haben die Kleiderordnung gelockert, seit Coach Pavićević nicht mehr da ist, aber der Kopfhörer ist die Universaluniform der Basketballprofis. Sie wollen allein sein, sie wollen sich konzentrieren.

In den Katakomben: nackte Betonwände, Sicherheitsschleusen und Milchglastüren. Links die Umkleide der

Trainer, hinter der Stahltür rechts die Kabine der Heimmannschaft. An jeder Tür stehen Securityleute, der Große mit der Glatze, der kleine ältere Herr, die füllige Blonde, unser Empfangskomitee der letzten Monate.

Das Alba-Büro steht im Gang und begrüßt die Spieler: Ticketmann Samii Selant, die Merchandisingdame Julia Pätzolt, der Pressesprecher Justus Strauven, die Balljungen. Alle lächeln, alle tragen gelbe Alba-Brillen aus Pappe. »Playoff-Brillen«, sagt Strauven. Allen sieht man den besonderen Tag an. »Tachchen!«, sagt der Mannschaftsarzt am Eingang der Kabine, weil er immer am Eingang der Kabine steht und »Tachchen!« sagt, wenn die Mannschaft kommt. »Tachchen!«, und heute dreht seine Stimme eine aufgeregte Pirouette dabei.

Als die Spieler kommen, ist Patrick Femerling längst da. Er hat ein stationäres Fahrrad in die Mitte der Kabine gestellt und tritt in die Pedale, der Schweiß tropft auf das riesige Alba-Logo auf dem Fußboden. Der Kapitän ist seit fast drei Monaten verletzt, Achillessehnenanriss, und seit drei Monaten arbeitet er an seiner Rückkehr in die Mannschaft. Er will, dass die anderen sehen, dass er zurückkommen wird, also fährt er vor dem ersten Playoff-Spiel in der Kabine Fahrrad bis zur Erschöpfung. Der riesige Fernseher läuft, gerade wird Borussia Dortmund Meister, und der Bildschirm flimmert gelb. Die Spieler betreten die Kabine und begrüßen ihren kämpfenden Kapitän, Konsti hängt seine vorbereiteten Poster an die Wand, Tommy legt die gelben Heimtrikots säuberlich gefaltet vor die Spinde der Spieler. Femerling kämpft mit den letzten Metern seines Trainingsprogramms, dann reißt er die Arme in die Luft und jubelt. Im Fernseher leert Dede ein riesiges Bierglas über den Kopf von Jürgen Klopp. Alles ist gelb, und Femerling steht auf und humpelt mit bandagiertem Knöchel zur Physiotherapie. »Man muss den Schmerz fühlen, man muss die Grenze finden, an der es nicht mehr weitergeht«, sagt er, »bald bin ich zurück.«

Die Vorbereitung auf ein Spiel ist für jeden Basketballer ein hundertfach vollzogenes Ritual. Die Alba-Profis spielen Basketball, seit sie acht, neun, zehn Jahre alt sind. Jeder von ihnen hat Tausende Trainingseinheiten absolviert, dazu 500 Spiele. Mindestens. Femerling schätzt, dass er in seiner Karriere 1300 Ligaspiele gemacht hat, dazu 221 Länderspiele. Macht 1521 Spiele, in denen ein Ritual entsteht und sich einschleift. Im Spiel und im Training trägt Femerling seine kniehohen Socken, auf die er von einem Hersteller in Barcelona seinen Namen sticken lässt. Am Spieltag rasiert er sich nie, »das merkt bei mir sowieso keiner«, grinst er. Er würde sich niemals vor dem Spiel die Fingernägel schneiden, geschweige denn die Fußnägel. »Das mache ich seit Griechenland nicht mehr.«

Immanuel McElroy lässt sich zwei Dosen Red Bull in den Kühlschrank stellen, auf das dritte Gitter von oben. Er betritt die Kabine, zieht sich bis auf seine Radlerhose aus und lässt sich vom Physio erst die Knöchel tapen, dann den Rücken mit Wärmesalbe einreiben und massieren. Dann legt er den Neoprengurt an, der seinen Rücken stabilisieren und wärmen soll. Darüber das Trikot, darüber den Aufwärmanzug. Dann setzt er sich vor seinen Spind, wartet und hört Musik, er scheint in die Leere seines Kopfes zu starren. Kurz bevor der Coach den Raum betritt, um seine Ansprache zu halten, nimmt er eine Dose Red Bull aus dem Kühlschrank.

Sven Schultze zieht sich immer ein schwarzes T-Shirt seiner letzten Mannschaft an, Carife Ferrara, und geht sofort in die Halle, um sein komplexes Kraft- und Dehn-programm durchzuführen. Jenkins lässt sich sein Tri-kot schon vor dem Spiel ins Hotel bringen, tauscht in der Kabine nur die Badeschlappen gegen die Schuhe und geht dann direkt aufs Spielfeld, um sich warm zu wer-fen. Taylor Rochestie hört Musik und singt dazu, manch-mal spricht er mit sich selbst, manchmal tanzt er. Staiger läuft nackt durch die Kabine und isst, was er finden kann, heute Bananen und Energieriegel. Ein paar Spieler putzen sich vor Spielbeginn die Zähne und schmieren sich Gel in die Haare. Es riecht nach Deodorant. Heiko Schaffartzik setzt sich allein auf die Tribüne, um in Ruhe ein Buch zu lesen und die Halle zu spüren.

Mein Ritual ist ein doppelter Espresso. Ich plaudere kurz mit der Garderobiere, wie immer, und lasse ihr meine Jacke da. Ich esse irgendetwas, die Fritteusen und Pop-cornmaschinen laufen bereits, Brezelverkäufer machen sich bereit, im VIP-Bereich werden die Proseccofla-schen entkorkt. Überall in der Halle gehen die Monitore an. Ich wechsle ein paar Worte mit Max Drübeck, dem Kartenkontrolleur. Jedes Mal frage ich ihn, wie das Spiel ausgehen wird. Max arbeitet auch bei Eishockeyspielen und Shakira-Konzerten an der Tür zu Block 201, aber er sieht selten zu. Jedes Mal öffnet Max mir seine Tür, jedes Mal wünscht er mir einen schönen Nachmittag und gute Unterhaltung. Niemals würde Drübeck den Spielaus-gang tippen, sagt er, denn Tipps brächten Unglück. »Wer Voraussagen macht, fordert das Schicksal heraus«, sagt er, »und das Schicksal sollte man nicht herausfordern.« Dann öffnet er die Tür und verneigt sich leicht. »Einen schönen Nachmittag«, sagt er, »und gute Unterhaltung!«

Jedes Mal bin ich überrascht von der Größe der Halle. Alba hat vor 20 Jahren in der Sömmeringhalle mit 2500 Zuschauern begonnen. Man gewann den Korać-Cup vor 10.000 Zuschauern in der Deutschlandhalle. Vor 15 Jahren wechselte man in die Max-Schmeling-Halle mit 8900 Zuschauern. Hier wurde Alba acht Mal deutscher Meister. Vor drei Jahren schließlich zog das Team in die O2 World am Ostbahnhof.

Ich bin eigentlich Nostalgiker, mir machen kleine Hallen großen Spaß, die Nähe zu den Zuschauern, der Lärm, die Stimmung in der Enge. Kleine Hallen erinnern mich an meine Kindheit. In der Schmeling-Halle hatte Alba an der eigenen Legende gestrickt, der Verein hat sich als Sieger etabliert. Die Schmeling-Halle war ideal bemessen für Basketball, wie man es in Deutschland kannte, sie war nach der Kölnarena die zweitgrößte Halle der Liga, sie war oft ausverkauft. Alba und die Schmeling-Halle waren im Bewusstsein der Stadt verankert.

Um die Jahrtausendwende hatte sich die europäische Basketballwelt grundlegend verändert. Das spielerische und organisatorische Niveau an der Spitze war gestiegen, und die Bedingungen waren professioneller geworden. Die Quote für ausländische Spieler war in Deutschland 2001 gefallen, und athletische Amerikaner und billige Osteuropäer hatten die Bundesliga geflutet. Das bedeutete: Eine komplette Generation junger deutscher Spieler spielte nicht, weil fertig ausgebildete Spieler aus dem Ausland leichter zu bekommen waren. Das Spiel wurde spektakulärer, wilder und unorganisierter. Es gab Bundesligaspiele, bei denen kein einziger deutscher Spieler auf dem Feld stand. Oft wurden nach einer Saison komplette Kader ausgetauscht, die Liga funktionierte als

Durchlauferhitzer für die finanzstärkeren Ligen in Griechenland, Spanien und Russland.

Als 2005 eine Pflichtquote für deutsche Spieler eingeführt wurde, waren diese plötzlich selten und teuer. Aber Alba verfügte über gute Nachwuchsarbeit und gewann seit jeher seine Titel mit deutschen Spielern im Kader, darunter Mithat Demirel und Marko Pešić.

Der amerikanische Investor Anschutz Entertainment hatte die Halle 2008 in die Bahnbrache neben dem Ostbahnhof gebaut, Telefónica Deutschland hatte die Namensrechte gekauft. Man hatte Alba einen langfristigen Nutzungsvertrag angeboten, weil Sportteams regelmäßige, routinierte und kostengünstige Bespielung der Arena garantieren. Bei Alba hatte man lange nachgedacht, man hatte sechs lange Jahre verhandelt. Es gab in Berlin deutliche und berechtigte Kritik an der Bebauung des Spreeufers, es gab moralische, stadtplanerische und natürlich sportnostalgische Gründe gegen einen Umzug. Aber um in Deutschland und Europa langfristig sportlichen Erfolg zu haben, war der Umzug für Alba unerlässlich. Man würde jetzt keine Hallenmiete mehr zahlen, sondern an den Profiten der Auslastung teilhaben.

Das durchschnittliche Interesse am europäischen Basketball entsprach einer halb gefüllten O2 World, die Oberränge mit schwarzen Tüchern unsichtbar gemacht. Selbst in Griechenland und Spanien spielten Erstligamannschaften bisweilen vor weniger als 1000 Zuschauern. Wenn die Berliner Halle komplett ausverkauft war, gab es nichts Vergleichbares in Europa. Die O2 World bedeutete für Alba den Versuch, europäischen Basketball auf eine neue Ebene der Publikumswirksamkeit zu befördern. Die O2 World ist riesig, bei Basketballspielen sind es bis zu 14.500

Zuschauer, in ihrer Mitte hängt ein riesiger Videowürfel für Zeitlupen, Nahaufnahmen und Werbung. Es riecht nach Pommes und Popcorn. »Einen schönen Nachmittag und gute Unterhaltung!«, sagen die Türsteher.

Die ersten Zuschauer betreten die Halle, die Cheerleader proben, und auf dem Würfel läuft ein Film mit den besten Szenen der Saison. Es ist laut, Soundcheck, ich sehe mich um. Der obere Rang der Halle ist teilweise schwarz abgehängt, auf den blauen Sitzen des Unterrangs liegen leuchtend gelbe Klatschpappen mit dem Playoff-Motto *Das Beste zum Schluss* (im letzten Jahr hatte man dasselbe Motto verwendet, aber nach dem frühen Ausscheiden hat es sich wohl noch nicht abgenutzt). Heiko Schaffartzik sitzt immer noch auf der Tribüne und liest. Ein paar Organisatoren des Fanclubs schleppen Trommeln und Banner in die Halle. Heute tragen alle Gelb: gelbe T-Shirts, gelbe Trikots, gelbe Schals, gelbe Perlenketten, gelbe Perücken, die gelben Playoff-Brillen. Die Spannung ist greifbar, obwohl das Spiel nicht ausverkauft ist.

Am Spielfeldrand gibt Konsti ein Interview, das kurz vor Spielbeginn auf dem Videowürfel gezeigt werden wird. »Heute brauchen wir die Zuschauer, jeden einzelnen«, höre ich ihn sagen, denn Konsti ist eine Art Zwischenhändler zwischen Mannschaft und Fans. »Die Zeit der Reden ist vorbei, jetzt müssen wir zeigen, woraus wir gemacht sind.« Im Tunnel zu den Kabinen kommen mir Bryce Taylor und Yassin Idbihi entgegen. »You think it's gonna be rockin' in here tonight?«, fragt Bryce, und Yassin zuckt mit den Schultern. »Depends on us«, sagt er.

Alles ist vorbereitet, die Zeit läuft. Auch in der Kabine der Coaches läuft ein riesiger Fernseher, Royal Wedding in London, Militärs zu Pferde, Regenschirme und Kutschen, absurde Hüte. Eine Uhr an der Wand zeigt die Stunden, Minuten, Sekunden bis zum Anpfiff, 00:59:44, die roten Ziffern leuchten. Die Kabine für die Coaches ist die Künstlerkabine, in der auch die Musiker auf ihre Auftritte in der Halle warten, Kylie Minogue und Usher und Jon Bon Jovi. Es gibt schwarze Kunstledersessel und eine Küchenzeile mit Mikrowelle, es gibt ein Bad.

Während sich die Spieler die Knöchel tapen lassen, haben Katzurin und die Coaches nichts zu tun, sie müssen die Zeit bis zum Spiel totschlagen. Also läuft der Fernseher, also streiten sich die Coaches über Großbritanniens Thronfolger. Luka Pavićević hat bis kurz vor Spielbeginn seine Rituale gepflegt: Kaffee aus Pappbechern mit Professor Mika, murmelnd seine Notizen durchgehen, seinen Plan, seine Idee vom Spiel, dann fünfzig Liegestütz, duschen, Krawatte binden mit Mika, dann raus in die Halle. Coach Katzurin ist längst bereit, er sitzt mit perfekt gebundener Krawatte am Tisch und sieht ab und zu auf die Uhr. *00:55:32.* Mithat erledigt Papierkram, er füllt die Begleiterliste für das Spiel aus. Konsti checkt die Spieler auf der Meldeliste. Bobby war beim Friseur. Professor Mika kommt mit vier Pappbechern in die Kabine. Das ist sein Ritual, aber seit Pavićević weg ist, wird sein Kaffee kalt.

»Charles wird König«, sagt Katzurin.

»Ich sage William«, sagt Bobby. »Wetten?«

»Behalt dein Geld, ich will es nicht.«

»Ich sage William. Auf jeden Fall: William!«

»Die Queen stirbt sowieso nie. Lebt ihre Mutter nicht auch noch?«

»Die wurde 101 Jahre alt, 2002 ist sie gestorben.«

»Bobby! Lass uns um so einen Hut wetten. Den gelben da!«

»Der sieht aus wie ein Geweih.«
»Der würde dir stehen, Bobby. Ich sage: Charles.«
»William! sage ich. William!«

In der Kabine bei *00:51:07* öffnet McElroy eine Dose Red Bull und zwei Sekunden später kommen die Coaches. Zuerst Coach Katzurin, dann Konsti, Bobby, Professor Mika. Die Manager kommen, Demirel und Baldi, der Arzt, die Physios und Tommy Thorwarth stehen im Türrahmen. Femerling steht von der Massagebank auf, Bryce Taylor kommt vom Klo. Muli stellt sich in die Mitte der Kabine und wartet. Er sieht sich um. Man sieht Tadija nervös mit den Beinen wippen.

»Wiederholen wir einige Dinge«, sagt Coach Katzurin und wirft sein Taktikbrett vor sich auf den Boden. »Wir haben alles gesagt. Wiederholen wir also ein paar Dinge.« Er redet ruhig, sein Englisch bricht gelegentlich, man vermutet Hebräisch dahinter, vielleicht sogar Jiddisch. Der Coach sagt, was gesagt werden muss, er sagt, was jeder Trainer sagen würde, er weist auf die Stärken des Gegners hin. »Oldenburg ist schnell. Sie *fliegen* über das Spielfeld, sie treffen ihre Dreier, sie sind aggressiv beim Rebound.« Der Coach sagt die wichtigen Dinge zwei Mal. »Sie *fliegen* über das Spielfeld, Lukauskis, Gill, Paulding – *they know how to run!*«

Heute hören die Spieler aufmerksam zu, heute stehen die Manager mit verschränkten Armen hinter dem Coach. »Sie sind aggressiv unter den Körben, und wir sind das schlechteste Rebound-Team der Liga«, sagt der Coach, »wir müssen aggressiver sein als sie, wir müssen mehr Rebounds holen als sie. So einfach.« Der Coach pausiert, er beobachtet, wie seine Worte in der Kabine verhallen, er sieht in die Augen der Spieler. »Jungs. Wir begeben uns heute auf eine gemeinsame Reise. Wir wissen, was uns erwartet. Die Reise wird hart. Sie wird hart! Wir brauchen jeden, egal ob für 20 Sekunden oder 35 Minuten. Alle werden gebraucht. Alle! Wir wissen nicht, wie das Spiel sich entwickeln wird. Vielleicht wird es ein normales Basketballspiel. Vielleicht wird es nervös. Wenn es nervös wird, spielt hart. Spielt smart. Oldenburg ist aggressiv, die werden die Ellenbogen auspacken. Oldenburg ist clever. Oldenburg ist clever. Wenn sie die Ellenbogen ausfahren, geht zu Boden, als wäret ihr halb tot. Haltet euch zurück. *Don't be right, be smart.* Was nützt es, wenn ihr dem Gegner die Fresse poliert und ihr dann in der Kabine sitzt? Nichts. Wem nützt das? Niemandem. Rache ist für Dummköpfe. *Don't be right, be smart!* Wer zuerst die Nerven verliert, verliert das Spiel. Und ich will nicht, dass wir das sind. Seid clever. Wir sind das bessere Team. Wenn wir unser Spiel spielen, gewinnen wir. Wir sind das bessere Team. Es geht nicht um Einzelne. Wir brauchen alle. Wenn wir nicht gewinnen, sind wir alle nichts. Wir sind das bessere Team.« Muli hebt die Faust, die Spieler springen auf, »Playoff-time, baby!«, brüllt Schultze. Die Spieler heben ihre Fäuste, die Trainer kommen dazu, die Manager, Tommy und die anderen.

One
   two
      three
         Alba!

Countdown, Layup-Lines und Stretching. Immanuel McElroy wird zum fünften Mal als bester Verteidiger der Liga ausgezeichnet. High Fives, dann Einlaufen mit Pyrotechnik, Fist Bumps, Huddle, Hugs, das Mustern des

Gegners, *00:00:34*, Derrick Allen kommt vor dem Spiel zu Marco Baldi, Patrick Femerling und mir auf den Plätzen in der ersten Reihe, direkt unter dem Korb. High Fives, Muli zurrt die Krawatte fest, Bobby bekreuzigt sich und küsst seine Amulette, Konsti sieht quer durch die Halle zu seiner Frau, *00:00:00*, es geht los, *Playofftime, baby!*

Und es geht gut los. Alba wirft hochprozentig und verteidigt konzentriert. Julius Jenkins bekommt den Ellenbogen des riesigen Australiers Aron Baynes kurz hintereinander zweimal in die Rippen und wird ausgewechselt. Trotzdem steht es zur Halbzeit 51:30. »Baynes ist ein Schinken«, sagt Femerling in der Kabine, »Prosciutto Baynes, immer einen Knochen draußen.« Jenkins lässt sich vom Arzt an der Rippe behandeln, spielt aber mit zusammengebissenen Zähnen weiter. »Gegen Baynes habe ich mal bei der Universiade in Thailand gespielt«, erzählt Yassin. »Damals war er fett, jetzt ist er eckig. Würde mich mal interessieren, was der genommen hat.«

Die Mannschaft kommt nach der Halbzeit konzentriert aus der Kabine, bei Zwischenspurts des Gegners spielt sie ungerührt weiter ihr Spiel. Auch bei einigen hanebüchenen Fehlpfiffen der Schiedsrichter lamentiert niemand.

Coach Katzurin lässt alle spielen, McElroy bekommt sogar eine längere Pause. Staiger kommt unter dem Jubel der Zuschauer aufs Spielfeld und macht, was er kann: Er trifft einen Dreier, legt dann sofort einen Zweier nach. Direkt nach einem Ballverlust sprintet er über das komplette Spielfeld, schlägt Stević den Ball aus der Hand und verhindert einfache Punkte der Oldenburger: Staiger-Sprechchöre. *Staiga Staiga!*

Unkonzentriertheiten und Ballverluste schleichen sich erst ein, als das Spiel bereits entschieden ist. Die Oldenburger Fans verlassen die Halle kurz vor Ende des Spiels mit hängenden Köpfen und schlaffen Fahnen. Alba gewinnt 95:68.

Nach dem Spiel kommt der Coach kurz in die Kabine und gibt den Spielern den Sonntag frei. »Good job, guys, wir führen nicht 24:0, also reißt euch zusammen. Schont euch, rennt morgen nicht den ganzen Tag im Frühling herum. Wir sehen uns übermorgen.«

»Um zehn Uhr,« sagt Konsti, »ten a.m.«.

EIN GUTER STOLPERER
FÄLLT NICHT

DREI TAGE SPÄTER STEHEN WIR ZUM ZWEITEN SPIEL der Playoff-Serie in der leeren EWE Arena Oldenburg. Die Wirkung einer leeren Auswärtshalle vor einem wichtigen Spiel ist nicht zu unterschätzen. Die Spieler machen ihre Witze ein wenig zu laut. An der Hallendecke hängen die gelb-blauen Trikotbanner der Oldenburger Lokalhelden, #6 Daniel Strauch, #8 Pavel Baćka, #14 Tyron McCoy. »Berliner Spieler gelten hier nichts«, sagen die Fahnen. Das Meisterbanner von 2009 erzählt, dass hier gerade erst gefeiert wurde, denn wo Banner hängen, da wurde gewonnen, und wo Ehrentrikots hängen, haben Spieler große Spiele gespielt. Die Halle ist vorbereitet: das Dunkelblau-Hellblau der Sitze, das Gelb der Klatschpappen, das bleiche Weiß der Trommelfelle (es wird laut werden). Playoffs sehen überall ähnlich aus, sie fühlen sich überall ähnlich an. Ein Hausmeister wischt noch einmal den Boden vor der Oldenburger Bank, ein Techniker steht auf einer Leiter und schraubt an der Uhr herum (es wird knapp werden). Die Fernsehleute leuchten die Halle aus, ein blasses Licht, das man von nächtlichen Unfallorten an Autobahnen kennt.

In leeren Hallen ist die Größe des Spiels spürbar. Man stellt sich die Zuschauer vor, wo jetzt leere Sitze sind, den Lärm, wo jetzt vereinzelte Bälle zu hören sind, die Wut, wo jetzt das Echo unserer Witze verhallt. Jeder Basket-baller stellt sich vor, wie er in dieser Halle spielen würde. Man stellt sich entscheidende Würfe vor (ein innerer Jubel). Am anderen Ende der Halle wärmt sich Daniel Hain auf, der Verteidigungsspezialist der Oldenburger, Serien von Mitteldistanzwürfen, ein, zwei Dribblings, Dreier. Ricky Paulding sitzt mit Kopfhörern auf der Tri-büne, Miro Raduljica und der Oldenburger Serbe Luka Bogdanović scherzen (Gesetz im Profibasketball: Ameri-kaner hören allein Musik, Ex-Jugoslawen reden miteinan-der, deutsche Nationalspieler umarmen sich).

Konsti legt sein Taktikbrett auf den Boden und stützt sich auf die Bande. »Es gibt dieses Playoff-Gefühl. Du stehst da und willst eigentlich nur, dass es zweieinhalb Stunden später ist. Du willst einfach nur wissen, wie du dich in zweieinhalb Stunden fühlen wirst.«

Gestern Morgen hat die Mannschaft noch in Berlin trainiert. »Das nächste Spiel ist nie eine einfache Ko-pie des letzten«, hat der Coach gesagt. »Delete the pro-gram, be ready for a new game.« Katzurin hat gute und schlechte Nachrichten für das Team, er beginnt mit den guten. »Wir haben in der ersten Halbzeit keinen ein-zigen Ballverlust gehabt. *Zero. Zero turnovers!* Unser Plan geht auf. Eddie Gill hat den Ball nicht verteilt wie sonst. Campbell sollte links gehen und ist links gegan-gen. Bogdanović hat nicht getroffen. Aber er wird wei-ter werfen. Wir waren oft schneller als sie, vorne und hinten. Exzellente Teamarbeit. Bryce war mindestens sechs Mal auf dem Boden. So spielt man Playoff-Basket-ball. *This is how you play playoff-basketball!* Und dann? Dann produzieren wir in der zweiten Halbzeit diese un-fassbaren Ballverluste. Unfassbar! *Twelve.* Er lässt das

Video laufen. *Twelve!* Hier. Hier Taylor. Und nochmal Taylor. Hier.«

Aufbauspieler Taylor Rochestie starrt auf den riesigen Bildschirm in der Kabine, dann auf die frisch gewaschenen Auswärtstrikots auf dem Tisch, dann wieder zum Coach. Wenn der Coach individuelle Fehler zeigt, sieht keiner seine Mitspieler an. »Hier, hier, und hier.« Jeder ist sich der eigenen Vergehen bewusst, aber trotzdem hoffen die Spieler, nicht erwischt, nicht bezichtigt zu werden. Nicht vor den anderen.

Der Coach beendet die kurze Videoanalyse mit einem Lob: »All diese Fehler in einem wirklich guten Spiel von uns. Wir brauchen Konzentration. Witze sind gut, Lockerheit ist gut. Aber wir dürfen niemals die Konzentration verlieren!«

Die Coaches verlassen die Kabine, die Spieler nicken, sie schnüren ihre Schuhe, in ihren Gesichtern die Entscheidung, es besser zu machen. »Videoanalyse ist irre, oder?«, fragt Rochestie in die halb leere Kabine und schüttelt den Kopf. »Du denkst, du hast gut gespielt, und dann siehst du plötzlich, was für einen Scheiß du machst.« Im College, sagt er, habe so eine Analyse drei Stunden gedauert, jeder Fehler sei tausend Mal wiederholt worden, er habe das fast nicht mehr sehen können. »Coach hat recht«, sagt Rochestie. »Wir müssen uns konzentrieren«.

Aber auf dem Weg aus der Kabine zieht Raduljica Lucca Staiger am Ohr und boxt den hageren Jenkins in die geprellten Rippen, ein 120-Kilo-Knuff. Jenkins krümmt sich vor Schmerzen. »*Man,* ich habe wegen der Rippe keine zwei Stunden geschlafen«, wimmert er, und Miro lacht: »Get ready for Baynes, *man!*«

Femerling ist angespannt. Schon beim ersten Mal in Oldenburg Ende Februar ist er nicht dabei gewesen. Wir hatten in seiner Wilmersdorfer Wohnung gesessen und das Spiel im Fernsehen angesehen, Femerling mit dem rechten Fuß in einer riesigen Plastikschiene. Seit Mitte Januar hatte er Probleme mit den Füßen, aber er biss die Zähne zusammen und trainierte weiter. Am 20. Februar dann plötzlich ein stechender Schmerz: Die Sehne war angerissen. Bei Pistazien und Bier sahen wir den ersten richtigen Sieg der Mannschaft. Femerling feuerte die Mannschaft an, seine Tochter schlief trotz des Lärms weiter. Siebzig Tage war das jetzt her.

Die Rehabilitationsphase war ungewöhnlich lang. Zunächst wurde das Gelenk fünf Wochen lang komplett immobilisiert. Femerling humpelte täglich zum Krafttraining und verbrachte mehrere Stunden bei verschiedenen Physiotherapeuten. Er fuhr einbeinig Fahrrad, um die Kondition nicht gänzlich zu verlieren. Er sah beim Training zu und saß bei den Spielen neben mir am Spielfeldrand, er haderte lautstark mit den Schiedsrichtern. Manchmal explodierte er. Er hat sein Möglichstes getan, um seinen Körper zu reparieren. Jetzt will er zurück ins Team.

Femerling betritt die Halle, für alle sichtbar mit getapten Füßen. In der Hand hält er ein Paar der regulären Adidas-Schuhe, die ein Schuster extra für ihn umgerüstet hat. Er wird nicht mit nach Oldenburg fahren, hat der Coach ihm heute Morgen eröffnet, er soll in Berlin bleiben und mit Professor Mika und der zweiten Mannschaft trainieren. »Jugendarbeit«, nennt der Kapitän das. Er lacht, aber ihm ist sichtlich nicht nach Lachen zumute.

»Coaches müssen alles berücksichtigen«, sagt Coach Bobby und sieht nachdenklich aus. Seit dem ersten Playoff-Spiel ist er noch nervöser als zuvor. Er raucht jetzt mehr, manchmal sogar direkt vor der Halle. Ehe der Bus abfährt, nimmt Bobby seine Schachtel aus einer seiner Taschen und verschwindet hinter dem Bus, damit ihn die Spieler nicht rauchen sehen. Bobby braucht in diesen Tagen für eine Tüte Weingummi nur noch fünf Minuten. »Wir Coaches müssen denken, aber die Spieler müssen nur tun. Als Spieler hast du einen großen Vorteil. Du bewegst dich. Du hast den Ball in den Händen. Du wirfst. Du läufst auf den bekannten Laufwegen. Du setzt einen harten Block. Du handelst nach den Regeln des Spiels, und denkst nicht an den ganzen Kram drum herum. Wenn Spieler spielen, sind sie ganz bei sich.«

Die Spieler tapen sich jetzt bei jedem Training die Knöchel, der Ton wird härter. Coach Katzurin lässt die Spieler ununterbrochen gegeneinander spielen, er will ihren Ehrgeiz wecken. Blau gegen Weiß. Der Verlierer macht Liegestütz. Beim Stand von 9:9 steigt Bryce Taylor beim Kampf um einen Rebound hoch, fliegt über Miro Raduljica, kollidiert dann in der Luft mit McElroy, verlässt die gedachte Flugkurve, dreht sich mit fliegenden Armen unnatürlich um die eigene Achse, schreit dunkel auf und geht zu Boden. Im Getümmel unter dem Korb hat er einen Schlag auf die rechte Schulter bekommen, seinen Wurfarm. Sofort stoppt das Spiel, die Spieler bleiben stehen, der Ball rollt in die Ecke der Halle und bleibt liegen. Alle starren, Jenkins starrt, McElroy starrt, die Coaches starren. Femerling starrt, weil er weiß, was es heißt, verletzt zu sein. Die Frau des Hausmeisters starrt, obwohl sie keine Ahnung von Basketball hat. Sie sieht die Angst in den Gesichtern der anderen, sie ahnt die möglichen Konsequenzen.

Coach Bobby zieht die Augenbrauen hoch und sagt: »Die Schulter ist durch. Ich bin mir sicher. *We are in deep shit.*«

Bryce bleckt die Zähne und starrt auf den Schmerz im Inneren seiner Schulter. Ein paar Spieler nutzen die Pause und trinken Wasser, der Rest steht um Bryce herum. Der Physio kommt mit Eis, was angesichts der versammelten Befürchtungen völlig nutzlos wirkt. Schließlich hilft Femerling Bryce auf und trägt ihn fast in den Physioraum, ganz Kapitän. Der Coach bricht das Spiel und das Training ohne große Worte ab und schickt die Mannschaft zum Duschen. »Das war's!«

Coach Katzurin weiß, dass in den Playoffs vor allem die Spieler gebraucht werden, die der Mannschaft Energie geben. Bryce war im ersten Spiel gegen Oldenburg der beste Verteidiger, er ist in den letzten Wochen vor den Playoffs zu einer Art Symbol für das Wiedererstarken der Mannschaft geworden, für ihr Selbstvertrauen, für die Wiederentdeckung der Spielfreude. In der Kabine vor dem Training hat Coach Katzurin diesen Kampfgeist noch ausdrücklich gelobt. Jetzt steht Bryces Schulter neben Macs Rücken, Jenkins' Rippe und Femerlings Ferse auf der Liste der Dinge, die Sorgen bereiten. »Diese Dinge können alles verändern. Und man selbst ist machtlos. Also warten wir ab.« Katzurin nimmt seine Jacke vom Haken und geht, er klingt dabei fast ein wenig wie sein Vorgänger. Der Fernseher läuft weiter, die Sendung heißt »Deutschlands bester Apfelkuchen – wer gewinnt den Titel?«.

Morgens steigt Bryce dann kerngesund in den Bus. »Alles okay«, sagt er, bloß würde sein Arm bisweilen bei einer bestimmten Bewegung taub. Wir fahren raus aus Berlin, Kiefernwälder und Sandboden, Löwenzahn in den Böschungen. »Ich wusste, dass das nichts Ernstes ist«, sagt Bobby, schläft nach zehn Minuten ein und schnarcht. Mithat ist ständig am Telefon mit Marianne Noske in der Geschäftsstelle, sie planen jetzt schon zweigleisig die nächste Playoff-Serie, gegen Frankfurt oder Göttingen. Das Hotel in Frankfurt-Höchst, in der Nähe der Ballsporthalle, ist nach dem Playoff-Aus im letzten Jahr unbewohnbar. Aberglaube. Das Ausweichhotel in Sachsenhausen ist ausgebucht. Hotels für zwanzig Mann sind schwer zu finden. »Bad Homburg?«, fragt Mithat völlig entgeistert in den Telefonhörer. »Wie weit ist das?«

Die Spieler reden über Angela Merkels Freude an Bin Ladens Tod. Yassin Idbihi hat einen Stapel Tageszeitungen mitgebracht, auf allen ist Bin Laden zu sehen, der vorgestern in Abottabad erschossen und umgehend seebestattet worden ist. »Good day for the war on terror!«, hat Taylor Rochestie getwittert. Yassin ist verwundert: »Nach zehn Jahren finden die Amerikaner den zuckerkranken Bin Laden in einem Haus in Pakistan, und er ist unbewaffnet? Sie erschießen ihn aber trotzdem und werfen ihn dann direkt ins Meer? Ausgerechnet jetzt? Ausgerechnet zum Wahlkampfauftakt?«

Rapsfelder, Birkenwälder, Bremen, Osnabrück, das Land wird flacher und flacher. Konsti liest Arno Geiger, *Der alte König in seinem Exil,* und wirft Zitate in den Bus, »Man muss heuen, wenn das Wetter schön ist,« sagt er. »Der Finger in der Nase dichtet auch.«

Heiko Schaffartzik blättert fassungslos in den Zeitungen, die Spieler reden über die Talkrunden der letzten

Nacht, Markus Lanz und so weiter, die üblichen Gäste, Wolf von Lojewski und Fernsehgarten-Andrea Kiewel, die jedes einzelne ihrer Stammtisch-Statements mit einem Wenn-man-mal-ehrlich-ist eingeleitet hat. »Wenn man mal ehrlich ist«, sagt Yassin, »dann stimmt da was nicht.«

Vor Coach Katzurin liegt eine Tüte Studentenfutter auf dem Tisch, er sieht sich zum wiederholten Male das erste Spiel an. Auf Reisen trägt er schwarzen Trainingsanzug und weißes T-Shirt. Der Anzug für das Spiel hängt hinter ihm am Haken, frisch gebügelt. Katzurin hat seine Haare frisch gefärbt. Ein paar Bilder von vor seinem Engagement in Berlin zeigten einen grauhaarigen Mann, den sie »Sergeant Muli« nennen, und der in seiner langen Karriere in Tschechien, Polen und Israel mit harter Hand Titel einsammelte. Dieser militärische Eindruck ist verflogen, seit er in Berlin angekommen ist.

Coach Katzurin ist ein reservierter, aber meist höflicher Mann. Seine Haare haben jetzt einen dunkelbraunen, fast violetten Ton. Er sortiert Rosinen und Nüsse, er zeigt Konsti noch einmal einige zentrale Spielszenen. Er sagt wenig, weil er davon ausgeht, dass Konsti ihn versteht. Katzurin hat Vertrauen in seine Coaches. Er lässt Bobby und Konsti manchmal das komplette Training leiten, er selbst steht hochkonzentriert am Rand und beobachtet die Laufwege der Spieler und ihre Körpersprache. Er hält die Arme verschränkt. Er hat zahllose Playoff-Spiele gespielt, er hat erwachsene Kinder, er wirkt gelassen. »Die Kunst des Coachens«, sagt Muli, »ist die Kunst, mit Tatsachen umzugehen und zu arbeiten. Und wenn es sein muss: Improvisation. Improvisation!«

Anders als Luka Pavićević hält Katzurin es für möglich, dass Dinge manchmal nicht zu ändern oder zu kontrollieren sind: das Wetter, Flugpläne, Schiedsrichterentscheidungen, der Spielplan der Liga, wirtschaftlicher Spielraum des Clubs, Wesenszüge und Qualitäten der Spieler. Allein sein Alter scheint ihm Probleme zu bereiten (ich werde ihn nicht nach dem Grund für seine getönten Haare fragen). Seine eigene Spielerkarriere wurde durch den israelischen Militärdienst beendet. Hinter seiner Gelassenheit und dem taxierenden Blick schlummert eine konsequente Härte. Katzurin trinkt nicht und achtet auf seine Ernährung. Katzurin spielt Basketball, um zu gewinnen. Er ist Pragmatiker im Handeln und Idealist im Denken. Er ist nicht gläubig, er hegt keinen Groll. »Ich hasse es zu verlieren«, hat er bei der Pressekonferenz zu seiner Vorstellung gesagt. Er lamentiert nicht herum, er bereitet das vor, was man vorbereiten kann. Sein Jüdischsein hat die Journalisten anfangs reflexartig interessiert, denn es wäre eine leicht verständliche Geschichte gewesen: der Jude in Berlin. Aber für einen Spaziergang zum Holocaust-Memorial samt Fototermin hat er keine Zeit.

»Vergangenheit ist Vergangenheit«, sagt Coach Katzurin, »Basketball ist Basketball.«

Katzurin ist ein großer Ironiker, oft bleiben seine Witze nahezu unbemerkt. Sein Lächeln ist immer höflich, es reicht in kaum sichtbaren Nuancen von kalt bis ehrlich. Oft wirkt er gedankenversunken, oft sieht er dann unvermittelt auf und sagt, was er denkt. »Heute machen wir der Mannschaft keinen Druck«, sagt Coach Katzurin kurz vor Oldenburg in den Bus. »Den macht sie sich selbst.«

»Wir wollen gewinnen. Nur darum geht es heute. Wir wollen *gewinnen.*« Der Coach steht in der Oldenburger

Kabine, Mac reißt seine Dose eine Sekunde zu spät auf, man hört eine dramaturgisch ungeschickte Klospülung irgendwo über der Kabine. Die Umkleide in Oldenburg kennt man aus Schulen, Holzbänke, Duschen und Klos nebenan. Die Konzentration ist nicht so hoch wie noch drei Tage zuvor. Katzurin redet, und Mithat schielt auf die Speisekarte von Joey's Pizzaservice vor ihm auf der Bank. Er wird Hunger haben. »Letztlich ist das einfach ein Basketballspiel. Wir haben über alles geredet. Wenn Gill rechts geht, brauchen wir Hilfe. Wir rotieren so, dass die Mitte zu ist. Wir haben darüber geredet, Derrick! Körper einsetzen, Offensivfoul annehmen, nicht den Wurf blocken. Wir wollen schnelles Spiel, *Side Pick&Roll-Transition,* aber mit guten Entscheidungen. Gute Entscheidungen! Und wenn es schnell nicht geht, spielen wir in aller Ruhe unser Spiel. Stellt euch breit auf, schafft Raum. *Spacing!* Wir spielen in fremder Halle, also keine Abenteuer. Keine Abenteuer! Wir müssen ständig kommunizieren. Kommunikation! Wir wollen keine offenen Würfe. Dieses Team kann treffen. Wir wollen nicht, dass sie Selbstbewusstsein bekommen. Keine offenen Würfe! Wenn sie irre Würfe treffen: kein Problem, kann vorkommen. Aber keine offenen Würfe! K e i n e ! Offenen! Würfe!« Der Coach pausiert, er wischt auf seinem Taktikbrett herum und sammelt sich. Er spricht ruhig weiter.

»Das Spiel kann hässlich werden. Hässlicher Basketball. Hässliches Geschubse. Ich habe das schon gesagt: *Don't be right, be smart!* Wir wollen den Sieg, sonst nichts. Wenn ihr einen abbekommt, geht ihnen nicht gleich ins Gesicht. Wir brauchen kein heißes Blut, Miro, wir brauchen jeden einzelnen Spieler. Wir sind die bessere Mannschaft, aber es wird heute nicht einfach. Ich habe heute zu viel geredet. Let's go!« – »*Let's go, guys!*«, brüllt Schultze, und die Fäuste gehen zusammen, die Spülung über uns spült erneut, die Tribünentoiletten müssen direkt über uns liegen. Und weil Femerling nicht dabei ist, erledigt Derrick heute den Schlachtruf. Coach Katzurin und Bobby gehen in die Halle, Schultze fragt den Doc nach Aspirin, und Tommy nimmt die Bestellung für die Pizza nach dem Spiel auf. Siebenmal Tonno. Fünf Diavolo. Vier Margarita. Keine Sonderwünsche. »Hier stinkt's«, sagt Miro mit finsterer Stimme, als er aus dem Bad kommt. »Toter Hase. Nein. Toter Fasan!«

Das Spiel ist so hässlich, wie der Coach es versprochen hat. Gleich zu Beginn verliert Alba dreimal den Ball leichtfertig und liegt 8:2 hinten. Krunić nutzt die Situation und springt wie besessen vor der Bande herum, er will das ohnehin schon laute Publikum ins Spiel bringen, die Trommeln, das Gebrüll. Er will ihre Herzen. Oldenburg soll Alba niederschreien.

Das Oldenburger Maskottchen ist ein zerzauster Vogel, ein Kampfhahn vielleicht. Er hat bessere Zeiten gesehen, die Saison war nicht einfach. Jetzt will der Gerupfte seinerseits rupfen. Aus Berlin ist ein einzelner Fanbus dabei, die gelben Trikots der Berliner Fans werden vom Oldenburger Gelb verschluckt.

Neben mir und Baldi sitzt Katja von der Beeck in ihrem Rollstuhl, sie hält ein selbstkopiertes Poster in die Luft, *Let's go, ALBA! Wir wollen das 2:0.*

Coach Katzurin hat ohne Julius Jenkins begonnen, um seine geprellte Rippe zu schonen. Jetzt bringt er ihn, und Baynes fährt tatsächlich sofort den Ellenbogen aus. Jenkins weicht aus. Vorne trifft er sofort. Baldi sitzt immer direkt am Spielfeldrand, um jede Vibration des Spiels zu spüren, ich sitze seit Monaten neben ihm und weiß, wann er reden will und wann gebrüllt wird. Baldi sieht, wie Baynes zweimal gezielt den Ellenbogen spitzt, als Jenkins unter dem Korb durchschneidet. Jenkins weicht aus, die Schiedsrichter sehen die Aktionen des Australiers nicht oder pfeifen nicht, weil Baynes Jenkins' Rippe nicht trifft. Baldi fällt vor Entrüstung fast aufs Spielfeld.

»Prosciutto-Baynes«, hat Femerling ihn genannt, aber Baynes guckt, als sei nichts geschehen.

Ich frage mich, ob er die konkrete Anweisung »Rippe« bekommen hat oder ob die Attacken seine eigene Idee sind. Baldi brüllt, Krunić springt. Aber Bryce hat Geduld, Rochestie steuert das Spiel, und Mac spielt kontrolliert. Alba holt Punkt um Punkt auf und geht in Führung, 10:16, aber Oldenburg kommt direkt mit einem Bogdanović-Dreier zurück, 23:20. Während er zurückläuft, feuert der Serbe sich selbst an, und das Publikum liebt ihn dafür. Sven Schultze pfeifen sie gnadenlos aus. Er antwortet mit einem Dreier, das Publikum hasst ihn aus ganzem Herzen. »Hacker!«, ruft ein betrunkener Junge mit nordischem Akzent hinter uns, seine Stimme taumelt leicht. »Schuuuultzedupenner!«, wütet er, und ein wenig Pappbecherbier schwappt auf den freiwilligen Feuerwehrmann neben Katja von der Beeck.

Im zweiten Viertel findet Baynes Jenkins zum ersten Mal, glücklicherweise trifft er ihn an der falschen Seite. Oldenburg stellt auf Zonenverteidigung um, aber Alba scheint ruhig zu bleiben, vielleicht zu ruhig. Nach zwei leichten Fastbreaks der Oldenburger nimmt der Coach eine Auszeit. Er wiederholt den Angriffsplan gegen Zonenverteidigung, die Mannschaft geht zurück aufs Feld und fängt sich direkt vier weitere Punkte ein. Oldenburg ist wieder dran. Und weil der Coach im Basketball eingreifen kann, greift Katzurin wieder ein. Auszeit.

»Da kennt er nix«, sagt Baldi.

Aus dem Tosen der Halle ragt nur das Wort *Focus!* heraus, dreifach gebrüllt: *Focus! Focus! Focus!* Alba bekommt gegen die Zonenverteidigung der Oldenburger keine guten Würfe. Tadija wirft zweimal in letzter Sekunde und in höchster Not von weit draußen, aber er trifft nicht.

In der Kabine explodiert der Coach, er bellt Fragmente von Sätzen in die verschwitzte Kabinenluft, aber die Spieler wissen, was er meint. »Freunde. Freunde! Wir spielen gegen eine Zone. *What are you doing?* Wir stehen mit fünf Spielern in der Gegend herum und passen den Ball. Und am Ende wirft Tadija von der Mittellinie? *What are you doing?* Benutzt euren Kopf! Sie setzen uns unter Druck, das war zu erwarten. Jetzt spielen sie Zone, also bringt den Ball unter den Korb. Stecht in die Verteidigung. Penetriert! Wir haben tausend Möglichkeiten, spielt *Horns* oder *Chest.* Bewegt den Ball. Spielt als Mannschaft. *Bewegt den Ball!* Benutzt euren Kopf! Eins müsst ihr verstehen: Wenn wir hinten so verteidigen und vorne nicht clever sind, verlieren wir. Dann fahren wir nochmal nach Oldenburg!«

Coach Katzurin sieht sich in der Kabine um, er schweigt, die Spieler nicken, über uns geht die Klospülung. »Let's go!«, sagt Julius. Huddle. Aspirin. Wasser. Weiter.

Yassin hat sich den Rat des Coaches notiert. *Don't be right, be smart!* Im dritten Viertel wird das Spiel ruppig, Baynes erwischt Jenkins wieder, aber die Schiedsrichter pfeifen dieses Mal, Foul Nummer vier. Der Centerspieler wird gegen den serbischen Power Forward Oliver Stević ausgetauscht.

Als Stević kurz vor Ende des dritten Viertels den Ball bekommt, wird er von Heiko Schaffartzik und Yassin Idbihi hart gefoult und geht zu Boden. Die Schiedsrichter pfeifen das harte Foul gegen Idbihi, aber Stević springt auf und geht auf Yassin los. In den Videos wird es später wie ein Faustschlag aussehen, aber der 2,04-Meter-Mann Stević stößt den 2,06-Meter-Mann Idbihi mit angelegtem Unterarm ins Gesicht, gegen den Hals, an die Schulter, so genau ist das nicht zu sehen, und Yassin macht das, was sein Coach ihm geraten hat: *Drop dead on the floor!* Anstatt zurückzuschlagen, geht Yassin also direkt vor unserer Nase zu Boden. Ein kurzes Handgemenge und eine lange Beratung der Schiedsrichter. Stević wird mit einem unsportlichen Foul bestraft, aber Yassin bekommt ein technisches Foul. Warum, weiß niemand. Vielleicht weil er zu deutlich fiel.

Die Halle ist ein einziges Gebrüll (»Iddibibbipussyfotze!«, kreischt der Junge hinter uns). Alba führt noch immer mit zehn Punkten, aber jetzt ist es vorbei mit der Ruhe. Es wird nervös, es wird hässlich. Im letzten Viertel lässt das Oldenburger Team nicht nach. Das Gegenteil von Nachlassen: Aus Dreiern von Bogdanović und Lukauskis, aus Mitteldistanztreffern und Fast Breaks baut Oldenburg eine 20:4-Serie zusammen, die Zuschauer wittern ihre Chance, Bogdanović redet schon wieder mit sich selbst, es scheint, als wolle er sich beschwören.

Alba liegt einen Punkt hinten, 75:74, jetzt braucht es unbedingt einen Korberfolg. Rochestie dribbelt über die Mittellinie, er steht leicht gebückt, er schützt den Ball mit dem Körper gegen Eddie Gill, er sieht über seine Schulter und entdeckt Tadija Dragićević. Rochestie passt den Ball dahin, wo Tadija gleich auftauchen wird. Tadija täuscht, dann streift er seinen Gegenspieler an einem harten Block ab, er taucht genau an der Stelle aus dem Getümmel auf, wo Rochesties Pass ihn erwartet. Tadija hat den Ball.

Tadijas Wurf habe ich zum ersten Mal an einem Augustmorgen im Trainingszentrum gesehen. Tadija war in Berlin gelandet und untersucht worden, 2,06 Meter, 104 Kilo, EKG gut, Blutwerte gut, keine Skelett- und Muskelprobleme. Er war direkt in die Schützenstraße gekommen, um mit Coach Pavićević zu sprechen. Tommy hatte ihn eingekleidet. Das Trainingslager stand bevor, Tadija sollte bestmöglich vorbereitet werden.

Er stammte aus der serbischen Kleinstadt Čačak, die für ihre Basketballer berühmt war, genauer: für ihre Schützen. Seine erste Station war Roter Stern Belgrad. Er wurde der jüngste Kapitän in der Geschichte des Vereins und hatte vor drei Jahren eine so außergewöhnliche Saison gespielt, dass ihn die Utah Jazz verpflichten wollten, aber eine Knieverletzung verhinderte den Transfer. Tadija kämpfte sich zurück und wechselte nach Rom, als die Serben in finanzielle Schwierigkeiten gerieten. So viel hatte ich gelesen.

Als ich an jenem Augustmorgen die Halle in der Schützenstraße betrat, war das Training bereits in vollem Gang. Die vier Nachwuchssspieler übten mit ihm die Spielzüge ein – Seiferth, Kleiner, Saibou, Ney –, das komplette Playbook. Fünf gegen Null.

Tadija unterschied sich optisch nicht von den anderen, er war selbst erst 24. Er wirkte nicht außergewöhnlich muskulös oder massig, sprang nicht außergewöhnlich hoch. Anders als bei vielen amerikanischen Spielern war seine physische Stärke nicht sofort sichtbar. »Die

Rumpfstärke osteuropäischer Basketballer«, hatte Luka Pavićević gesagt. »Basketballer müssen nicht stark aussehen, sie müssen stark sein!« Ich setzte mich auf eine Bank und sah zu. Tadijas Talent war nicht zu übersehen. Seine Bewegungen waren fließend, als würde er seine Kraft und Schnelligkeit gezielt dosieren. Die Nachwuchsspieler wirkten dagegen hektisch, ihre Bewegungen eckig. Wenn Tadija den Ball in Korbnähe bekam und mühelos dunkte, sah man, wie lang seine Arme waren. Bei allem wirkte er überaus koordiniert, seine Arme schienen immer zu wissen, was die Beine taten, jede Bewegung war sinnvoll, sie wirkte sogar ästhetisch überlegt.

Wenn er den Ball außerhalb der Dreierlinie bekam, griff er ihn im Sprung, und seine Füße landeten in der perfekten Position. Meist fing Tadija den Ball einhändig, und für einen winzigen Sekundenbruchteil schien er dann vor ihm in der Luft zu schweben. Die Rechte war seine Wurfhand, er hob den Kopf, die Linke lediglich zur Unterstützung, sein Körper spannte sich und hatte jetzt sämtliche Möglichkeiten. Als Zuschauer konnte man diese Möglichkeiten einen kurzen Moment lang *sehen:* der Wurf, ein Pass, das Dribbling. Alles war möglich.

Wenn sein Gegenspieler dicht vor ihm stand, war Tadija mit einem riesigen und mühelos aussehenden Schritt an ihm vorbei. Wenn der Gegenspieler nicht schnell genug war, ging Tadija kaum merklich noch etwas weiter in die Knie, seine Hände drehten den Ball leicht und justierten ihn neu, vielleicht eine Achteldrehung, ein Sechzehntel. Dann streckte er die Knie, er streckte den gesamten Körper in einer einzigen Bewegung von Beinen, Rumpf, Schultern, Ellenbogen, Handgelenk. Der Ball verließ Tadijas Finger am höchstmöglichen Punkt, drehte sich perfekt rückwärts, nahm eine außergewöhnlich hohe und lange Flugkurve, beschrieb einen perfekten Bogen und flog sauber durch das Netz. *12. August 2010*, schrieb ich damals in mein erstes Alba-Notizbuch, ein schwarzes Moleskine, *Tadija Dragićević beim ersten Training beobachtet (vielleicht der talentierteste Basketballer in der Liga).*

Tadija bekommt also den Ball und wirft, aber diesmal trifft er nicht. Oldenburg führt immer noch 75:74. Der Ball springt hoch vom Ring ab, und Bryce Taylor fliegt. Bryce Taylor steigt wie vorgestern im Training hoch und höher als alle anderen, er pflückt den Ball gut einen Meter über dem Korb einarmig mit rechts aus der Luft. Und diesmal ist niemand da, mit dem er kollidieren könnte. Bryce landet und sieht, dass er selbst nicht werfen kann. Also passt er. Wieder gelangt der Ball zu Tadija Dragićević, wieder wirft er, wieder nimmt der Ball eine ideale Flugbahn, die so nur er beherrscht. Und diesmal trifft er. Er trifft und küsst seine Wurfhand, er zeigt Richtung Bank. 75:77. Auszeit.

Paulding trifft zwei Freiwürfe. 77:77. Taylor Rochestie dribbelt nach vorne und findet keinen Anspielpartner, also wirft er 4,6 Sekunden vor Ende selbst. Einen frechen Floater mit links über Lukauskis. 77:79. Oldenburg hat sechs Sekunden, wirft ein, aber Paulding dribbelt ins Aus. Dann lässt Taylor Rochestie mit einem Freiwurf und einem Offensivrebound die Luft aus der Halle. 77:80, das war hässlich und knapp. »Arschlochschiriarschloch,« schreit der Junge hinter uns. »Fickdisch.«

Nach dem Spiel warten die Auswärtsfans vor dem Bus, sie singen und skandieren, *McEl, McEl, McEl, McElroy!* Die Spieler laufen durch ein Jubelspalier zum Bus, sie kommen sogar noch einmal heraus, um sich bei den mitgereisten Fans zu bedanken. Yassin und Bryce tanzen, hinter dem Bus bezahlt Mithat den Pizzafahrer von Joey's. Katja von der Beeck sieht glücklich aus.

Um kurz vor elf ist die Mannschaft wieder im Bus. 2:0, die Serie geht zurück nach Berlin. Man ist sich sicher, am Samstag zu gewinnen. »Der beste Satz bei Arno Geiger«, sagt Konsti und holt sein Buch aus der Tasche. »Ein guter Stolperer fällt nicht.«

THE PROPER GAME

DAS ERSTE BUNDESLIGASPIEL DER SAISON. Die Stadt war Bonn, das Hotel war das Bristol Günnewig und die Hotelbar war geschlossen. Wir liehen uns Regenschirme und liefen durch den Herbst: Luka Pavićević, Professor Mika und ich. Wir fanden ein Weinlokal, *Giacomo*, Professor Mika war für Grauburgunder, ich für Barbaresco. Wir hatten Glück: Der Wein war gut. Pavićević liebte hervorragenden Wein, und Mika musste aussuchen. Wir versuchten zunächst eine Unterhaltung zu dritt, aber dann übernahm der Coach. Ich hörte zu, Mika trank seinen Grauburgunder (man hat ständig das Gefühl, dass Professor Mika alles versteht, was gesagt wird, dass er seine Sprachlosigkeit nur behauptet).

Wir sprachen über Stephen King und John le Carré, über Horror und Spannung und Spionage, wir sprachen über den Mossad und das FBI und Militärindustrie. Wir sprachen über korrupte Politiker, Autofahren in Amerika und unübersichtliche Vorfahrtsregelungen. »In Amerika fahre ich einfach in Balkan-Manier über jede Kreuzung, die Amerikaner warten und lächeln, und während sie lächeln, bin ich längst hinter der nächsten Ecke verschwunden.«

Wir redeten über Bonn und die dunkle und steile Arena der Bonner, schwarz und magenta, das Publikum eng am Geschehen. Bonn war ein »gutes Basketballumfeld, ohne dieses permanente und gleichgültige Brummen in der Halle. Die Leute hier applaudieren, wenn es etwas zu applaudieren gibt, und sie pfeifen, wenn etwas miserabel läuft. In der Bonner Halle kann man das Spiel hören«, sagte Luka Pavićević im Bonner Weinlokal und imitierte das Wogen des Spiels, hin und her, das Raunen und Brüllen. Ich begriff, dass Luka Pavićević das Spiel liebte. Nicht wie einen Wein, nicht wie ein Genießer. Rauer. »In Bonn können die Zuschauer ein Basketballspiel lesen. Sie verstehen es.«

Professor Mika hatte die Weinkarte verstanden und bestellte eine Flasche Barbaresco, seine Brille fiel auf den Tisch. Der Kellner fragte nach dem Spiel morgen. Luka kam auf seine Spielerkarriere zu sprechen: wie er am College in Utah spielte, weil seine Eltern wollten, dass er die Welt kennenlernte. Wie er nach Split zu Jugoplastika zurückkehrte. Wie er später dann in Finnland gespielt habe, in Frankreich und Polen.

Am 11. September 2001 habe er für ein polnisches Team gespielt, er erinnere sich genau, er sei aus einem Bus ausgestiegen und hätte die Nachricht gehört. Kurz danach sei er Trainer geworden. Luka lachte jetzt, er gestikulierte und verschüttete ein wenig Wein, seine Augen leuchteten, er sprach von Basketball wie von der Liebe, manchmal begeistert, manchmal pragmatisch, manchmal verzweifelt.

»Schon als Spieler habe ich über Methoden und Strukturen nachgedacht. Wie man das Spiel *richtig* spielt. Und eines Tages habe ich mich verletzt. Der Rücken. Wie bei den meisten mit 33, 34. Rücken oder Knie. Ich musste drei Wochen lang sitzen und habe meine Ideen aufgeschrieben. Ich habe aufgeschrieben, was ich wusste und was ich lernen würde. Meine Spielzüge, meine Regeln, mein Training. Wie man mit den Spielern umgeht, mit dem Management und mit den Agenten. Mit der Presse. Mit Sponsoren. Wie man Schiedsrichter behandelt. Die Liga. Präsidenten und Offizielle. Was man erwartet und was man bekommt. Wie man reist und wo man wohnt. Die Körper. Das Benehmen. Wie man die Dinge kontrolliert, wie man sich schützt – sein Team, seine Arbeit, seine Familie und sich selbst. Du brauchst Disziplin, Ordnung und Organisation auf demselben Niveau. Das alles gehört dazu, das alles ist das Spiel. Nichts steht fest, alles ist im Fluss. Basketball ist ein Spiel auf verschiedenen Levels. Wenn du ein Niveau erreichen willst, musst du in allen Bereichen gut sein. Talent allein reicht nicht.« Wenn man das Spiel *richtig* spiele, gewinne man 85 Prozent aller Spiele, sagte Pavićević. *»If you play the proper game.«*

Das Team war jetzt seit zwei Monaten zusammen. Yassin Idbihi war ins Trainingslager nachgereist. Bryce Taylor wartete in Berlin. Nach der Weltmeisterschaft war auch Lucca Staiger dazugestoßen. Anfang September hatte man zur inoffiziellen Saisoneröffnung vor knapp 7000 Zuschauern gegen Trier mit seinem neuen Trainer, der Alba-Legende Henrik Rödl, gespielt. Sein Ehrentrikot mit der Nummer 4 wurde im Jubel an die Berliner Hallendecke gehängt. Die Saison begann mit einem Ballverlust von Tadija Dragićević und einem 65:59-Sieg.

Ich hatte das Spiel mit dem Sportpsychologen angesehen. Er hatte sich Notizen zu Pavićevićs Körpersprache und nonverbaler Kommunikation an der Seitenlinie gemacht (»Luka arbeitet an sich«, sagte er). Bei der anschließenden Teamvorstellung in der gläsernen Lobby der O2 World hatte Patrick Femerling angekündigt, auch noch im Alter von 43 spielen zu wollen. Konstantin Lwowsky wurde bejubelt, weil er sich im Trainingslager sechs Kilo abtrainiert hatte. Hollis Price hatte breit gelächelt und auf die Frage nach seinen Deutschkenntnissen »Scheiße« geantwortet. Dafür war er angemessen gefeiert worden. McElroy hatte versucht, sich vor dem Moderator zu verstecken, weil er ungern vor Publikum sprach.

Luka Pavićević war als Letzter auf die Bühne getreten und hatte freundlich und optimistisch von der nächsten Saison gesprochen. Man werde alles versuchen, um die Meisterschaft nach Berlin zu holen und davor die Qualifikation zur Euroleague zu meistern. »We will try and try and try!« Das Ende der letzten Saison wurde nicht mehr thematisiert. Der Profisport hat kein gutes Kurzzeitgedächtnis, er erinnert sich an längst vergangene Zeiten. Dazwischen muss es weitergehen, es gibt immer Schals und Trikots der Neuzugänge zu kaufen.

Im Trainingszentrum wurde hinter verschlossenen Türen gearbeitet. Die Zeit war knapp und die Qualifikation zur Euroleague von entscheidender Bedeutung für Alba – wirtschaftlich und sportlich. Im höchsten europäischen Wettbewerb würde man gegen attraktive Gegner spielen, den litauischen Meister Kaunas, Partizan Belgrad, den polnischen Champ Asseco Prokom Gdynia (Sopot), Spaniens Meister Vitoria und Maccabi Tel Aviv, in weiter Ferne wartete der FC Barcelona. Die Zuschauer würden die Halle füllen. Man könnte den Etat erhöhen, es gäbe Fernsehgelder, man wäre attraktiver für weitere Sponsoren. Man hätte die letzte Saison vergessen machen können.

Aber der Weg dorthin war schwierig und die Zeit knapp. In der ersten Runde musste man gegen Roanne in Frankreich antreten, Hin- und Rückspiel, dann Israel oder Serbien, schließlich gegen Charleroi aus Belgien oder Kazan aus Russland. »Du fliegst erst nach Moskau, dann noch drei Stunden weiter nach Osten.« Die Qualifikation würde nicht einfach, befürchtete Konsti. »Man kann ohne Weiteres gegen Kazan verlieren, da braucht man sich nichts vorzumachen. Und man müsste sich noch nicht einmal dafür schämen. Aber im Herbst kann man fast nichts Deprimierenderes machen, als nach Russland zu fahren und zu verlieren.«

In der letzten Woche hatte Pavićević die Spieler morgens und abends in die Schützenstraße gebeten, um rechtzeitig bereit zu sein, Shuttle Runs und Spielsysteme, Gewichte und Wurfserien. Lucca Staiger wirkte hoch motiviert, er kämpfte in der Verteidigung und warf mit sichtbarem Selbstbewusstsein. Wenn sich die anderen langsam aufwärmten, war Lucca bereits klatschnass geschwitzt. Staiger schien sich Großes vorgenommen zu haben, die Beschreibungen des Trainers schienen nicht richtig zu passen. Während ich Staiger im Training beobachtete, wurde mir klar, warum ich niemals Profi geworden war. Lucca Staiger und ich waren exakt gleich groß. Er war nicht der beste Spieler von Alba Berlin, er war jung und versuchte, sich in die Rotation zu kämpfen. Aber Lucca Staiger war ein so viel besserer Basketballspieler, als ich es jemals gewesen war oder hätte sein können. Ihn und die anderen spielen zu sehen, ließ meinen alten Traum fast lächerlich erscheinen und mich melancholisch werden.

Ich hatte mit einem anderen Spieler gerechnet. Für einen Shooting Guard wirkte er bullig, aber er war schnell, und seine Bewegungen in der Defense waren zackig. Er hatte einen sehr sauberen und treffsicheren Wurf und konnte viel höher springen, als ich gedacht hatte. Sein

Überkopfpass war sagenhaft schnell. Auch in zwei Trainingsspielen gegen KK Union Olimpija Ljubljana spielte er gut.

Bryce Taylor war auf dem Feld zögerlich, aber er entschied das zweite Spiel gegen Ljubljana mit einem Wurf in letzter Sekunde, obwohl jemand sagte, dass er Probleme mit dem Innenohr hatte, Gleichgewichtsstörungen. Das Aufbauduo Marko Marinović und Hollis Price schien langsam in Form zu kommen. Femerling hatte in der Kabine herumgewitzelt, aber mit Furor und Ehrgeiz gespielt und trainiert. Nach einem zweifelhaften Pfiff des Schiedsrichters war Luka Pavićević an der Seitenlinie explodiert: »Warum pfeifst du nicht? *What the fuck?* Das ist dein Job!« Nach dem Spiel war er schweigsam gewesen. »Ich konzentriere mich auf meinen Beruf«, hatte er gesagt und eine Weile nachgedacht. »Wer Erfolg will, muss besessen sein.«

Eine Saison im Profibasketball ist eine Reihung von »wichtigsten Spielen der Saison«. Ständig geht es ums Weiterkommen, um das Halten des Niveaus, um die Aura des Siegers.

Das erste Qualifikationsspiel zur Euroleague verlor Alba in Roanne mit 86:79. Das Rückspiel musste mit mindestens sieben Punkten gewonnen werden. Am Vorabend des entscheidenden Spiels ließ Pavićević das Team noch einmal hart trainieren. Er erschien unrasiert und blass in der O2 World, aber er wirkte überaus konzentriert und gespannt. Um die Mannschaft auf die Aufgabe vorzubereiten, hatte sich der Coach Yassin Idbihi ausgesucht, einen klugen Mann mit Prinzipien, der Kritik verstand und an dem ungerechtfertigter Tadel einfach abtropfen würde. »You have to be mean, Yassin!«, hatte er gesagt. »Du darfst nicht weich sein. In der Euroleague gibt es keine Freunde!«

und »Yassin, Yassin, Yassin, die VIP-Plätze sind gleich hinter der Bank. Zu denen kannst du freundlich sein.«

Nachdem die Spieler die Halle verlassen hatten, vermaß der Coach mit gesenktem Kopf das Spielfeld, er schien Positionen abzugehen, manchmal blieb er stehen und sah auf die leeren Tribünen. Als die Lichter ausgingen, war Pavićević zu mir herübergekommen. Die Hallenregie testete die Präsentation der Spieler, ihre Namen und Nummern hallten durch die Halle. Riesige Abbilder ihrer Augen flackerten jetzt auf den Displays unter dem Oberrang der Halle, wie Dr. T. J. Eckleburg im *Great Gatsby*. Im Gedröhn hatte der Coach mir plötzlich seine Sicht der Dinge zusammengefasst: »Schreib mit! Es gibt zwei Arten von Basketballern. Die, die in die Halle kommen und sehen, was passiert. Und die, die wissen, was passieren wird. Weil sie vorbereitet sind. Die Vorbereitung war kurz. Zum jetzigen Zeitpunkt können nur vier Spieler unser Spiel im Schlaf wiederholen. Staiger? Er hat noch nicht die gedanklichen Kapazitäten, aber das kommt noch. Idbihi? You can't teach an old dog new tricks. Marinović? Sehr ehrgeizig, er will unbedingt, aber er kann nicht. Femerling? *Best player on this team!* Femerling, Jenkins und McElroy sind Spieler, die mit Informationen arbeiten können. Sechzig Spiele im Jahr, jedes Mal zehn neue Spielzüge oder Varianten, das sind 600 neue Ideen. Das kann sich nicht jeder merken.« Ebenso plötzlich, wie er begonnen hatte, brach der Coach wieder ab. »Ich muss wissen, was passieren wird. Hast du das aufgeschrieben? *Most important game of the season.*«

Der Psychologe hatte Luka gelobt. Er würde von seinen alten Mustern abweichen, habe eine große Rotation gespielt und auch die jungen Spieler eingesetzt. Er habe mit jedem Spieler konstruktiv kommuniziert. Alba wendete das Ausscheiden ab und gewann das Spiel, 95:82, aber verlor Sven Schultze mit einer Oberschenkelverletzung. In der zweiten Runde gewann man zu Hause gegen die serbische Mannschaft Hemofarm Vrsac mit ihrem kant-schädeligen Supertalent Milan Mačvan knapp mit 75:67 und lag im Rückspiel in Serbien Sekunden vor Schluss noch mit acht Punkten hinten. Das wäre das Aus gewe-sen, aber Julius Jenkins bekam den Ball und nahm mit der Schlusssirene einen Dreier. Ich hatte das Spiel gemeinsam mit einer ganzen Menge Alba-Fans in einer Kneipe an der Karl-Marx-Allee gesehen, serbisches Satellitenfernse-hen und ostdeutsches Bier, blau-gelbe Schals und Tom-my-Thorwarth-Trikots. Der Dreier fiel, 78:73, Alba ge-wann den direkten Vergleich mit einem Punkt. Ich war überrascht, wie sehr ich mich über diese Niederlage und das Weiterkommen freute. Mein Tresennachbar hatte uns euphorisch drei Korn bestellt: »Für jede Runde einen. Prost!«

In der dritten Runde hatte man nicht nach Kazan rei-sen müssen, sondern zu Spirou Charleroi in die laut der Zeitung *De Volkskrant* »hässlichste Stadt der Welt«. Das Maskottchen der Belgier war die Comicfigur Spirou. Alba verlor knapp mit 81:77 und musste Charleroi nun in Berlin mit mindestens fünf Punkten schlagen. Das schien möglich, man hatte in der verrauchten belgischen Halle nicht gut gespielt. In Berlin würde es besser werden.

An einem strahlenden Herbstnachmittag hatte es also tatsächlich ein Finale um den Einzug in die Euroleague gegeben. Ein Endspiel um das sportliche, finanzielle, emotionale und teamdynamische Weiterkommen. Das nächste wichtigste Spiel der Saison.

Dejan Mijatović war vorher mit stressinduzierten Herzproblemen zurück nach Belgrad geflogen, aber niemand sprach darüber. Konsti übernahm als Co-Trainer. Vor dem Spiel war er zum Friseur gegangen und hatte mit neuem Haarschnitt dem Publikum die Regeln des Tages erklärt. »Heute ist kein Nachmittag für Gastfreundschaft«, hatte er im Interview gesagt. »Heute ist kein Nachmittag, um sich zurückzulehnen und zuzusehen, was passiert. Heute ist ein Nachmittag für Attacke.«

Luka Pavićević zog sich schon vor dem Warm-Up die Anzugjacke aus und rollte die Ärmel auf. Ich saß auf der Tribüne und beobachtete Marco Baldi, der neben Sven Schultze am Spielfeldrand saß. Er sah angespannt aus. Es war ein zerfahrenes und ständig knappes Spiel. Von Jenkins sah man nicht viel. Staiger und Taylor spielten nicht viel. Charleroi führte in der zweiten Hälfte ständig, aber Alba hielt den Anschluss. Derrick Allen erzielte 20 Punkte, holte acht Rebounds, und kurz vor Ende wechselte die Führung, 70:68 für Berlin.

Aus der Distanz der Tribüne war ich zweifelsfrei davon überzeugt, dass das Spiel für Berlin gut ausgehen würde, Maccabi Tel Aviv, dachte ich, ich stellte mir vor, mit Partizan Belgrad zu spielen. Dann aber traf der Aufbauspieler der Belgier, Demont Mallet, zwei entscheidende Freiwürfe. 70:70. Es waren seine einzigen Punkte. Das Unentschieden hatte als riesige Unwahrscheinlichkeit auf der Anzeigetafel geleuchtet. Alba hatte sich nicht für die Königsklasse qualifiziert und würde im zweitklassigen Eurocup spielen müssen. Das bedeutete weniger Geld, weniger Zuschauer, weniger Renommee. In der Pressekonferenz hatte Luka Pavićević eine Grundsatzrede gehalten: »In einem solchen Spiel erreichst du das nächste Level. Es geht um ein höheres Niveau. Es geht um höhere

Kultur. Wir hätten heute noch nicht einmal Superhelden sein müssen. Wir hatten die notwendigen Elemente, aber wir waren nicht bereit. Wir haben die Entscheidung und deshalb den großen Preis verpasst. Es bleibt das Gefühl der Frustration. Wir müssen uns besinnen, uns beruhigen und unseren Blick in die Zukunft richten.«

»Was ist in der zweiten Halbzeit passiert?«

»Haben Sie das Spiel nicht gesehen?«

»Doch, doch. Die zweite Halbzeit.«

»Wissen Sie, es geht immer darum, seine Arbeit richtig zu machen. Heute stand für uns eine Menge auf dem Spiel. Sie können mir glauben, alle wussten, worum es geht. Aber wir haben nicht konsequent gearbeitet, wir haben das Spiel nicht richtig gespielt. *We did not play a proper game.*«

Nachdem die Fragen der Journalisten verebbt waren und die Kameras ausgeschaltet, hatte Luka Pavićević in den Katakomben der Arena gestanden und kurz das blasse Gesicht in den Händen verborgen. »Irgendetwas habe ich falsch gemacht«, hatte er gesagt. Marco Baldi hatte allein mit einem Glas Weizenbier und einer Zigarette auf dem Balkon der Arena gestanden und in die leuchtende Nacht über dem Parkplatz und der Stadt dahinter gestarrt. »Das Schlimmste für die Seele eines Teams«, hatte er gesagt, »ist ein Scheitern kurz vor Schluss.«

Am 10. Oktober war Alba ausgeschieden, am nächsten Tag kehrte der Alltag ein. Trainer und Manager planten für die Saison. Bryce hatte gut trainiert, hier und da war seine unglaubliche Athletik und Sprungkraft aufgeblitzt, aber er warf selten. Zumeist wirkte er eigentümlich ruhig, fast schon lethargisch. Er hatte aus den Gleichgewichtsproblemen keine große Sache gemacht. Pavićević und Demirel hatten sich mehr von Bryce erwartet und sich nach

Ersatz umgesehen. Die Verlängerungsoption sollte nicht gezogen werden. Es gab zwei, drei Kandidaten. »Johnson oder Jackson«, sagte Mithat, »vielleicht ein Smith.«

Auch Bryce war mit seiner Rolle im Team und seiner Spielzeit unzufrieden gewesen. Er und sein Agent hatten sich nach einem besseren Ort für Bryce umgesehen, nach einer Mannschaft, in der er *sichtbarer* wäre. Sichtbarkeit bedeutet Interesse größerer Clubs, bringt mehr Geld, bedeutet größere Bühnen und noch mehr Sichtbarkeit. Bryce fuhr mit öffentlichen Verkehrsmitteln durch Berlin, er schien die Stadt zu mögen, aber als das Ende des Probevertrages näher kam, hatte er sich entschieden, Berlin zu verlassen. Sein Agent hatte dem Verein diese Entscheidung mitgeteilt, Bryce hatte auf gepackten Taschen gesessen und sich am Telefon vom Coach verabschiedet.

Dann allerdings hatten sich zwei Alternativoptionen zerschlagen. Coach Pavićević waren mitten in der Nacht Zweifel gekommen, ob man ohne doppelt besetzte Shooting-Guard-Position in die Bundesligasaison starten könnte. Also hatte er Taylors Agenten angerufen und die Verlängerungsoption gezogen. »Bryce ist ein guter Junge, he is not a crook«, hatte der Coach gesagt, »aber diese Sache ist nicht sauber gelaufen.« Am 12. Oktober wurde der Probevertrag verlängert, Bryce Taylor würde bis zum Ende der Saison bleiben. Also hatte er seine Sachen wieder ausgepackt und sich zum Angriff entschlossen.

Professor Mika hatte seine Brille im *Giacomo* vergessen. Er stieg aus dem Aufzug und der Unterhaltung, »good night, maybe«, und machte dabei eine Handbewegung vor unseren Köpfen, als sei *uns* schwindelig, als würden Vögel um unsere Köpfe kreisen. Die Aufzugtüren schlossen sich.

»Wo waren wir stehen geblieben?«, fragte der Coach.

Basketball. Basketballphilosophien. Luka Pavićević blieb auf dem Gang vor Zimmer 612 stehen, den Schlüssel in der Hand. Basketballschulen. Basketballspieler. Der Coach flüsterte sich in Rage. Trainer. Momente, in denen sich Spiele entscheiden. Karrieren. Lebenswege. Schiedsrichter. Spielkultur. Basketballfunktionäre. Machtstrukturen. Ficken und gefickt werden. Protektion. Kunst. Fiktion. Fakten. Ich versuchte zu folgen und verlor den Faden.

Das Gespräch driftete ab, der Coach kam wieder auf Geheimdienste zu sprechen, auf Verschwörungstheorien, auf Belgrad und New York. Am 11. September war Luka im polnischen Włocławek aus dem Mannschaftsbus gestiegen, »gleich um die Ecke von Chopins Wohnhaus, und überhaupt, wusstest du, dass Chopin Pole war?«.

Wenn Luka Pavićević sprach, hatte ich ständig das Gefühl, eigentlich mitschreiben zu müssen, um Schritt zu halten und Klarheit zu bewahren. Seine Ideen folgten schnell und immer schneller aufeinander, er stellte Verbindungen her, wo ich keine Verbindungen geahnt hatte. Pavićević hatte seine Gedanken gründlich gedacht, er hatte diese Sätze schon oft gebaut, und als guter Beobachter hätte ich sie notieren sollen, aber im sechsten Stock des Bristol Günnewig Bonn öffnete sich eine Tür, und eine perfekte Kopie von Roger Moore stand vor uns, im Bademantel und mit Schlafbrille um den Hals, mit leicht verschlafenem rheinischem Akzent.

»Guten Abend, *Sir.*«

»Wäre es möglich, dass Sie etwas weniger energisch flüstern?«

»*Most definitely, Sir!* Aber eine Sache muss ich dem Schriftsteller hier noch erklären.«

»Worum geht es?«

»*The proper game.* Und wie man Bonn schlägt. Und den *Step Out.*«

»Ginge das freundlicherweise auf dem Zimmer, die Herren?«

Der Coach zog sich die Schuhe aus und stellte sie säuberlich in die Garderobe. »Zurück zum Thema«, sagte er um 0.21 Uhr in Zimmer 612. »Bonn ist das wichtigste Spiel der Saison. Wir brauchen diesen Sieg.« Der Coach warf seinen Pullover über den Stuhl und klappte seinen portablen DVD-Spieler auf. »*Step Out!*«

Ich saß in der pastellfarbenen Sitzgruppe eines ehemaligen Bonner Diplomatenhotels und Luka Pavićević erklärte mir seinen Plan. Morgen gegen Bonn würde das Aufbauspiel der Telekom Baskets dadurch zerstört, dass die großen Spieler Femerling, Idbihi und Allen aggressiv den Laufweg der kleinen Bonner abschnitten, eine plötzlich aus dem Nichts auftauchende Hecke. Pavićević sprang in die Lücke zwischen Bett und Schreibtisch.

»*Hoppa!* Plötzlich geht es nicht mehr weiter. Man darf ihnen dabei keinen Raum lassen, kein *Split* ist möglich, kein Pass.« Pavićević nahm einen Pyjama aus dem Koffer, faltete seine Jeans und zog sich die Socken aus. Auf dem winzigen Bildschirm vor uns sah man Femerling und Yassin Idbihi hin- und herrennen, sie schlossen die Lücken und sprinteten zu ihrem Gegenspieler zurück unter den Korb. »Und zwar hier! *Hoppa!* Und da!« Luka Pavićević stand im Schlafanzug vor mir, kurzärmelig, vorn kariert, hinten uni. Er sah den Spielern ein paar Sekunden lang zu, dann klappte er den Bildschirm ein. Der Coach nickte und klopfte mir zum Abschied auf die Schulter. »Verstanden?«

Es kam zunächst alles so, wie der Coach es geplant hatte. Das 62:82 gegen Bonn war ein guter Start in die Bundesligasaison. Der Liga-Geschäftsführer Jan Pommer saß im Publikum (»This man over there almost killed an entire generation of German players«, raunte Pavićević mir vor dem Spiel zu, und mir war nicht klar, was genau er damit meinte). Der Sportpsychologe neben mir auf der Tribüne machte sich wieder seine Notizen, ein Mann mit College-Wappen auf dem roten Wollpullover und bewusst gewähltem Optimierungsvokabular. *Head Coaching Company* stand auf seiner Visitenkarte, *Free Your Mind!*

Die Mannschaft schien die verpasste Qualifikation vergessen zu wollen oder schon vergessen zu haben, sie spielte solide, verteidigte, erspielte sich hochprozentige Würfe, traf und baute den Vorsprung beharrlich aus. Auf Bonner Angriffe fiel Berlin immer eine Antwort ein. Pavićević coachte motivierend und ohne die Beschwerdegesten, die man sonst von ihm sah. Keine empört ausgebreiteten Arme, keine wütend gespreizten Finger. Er beruhigte Marko Marinović und lobte Derrick Allen.

Tadija Dragićević lieferte ein hervorragendes Spiel ab, er war bester Werfer und Rebounder, ein Double Double mit 16 Punkten und zehn Rebounds. Hollis Price und Marinović teilten sich die Spielzeit auf der Point Guard-Position und neutralisierten den zappligen Aufbauspieler Nic Wise, Jenkins und Femerling spielten Pick & Roll. Bryce Taylor wirkte auch gegen sein altes Team etwas unentschlossen. Die Mannschaft habe stark, clever und kontinuierlich gearbeitet, sagte Pavićević in der Pressekonferenz nach dem Spiel. »We played a proper game today.«

Luka wirkte sympathisch und beredt, er gab sich zuversichtlich. »Eines ist sicher«, sagte er und grinste Michael Koch an, und der Trainer der Bonner lächelte zurück. Im Frühjahr würden sie sich packende Playoff-Duelle liefern und dann wieder hier sitzen. »Wir werden uns in dieser Saison sicher noch häufiger sehen.«

Aber weder Luka Pavićević, noch Michael Koch noch sonst irgendjemand im Raum konnte wissen, dass es anders kommen sollte.

Am nächsten Morgen würde Nebel über Bonn liegen und vor dem Hotel würde man das erste Laub fegen. Der Herbst würde kommen, so viel war sicher. Wir würden deutlich gegen Ludwigsburg gewinnen, dann gegen Bayreuth, dann haarscharf und glücklich gegen Oldenburg. Es würde November werden. Wir würden in Ulm stolpern, 77:73, und es für eine heilsame Niederlage halten. Dann würden wir Trier und Düsseldorf schlagen, in Polen gegen Anwil Włocławek gewinnen, bei den Gießen 46ers, gegen die Russen von Krasnye Krylia Samara und die Skyliners aus Frankfurt. Wir würden nach Neapel fliegen und Pepsi Caserta schlagen. Es würde Dezember werden, der erste Schnee würde fallen. Und dann würde es bergab gehen.

JUSTUS STRAUVEN SUCHT EINEN BESEN

JUSTUS STRAUVEN SUCHT EINEN FOTOGENEN BESEN.
Er sucht in den Katakomben der O2 World, er sucht an
den Ladedocks, er sucht in den Hinterzimmern des VIP-
Bereichs. Kein Besen für den Pressesprecher. Er probiert
den Schweiß-Mopp des Hallenwischers aus, aber der ist
zu breit und zu wenig Besen für Justus' Vorhaben.

Im amerikanischen Basketball nennt man eine zu null
gewonnene Serie *Sweep,* man fegt den Gegner aus der
Halle und aus den Playoffs. In Amerika bringen die Fans
Besen und Bilder von Besen mit zu den Spielen, in denen
ein Sweep möglich ist. *Bring out the broom!* Holt die Besen raus! Weggefegt werden ist eine Schmach.

Vor dem dritten Playoff-Spiel gegen Oldenburg liegt
eine vage schimmernde Siegesgewissheit in der leeren
Halle. Wem man auch begegnet, jeder trägt ein Lächeln
im Gesicht. Justus lacht nicht, er sucht den Besen für
Facebook. Er will ihn für die Oldenburger digital parat
haben, aber kein Besen macht sich vor der Kamera gut
genug.

Vor der Halle warten die Jungs vom Fanclub Block
212 mit Bierbüchsen und gebrauchten Bundeswehrruck-
säcken samt Bandbuttons, Katja von der Beeck trinkt
süßen Sekt. Großer Jubel als der Mannschaftsbus ankommt, die Sicherheitsleute lächeln zuversichtlich. Die

Spieler schlendern durch das Spalier aus ausgestreckten Händen. Sie klatschen ab, sie telefonieren (unter Coach Pavićević hatten Telefone ausgeschaltet zu sein).

Kurz nach den Berlinern hält der Oldenburger Mannschaftsbus am Hintereingang. Gill in Gelb. Der grauhaarige Lukauskis mit Kopfhörern. Schinken Baynes in Flip-Flops. Coach Krunić in blauem Anzug, roter Krawatte und mit Aktentasche. »Rot und blau schmückt die Sau«, sagt einer der Jungs mit Rucksack und Bierdose. »Letzter Arbeitstag heute, Coach Krunić?«, fragte ein anderer. Aber die Oldenburger Spieler und Trainer schreiten mitten durch das Berliner Gelächter und hören ihn vor lauter Konzentration und Kopfhörern nicht. »Hochmut und Nachlässigkeit sind saisonale Krankheiten«, sagt Max Drübeck am Eingang zu Block 201, als ich ihn nach seinem Tipp für das Spiel frage. Er hält mir die Tür zur Halle auf. »Einen schönen Nachmittag und gute Unterhaltung.«

Gute Stimmung auch vor dem Pressetraining gestern. In der Kabine besprachen Heiko und Yassin zunächst in aller Ernsthaftigkeit Bin Ladens Erschießung, dann kam das Gespräch auf Basketball. »Wenn wir trappen, komm früher hoch, Mann!«, sagte Heiko, aber wenn sich Witzbolde wie Heiko und Yassin unterhalten, driftet das Gespräch früher oder später in Albernheiten ab. Sie diskutierten Stevićs Ellenbogen, und Yassin lachte: »Ich hau ihn um. Wenn sich die Gelegenheit ergibt, dann haue ich ihn um.«

Heiko stellte sich neben Yassin, er arbeitete mit dem Ellenbogen, er zupfte und zerrte am Trikot seines Freundes, er imitierte Stević. »Du darfst nichts machen«, sagte er, »du darfst mich nicht schubsen, du darfst mich nicht schlagen. Nichts. Wenn ich dir eine Bombe haue und du haust zurück, bist du raus!«

Yassin Idbihi nahm den fast dreißig Zentimeter kleineren Heiko Schaffartzik und hob ihn hoch, Heiko zappelte, beide kicherten irre. »Wenn du mich nochmal so anfasst, dann schreie ich, dann fliegst du aus der Halle, Marrokkaner.«

Ellenbogen sind besser erzählbar als ein bedeutungsloses 91:47 gegen Düsseldorf. Sportjournalisten sind ständig auf der Suche nach einer guten Geschichte, die über das aktuelle Spiel hinausweist. Taktik langweilt im täglichen Kurzartikel, Spielstände und Ergebnisse sind bereits am übernächsten Tag vergessen. Es geht um die antiken Darstellungsformen: Tragödie und Komödie, Jubel, Gelächter, Freudentränen, Melodramen, Metaphern, Aufstiegsgeschichten und Abstürze. Große Siege. Großes Scheitern. Die Journalisten sind erleichtert, dass die reguläre Saison jetzt vorbei ist, dass es jetzt wieder um etwas geht. Lukas Entlassung liegt bereits drei Monate zurück, Alba hat sich stabilisiert, und jetzt geht es um messbaren Erfolg oder endgültiges Scheitern (beides wäre eine gute Geschichte). Sofort sind doppelt so viele Journalisten beim Training, ein paar werden sogar mit nach Oldenburg fahren. Im Pressetraining sammelten sich die Schreiber und Reporter also um Yassin, aber vor den Mikrofonen, Diktiergeräten und Kameras sagt der Center dann wohlüberlegt, was gesagt werden darf. Adrenalin in der Kabine, Diplomatie für Journalisten. »In so einer Situation musst du ruhig bleiben«, sagte er grinsend. »Da muss man sich raushalten. Sonst schadet man dem Team.«

Nachdem die Journalisten die Halle verlassen hatten, kam Patrick Femerling mit seiner Tochter Mia in die Halle und wartete auf die tägliche Physiotherapie für seine Achillessehne. Heute Morgen hatte er bereits gearbeitet, Kraft- und Ausdauertraining. Seit seiner Verletzung waren mittlerweile fast drei Monate vergangen, aber Femerling hatte sein Programm durchgezogen. Er war wochenlang auf Krücken und mit dem monströsen *Protective Boot* herumgelaufen. Es gab unzählige Magnetresonanzbilder und Prognosen, er hatte Schleichers Spritzenkuren über sich ergehen lassen. Er hatte das Bein gedehnt, elektrotherapiert, stundenlang in Schlingen gehängt. Man hatte wochenlang die Schmerzgrenze in seinem verletzten Gelenk getestet und immer weiter nach oben verschoben. Er hatte seinen Porsche gegen das Fahrrad getauscht und war durch einen verregneten Frühling gefahren. Er hatte zwei Wochen lang mit den Nachwuchsmannschaften trainiert. Er hatte sich gezeigt. Jetzt hatten die Playoffs begonnen, jetzt wurde die Zeit knapp und Femerling langsam ungeduldig. Femerling ist ein Veteran der Schmerzen, er kennt seinen Körper und dessen Toleranz für Acetylsalicylsäure, Paracetamol, Voltaren, Diclofenac und Ibuprofen. Er kennt seinen Magen. Monatelang hat er keine Schmerzmittel mehr geschluckt, um genau zu merken, wann er wieder fit sei. Und jetzt war er fit.

Femerling sah seiner Tochter zu, die mit einem Ball durch die leere Halle tobte. Neben ihm saß Bryce, die Füße in einer blauen Spülschüssel mit Eiswasser, Eispakete auf den Knien und der rechten Wurfhand. Mia trat vor den Basketball, rannte dem Ball hinterher, warf ihn Richtung Korb, kreischte. Bryce kühlte seine Knochen, und Femerling lobte stolz Mias knallharten Schuss, ihren Bewegungsdrang, ihre Schmerzunempfindlichkeit, ihre

Lernfähigkeit. »Sie fährt Ski und Fahrrad und bindet sich die Schleife selbst.« Mia lief noch ein paarmal hin und her, dann kam sie keuchend zu ihrem Vater und Bryce.

»Warum tut der Mann seine Füße in das Wasser?«

»Damit die Knochen nach dem Training nicht so wehtun.«

»Soll ich das auch machen? Mir tut der Fuß auch weh.«

»Das müssen nur wir alten Männer machen.«

Mia überlegte eine Sekunde, sie legte nachdenklich ihren Zeigefinger an die Lippen. Plötzlich ging ihr ein Licht auf.

»Du bist doch kein alter Mann, Papa!«

Femerling lachte. Das war die Diagnose, die er hören wollte.

Beim Spiel sitzt Femerling unter dem Korb. Er sieht zu, und man sieht, dass ihm das Zusehen zusetzt. Mia trägt neonpinke Kopfhörer gegen die Trommler im Fanblock hinter uns, sie lässt eine Barbie über die Bande flanieren.

Coach Katzurin hat in der Kabine noch einmal betont, dass man dieses Spiel und die Serie nur über die Verteidigung gewinnen kann, die Meisterschaft sowieso. Für Oldenburg und für ihren Trainer Krunić geht es ums nackte Überleben. Verlieren sie, sind sie raus. Das erste Viertel muss Femerling besonders schmerzen, denke ich, denn beide Mannschaften attackieren über die großen Spieler. Miro Raduljica und Aron Baynes punkten im Wechsel. Alba trifft gut und führt, die Halle ist laut, aber gegen Ende des ersten Viertels leistet sich die Mannschaft einige Unkonzentriertheiten, die im ersten Spiel undenkbar gewesen wären. Ballverluste. Nachlässige Pässe. Vergebene Korbleger von Derrick Allen. Oldenburg wirft schlecht, aber sie bleiben dran. 23:29.

Im zweiten Viertel dreht plötzlich Eddie Gill auf, er punktet gegen Rochestie und Schaffartzik nach Belieben. Coach Krunić überdreht. Er springt während des Spiels aufs Parkett, gestikuliert, seine Krawatte flattert, er rutscht fast aus, er läuft rot an. Er gibt sein Bestes und bekommt ein technisches Foul dafür. Jenkins trifft beide fälligen Freiwürfe und legt im nächsten Angriff einen Dreipunktewurf nach. Ansonsten wirft Alba jetzt miserabel, führt aber immer noch mit 50:47.

In der Halbzeitpause steht Coach Katzurin ruhig in der Mitte der Kabine. Er geht einmal im Kreis, überlegt und sieht sich um. Dann redet er sich in Rage. »Wir machen dumme Fouls. Idiotisch! Wir verlieren das Reboundduell. Wir geben ihnen viel zu viele Freiwürfe. Oldenburg macht in einer Halbzeit 47 Punkte in unserer Halle? 47 Punkte? In Berlin? Wir müssen als Mannschaft verteidigen. Unser Problem ist nicht die beschissene Zone der Oldenburger. Wir haben keine Probleme, Punkte zu machen. Aber ich spüre eure Energie nicht. Wir sind lasch. Wir sind soft. Wenn die Energie jetzt nicht kommt, dann fahren wir nach Oldenburg. Wollt ihr nochmal zehn Stunden Bus fahren? Wollt ihr das? Kommt schon!«

Das Spiel bleibt offen. Es ist ein schöner Samstagnachmittag, die Halle lacht (der Ernst der Lage ist mir nicht klar). Bei Alba wirkt jede Bewegung ein wenig müder und weicher als beim letzten Heimspiel. Oldenburg bestimmt das Tempo, selbst für Albas knappe Führung zur letzten Viertelpause sind die Gäste verantwortlich. Als Eddie Gill sein viertes Foul kassiert und auf die Bank muss, beschwert sich Krunić und bekommt ein technisches Foul, Schaffartzik verwandelt die Freiwürfe zur knappen Führung. 70:67. Aber dann gleicht Oldenburg postwendend aus.

Im vierten Viertel dann die Szene des Spiels: Immanuel McElroy wird auf dem rechten Flügel freigespielt, er bekommt den Ball direkt vor der Oldenburger Bank, und Krunić ignoriert die Seitenlinie, die Schiedsrichter, die Regeln. Er rennt auf das Spielfeld, Rumpelstilzchen, Derwisch und Hampelmann zugleich. Er rennt von hinten brüllend auf Mac zu, als er zum Wurf ansetzt, er kommt ihm viel zu nah, ein paar Zentimeter. »Shot!« brüllt er, »Shot!« Mac setzt an, verwirft und sieht sich überrascht um, als hätte er das Summen einer Wespe im Ohr. Nichts passiert, Krunić wird weder ermahnt noch verwarnt. Femerling neben mir fällt fast vom Stuhl vor Wut, er brüllt die Schiedsrichter an, als das Spiel wieder in unsere Hälfte kommt. Schiedsrichter Tony Rodriguez bittet ihn höflich, aber bestimmt um Mäßigung. Nach Macs Fehlwurf lässt die Konzentration weiter nach, Oldenburg hat die Kontrolle übernommen. Marco Baldi sitzt scheinbar ruhig auf seinem Platz, er scheint in Gedanken versunken. Er scheint sich mentale Notizen zu dieser Szene zu machen. Nach dem Spiel wird er Mithat auftragen, mit Jens Staudenmayer zu telefonieren. Krunićs cholerisches Mannöver wird auf dem Spielfeld nicht geahndet, aber diese Situation wird mit dem Sportkoordinator der Basketballbundesliga besprochen werden müssen. Konsti wird noch heute Nacht die kritischen Pfiffe zusammenstellen und an das Ligabüro senden.

Luka Pavićević hatte Schiedsrichter grundsätzlich für schlechte Menschen gehalten: schlecht ausgebildet, schlecht vorbereitet, ohne Moral und leicht korrumpierbar. Nach jedem Spiel erinnerte er sich sekundengenau an sämtliche Fehlentscheidungen. Er konnte von den Gründen für jeden Pfiff berichten. Auch war er nicht müde geworden, den Alba-Verantwortlichen seine Weltsicht darzulegen. Luka Pavićević war überzeugt, dass hinter den Kulissen genauso gespielt wurde wie auf dem Spielfeld. Für ihn ging es um den Schutz der eigenen Interessen, er sprach sogar von Gerechtigkeit.

In den Jahren mit Pavićević als Headcoach hatte man bei Alba begonnen, systematisch Videozusammenschnitte kritischer Szenen an die Liga zu schicken. Marco Baldi hatte die Schiedsrichter der Liga öffentlich kritisiert und sich für eine Professionalisierung des Schiedsrichterwesens eingesetzt. Am Anfang waren Reaktionen ausgeblieben, und am Ende der Vorsaison war Alba aus sämtlichen Gremien der Liga zurückgetreten, um ein Zeichen zu setzen. In der Sommerpause hat man sich wieder an einen Tisch begeben. Ganz gleich ob Sieg oder Niederlage, mittlerweile tauschte Alba sich nach jedem Spiel mit der sportlichen Leitung der Liga aus. Es geht nicht um Beschwerden, sondern um die Verbesserung der Infrastruktur. Heute sieht Marco Baldi aus, als würde Krunićs ungeahndete Regelübertretung ein Thema dieses Dialogs sein.

Zwischen Minute 37 und 39 kann Berlin fünf Angriffe in Folge nicht abschließen, aber Oldenburg punktet konsequent, ein 14:0-Lauf. Derrick Allen gleicht noch einmal zum 80:80 aus, aber dann treffen Paulding, Lukauskis und Gill. 80:90. Alba foult, um in Ballbesitz zu kommen, aber Oldenburg verwandelt seine Freiwürfe sicher. 86:99. Hängende Köpfe nach Spielende, vergebliche Erklärungsversuche. Die Halle war bereit für den Sweep, die Mannschaft war es nicht. Oldenburg hat noch nicht einmal gut gespielt, aber es hat gereicht. Sie haben fast hundert Punkte in der Berliner Halle erzielt. Der vorher unsichtbare Eddie Gill macht 27 Punkte. Femerling nimmt mir Notizbuch und Stift aus der Hand und schmiert einen Fluch aufs Papier. »It's never easy«, sagt Coach Katzurin, »zur Strafe geht's eben nochmal nochmal nach Oldenburg.«

»Nicht zu fassen«, flucht Tadija auf Serbisch, »nochmal ans verfickte Ende der Welt.«

»Wann ist das Spiel?«, fragt Rochestie.

»Dienstag«, sagt Sven. »20.45 Uhr.«

»20.45?« Julius birgt seinen Kopf in den Händen. »Da bin ich längst im Bett.«

Nach Niederlagen verlassen die Spieler die Halle schneller als nach Siegen.

»Ade, freies Wochenende«, sagt Sven Schultzes Frau Eva.

»Gut, dass wir den Besen im Schrank gelassen haben«, sagt Justus Strauven. Marco Baldi steht noch eine Weile in einer Journalistentraube an der Bar des VIP-Bereichs und theoretisiert über Konzentration und die emotionale Dichte der Playoffs, und als er Krunić und sein Gebaren erwähnt, haben die Zeitungen die Geschichte, die sie brauchen.

DÉJÀ-VU

☆

DER SONNTAG DANACH. Am Schreibtisch im Trainerbüro bereitet Coach Katzurin das nächste Spiel vor, er
liest Statistiken und zeichnet Spielzüge. Durch ein kleines
Bullauge kann man in die Halle sehen, Taylor Rochestie trainiert dort schon seit einer Stunde. Völlig nass-
geschwitzt dribbelt er hin und her, er umkurvt imaginäre
Gegner, nimmt Würfe, singt dabei, spricht mit sich selbst
und singt wieder.

Assistenztrainer und Weissager Bobby Mitev betritt
das Büro. »Hier kommt der Mann mit den hängends-
ten Schultern der Welt, er trägt das Leid dieser Erde auf
seinem gebeugten Rücken, er ahnt Fürchterliches«, sagt
Konsti, und er hat recht: Bobby ächzt und stöhnt, er
schleppt zwei riesige Taschen, eine Plastiktüte mit der
Aufschrift JUMBO, seinen Laptop und seine Herren-
handtasche ins Büro.

»Ich versteh nicht, warum Taylor ausgerechnet jetzt
werfen muss«, seufzt er zur Begrüßung. Coach Katzurin
sieht von seinen Unterlagen auf. »Was soll er sonst machen, Bobby? Geige spielen? Klagelieder fiedeln?«

»Er soll den Kopf freikriegen.«

»Der Junge hat sich eine Nacht lang Vorwürfe gemacht. Und jetzt will er werfen. Er ist Basketballspieler.
Wo ist das Problem?«

»Ich meine ja nur.« Bobby wuchtet sein Gepäck in die

Ecke und lässt sich in einen der Sessel fallen. »Ich habe schon mal gepackt. Ich kann jederzeit nach Hause fahren. Ich erwarte, dass sie Eins-gegen-eins spielen. Und wenn sie Eins-gegen-eins spielen, sind wir tot. Dann gewinnen wir dieses Spiel nicht. Ganz zu schweigen von der Serie.«

»Am besten kommt man ohne Erwartungen zurecht, Bobby.«

Berlin leuchtet. Die ersten Mücken, stechend blauer Himmel und die Sonne steil auf der Tartanbahn hinter dem Trainingszentrum. Eigentlich ein perfekter Sommersonntag, aber Katzurin hat die Mannschaft in der Kabine des Trainingszentrums zusammengerufen. Die Sonnenbrillen, Sommerhemden und Flip-Flops täuschen. Die Mannschaft ist hier, um zu arbeiten. Sie ist hier, weil sie im letzten Viertel nachlässig den Sieg verschenkt hat. Die Mannschaft sitzt bei weit geöffneten Fenstern in der Kabine und muss sich das gestrige Spiel in voller Länge ansehen, ein ständig unterbrochenes Déjà-vu, Konsti spult immer wieder zurück. Auf dem Bildschirm spielt Ricky Paulding Eins-gegen-eins gegen Lucca Staiger und Staiger verliert. Coach Katzurin sagt, was auch Coach Pavićević sagen würde: »Es ist klar, dass Paulding ihn schlägt. Das ist offensichtlich. Das ist sonnenklar. *Go on, Konsti.*«

Konsti drückt auf Play, Bobby schüttelt den Kopf. Eddie Gill macht zwei seiner 27 Punkte, und Coach Katzurin nimmt den frisch geduschten Taylor Rochestie ins Visier. »Taylor!«, sagt er und spricht den Namen falsch aus, wie Tyler, aber niemand sagt etwas. »Taylor, du stehst da wie ein Verkehrspolizist, du winkst ihn durch und nickst freundlich. *Go back, Konsti.* Hier. Siehst du das?« Taylor sieht das und nickt, Konsti spult, und Gill trifft wieder und wieder.

»Wenn du mich fragst, Taylor, dann schwitzt Gill dabei noch nicht einmal. Der spaziert in aller Ruhe nach vorne, kommt da gut erholt an und hat noch Kraft für eine gute Aktion. Hier. Das gilt auch für dich, Heiko. Wenn ich so was sehe, könnte ich euch umbringen. Jeder Point Guard in dieser Liga macht gegen uns sein bestes Saisonspiel. Gill. Rice. Wood. Wie sie alle heißen. Wir sind Psychotherapeuten: Wir verschenken Selbstbewusstsein.«

Jeder Fehler wird mehrfach gezeigt, keiner wird übersehen. Jeder Spieler wird ermahnt, alle sind Verkehrspolizisten, Psychotherapeuten, Kellner, Taxifahrer, Callboys, Lastentiere (»Du stehst da wie ein Esel«, sagt Muli Katzurin, aber niemand traut sich zu lachen).

Dann wird der Coach konstruktiv. Er fährt mit dem Finger Laufwege auf dem Bildschirm nach. »Hier müsst ihr sein, hier, und hier. Geht nach vorne und stört ihn. Wenn ihr ihm das Leben schwer macht, verliert er auf dem Weg nach vorne Energie und ist am Ende müde. Und wer müde ist, macht die wichtigen Punkte nicht. Also macht Druck.« Coach Katzurin dreht sich zur Mannschaft und sieht einen nach dem anderen an, von links nach rechts. Bryce. Femerling. Staiger. Schultze. Yassin. Julius. Schaffartzik. Mac. Derrick. Rochestie. Raduljica. Tadija. »*If we lose this game, your ass is on fire.*«

Déjà-vu auf der Busfahrt: Wir fahren wieder vorbei an der Jacobs-Fabrik, der Geruch von Kaffee hängt über der Autobahn. Auf dem Tisch zwischen Baldi und Demirel liegen die Tageszeitungen der letzten beiden Tage. »Strafe für die Hochnäsigen« schreibt die *Berliner Morgenpost*, »Tendenz weiter fallend« titelt die *Berliner Zeitung*, »Alba flattert wieder« steht im *Tagesspiegel*. Der Boulevard hat Baldis Köder geschluckt, »Prügel-Serie! Baldi geht auf

Krunić los« weiß die *BZ*. Die *Bildzeitung* bezeichnet die Alba-Mannschaft als »Schlaffis« und druckt eine dreisprachige Motivationsansprache Baldis ab, deutsch, englisch, serbisch, am Dienstag legt sie nach und spricht von Zoff. »Alba zeigt Oldenburg-Trainer an« schreibt sie.

Déjà-vu an der Tankstelle: kurze Hosen und Ölflecken auf dem Boden. Wir kaufen Eis. Chips. Ritter Sport. Tadija kauft drei Rollen Pringles und vier Flaschen Powerade, Katzurin kauft sein Studentenfutter. Yassin kauft die *Süddeutsche* und den *Spiegel*. Es könnte ein Gefühl wie Sommerurlaub sein, die Schokolade schmilzt in der Sonne.

Taylor Rochestie singt wieder, er ist wieder zu Scherzen aufgelegt: »Heute wäre eigentlich unser freier Tag gewesen«, sagt er. »Wir könnten jetzt in der Sonne sitzen, uns einen ordentlichen Sonnenbrand holen, knallrot könnten wir sein. Ich würde auf dem See Tretboot fahren. Elf Tage lang kein Spiel. Der Sommer wäre schön. *Fuck!*« Rochesties Eis tropft auf sein T-Shirt (*Young & Blessed*, Taylor macht Werbung für das Klamottenlabel eines Freundes). »*Fuck!* Wenn das nicht Grund genug ist, jetzt zu gewinnen und dann fertig mit Oldenburg zu sein, dann weiß ich es nicht!«

Wir sind unterwegs zum nächsten entscheidenden Spiel, aber die Gespräche im Bus verlaufen wie immer. Sie wandern von Bin Laden und Obama (ernsthaft) über Sport (professionell) zu den üblichen Scherzen, Anekdoten, Beschimpfungen. Ich stelle mir vor, dass Soldaten in Kampfpausen so reden. Was hier gesagt wird, geht unter im Summen der Motoren, und der Rest wird sofort wieder vergessen. Niemand von außen hört zu, also lasse ich mein Notizbuch in der Tasche, um die Unterhaltung nicht zu stören. Die Anspannung ist spürbar, aber die Gespräche bleiben gleich.

»Alter, warst du das? *You sick fuck!* Bist du krank?«

»Der ist nicht krank, der ist am Verwesen.«

»Es ist ja nicht so sehr der Gestank. Es ist das Brennen in den Augen.«

»Ich habe was gemacht, was du noch nie gemacht hast.«

»Ja?«

»Ich habe vorgestern einen Freiwurf geworfen und gleichzeitig gefurzt. Aber es war so laut in der Halle, dass es niemand gehört hat.«

»Alter, ich habe neulich gefurzt und gleichzeitig geniest. Das war so laut, dass niemand den Nieser gehört hat.«

Déjà-vu im Best Western Oldenburg. An den Wänden hängen Bilder eines örtlichen Künstlers, der Promifotos mit Pastellfarben künstlerisch aufpeppt. Albert Einstein. Richard Gere. Leonardo DiCaprio. Michael Ballack. Déjà-vu. In allen Hotels, in denen wir in dieser Bundesligasaison gewohnt haben, hängen Bilder von örtlichen Kunsthandwerkern. Sie kosten immer zwischen 75 und 225 Euro. Die Spieler beziehen die gleichen Zimmer wie in der letzten Woche, Bobby setzt sich wieder in die Sauna, Yassin und Heiko spielen Klavier in der Lobby.

Beim Nachmittagstraining begrüßt uns das Oldenburger Hallenteam sehr freundlich und kocht Kaffee für die Busfahrer und mich. Coach Katzurin redet nicht lange. »Wenn wir gewinnen, können wir bis ins Finale kommen. Wenn wir verlieren, dann wird es hässlich.«

Die Mannschaft trainiert eine Stunde lang konzentriert. Krunić und sein Team betreten die Halle nach uns. Zwar reden Baynes und Raduljica nicht miteinander, und Stević und Yassin gehen aneinander vorbei, aber Jenkins, Allen und Paulding begrüßen sich mit einer herzlichen Umarmung. Sie teilen sich den Agenten und werden im Sommer wieder gemeinsam trainieren, ganz egal wie dieses Spiel und diese Serie ausgehen.

Obwohl in den Zeitungen von Zoff die Rede war und Krunićs »Affentanz« auf den Social-Media-Seiten und in Internetforen für Diskussionen gesorgt hat, klopfen sich Baldi und Krunić kurz auf die Schultern. Ich bin überrascht, dass am Vorabend des Spiels niemand so nervös zu sein scheint, wie ich es mir in einer solchen Situation vorgestellt habe (so nervös, wie ich es bin). Niemand hält die ergreifende Rede, mit der ich gerechnet habe.

Mir fällt auf, dass ich aus meiner Zuschauerperspektive eine klare Dramaturgie gewohnt bin. Ich erwarte das Scheitern des einen und die Heldentat des anderen, ich erwarte eine große Rede und große Entschlüsse, aber die Spieler essen Pasta und Hühnchen wie an jedem Abend, wie bei jedem Auswärtsspiel. Tommy beschwert sich über die Suppe, und der Kellner muss dreimal neues Tabasco bringen. Ich bin Zuspitzungen gewöhnt, Höhepunkte und pointierte Nacherzählungen, aber die Spieler und Trainer machen einfach ihre Arbeit. Die Geschichten werden später erzählt, von Nostalgikern wie mir. *Zu viele Sportfilme gesehen,* notiere ich später, *zu viele Heldengeschichten gelesen. Suppe ohne Salz.*

Nach dem Abendessen trinken Marco Baldi und ich Bier auf der Terrasse. Die Spieler sitzen in der Abendsonne. Schaffartzik. Staiger. Tadija. Rochestie. Im Konferenzsaal Westerstede tagt der Alpenverein Oldenburg hinter

Glas. Wir fragen uns, was der Alpenverein Oldenburg wohl zu besprechen hat. Der höchste Berg der Stadt ist laut Kellner 23 Meter hoch. Bobby spaziert im Bademantel zum Pool, Coach Katzurin sucht im Obstkorb nach Äpfeln. Der Alpenverein Oldenburg macht eine Zigarettenpause.

»Wir unterhalten uns über Versicherungsfragen und Anseilratschläge«, sagt ein Präsidiumsmitglied auf die Frage nach dem Sinn und Zweck. »Die Reisen unternehmen wir allein.«

Die Sonne geht unter. Die Spieler verschwinden auf ihren Zimmern, Marco Baldi bestellt noch zwei Bier. »Da unterscheiden wir uns vom Oldenburger Alpenverein«, sagt er, »Jugos und Amerikaner und Deutsche reisen zusammen. Ohne Seil. Ohne Versicherung. Das ist ein anderer Geist.«

Am nächsten Morgen hat Mithat Demirel Geburtstag, also spazieren wir nach dem Shootaround durch Oldenburg. Wir setzen uns in den Garten eines türkischen Restaurants. Mithat bestellt Schafskäse und Zwiebeln, zur Feier des Tages trinken wir ein Alster, die Oldenburger Glocken schlagen Mittag. Wenn Mithat Demirel spricht, muss man gut aufpassen. Deutsch ist seine Muttersprache, aber er springt zwischen den Sprachen: Er bestellt auf Türkisch, telefoniert auf Englisch, er berlinert. Er wechselt anstandslos und ohne mit der Wimper zu zucken zwischen Ernst und Ironie, zwischen Gesagtem und Gemeintem, zwischen Wendung und Witz. Er ist ein Schelm im Anzug. Er kann Interviews führen, ohne eine Sekunde lang nachzudenken, er beherrscht die Standardsätze, er hat jahrelang geübt.

»*Richtig* gut!«, sagte er entweder, wenn er »richtig gut«

meint oder »hundsmiserabel«, die Betonung gipfelt auf der ersten Silbe. »Ja!«, sagt er, wenn er »ja« meint oder »nein!«.

»Dazu kann ich nichts sagen«, sagt er, wenn das Gespräch beendet ist oder wenn er weiter gefragt werden will.

Mithat ist heute in fazitärer Stimmung. An seinem 33. Geburtstag muss man Bilanz ziehen. Kann er mittlerweile seine Krawatte binden? »Natürlich!«

Wäre er als Spieler in einer solchen Situation wie heute nervös gewesen? »Auf keinen Fall! Angespannt vielleicht. Positive Anspannung. Ich bin in entscheidende Spiele mit einer gewissen Freude gegangen, ich habe Bock gehabt, solche Spiele sind der Grund, warum man das alles macht.«

War die Entlassung von Luka eine richtige Entscheidung? »Es war die einzige Entscheidung, die möglich war. Ohne diese Entscheidung hätten wir den Ausweg aus dieser Situation nicht gefunden. Also ja! Das Spiel unter Luka war zuletzt kein Spiel, das war Verwaltung einer Idee von Spiel.«

Hat er ein schlechtes Gewissen nach der Entlassung von Luka Pavićević? »Wenn man auf diesem Niveau arbeitet und wenn man Sport gemacht hat, weiß man, dass es in so einem Verein wie Alba Berlin nicht um Einzelpersonen geht«, sagt Mithat, »es geht um Wichtigeres. Zunächst einmal hat man mit Luka ja sehr lange zusammengearbeitet. Und dabei über lange Zeit nicht die Spannung zu verlieren, ist erstmal bemerkenswert. Der Käse schmeckt *richtig* schlimm«, sagt er, »viel zu hart.«

Ist das Team jetzt besser? »Wenn man sich das Engagement ansieht, klar. Wenn die Jugos und Amis und Deutschen zusammen auf der Terrasse sitzen, klar. Das ist eine andere Mentalität. Bei Luka war das nicht so. Aber tatsächlich besser ist das Team nur, wenn man gewinnt.«

Gibt es zwischen diesen Gruppen so große kulturelle Unterschiede? »Man hört ja immer: Jugos können nicht nebeneinander existieren, da geht es immer ums Ficken oder Geficktwerden. Amis sind immer nächstes Jahr weg, denen ist alles egal. Deutsche philosophieren und vergessen darüber das Basketballspielen und wären ohne Quote sowieso nicht hier.«

Stimmt das? »Dazu kann ich nichts sagen.« Der Kellner bringt ein perfektes Alsterwasser. »Glückwunsch!«, sage ich. »Danke!«, sagt Mithat lachend und hebt sein Glas Richtung Kellner. »*Richtig* gut, euer Käse!«

Déjà-vu vor dem Hotel. Den Nachmittag über steht Coach Katzurin in Hemd und Krawatte vor dem Bus, seine Schläfen schimmern weiß. Mithat hat mit Jens Staudenmayer von der Liga telefoniert. »Wir sind das Fernsehspiel. Die Schiedsrichter wissen also, dass sie beobachtet werden«, sagt er und startet seine Krawattenknoten-App auf seinem iPhone.

Bobby dreht ein Armband aus Türkisen um die Finger. Der dicke Micha fährt langsam durch die schläfrige Stadt, Regenwolken ziehen auf. In der Halle baut das Fernsehteam seine Kameras und Scheinwerfer auf. Während sich die Spieler warm werfen, sehe ich mich um. Ich bin nervöser, als ich es erwartet habe, die untätige Zeit vor Spielbeginn reibt an meinen Nerven. Die Oldenburger Arena ist voller als noch letzte Woche, die Zuschauer sind schon eine halbe Stunde vor Spielbeginn auf ihren Plätzen. Der Sieg in Berlin scheint die Oldenburger neu belebt zu haben. Eine Frau hat zwei Klatschpappen aneinandergeklebt, *Berlin 86: EWE 99 Ich war dabei!* hat sie darauf geschrieben. Heute sind zwei Fanbusse aus Berlin angereist, aber die Zuversicht der letzten Woche hat einer unterschwelligen Angst Platz gemacht, niemand hält zuversichtliche Plakate hoch. Auf den Presseplätzen sind zwei Arbeitsplätze für die Frankfurt Skyliners reserviert, der Co-Trainer Klaus Perwas und der Sportdirektor Kamil Novak beobachten das Warm-Up. Frankfurt wartet auf seinen nächsten Gegner, die Skyliners sind bereits weiter. Auf den Plätzen für die ehrenamtlichen Helfer der Oldenburger liegt ein Ablaufplan für den Abend aus, »Besten Dank für Euren Einsatz und viel Spaß beim HAMMER-Spiel heute!« steht dort und darunter in roten Großbuchstaben: *BEAT BERLIN!!!* Die Mannschaften laufen ein. Per Mertesacker setzt sich auf seinen Platz, und die Halle applaudiert, das Fernsehen geht auf Sendung. Huddle. Ich nehme meinen Platz neben Marco Baldi ein. *Thunderstruck* spielt. Man sieht die freudige Erwartung von Yassin Idbihi, im Halbdunkel sieht man Mithats Anspannung. Krunić zieht den Krawattenknoten enger, Bobby bekreuzigt sich, Coach Katzurin wiederholt noch einmal die Schlüsselpunkte, man kann seine Lippen lesen, Rebound! Defense! Fokus! Die Lichter gehen an.

Die erste Halbzeit ist ausgeglichen. Es geht hin und her, Miro eröffnet mit einem Dunk, aber Paulding und Baynes können das auch, es steht 8:8. Im letzten Spiel war Alba in Foultrouble geraten, aber heute will Coach Katzurin die Foulbelastung gering halten. Die Halle ist auf angenehme Weise aggressiv. Coach Katzurin wechselt durch, im ersten Viertel kommen bereits elf Spieler zum Einsatz. Beide Mannschaften treffen schlecht und verteidigen hart, das erste Viertel endet 15:15.

Man spürt jetzt deutlich, dass der Einsatz seit letzter Woche gestiegen ist. Oldenburg kann heute Abend ausscheiden, für Berlin geht es um das Verhindern einer Katastrophe. Die Oldenburger haben begriffen, wie sie Alba schlagen können. Die Berliner wollen diese Hoffnung ersticken.

In Momenten der Entscheidung sind Basketballspiele aus Glas. Gute Spieler sehen kristallklar, was passiert. Für die Zuschauer ist das ähnlich. Die Zeit scheint langsamer abzulaufen. Jede Bewegung, jede Angriffs- oder Verteidigungssituation ist sofort lesbar und interpretierbar. Jeder Augenblick ist gewichtig.

»Das Spiel besteht aus Augenblicken«, hatte Luka Pavićević immer gesagt, »und die Augenblicke werden zu Situationen, die Situationen reihen sich zu Sequenzen, Sequenzen bilden das Spiel. Aus Spielen formt sich eine Saison. Aus Saisons werden Karrieren. Wie Perlen auf einer Schnur. Unsere Karrieren sind unser Leben.«

In entscheidenden Spielen weiß man um das Gewicht des Augenblicks.

Die Halle reagiert darauf. Jeder Angriff eine extreme Gefühlslage. Jede Spielsituation wird von den Zuschauern extrapoliert. Die Oldenburger sehen das Ende klar vor sich, den eigenen Jubel und wie man noch ein Bier bestellt. Die Berliner Fans zweifeln. Ein nachdrücklicher Dunk von Baynes sagt ihnen, dass Oldenburg gewinnt. Dann aber geht Julius Jenkins zwischen zwei Verteidigern durch, ein großer und unverhoffter Schritt in die sich schließende Lücke zwischen Gill und McNaughton, er ist mit zwei Schritten in guter Position und wirft. Sein Treffer bestätigt unsere Ahnung, dass Alba siegen wird.

Als Zuschauer liest man das Spiel, und jeder Angriff

schreibt ein neues Kapitel. Man sieht, man versteht und fühlt in Wellen, man leidet, man ahnt, man fürchtet, man hofft. Die Abergläubischen, die Mystiker und die Religiösen kennen das Ergebnis. Die besten Spieler sehen alle Möglichkeiten. In knappen Spielen ist unser Wissen ein Hin und Her. Die Zeit ist ein straff gespanntes Seil, das Spiel ein unentschiedener Tanz zwischen den Möglichkeiten.

Die Sekunden vor der Halbzeit gehören Berlin. Coach Katzurin hat viel gewechselt, um die Foulbelastung klein zu halten, aber er hat dabei den Takt und den Rhythmus seiner Spieler riskiert. Rochestie hat eine Auswechslung mit säuerlichem Lächeln quittiert, Tadija hat geflucht. Alba führt mit nur einem Punkt, aber in den Sekunden vor der Halbzeitpause funktionieren zwei angesagte Spielzüge tadellos, zweimal zwei Punkte.

Und dann klaut Heiko Schaffartzik mit vier Sekunden auf der Uhr den Ball an der Mittellinie, dribbelt ein-, zweimal. In vollem Lauf nimmt er den Ball auf und geht in einen Zweierkontakt, rechts, links, hoch, er lässt den Ball in hohem Bogen fliegen. Sein Flug scheint Sekunden zu dauern, die Ziffern der Shot Clock laufen herunter, bei 0:0 bleiben sie stehen. Es zählt die Sekunde des Abwurfs. Der Ball segelt über das halbe Feld und fällt in den Korb. Die Sirene vermischt sich mit dem enttäuschten Ärger der Zuschauer, Miro Raduljica ballt die Faust, Marco Baldi rennt Richtung Bank. Die Spieler fallen kurz über Heiko her, lassen dann ab und sprinten in die Kabine. »Ejakulatio praecox«, sagt der Notarzt hinter mir und hat vielleicht recht, »das Ding ist noch nicht vorbei.« Glückliche Gesichter in der Kabine, Adrenalin und Serotonin. Julius Jenkins mahnt zur Ruhe, und auch Coach Katzurin braucht einige Sekunden, ehe er die richtige Tonlage findet. Konstis Hände zittern über seinen Papieren.

In der zweiten Halbzeit kommt Oldenburg kurz vor Ende des dritten Viertels durch einen Dreier von Bogdanović auf zwei Punkte heran. Alba kann im nächsten Angriff nicht punkten, und Eddie Gill bekommt den Ball. Sein direkter Gegenspieler ist Heiko Schaffartzik, ein passabler Verteidiger. Gill dribbelt langsam, er sieht auf die Uhr. Heiko kennt Gills Stärke, Coach Katzurin hat häufig genug darauf hingewiesen. Gill wird rechts täuschen und links gehen wollen. Also orientieren sich die Verteidiger weg von ihren Gegenspielern und hin zu Gill, sie wollen Heiko zu Hilfe kommen. Dabei entstehen Lücken. Als Gill dann plötzlich geht, kommt Derrick Allen zu Hilfe, weil er helfen *muss*, und Gill sieht das und weiß das und passt zum allein gelassenen Ricky Paulding. Paulding steigt hoch und wirft und trifft für drei. Eine perfekte Durchführung des Spielzugs. 58:57 für Oldenburg.

»Jetzt geht es an die Substanz«, sagt Marco Baldi und reibt sich die Hände, er fährt sich über das Gesicht und trinkt einen Schluck Wasser. Letztes Viertel. Zumindest vermute ich, dass er das sagt, denn in der Halle kann man vor sirrender Spannung nichts mehr verstehen. Man liest Lippen: »Merkst du wie die Konzentration verschwindet?« Die Mannschaften kommen aus der Viertelpause, und das Spiel wird langsamer. Die flüssigen Übergänge zwischen Verteidigung und Angriff, Transitions, sind jetzt fast völlig aus dem Spiel verschwunden. Die Mannschaften stehen sich gegenüber wie zwei Kämpfer, jeder Angriff ist jetzt säuberlich vom anderen getrennt. Oldenburg schlägt, Berlin nimmt den Treffer, aber fällt nicht. Dann schlägt Berlin, und Oldenburg hebt die Fäuste zur Deckung. Die Treffer werden schwerer.

Wie schon in der letzten Woche wirft Tadija Dragićević dreimal aus der Dreierdistanz, und diesmal trifft er dreimal. 73:66. Er zeigt zur Bank, als habe er die Welt gerettet. Das Adrenalin leuchtet in seinen Augen, und im nächsten Angriff verliert er vor Begeisterung die Übersicht und Konzentration. Er begeht sein fünftes Foul und muss raus.

Baldi greift sich fassungslos an den Kopf, als McElroy bei einem Korbleger umgemäht wird und aus fast zwei Meter Höhe ungebremst auf seinem lädierten Rücken fällt. Er bleibt liegen. McElroy bleibt sonst niemals liegen. Er windet sich, steht auf, trifft einen Freiwurf, spielt weiter, 77:72. Noch zwei Minuten.

Rochestie hat einen schlechten Tag. Wieder geht Gill an ihm vorbei und Yassin Idbihi fällt ihn, viel zu offensichtlich und viel zu hart. Unsportliches Foul. Gill trifft die Freiwürfe, der Ball bleibt bei Oldenburg. Lukauskis trifft. 76:77. Jenkins trifft. 76:79. Und dann gibt Luka Bogdanović Mithat recht. »Der hat Eier«, hat Demirel gesagt. Der Ball läuft über Gill und vier Stationen, die Alba-Verteidigung rotiert, der Ball landet bei Bogdanović und wieder ist es Derrick Allen, der den Bruchteil einer Sekunde zu spät bei seinem Mann ist. Als der Close-Out kommt, ist Bogdanović schon in der Luft, aus dem Nullwinkel wirft er über Derricks ausgestreckte Finger, er ist zu groß und zu eiskalt, er trifft. Ausgleich, 79:79. Bogdanović schweigt, die Halle schreit.

Rochestie weiß, dass Helden jetzt trotzdem werfen und trotzdem treffen, er erinnert sich an seinen entscheidenden Wurf vor sechs Tagen, er geht über links und wirft. Er trifft die Brettkante, er verliert den Ball, er weiß, dass er heute kein Held ist. Noch 20 Sekunden.

Auszeit.

Oldenburg hat den Ball, alle rechnen mit einem letzten Wurf, aber wieder greift Coach Katzurin ein, weil er eingreifen kann. Er lässt Bogdanović sofort foulen, und Bogdanović trifft nur einen von zwei Freiwürfen.

80:79. Auszeit. Jetzt kann Alba mit einem letzten Wurf gewinnen.

Im Fernsehen wird man später die Diskussion vor der Alba-Bank hören. Bobby sagt voraus, dass die Oldenburger die Defensive auf Zonenverteidigung umstellen werden, aber Bobby ist gewöhnlich der schlechteste Weissager der Welt. Rochestie sagt: Zone. Aber Coach Katzurin überlegt ein paar unerwartete Sekunden und sagt dann einen Spielzug gegen Manndeckung an. Seine Entscheidung. Die Mannschaft kommt aus der Auszeit: der beste Distanzschütze Jenkins, unter dem Korb Yassin Idbihi, Derrick Allen, Taylor Rochestie, McElroy.

Und Oldenburg verteidigt Zone.

Der Ball kommt zu Mac, alle Passwege sind dicht. Die Uhr tickt. Mac ist der beste Verteidiger der Liga, aber ein Streaky Shooter. In Situationen wie dieser will man ihn nicht isolieren. Aber er hat den Ball und wird ihn nicht los. Er kann kaum noch laufen, er hat 30 Minuten gespielt, und nach dem Sturz vor wenigen Minuten ist sein Rücken ein einziger knotiger Schmerz. Mac täuscht, kann seinen Gegenspieler nicht schlagen und wirft dann unentschlossen und bedrängt aus der Mitteldistanz. Er trifft nicht, aber Yassin Idbihi angelt sich den Ball auf Höhe der Freiwurflinie.

Jeder Basketballspieler kennt diese Augenblicke. Ich erinnere mich an diese Situation, als wäre es jetzt. Ich bekam den Ball etwa auf Höhe der Freiwurflinie, leicht links von Yassins Position in Oldenburg. Mein Spiel war Brandt Hagen gegen Bayer Leverkusen, es ging um eine Westdeutsche Meisterschaft in den frühen Neunzigern. Die Halle war eine Schulturnhalle in Hagen. Ich wusste nicht, wie viel Zeit noch auf der Uhr war. Viel war nicht übrig, ich musste werfen, schnell, ich musste jetzt schnell werfen. Ich hatte den letzten Wurf, und wenn ich traf, gewannen wir. Ich wusste, dass Marta Lewandowski im Publikum saß und zusah, das schönste Mädchen der damaligen Welt. Ich sprang so hoch wie möglich und leicht zur Seite, ich wusste, dass niemand hinter mir war, und der Gegenspieler vor mir konnte mich auch nicht erreichen, niemals. Ich sah den Korb und wollte werfen, aber in genau dem Moment, wo ich den Arm durchdrücken musste und die Hand abknicken, sah ich direkt unter dem Korb und in viel besserer Position meinen Mitspieler, sein rotes Trikot.

Er sah mich an, ich sah seine Handinnenflächen, ich sah seinen aufgerissenen Mund. Ich wusste: Wenn ich ihn anpasse, wird er treffen, er ist unser bester Spieler. Ich wusste das alles, aber ich wusste nicht, wie viel Zeit noch war. Ich wusste, dass Marta Lewandowski in dieser Sekunde eine Entscheidung traf. Ich sah den Korb und meinen Mitspieler, und während ich warf, stellte ich mir vor, wie er werfen würde, wie er treffen würde. Ich streckte den Arm, ich knickte das Handgelenk, ich überlegte.

Im Grunde ist, was in einem solchen Augenblick passiert, keine Überlegung, es ist vielmehr ein Oszillieren der Gewissheiten. Im Grunde wusste ich sicher, dass er treffen würde. Aber ich warf. Ich und nicht er. Und weil ich in Gedanken eine andere Möglichkeit sah, eine andere Welt als meine, eine andere Geschichte als meine eigene, wurde mein Wurf zu dem bitteren Indikativ des Tages: Ich traf nicht. Wir verloren das Spiel.

»Auf der Uhr war genug Zeit«, sagte Marta Lewandowski. »Hast du so was nicht im Gefühl?« Und tagelang, jahrelang bleiben Konjunktive: Hätte ich gepasst, hätten wir gewonnen, wäre ich der entscheidende Mann gewesen, Marta hätte hätte hätte (und so weiter).

Und jetzt angelt sich Yassin Idbihi den Ball. *Wie viel Zeit ist noch?*, denkt er, *wie viel Zeit ist?* Er drückt sich ab, er hat den Ball kurz in beiden Händen, er legt ihn auf rechts, *wie viel Zeit?* Er springt. In dieser Sekunde sieht er Julius Jenkins, direkt unter dem Korb, die Hände bereit, die Augen aufgerissen, den Mund, *wiiiide open.* Julius würde treffen, wenn er den Ball dort unten bekäme, denkt Yassin, aber er denkt auch: *Throw that shit up quick!* In dieser entscheidenden Kleinstelsekunde denkt er plötzlich englisch. Er wirft. Er trifft nicht. Oldenburg gewinnt. 80:79.

Später in der Kabine sitzt Rochestie auf der Holzbank und wendet diesen einen Gedanken im Kopf hin und her: Was gewesen wäre, wenn. Woran es liegt. Warum er so miserabel wirft. Tadija hört gar nicht mehr auf zu fluchen, Salven von Flüchen gehen auf uns nieder, und Mac kann kaum noch gerade stehen vor Schmerzen. Er lehnt vornübergebeugt an der Bank, Eis auf dem geprellten Rücken. Yassin sitzt in der Ecke und schüttelt den Kopf. Er versucht, Worte zu finden für seine Entscheidung. Die Serie ist ausgeglichen, zwei Siege Oldenburg, zwei Siege Berlin.

Heute wird nicht getanzt und auch der Pizzaservice liefert nicht. Nach dem Spiel hat McDonald's bereits geschlossen, Burger King ebenso. Die Spieler werfen sich auf die Sitze, niemand spricht. Wir fahren an den winkenden Fans vorbei in die Nacht. Nach den Spielen telefonieren die Manager normalerweise mit den Journalisten, die in Berlin geblieben sind und trotzdem einen Artikel schreiben müssen. Aber heute drückt Mithat die Anrufe einfach weg. Keine Interviews. »Diese Mannschaft kann froh sein, dass sie mich nur drei Monate als Trainer hatte«, sagt Coach Katzurin und packt seinen DVD-Spieler aus. Bis zum nächsten Spiel bleiben fünf Tage. »Jeder israelische Point Guard hätte dieses Spiel gewonnen. Im Grunde hätte *jeder andere* Point Guard dieses Spiel gewonnen.«

Tommy hat im Namen der Mannschaft eine Torte besorgt, rechteckig und schneeweiß steht sie vor Mithat. Er schneidet seinen Geburtstagskuchen an. »Bedient euch«, sagt Mithat, den Mund voll Sahne und Zuckerguss, »schmeckt *richtig* gut!«

An einer Tankstelle auf dem Weg nach Berlin sitzen lediglich fünf Fernfahrer um eine kalte Bockwurstmaschine und trinken Bier, eine unfassbare Tristesse. Tadija kauft Powerade, Yassin ein Sixpack Bier. Auf der Busfahrt beschleicht einen manchmal das irrationale Gefühl, man könne in der Zeit zurückgehen, um die Dinge zu ändern. Man könne Würfe noch einmal nehmen und treffen. Man könne passen. Wir finden ein geöffnetes

McDonald's und kaufen ein. Zu jedem Menü gibt es einen Luftballon mit der Aufschrift »Hier beginnt der Spaß!«.

Im Morgengrauen dann die Erkentnis, dass nichts mehr hilft. Als wir im Sonnenaufgang auf die Siegessäule zufahren, klappt Coach Katzurin den DVD-Player zu und setzt seine Sonnenbrille auf. Bobby wird wach und erklärt, er habe niemals ein 3:0 vorausgesagt. Niemals.

»Hast du das Spiel schon gesehen?«, fragt der Coach.

»Nein.«

»Du hast geschlafen?« Der Coach klatscht in die Hände, als wolle er den gesamten Bus aufwecken.

»Ja.«

»Unglaublich! Im vierten Viertel! Man sieht, wie Yassin den Ball fängt, und unter dem Korb steht Julius komplett frei! Komplett frei! Ich wollte die verdammte DVD aus dem Fenster werfen und das Gerät kaputthauen.«

»Das hat Yassin mir sofort nach dem Spiel gesagt. Julius war frei.«

»*Nach* dem Spiel ist zu spät, Bobby. Nach dem Spiel ist es *viel* zu spät!«

INFERNO BIANCONERO

ALS WIR AM FLUGHAFEN SCHÖNEFELD ANKAMEN, war das Chaos schon da. Eine Gruppe Abschiebungsgegner versperrte die Zufahrt zum Terminal, der Bus stand still. Bewaffnete Polizisten sahen den Demonstranten zu. Es war früher Morgen, der Himmel bedeckt und das Team auf dem Weg nach Neapel.

»Was wollen die?«, fragte Coach Pavićević und packte seine Unterlagen zusammen. »Wogegen sind die?« Pavićević hatte einen genauen Plan und der konnte jetzt nicht befolgt werden. Auf der Busfahrt zum Flughafen hatte er das Abendtraining im Palamaggiò von Caserta vorbereitet. Wie immer würde das Team einen Tag vor dem Spiel anreisen. Wie immer würde man gemeinsam die Spielzüge des Gegners studieren, abends trainieren und danach gemeinsam essen. Man würde am Morgen des Spiels noch einmal in die Halle fahren, werfen und zur Erinnerung die eigenen Spielzüge und Variationen durchlaufen, *Walkthrough* und *Shootaround.* Mittagessen, Mittagsschlaf, Wecken, Snack. Man würde abends das Spiel spielen und am nächsten Tag zurückkreisen. Pavićević wollte seine Welt kontrollieren, aber die Zufahrt zum Flughafen war gesperrt.

Die Mannschaft hatte seit dem 70:70 gegen Charleroi Anfang Oktober nur ein einziges Spiel in der Bundesliga verloren und war mit drei Siegen in den Eurocup gestartet. Nicht alle Siege waren überzeugend gewesen, aber es war noch früh in der Saison, und man gab sich optimistisch. »Wir haben Luft nach oben«, sagte Mithat Demirel.

Coach Pavićević allerdings war unzufrieden. Er war Perfektionist an der Grenze zur Besessenheit und manchmal darüber hinaus. Pavićević glaubte, dass die hauptsächliche Schwachstelle der Mannschaft auf der Aufbauposition lag. »Wir haben uns geirrt«, sagte er. Hollis Price war nur ein Schatten seiner erfolgreichen Jahre und von Marko Marinović mit seinem aufbrausenden Temperament fühlte sich der Coach sogar sabotiert. »Einer von beiden muss gehen«, hatte Pavićević erklärt. »Das ist unsere Schwäche. Aber man kann nicht so einfach eine Änderung herbeiführen. Der Club ist besorgt um die Teamchemie.« Marko und Hollis waren beliebt im Team.

Trotzdem sichteten der Coach und die Manager den Markt. Demirel war wieder im Gespräch mit Marko Pešić, man sprach wieder über Heiko Schaffartzik, der mit seiner Situation in Ankara unzufrieden war. Man sprach mit dem ehemaligen Göttinger Aufbauspieler Taylor Rochestie, der in Istanbul aussortiert werden sollte. Die Demonstranten protestierten gegen die Abschiebung von politischen Flüchtlingen über den Flughafen Schönefeld, sie demonstrierten für Meinungs- und Migrationsfreiheit. Sie hielten Plakate mit Herzen in die Luft, die in Stacheldraht gewickelt waren, Tauben, Fäuste, Maschinengewehre. Sie trommelten und skandierten. Demirel telefonierte mit Baldi, der Busfahrer hupte, aber die Straße blieb blockiert. Pavićević stand auf und befahl, die Türen zu öffnen. Die Mannschaft stieg aus und bahnte sich den Weg durch ein Spalier von Abschiebungsgegnern, Polizisten und Partytouristen.

EasyJet hatte die Massagebank des Physios verloren, also saßen wir unter Palmen und Autobahnrampen vor dem bestellten Bus und warteten. Eine feuchte Wärme lag über allem, wir waren viel zu dick angezogen. Von den Betonsäulen schälten sich Zirkusplakate, überall tropfte es.

Auf Auswärtsfahrten schlägt jeder die Zeit mit seinen eigenen Waffen tot. Der Coach schimpfte auf Professor Mika ein, Tommy beschwerte sich über die Fluggesellschaft, Bryce Taylor saß auf seinem Platz im Bus und schlief. Yassin Idbihi las im *Spiegel*, Femerling telefonierte mit seiner Tochter, und Jenkins starrte unter seinen Kopfhörern ins Leere. »My own portable privacy«, nannte Jenkins seine Dr.-Dre-Beats, sie waren für ihn gleichzeitig Statussymbol und Stoppschild. Eine Tarnkappe. Ein Wundermittel. Eine Art Zauberstab, Abrakadabra. Niemand würde ihn ansprechen, niemand würde ihn um Autogramme bitten. »Mit Kopfhörern bin ich unsichtbar«, sagte er. »Wenn ich sie trage, bin ich nicht hier. Ich bin da, wo ich sein will.«

Ein plausibler Gedanke: Wir waren morgens im Berliner Nebel gestartet, jetzt waren wir in Neapel und saßen in der süditalienischen Sonne. Wenn man ständig mit einer Männergruppe reist, wenn man sich ständig im öffentlichen Raum aufhält, in Sporthallen, Hotels, Restaurants, Flugzeugen und Bussen, braucht man eine tragbare Privatsphäre. Vor den Spielen hörten fast alle Spieler Musik, um sich emotional zu steuern, um sich zu beruhigen oder aufzuputschen. Jenkins trug Kopfhörer, um allein zu sein. Ich entschied, mir Kopfhörer zu kaufen, um die Welt der Spieler besser zu begreifen, aber ich fand am Neapolitaner Flughafen nur Espressostände und Buchläden. Ich kaufte mir Andre Agassis Autobiografie *Open* und fing an zu lesen. Wir warteten. Femerling sang *Que sera, sera.* Pavićević sah müde und entkräftet aus, er sah seiner Zeit beim Verschwinden zu.

Süditalien im Winter. Wir hatten im Hotel *Vanvitelli* am Rand von Caserta eingecheckt. Das Hotel lag zwischen Supermärkten, Tomatenfabriken und Autohäusern. Man hörte das Hupen der Autos von der Autobahn nach Neapel. Es gab giftgrün beleuchtete Tümpel und antike Statuetten aus Plastik. In der gigantischen Lobby hatte man einen Weihnachtsbaum aufgestellt. Der Marmor war falsch und die Kronleuchter im Speisesaal monströs. Man rechnete ständig mit einem Auftritt einer drittklassigen Opernsängerin. Es gab faustgroßen Mozzarella mit Gemüsezwiebeln. In der Hotelbar saß ständig eine Gruppe plappernder italienischer Pharmakologen in schmalen Anzügen. »*A terrible hotel set-up*«, hatte Pavićević gesagt, »*extremely terrible*«, aber er hatte vor der Atmosphäre in der Halle gewarnt, vor der Lautstärke der Ultras und der Schnelligkeit des Gegners Pepsi Caserta (»Die rennen nur, wenn sie angreifen. Sie haben flinke Finger und klauen Bälle, dann rennen sie nach vorne, aber am Rückweg haben mindestens drei Spieler kein Interesse.«). Er hatte ausdrücklich auf den Flügelspieler Jumaine Jones hingewiesen, der jeden Wurf nahm, frei oder nicht. »Er feuert, feuert, feuert.« Wir hatten anderthalb Tage im Dröhnen der Autobahn auf das Spiel heute Abend gewartet (in einem Elektrosupermarkt hatte ich tatsächlich einen Kopfhörer gefunden). Jetzt saßen wir wieder in einem Bus.

Der Palamaggiò lag irgendwo hinter den Hügeln über der Stadt. Die Ultras nannten die Halle Inferno Bianconero, die schwarz-weiße Hölle. Das Spiel sollte um 20.30 Uhr stattfinden, es dämmerte längst. Der Bus fuhr eine Weile durch die Peripherie Casertas, wir kurvten zwischen leer stehenden Häusern und Bauruinen entlang, an den Wänden schimmelige Wahlplakate und rostige Hinweisschilder. Gelegentlich bogen wir um eine Straßenecke und wurden von plötzlicher Schönheit überrascht. Einmal lag ein riesiges Barockschloss vor uns, von dem niemand gehört oder gewusst hatte. »Das Schloss hat 1217 Zimmer, nur Versailles hat mehr. Der Architekt hieß Vanvitelli«, sagte die Dolmetscherin, die uns begleitete. »Ihr Hotel trägt seinen Namen.« Die Plätze wurden zu Straßen, die Straßen zu Gassen, wir rollten über Kopfsteinpflaster, an den Rückseiten der Häuser hing Wäsche im Nieselregen. Dann verließ der Bus die Stadt durch eine schmale Einbahnstraße, links und rechts schlecht verputzte Mauern, fleckiger Beton, über allem das gelbe Licht italienischer Straßenlaternen (das Licht des Südens).

Die Spieler erzählten sich Legenden, jemand machte einen vorsichtigen Mafiawitz. Ein anderer hatte recherchiert, dass die Mafia in dieser Gegend hauptsächlich im Umkreis der Städte aktiv war, in den Provinzen und Landkreisen. Die Anhänger von Juventus Caserta seien fanatisch, sagte ein Dritter, erst letzte Saison hätten sie nach einigen Niederlagen ein Training im Palamaggiò gestürmt und gedroht, die Spieler und ihre Familien zu ermorden. Wir sprachen von Exekutionen, Sabotage und Korruption, der Camorra und den Casalesi. Die Straßen waren menschenleer. Mir fiel auf, wie dunkel das Licht auf den Palmblättern und Bauruinen lag. »Every day above ground is a good day«, sagte Pavićević mit der Stimme von Al Pacino als Tony Montana. Sein Lachen klang nervös, vielleicht bildete ich mir das aber nur ein. Ich setzte die neuen Kopfhörer auf und schaltete meine Musik an, das Gerede verschwand (*Radio Cure* von Wilco). Wir erreichten den Wald. Es regnete jetzt stärker. Über Europa zogen Unwetter auf.

Die Krise hatte mit dem Tod von Gerd-Ulrich »Doc« Schmidt begonnen. Im Sommer hatte der langjährige Mannschaftsarzt die Spieler noch untersucht und vermessen, im Oktober war er gestorben. Schmidt hatte Alba Berlin 1989 mitgegründet und aus Ludwigsburg den ehemaligen Spieler Marco Baldi nach Berlin geholt. Am Tag der Arbeit 1990 hatte Marco Baldi seinen Job als Manager von Alba Berlin angetreten, »*from scratch*, mit einem Schuhkarton als Kasse, ohne Belege, ohne Sponsoren, ohne alles«. Wenn Baldi von dieser Zeit sprach, wurde er nostalgisch. Der Doc, Sportstättendirektor Peter Schließer und Baldi hatten Spieler angesprochen, Wohnungen gesucht und um den Trainer Faruk Kulenović ein Team zusammengestellt. Baldi hatte anfangs sein Gehalt nicht bekommen, weil schlichtweg das Geld fehlte. Also hatte er zusätzlich jeden Tag von fünf bis neun Uhr morgens ein Lichtenberger Backkombinat in freier Marktwirtschaft unterrichtet.

»Und abends war Basketball mit den Jungs«, erinnerte sich Baldi.

Sie hatten den Geschäftsmann Dieter Hauert als Präsident ins Boot geholt, dann war das Recyclingunternehmen Alba als Hauptsponsor eingestiegen. Der Doc hatte einen weißen Bürstenhaarschnitt getragen und den Alba-Firmengründer Franz Josef Schweitzer beim Friseur von ihrer Vision eines erfolgreichen Basketballvereins überzeugt.

Die Geschichte von Alba Berlin wird immer als Geschichte einer Familie erzählt. Wenn man mit Baldi sprach, schien er sich gern zu erinnern. Hauert, Schließer und Baldi waren auch nach zwanzig Jahren immer noch dabei, Schweitzer hatte seine Begeisterung an seine Söhne Axel und Eric vererbt. Im Zentrum hatte immer der Doc gestanden. In den frühen Jahren des Vereins und später in den erfolgreichen Jahren hatte Schmidt am Spielfeldrand gesessen. Er hatte serbische Finger eingerenkt, amerikanische Nasen gerichtet und deutsche Platzwunden genäht. Im letzten Jahr kam er nur noch selten zu den Heimspielen. Eine Krebserkrankung hatte ihm jahrelang zugesetzt, der ehemals passionierte HB-Raucher war geschwächt, und im Herbst, am 24. Oktober, war er gestorben. Der Verein trauerte, für die Alba-Familie gab es nur einen Doc.

Für die aktuelle Mannschaft war die Beerdigung ein Pflichttermin, sie hatten in schwarzer Kleidung zu erscheinen. Nur wenige Spieler hatten Schmidt gut gekannt. Viele dachten an Hi-Un Park, wenn sie »Doc« hörten. Profis leben in einer schnellen Welt. Nach dem Morgentraining hatte sich das Team in Pkws auf den Weg Richtung Friedhof gemacht. Professor Mika war gefahren und Luka Pavićević hatte einen Vortrag über Professionalität gehalten.

»Ein gutes Team lässt seine Spieler nicht in Privatwagen zu einer Beerdigung fahren. Man bestellt einen Bus, man kommt gemeinsam an, man fährt gemeinsam wieder weg. Alle tragen Schwarz. Warum macht der Club das nicht? Um das Geld für den Bus zu sparen? Du wirst sehen: Ein Spieler findet den Weg nicht, ein anderer hat eine pinke Mütze auf, weil er noch nie bei einer Beerdigung war, der Dritte kommt im T-Shirt und ist am nächsten Tag krank. Diese Dinge summieren sich, eins kommt zum anderen. Erst geht ein Spiel verloren. Dann ein zweites. Wir müssen uns gegen solche Sachen schützen.«

Luka Pavićević hielt einen Monolog zu den Schwachstellen seiner Mannschaft. »Auch Siege können lügen«, sagte er. »Wir brauchen bessere Point Guards. Hollis Price ist nicht fit, und Marinović musste noch nie verteidigen, also kann er es einfach nicht. Einer muss gehen. Wenn Taylor Rochestie heute frei wird, dann muss Marinović gehen.« Der Coach hatte seine Hände ausgebreitet, die Handflächen nach innen, eine Beschwerdegeste, die ich aus der letzten Saison von ihm kannte. Während der ersten Saisonwochen schien sie verschwunden zu sein, jetzt war sie zurück. Pavićević schien in den letzten Wochen blasser und dünnhäutiger geworden zu sein.

Die Krise deutete sich allmählich an. Die erste Niederlage in Ulm hatte den Coach in ihrer Unnötigkeit aufgeregt. Vor dem Spiel gegen den TBB Trier hatte er im Training einen Freiwurf werfen wollen, eine Bewegung, die er seit Jahrzehnten immer wieder und immer gleich ausführte, aber diesmal hatte der Blitz in sein Rückgrat eingeschlagen. »Shoot me up, Doc!«, hatte er vor dem Spiel gesagt, und Schleicher hatte ihm sechs Spritzen in den unteren Rücken jagen müssen, zwei Lendenwirbel waren blockiert. Der Coach hatte sich einen ergonomischen Bürostuhl an den Spielfeldrand stellen lassen und das Spiel im Sitzen gewonnen. Seitdem ging er leicht gebeugt und vorsichtig. Er joggte nicht mehr, und im Training warf er nur noch selten auf den Korb, während sich seine Spieler dehnten. Obwohl seine Mannschaft gewann, war er nicht zufrieden.

Anfang November war der Coach im Training einmal explodiert, als seine Spieler miteinander sprachen. »What the fuck!«, hatte er geflucht und einen Ball durch die Halle getreten. »Ihr sollt nicht reden, ihr sollt spielen. Wollt ihr mich testen? Wollt ihr wissen, wie weit ihr gehen könnt? Ihr bekommt hier verdammt viel Geld, mehr als ein verfickter Jurist aus Harvard oder Yale. Also kommt ihr frisch rasiert zur Arbeit und sagt: Was soll ich machen, Coach? Ihr konzentriert euch! Und wenn ihr euch unterhalten wollt, dann hole ich mir jetzt am Checkpoint Charlie einen Kaffee.«

Die Stimmung in der Mannschaft schien sich kaum merklich zu ändern. Marko Marinović hatte sich die häufige Kritik des Coaches zunächst mit auf dem Rücken verschränkten Händen angehört, er hatte ihm trotzig ins Gesicht gesehen. Meist war er passiv aggressiv, ab und zu hatte er hitzige Widerworte gegeben. Bei Auswechslungen hatte er sich ans andere Ende der Bank verzogen. Manchmal wirkte Luka Pavićević wie ein strenger Lehrer, die Spieler waren Kinder, die ihn imitierten, wenn er das Klassenzimmer verließ. Als er die Unkonzentrierten bemerkte, griff Pavićević zu den Mitteln, die er kannte. Er ließ mehr Video schauen, er hielt ausführlichere Reden, analysierte, dozierte, erklärte. Yassin Idbihi war während eines Videomeetings eingeschlafen und gerade noch rechtzeitig von Femerling geweckt worden. Einmal hatte die Mannschaft vollzählig in der Kabine gesessen und auf Pavićević gewartet. »Wo ist der Coach?«, hatte jemand gefragt. »Der steht draußen und redet mit der Wand.«

An einem kalten Novemberfreitag war die gesamte Alba-Familie auf dem Friedhof zur Beerdigung erschienen. Große Männer in dunklen Anzügen standen auf den Stufen der Friedhofskapelle, weil innen kein Platz mehr war, Legenden und Funktionäre, Verwandte, Begleiter und Patienten des Docs. Der Journalist, den sie Made nennen, stand hinter einem Ilex und notierte sich die Namen der prominenten Gäste. Man sah gesenkte Köpfe, Sonnenbrillen und hochgeschlagene Mantelkragen. Tatsächlich war die Mannschaft nicht vollzählig zur Trauerfeier erschienen, tatsächlich hatte der Physiotherapeut leuchtend bunte Turnschuhe getragen, und tatsächlich hatten die Amerikaner nicht damit gerechnet, dass die Friedhofskapelle randvoll sein würde. Wir standen in der klirrenden Kälte, die Rede dauerte länger als vermutet. Derrick Allen und Immanuel McElroy zitterten im T-Shirt inmitten der Trauergemeinde. Als die Urne zum Grab getragen wurde, hielt Pavićević den Kopf gesenkt, und Baldi schien ein paar Minuten nicht an Basketball zu denken, er trug echte Trauer um die Augen. Die Spieler froren und scharrten mit den Füßen. Der Trauerzug hatte sich am Grab gestaut, die Sonne war durch die Wolken gebrochen, aber wärmer war es dadurch nicht geworden.

Dann war russische Woche in Berlin. Russisches Wetter, der erste Schneeregen, die Stadt plötzlich einfarbig. Von der Oberbaumbrücke erkannte man im Schneegrau die O2 World kaum. Selbst in der Halle war es plötzlich kalt, die Spieler trugen lange Unterziehhemden und Tights. Zum Eurocup-Spiel gegen Krasnye Krylia Samara war Marko Marinović noch immer im Kader. Er hatte sich einen Schnurrbart wachsen lassen und seine Mitspieler mit einem perfekt ausgesprochenen »Dobre dien, towarischtsch« in der Kabine begrüßt. Marinović und Lucca Staiger hatten vor dem Training das Wurfspiel *Horse* gespielt, einer macht vor, der andere nach. Sie trafen unmögliche Würfe und alberten herum. Coach Pavićević hatte ihr Spiel mit tadelndem Blick beobachtet, dann hatte er die Spieler auf die Russen vorbereitet. »Talent ist nicht genug«, hatte er gesagt und seine Spieler reihum angesehen. »Talent ist nicht genug, wenn es nicht in ein System integriert wird. Geld ist nichts, wenn es nicht für eine Einheit arbeitet.«

Mit Samara war ein anderes Basketballmodell nach Berlin gekommen: spektakulär gedacht, unspektakulär umgesetzt. Die Russen hatten einen fünfmal so hohen Etat wie Alba, man sprach von zehn bis zwölf Millionen für Spieler und Trainer. Im Team standen hoch bezahlte Individualisten mit NBA-Erfahrung, fünf Amerikaner, ein slowenischer Nationalspieler, dazu ein paar Russen. Samara hatte nach uns die Halle betreten, und beide Mannschaften hatten das typische Spiel vor dem Spiel gespielt.

Die Russen waren mir riesig und dünn erschienen, ihre flachgesichtigen Betreuer hatten riesige Medizinkoffer getragen und Tommy angebellt, er solle Handtücher holen. Die Amerikaner waren laut lachend in die Halle geschlendert: das Sprungwunder Gerald Green, der erfahrene Wander-Point-Guard Ernest Bremer, Veteran Brion Rush. Allesamt individuell sehr starke Spieler, die in Russland Monatsgehälter im sechsstelligen Bereich verdienten. Sie würden kopflos und unorganisiert spielen, hatte Pavićević angekündigt, und gegen ein Team keine Chance haben. Die Deutschen gaben sich ruhig, sie schlichen aus der Halle wie alte, gelassene Männer. Ihr Gang sagte, dass in Berlin niemand nervös war, noch nicht einmal angespannt. »Eigentlich liegen wir sogar noch im Bett«, erzählte Femerlings Frisur, und Lucca Staigers Jogginghose sagte: »Seht her, wir stehen hier im Pyjama. Aber für euch wird es reichen.«

Amerikanische Basketballspieler in Europa sind Saisonarbeiter. Die meisten kennen sich, sie umarmen sich halb. Hollis Price und J. R. Bremer hatten 2008/09 gleichzeitig in Russland gespielt, Hollis für Dynamo Moskau, Bremer für den Moskauer Vorortclub Triumph Lyubertsy. Beide hatten gutes Geld verdient. Sie sprachen kurz über Trainerwechsel, Frauengeschichten, neue Tattoos, Wohnbedingungen und wer wann und wo mit wem trainierte. Die Amerikaner treffen sich im Sommer zum Training, sie spielen gegeneinander und miteinander. Ihre Agenten verhandeln mit den Clubs, und im Herbst fliegen sie nach Russland, Italien, Spanien, Serbien, in die Türkei oder nach Deutschland und verrichten ihre Saisonarbeit. Andere landen in Belgien, Finnland oder Tschechien. »Gut bezahlte Apfelpflücker«, sagte jemand, »extrem teure Spargelpolen.« Die wenigsten blieben länger an einem Ort.

Geld spielt dabei eine wichtige Rolle. Basketballspieler wissen, dass sie nur wenige Jahre Zeit haben, um Geld zu verdienen. Sowieso schaffen nur wenige gute Basketballer den Sprung vom College zu den Profis in die NBA. Der Durchschnittsspieler bleibt weniger als vier Jahre in diesem Beruf. Einige wenige Stars halten sich zehn Jahre oder mehr in der Liga, der Großteil wird vorher aussortiert. NBA-Profis sind nach drei Jahren in der Liga rentenberechtigt. Europa, Asien und Südamerika sind veritable Alternativen.

Ein Basketballprofi hat wenig Zeit. Er ist entweder Newcomer, mitten in den Erntejahren oder bereits ein Veteran. Die Spieleragenten verdienen anteilig an den Gehältern, also versuchen sie, so früh und so lang wie möglich zu ernten. Werte wie Loyalität, die von den Fans für wichtig gehalten werden, haben in dieser Welt keine Bedeutung.

Hollis Price hatte den Sprung in die amerikanische Profiliga knapp verpasst, aber in Europa konnte er genug Geld verdienen, um seine Großeltern nach dem Wirbelsturm Katrina von New Orleans nach Houston umsiedeln zu können und ihnen ein ordentliches Haus zu kaufen. Er bezahlte die Entziehungskuren seiner Mutter. Geld bedeutete für ihn nicht nur eine Zukunft. In erster Linie war es ein Ausweg. Häufiger als für weiße Mittelstandskinder bedeutet Geld für schwarze Basketballer einen grundlegenden Wandel in Status und Respekt.

Deutsche Profis spielen um kleine Scheine, Serben spielen um die Ehre, Amerikaner spielen um ein gutes Leben. Diejenigen, die es schaffen, zeigen ihren Erfolg. Als Hollis die Halle verließ, saßen Green und Bremer noch in Socken am Spielfeldrand und warfen abwechselnd und betont lässig den Ball Richtung Korb. »One thousand«, hatte Bremer gesagt, aber Green hatte daneben geworfen. 1000 Dollar für jeden Treffer. Green hatte gelacht, Bremer hatte im Sitzen geworfen und getroffen. 1000 Dollar. Alba hatte das Spiel ungefährdet mit 88:64 gewonnen. Marko Marinović war der beste Spieler gewesen. »Doswidanje«, hatte er gesagt und nicht gewusst, dass er damit recht behalten sollte.

Jenseits der Hügel von Caserta lag der Palamaggiò unter uns im gelben Nebel wie ein vergessener Koffer. Der Sportpalast stand einsam auf offenem Feld zwischen ein paar Pinien und Zypressen, und niemand wusste, was darin auf uns wartete. Ein rätselhafter, aber gut beleuchteter Ort. Wir fuhren die schmale Straße hinab zur Halle, der Regen hatte aufgehört, es war ein schwüler und feuchter Tag Ende November (*Fix You* von Coldplay).

In der schwarz-weißen Hölle liefen die Klimaanlagen, die Zuschauer trugen dicke Jacken. Über den Presseplätzen hingen die Banner der Geschichte, der Pokalsieg 1988 und die Meisterschaft 1991, die Spielerlegenden Oscar Schmidt (#18) und Fernando Gentile (#5).

Schmidt hatte in den Neunzigern als der vielleicht beste Nichtamerikaner der Sportart gegolten. Sie hatten ihn Mão Santa genannt, die heilige Hand. Er war ein reiner Scorer gewesen, vor Verteidigung war seine Sache nicht. »Some play the piano«, hatte er gesagt, »and some have to carry it.«

Ein älterer Herr mit blauem Filzhut und gut geschnittenem Anzug setzte sich neben mich, »Romano Piccolo«, sagte er und gab mir die rechte Hand, die linke legte er auf seine Brust. Er sei Journalist, erklärte Piccolo, und Juve Caserta sei sein Herz. Romano Piccolo hatte schneeweiße Haare, einen weißen Schnurrbart und wassergraue Augen. Es waren noch zwanzig Minuten bis Spielbeginn, die anderen Journalisten tippten oder fotografierten, also erzählte Romano Piccolo mir seine Geschichte.

»Ich war immer in der Halle«, sagte er, »ich habe die Meisterschaft beschrieben, ich habe Oscar Schmidt gekannt. Die magische Hand.« Piccolo erzählte in italienischem Englisch von seinen Kindern und Enkeln, allesamt Flügel- und Aufbauspieler, er erzählte von Dr. J, den er gut gekannt habe, er berichtete von Berlin vor der Wende und den Maschinenpistolen der Grenzer an der Friedrichstraße.

»Der Krieg«, seufzte er, »der Krieg.« Der schwarzweiße Block der Caserta Ultras stand hinter uns. An diesem Dienstagabend war nur ein Drittel der 6300 Plastiksitze besetzt. Ich hätte mir die italienische Fankultur anders vorgestellt, sagte ich. Irgendwie begeisterter, aggressiver, ausverkaufter. Ich hätte mit bengalischen Feuern und Aggression gerechnet. Romano Piccolo sah mich an. »Die Halle bleibt leer«, sagte er. Er holte ein Paket Wachswatte aus der Innentasche seines Anzugs, rollte zwei Kugeln und reichte sie mir. »Die Wirtschaft ist schwach. Die Hölle ist laut.« *Inferno Bianconero* stand auf einem riesigen Banner quer über dem Fanblock, die schwarz-weiße Hölle.

Eine junge Frau stellte einen Espresso vor den alten Journalisten. »Euer Coach ist einer der besten«, sagte Piccolo. »Er versteht Basketball. Er sieht die Dinge. Er weiß, was zu tun ist. Ich sage: Berlino vincera.« Er trank den Espresso vorsichtig und in winzigen Schlucken. Als Alba angekündigt wurde, nüchtern und schnell und mit schwerem Akzent, konnte ich im gellenden Pfeifen und Singen kein Wort mehr verstehen, *...e che nessuno ci giudichi!* stand über dem Tunnel, durch den die Spieler auf das Spielfeld und in den Lärm hineinliefen, *... dass niemand über uns richte!*

Romano Piccolo hatte alles gesehen, er hatte recht. Als das Spiel begann, zog er einen Füllfederhalter aus der Tasche. Er notierte die Namen der Starting Five: Marinović, Jenkins, McElroy, Femerling, Dragićević. Dann sah er sich die Bankspieler an. »Bryce Taylor«, sagte er und lächelte. »Ich kannte seinen Vater, er spielte in der ABA, sehr guter Verteidiger, Brian Taylor kam von Princeton. *Attenti al cane.* Er war bissig, er hätte nach Caserta gepasst, hier werden Bälle geklaut. Der Sohn wird auch einmal ein guter Europäer, er hat auch schon in Italien gespielt, Montegranaro.« Die schwarz-weiße Wand hinter uns pfiff sich die Seele aus dem Leib, aber Alba eröffnete das Spiel exakt nach Plan. Die Italiener liefen nicht schnell genug zurück. Piccolo schrieb mit und las das Spiel, 8:8, 8:10, 8:12, 12:18, 17:21. Julius Jenkins traf und machte 13 der ersten 21 Punkte. Piccolo wechselte ins Deutsche. »Julius Jenkins sehr gut«, sagte er.

Im zweiten Viertel lärmten die Fans ihre Mannschaft nach vorn, sie sangen und brüllten, jemand warf ein Feuerzeug Richtung Schiedsrichter, aber traf ihn nicht. Den Berlinern fielen nicht immer die richtigen Antworten ein, die Würfe fielen seltener. Das Spiel wankte hin und her, der Vorsprung wurde allmählich kleiner, die Zuschauer pfiffen lauter, die Schiedsrichter seltener. Dann pfiffen sie gar nicht mehr, und die Italiener waren dran. Die Atmosphäre war jetzt so, wie ich sie mir vorgestellt hatte, Romano Piccolo lächelte. Halbzeitstand 37:40. »Alter!«, sagte Mithat in der Halbzeit, »Alter, haben die Schiedsrichter uns gefickt!«

Patrick Femerling war die Feindseligkeit und den Höllenlärm von südeuropäischen Auswärtshallen seit Jahren gewohnt. Im dritten Viertel bekam er den Ball im Low Post, den massigen Center Williams und seine Ellenbogen im Rücken. Er ließ sich leicht vornüberschieben, er ging leicht in die Knie. Williams ahnte, dass Femerling seine Position nicht halten konnte, er setzte seinen Körper ein und drückte noch ein wenig stärker. Femerling hatte auf genau diesen Übermut gewartet. Er hatte Williams in den letzten Tagen auf Video gesehen und in der Theorie eine Lücke erkannt, die sich jetzt in diesem Augenblick ganz konkret auftat. Ich hatte ihn beobachtet, wie er diese Bewegung heute Morgen ohne Gegenspieler trainiert hatte.

Femerling wartete auf das Übergewicht des Gegners, dann drehte er sich aus der leicht geduckten Haltung in dem erwarteten Sekundenbisschen um Williams herum und war am Korb, ehe sein Gegner überhaupt begriff, dass er in eine Falle geraten war. Williams' Reflex kam zu spät, er schlug ungelenk nach dem Ball und traf Femerling am Hinterkopf oder Arm, aber Femerling hatte längst geworfen und getroffen. Er schrie, als hätte er ein Tor erzielt. Romano Piccolo tippte sich an die Schläfe, er wusste, dass nur ein Drittel des Spiels aus Körper besteht, der Rest ist Erfahrung und Gefühl. »Femerling knows«, sagt er, »Femerling is intelligent tree.«

Nach Femerlings Aktion waren die Unsicherheiten beendet. Die Mannschaft hatte verstanden, wie die Überlegungen von Coach Pavićević in der Realität aussahen. Die Schiedsrichter ließen das Spiel laufen, es wurde hitzig und ruppig, es war das erwartete schwere Auswärtsspiel. Aber Marinović und Dragićević fühlten sich ganz wie in Belgrad, sie kannten die Antworten auf die hier überlaut gestellten Fragen. Tadija traf zwei perfekte Dreipunktwürfe, wunderschön und glatt und zum richtigen Zeitpunkt.

Piccolo schnalzte mit der Zunge, wie nur gut gekleidete italienische Herren mit der Zunge schnalzen können. Bryce Taylor verteidigte wie sein Vater, und Sven Schultze hielt Jumaine Jones in Schach. Nach dem 73:79 zog Luka Pavićević seine Anzugjacke wieder an und gab jedem Spieler High Fives, das Spiel war gebrochen. Romano Piccolo nickte höflich und wünschte uns Glück, wir fuhren ins Hotel zurück. Beim Essen wurde gelacht, es gab Steak und Pommes wie immer nach gewonnenen Spielen. Professor Mika suchte den Wein aus, wir saßen noch eine Weile in der Hotellobby unter dem Weihnachtsbaum, Luka Pavićević wirkte erleichtert. Durch ein Fenster über uns konnte man sehen, wie Julius vor dem Spiegel stand und seine Muskeln anspannte, ein Bier in der Hand. »Wir haben jetzt jede Art von Basketball besiegt«, sagte der Coach. »Teams aus Individualisten, Teams, die werfen, Teams, die verteidigen, langsame Teams, schnelle Teams, Struktur und Chaos. Alles, was jetzt kommt, wird leichter.«

OPEN

ES WURDE NICHT EINFACHER. Am nächsten Morgen war es Dezember, und es war immer noch warm in Kampanien. Wir frühstückten italienisch, Kaffee und los, ein paar von uns ließen sich Büffelmozzarella einpacken. Wir fuhren in einem klapprigen Bus zurück nach Neapel und checkten planmäßig ein. Hin mit easyJet, zurück mit Lufthansa. Unser Gepäck wurde mitsamt unserer Jacken verladen, wir hatten fast zwei Stunden totzuschlagen. Kurz kam die Sonne heraus, wir machten Fotos vor den Palmen am Flughafen von Neapel, in Sonnenbrillen und T-Shirts. Wir warfen Münzen in ein Fernglas und suchten den Vesuv. Die Amerikaner frühstückten Burger, die Serben probierten Armbanduhren, die Deutschen kauften die *Bildzeitung*. Der Mozzarella kam anstandslos durch die Sicherheitskontrolle. Wir lungerten am Gate herum, zwanzig Männer in Adidas-T-Shirts. Gegen Mittag würden wir in Berlin sein, wir waren schon fast zu Hause.

Kurz vor Abflug dann wieder Mafiawitze. Die Italiener ignorierten uns. Einer der drei Schiedsrichter des gestrigen Spiels saß am anderen Ende der Wartehalle und las Zeitung. Coach Pavićević nickte ihm zu, bestellte sich noch einen Espresso und plante das Training für die nächsten Tage. Am Samstag würde die Mannschaft wieder nach Braunschweig müssen, dann kämen die Italiener zum Rückspiel nach Berlin, dann die Artland Dragons, dann die Polen aus Włocławek. Die Coaches wollten keinen dieser Gegner unterschätzen. Am 18. Dezember würde man gegen den Vorjahresmeister und Favoriten Bamberg spielen. Fünf Spiele in zwei Wochen. Kurz vor Weihnachten würde Pavićević wissen, wie gut sein Team tatsächlich ist.

Zum Start saß ich neben dem Coach. Seine Erleichterung von gestern Abend schien über Nacht verflogen zu sein. Er schrieb und notierte, und als wir starteten, klappte er nur widerwillig den Tisch nach oben. Über den Wolken sah er nicht aus dem Fenster, sondern sprach wieder über die Point-Guard-Frage, Marko Marinović und Hollis Price. Der Coach schien seine Gedanken laut zu formulieren, um sie klarer denken zu können. Um uns verstreut saßen die Spieler, aber Luka Pavićević schien auf den Lärm der Motoren zu vertrauen. Niemand würde uns hören. Er bestellte Kaffee und arbeitete sich durch seine Themenliste: Protektion. Professionalität. Kaderplanung. Schiedsrichter. Geldübergaben, von denen er gehört hatte. Bordellbesuche, von denen erzählt wurde. Feudale Abendessen, Casinobesuche, Herrenhandtaschen voll Geld. Drohungen, Sperren, Konsequenzen.

»Ein guter Club kümmert sich um die Schiedsrichter«, hatte der Coach vor ein paar Tagen zu Mithat gesagt, und Mithat hatte den Kopf geschüttelt. »Legal. Man schenkt den Schiedsrichtern Krawatten, man bucht gute Hotels. Man kennt die Bars, in die sie gerne gehen. Man kennt den Lieblingswein. Man ist höflich und gastfreundlich. Alle anderen machen das. Und ein paar machen noch viel mehr, und alle wissen das. Wenn ein Club diese Dinge unterlässt, entsteht eine Differenz, die am Ende entscheidend sein kann, ein Punkt, zwei Punkte. Man muss sich schützen.«

»Ich weiß«, hatte Mithat gesagt. »Aber wir beeinflussen die Schiris nicht. Punkt.«

Der Coach fuhr fort. Der übervolle Spielplan. Die mangelnde Konkurrenzfähigkeit der deutschen Liga. »Deutschland könnte die größte Basketballnation Europas werden«, erklärte mir Pavićević über den Alpen, links unter uns Luzern. »In Deutschland gibt es achtzig Millionen Menschen. Ihr Deutschen seid diszipliniert, ihr arbeitet konzentriert, ihr seid groß genug. Basketball ist ein schönes Spiel, ihr habt gute Hallen, und die Zuschauer haben das Geld für Tickets. Es ist alles da. Und warum seid ihr nicht die Besten?« Der Coach hatte mir diese Frage schon oft gestellt, ich kannte die Antworten: die fehlende Ausländerbeschränkung, die deutschen Spieler und fünf Jahre fehlende Spielpraxis, zu wenig nachhaltige Nachwuchsarbeit, die Größe der Liga und die vielen kleinen Vereine.

Pavićević sprach sich für eine Verkleinerung der Liga aus. Weniger Mannschaften bedeuteten ein höheres Niveau. Um in Europa ganz vorne mitspielen zu können, dürfe man sich nicht im Kampf gegen viele kleine und unambitionierte Clubs aufreiben. Auf Qualität und Niveau könne man sich nicht konzentrieren, wenn man ständig gegen Mannschaften spielen müsse, denen das Spielniveau nicht wichtig war, solange sie nur in der Liga blieben.

»Warum seid ihr nicht die Besten?« Der Coach sah mich an. »Weil ihr nicht schützt, was ihr habt. Spieler müssen gut trainiert werden. Sie müssen gestärkt werden, bis sie sich alleine behaupten können. Ihr habt eine ganze Generation von deutschen Spielern dem kurzfristigen Spektakel geopfert.« Pavićević leerte seinen Kaffee und wechselte abrupt das Thema.

Literatur. James Elroy. Stephen King. Robert Ludlum und Verschwörungstheorien. Pavićević seufzte und fuhr sich kurz mit der Hand über die Augen, dann fiel sein Blick auf Andre Agassis Autobiografie in meiner Tasche.

Open.

Der Coach nahm das Buch in die Hand und betrachtete einige Sekunden lang Agassis Gesicht. Agassi sah auf Martin Schoellers Coverfoto direkt in die Kamera, er hatte den Mund leicht geöffnet, die Studiolichter spiegelten sich in seinen Augen. Der Coach starrte Agassi an. Dann stand er auf. »Ich gehe jetzt rüber und rede mit dem Schiedsrichter. Mit diesen Leuten braucht man saubere und gute Beziehungen. Man muss sich schützen. Die Leute müssen wissen, wer du bist und wofür du stehst.« Er gab mir das Buch zurück.

»Gutes Buch?«, fragte er.

»Sehr gut.«

»Leihst du es mir, wenn du fertig bist?«

»Klar.«

»Ich muss auf neue Gedanken kommen. Neue Gedanken sind wichtig.«

Als wir München gegen Mittag erreichten, schneite es bereits heftig. Wir saßen im T-Shirt am Gate und sahen dem Schneetreiben hinter den Panoramascheiben zu. Eine Verspätung wurde angekündigt, wir warteten. Der Coach sah grimmig den Lautsprecher an, als trage der die Schuld an der Verzögerung. Heute wäre der freie Tag gewesen und jede Verzögerung kürzte die Regenerationsphase der Spieler ab. Mithat bestellte den Bus ab, der uns vom Flughafen abholen sollte. Die Spieler verschoben ihre Lunchdates. Es schneite stärker, man konnte das Blinken der Schneepflüge auf dem Rollfeld nur noch erahnen.

Ein Gatewechsel wurde angekündigt, der Coach ließ die Spieler zusammentrommeln, wir wechselten den Flugsteig. Unser Flugzeug stand im Schnee vor dem Panoramafenster. Wir warteten und stellten Vermutungen an, wann wir Berlin erreichen würden.

»Fünf Uhr«, sagte einer.

»Zehn.«

»Übermorgen.«

Und dann brach eine Frau mit BlackBerry und wichtigen Terminen in Tränen aus. Der Flug sei gestrichen, sagte der Lufthansa-Angestellte, der Flughafen würde bis auf Weiteres gesperrt. Über ganz Deutschland sei der Flugverkehr eingestellt, sagte er, es tue ihm leid. »Und mein Gepäck?«, schluchzte die Frau mit BlackBerry.

»Das Gepäck kann aus logistischen Gründen jetzt nicht ausgegeben werden. Ich würde Sie bitten, am Ticketschalter Ihren Namen und Ihre Lieferadresse aufnehmen zu lassen«.

Die Businessfrau wischte ihre Tränen weg, weil sie nicht halfen. Sie entschloss sich, laut zu werden. »Und wie soll ich jetzt nach Berlin kommen, bitte?«

Nach und nach ahnten die Mitreisenden, dass auch ihre Reise hier enden würde. Coach Pavićević packte seine Unterlagen zusammen, Tommy sah dem Schneetreiben zu, als ahne er, das alles noch schlimmer kommen würde.

»Und wie, verdammt nochmal, soll ich jetzt nach Berlin kommen?«, kreischte die Frau. »Das kann doch beim besten Willen nicht Ihr Ernst sein! Das bisschen Schnee!«

Das Bodenpersonal nickte verständig und probierte die deeskalierenden Sätze, die für solche Situationen vorgesehen waren. »Am Ticketschalter«, sagte der Mann, »können Sie sich über Alternativen informieren.«

Die Frau mit BlackBerry verlor die Fassung. So langsam hätte man auch als Airline mal mitkriegen können, dass im Winter gelegentlich Schnee fiele. Oder als Flughafen. Oder als Landesregierung. Eine Unverschämtheit! Die Frau schnappte nach Luft.

»Beschweren Sie sich bei Petrus«, sagte der Lufthansa-Angestellte. »Oder besser: Beschweren Sie sich bei Gott.«

»Gott?«, stammelte die Frau. »Ich soll mich bei Gott beschweren?«

»Wir nehmen ein Hotel«, sagte der Coach. »We need to protect the players.«

»Wir nehmen den Zug«, sagte Mithat und winkte die Spieler zusammen wie ein Reiseleiter. »Let's go.«

Nahkampf im Münchner Nahverkehr. Wir stiegen ohne Gepäck und Fahrkarte in die S-Bahn Richtung Innenstadt, standen zwischen Koffern und Kisten. Verschnupfte Passagiere fragten nach Autogrammen auf den beschlagenen Scheiben. Nach einer halben Stunde Fahrt brach die erste Schlägerei aus. Ein betrunkener Franzose hatte im Gedränge einen Engländer angerülpst, der Engländer hatte den Franzosen am Ohr gezogen. Die Nerven lagen blank. Ein kleines Mädchen kotzte vor Aufregung in den Waggon, der Coach schüttelte fassungslos den Kopf.

Die Spieler schienen überrascht von der Möglichkeit, dass die Dinge anders als planmäßig laufen konnten, Marinović schien regelrecht begeistert. Am Bahnhof war die Schlange am Fahrkartenschalter unendlich lang, auf den Bahnsteigen warteten Tausende Menschen auf ihre verspäteten Züge. Ein kalter Wind pfiff durch die Halle, der Schnee wehte uns um die Ohren.

Der ICE nach Berlin sollte in fünf Minuten abfahren, also standen wir im Schneetreiben auf dem Gleis. Die Spieler ließen die einzige Winterjacke kreisen, jeder durfte sie drei Minuten tragen, McElroy lehnte verstohlen am Bratwurststand, den Rücken am warmen Grill. Die Anzeige über uns schlug um, aus fünfzehn Minuten Verspätung wurden zwanzig, dreißig, fünfzig. Eine Stunde. Als der Zug endlich einfuhr, gab es nur noch Stehplätze. Kinder und Eltern brüllten. Der Coach stand auf dem Gleis und beobachtete, wie seine Spieler im Zug verschwanden, er beobachtete ihr Lachen, er hörte ihre Scherze.

»Solche Dinge«, sagte er und nickte in Richtung der Menschentrauben, in Richtung der Verspätungen, Erkältungen, Übermüdungen, in Richtung der scherzenden und frierenden Spieler. Er sah zum Himmel und hinaus in den Schnee. Er wirkte auf einmal unendlich müde. »Solche Dinge werden uns das Jahr kosten«, sagte er und stieg selbst in den Zug. »Things like that are gonna get me fired.«

Bryce Taylor saß abseits neben einem älteren Herren, er sah aus dem Fenster und hörte Musik. Er betrachtete seine Mitreisenden, er machte sich ein Bild von der Situation. Bryce war ein Mischwesen. Er war Basketballprofi und gleichzeitig das Gegenteil eines Basketballprofis. Er entsprach keinem Klischee. Er stammte aus der Autostadt Los Angeles, aber in Berlin fuhr er mit Bussen und Bahnen. Bryce war Sohn eines Basketballprofis, aber er war bei seiner Mutter aufgewachsen. Er hatte drei Schwestern und einen jüngeren Bruder. Taryn-Lily war Model, Terbrie arbeitete hinter den Kulissen der Modewelt. Bryce achtete auf seinen Stil. Er ließ seine Haare zu Dreadlocks wachsen und trug Holzfällerhemden und Chucks. Zu Hause wartete ein Collie-Labrador-Mischling namens Baxter auf ihn.

Er war nahezu der einzige Schwarze an seiner High School gewesen, später war er in Oregon zur Uni gegangen. Alle hatten ihm versichert, dass er es in die NBA schaffen würde, Agenten und Scouts, aber am Tag des Drafts 2008 war dieser Traum geplatzt. Tadija Dragićević hatte ihm einen der letzten Plätze vor der Nase weggeschnappt. Bryce hatte zwei Sommer lang versucht, über Trainingscamps und Summer-League-Einladungen den Sprung in die NBA zu schaffen. Dann hatte er sich entschieden, nach Europa zu gehen. »Um Basketball zu spielen und die Welt zu sehen«, sagte er. Bryce schien über diese Entscheidung froh zu sein.

Ein Jahr lang hatte er in der italienischen Provinz gespielt und seinen Kulturschock überwunden. In Rom hatte er sich den Neptun vom Trevi-Brunnen auf den linken Oberarm tätowieren lassen. Seit dem College war Marty Leunen sein bester Freund, der große weiße Center von Cantú. Bryce wirkte schüchtern, war aber tatsächlich interessiert. Er wollte nicht von sich selbst erzählen, er wollte sich unterhalten. In der Mannschaft gehörte er zu keiner Gruppe, sondern flottierte zwischen den Tischen hin und her. Nach dem Abendessen blieb er mit den Deutschen sitzen und alberte herum. Er hatte den Respekt der Serben, er beherrschte das Vokabular der anderen Amerikaner. Er schien sogar Professor Mika zu verstehen, er nannte ihn Miko, wie die Serben. Bryce zitierte die Codes der schwarzen Straßenkultur und sprach die Sprache weißer Hipster. In seinem Kopfhörer liefen Kid Cudi und MGMT, *Pursuit of Happiness.*

Bryce liebte Basketball, aber er wusste um die Fehler des amerikanischen Systems. High School, College, NBA. Nur ein winziger Bruchteil der hoffnungsvollen Basketballspieler schafft den Sprung, viele andere stehen nach dem College vor dem Nichts. Bryce kannte diese Enttäuschung, er sprach nüchtern von seinen eigenen Tränen in der Draft-Nacht 2008. Er wusste, dass viele junge Spieler das Scheitern ihres Traums vom Basketballprofi nicht verkraften. Die enttäuschten Erwartungen ihrer Familien. Für viele amerikanische Basketballspieler schien dieser Traum der einzige realistische Weg zu sein, eine oft beschworene und selten gemachte Du-kannst-es-schaffen-wenn-du-es-wirklich-willst-Laufbahn, mit der alle jungen Sportler aufwachsen. Bryce sprach dabei ohne Wut und Ideologie von Stereotypen und Rassismen. Bryce wusste, dass er nicht ewig Profi sein würde, also würde er nach seinem Karriereende als Sportpsychologe arbeiten und High-School- und Collegespieler auf Alternativen vorbereiten. Europa war offen, die Welt war interessant. Bryce würde die Dinge ändern, die er für falsch hielt.

Bryce war ein Athlet. Wenn er sprang, konnte er sich mit Leichtigkeit den Kopf am Ring stoßen. Er liebte die Gefühlsexplosionen, die seine Dunks bei den Zuschauern auslösten. Auf dem Spielfeld war er ein Enthusiast, in der Trainingshalle arbeitete er akribisch an seinen Schwächen. Obwohl er oft lächelte, war er ein ernsthafter Mensch. Er hatte sich mit dem Assistenten Mauricio Parra angefreundet, der im Hintergrund für das Trainerteam arbeitete. Die beiden feilten morgens an Bryce' Wurf und sahen sich abends Videos an. Sie schlossen Wetten auf Bryce' Trefferquote in den nächsten Spielen ab. Parra war Halbspanier, er kochte Paella, wenn er verlor.

Bryce bewunderte Sven Schultzes Disziplin. Er begann, nach dem Training mit Sven ein konzentriertes Wurftraining zu absolvieren. Bryce mochte Stabilität. Am Anfang der Saison hatte er auf dem Spielfeld zögerlich gewirkt, Hi-Un Park hatte von »einem permanenten Schwindel« gesprochen. Ende November hatte er seinen Wurf wiedergefunden und das Spiel gegen Frankfurt entschieden, er war in Berlin und bei Alba angekommen.

Bryce hasste die sommerlichen Vertragsverhandlungen und das Warten auf die Entscheidung, wo man die nächste Saison verbringen würde. Aber er wusste, dass das Warten nötig war. Ihm war es nicht egal, wo er sich befand, er wollte Orte kennenlernen und begreifen. Bei Auswärtsspielen ging er oft spazieren, wenn die anderen noch schliefen. In Hagen. Trier. Treviso. Bryce konnte gut allein sein, aber er mochte Gesellschaft. Im Frühjahr würde seine Schwester Terbrie für drei Monate nach Berlin kommen. Was er gerade höre, fragte ich ihn. »Das beste Lied von Arcade Fire«, sagte er und lehnte sich zurück, »*Wake Up.*«

Am frühen Abend blieb der Zug auf offener Strecke stehen. Die Spieler sammelten sich im Speisewagen, der Kellner kam mit den Bestellungen nicht nach. Jemand sagte, wir befänden uns kurz hinter Ingolstadt. Der Coach und Professor Mika hatten einen Sitzplatz am anderen Ende des Zuges, auf den Gängen lagerten Fahrgäste, Koffer und Kinderwagen.

Das Spiel hieß *Buffalo,* Hollis Price war der Spielleiter. Er saß auf einem Tisch in der Mitte des Speisewagens und instruierte die Mitreisenden. Wer seine Flasche mit der rechten Hand griff, hatte verloren. Der Speisewagen brüllte »Buffalo!«, und der Verlierer musste seine Bierflasche mit links greifen und in einem Zug leeren. Der Speisewagen spielte mit, zwei junge Russen mit Pelzmützen, eine Italienerin in Snowboardstiefeln, ein Orchestermusiker. Ein Nürnberger Pendler lockerte die Krawatte, eine rüstige Seniorin aus Stuttgart leerte ein randvolles Rotweinglas. »Buffalo!«, schrie Marinović, und Staiger machte Musik. Es kam zu russischem Wodka, es kam zu Cognac mit Cola, es kam zu Gesang.

Gegen neun kam das Rote Kreuz und brachte Decken und Hagebuttentee. Der Zug würde die Nacht über festgesetzt werden, der Thüringer Wald vor uns sei meterhoch verschneit. Ein Pünktlichkeitsfanatiker verpasste dem traurigen Schaffner einen linken Haken, die Spieler verhinderten das Schlimmste.

»Buffalo!«, sang Marinović und kippte eine Tasse Tee.

Ich kämpfte mich zu den Coaches durch, sie justierten die Pläne und verschoben das Training um weitere sechs Stunden nach hinten. »Let's get a hotel«, sagte der Coach. Wir stiegen aus. Aber in Nürnberg waren sämtliche Hotels belegt. »Christkindlesmarkt«, sagte eine Taxifahrerin, »was denken Sie?«

Marinović hielt immer noch seine Plastiktüte mit Neapolitaner Büffelmozzarella in der Hand. »Mozzarella di Buffalo«, sagte Yassin und leerte sein Bier in einem einzigen Schluck. Die Mannschaft verlor ihre einzige warme Jacke irgendwo am Nürnberger Hauptbahnhof.

Wir wechselten auf einen Bus und schlingerten sechzig Kilometer über die Autobahn nach Norden, der Coach beobachtete die tanzenden Schneeflocken im Scheinwerferlicht. Gegen vier Uhr nachts erreichten wir Bamberg. Zwanzig Stunden nach dem italienischen Frühstück von

Neapel kotzte Marko Marinović hinten in den Bus. Das Team war müde. Das Team fror. Das Team schwieg betreten. Der Bus rutschte durch die schmalen Straßen. Die Angst war zu spüren.

Als wir in die Auffahrt des Hotels bogen, ahnte die Mannschaft die Konsequenzen für ihren Aufbauspieler. Ich saß auf meinem Platz und rechnete mit einer Explosion. Der Coach würde es nicht bei einer Geldstrafe belassen. Aber Pavićević stand auf und stieg schweigend aus. Er schien nichts gehört oder gerochen zu haben. Vielleicht wollte er einer nächtlichen Konfrontation aus dem Weg gehen, vielleicht wollte er nicht impulsiv reagieren. »Marinović is a happy fool«, hatte er vor ein paar Tagen gesagt. »He is a good kid. Er will immer gewinnen.«

Die Coaches folgten ihrem Chef, und die Spieler kümmerten sich um Marinović, der schon wieder grinsen konnte. »Welcome to Freak City, Marko«, sagte er zu sich selbst und ließ sich samt Pelzmütze und Mozzarellatüte ins Hotel transportieren. Yassin Idbihi warf einen Schneeball an den Schriftzug über dem Eingang, Hotel Residenzschloss. Eine übermüdete Kampfansage. Irgendjemand würde den Bus säubern müssen, denn in ein paar Stunden würde die Fahrt weitergehen.

Am nächsten Morgen war die *Bildzeitung* da und fotografierte: Femerling mit Käsebrötchen, Marinović mit Kaffee und Augenringen, Jenkins mit Kopfhörern. Sven Schultzes Eltern kamen durch den Schnee gestapft, weil ihr Sohn unerwartet in seiner Heimatstadt Station machte. Mithat Demirel hatte einmal in Bamberg gespielt und kannte sich aus, also hatte er einen sauberen Reisebus für die Fahrt nach Berlin organisiert.

Deutschland steckte unter einer Schneedecke. Wir trugen die Hemden von gestern, unser Gepäck würde erst nächste Woche nachgeliefert werden. Der Schnee glitzerte in der Sonne, als wir losfuhren, wir waren zuversichtlich. Pavićević hatte das erste Training für den Abend angesetzt. Der Coach hatte die ganze Nacht gearbeitet, er hatte Videos gesichtet und die Taktik gegen den nächsten Gegner Braunschweig konzipiert. Seine nachdenkliche Wut vom Vorabend schien einem übernächtigten, aber komischen Sarkasmus Platz gemacht zu haben. Als wir die Autobahn erreichten, lieh er sich das Agassi-Buch aus und begann zu lesen.

Die Akkus der Telefone gingen zur Neige, also mussten sich die Spieler unterhalten. Es gab nur ein einziges Ladegerät im Bus. Bryce sah aus dem Fenster. *Reiseeuphorie*, notierte ich, *in Franken eine derartig saubere Sonne, dass man schneeblind wird (also Augen zu Schlitzen). Klassenfahrtgeräusche. Später R.E.M, You Are the Everything, gutes Reiselied; Bryce schräg hinter mir lacht im Schlaf (es gibt solche Leute); später Bockwurst samt Senf an einer Tankstelle? Gute Situation für eine Mannschaft (Teambuilding).*

Eine Stunde lief der Verkehr flüssig Richtung Berlin, bergauf, bergab, die Autobahn ein schmaler Pfad durch die gleißend weißen Hügel und Felder, Laster um Laster um Laster, die Sonne zur Rechten. Sämtliche Privatmenschen waren zu Hause geblieben. Wir näherten uns der deutsch-deutschen Grenze. Pavićević las, die Spieler alberten herum. Als hinter einer Kuppe der Verkehr erst ins Stocken geriet und dann gänzlich stoppte, winkte Luka mich nach vorn. Er blätterte in Agassis Buch und schien eine bestimmte Stelle zu suchen. »*Life will throw everything but the kitchen sink in your path*«, sagte er und zeigte auf die Bremslichter der Lkws vor uns. »*And then it will throw the kitchen sink.*«

Wir standen im Stau, und Coach Pavićević erklärte, wie zerbrechlich jede Saison ist. »Alles kann ganz leicht auseinanderfallen«, sagte er. »Wenn du den Moment aus den Augen verlierst und vergisst, warum du da bist und was von dir erwartet wird. Wenn du nachlässt. Weich wirst. Wenn du die kleinen Zeichen ignorierst. Willst du ein wirklich guter Basketballprofi sein, musst du *immer* professionell sein. Du musst professionell trainieren, spielen und professionell mit Menschen umgehen. Du musst sogar professionell *schlafen*. Du musst dich professionell erholen. Das Ganze ist ein Business, also musst du professionell *existieren*.«

Der Bus kam keinen Meter voran. Hinter der Leitplanke türmte sich der Schnee hüfthoch. »Vier Stunden Komplettstillstand«, sagte der Busfahrer, »vielleicht sechs. Aber da vorne kommt eine Tankstelle.«

Pavićević seufzte. »Im professionellen Sport musst du die Chancen nutzen, wenn du sie bekommst. Es gibt ein Sprichwort: Zuerst kommt der goldene Wagen, dann kommt der silberne Wagen, dann ist es nur noch der bronzene. Warum also Zeit verschwenden?« Wir warteten, wir sahen den Ziffern der Uhr zu, 12.21, 12.25, 13.10. Wir hofften auf Weiterfahrt, aber nichts bewegte sich. 13.40, 13.47. »Klo ist voll!«, rief irgendwann jemand von hinten, also öffnete der Busfahrer die Türen. Die Spieler standen einer neben dem anderen an der Leitplanke und pinkelten in den Schnee. »Ein professionelles Basketballteam würde jetzt *A L B A   B E R L I N ! !* buchstabieren«, sagte Luka Pavićević. »Aber die Jungs entscheiden sich wahrscheinlich für ihre eigenen Namen. Und dafür reichen Platz und Tinte nicht.«

Der Coach lachte und klappte das Buch wieder auf. »Gutes Buch«, sagte er. »Ich werde ein paar Dinge daraus verwenden. Seite sieben zum Beispiel. Hör zu.« Coach Pavićević begann zu lesen. »I remind myself that it will require iron discipline to cope with these forces, and whatever else comes my way. Back pain, bad shots, foul weather, self-loathing.« Pavićević hatte seit Wochen Rückenprobleme und Schnupfen, seine Mannschaft spielte nicht so gut, wie er wollte. Die Sonne stand jetzt links von uns, der Schnee glitzerte, die Uhr zeigte 14.09 Uhr.

Der Coach glaubte an Zeichen und Zusammenhänge, er wiederholte seine Pläne und Ideale wie Mantras. »It's a form of worry, this reminder, but also meditation«, las Pavićević. Er kannte das Geschäft, er rechnete immer mit dem Schlimmsten. »One thing I've learned in twenty-nine years of playing tennis: Life will throw everything but the kitchen sink in your path«, Pavićević hob den Kopf und sah mir direkt in die Augen. Er wiederholte, was er vorhin schon einmal gesagt hatte. Er war davon überzeugt. »And then it will throw the kitchen sink.«

Vielleicht ahnte er in diesem Augenblick im Bus bereits, dass er seine Mannschaft verlieren würde, dass ihm seine eigenen Muster und Regeln zum Verhängnis werden könnten, dass er die Zeichen nicht richtig gelesen hatte. Die Mannschaft lief mittlerweile durch den Frost zur Tankstelle, die Spieler lieferten sich eine Schneeballschlacht zwischen den Bussen und Lastwagen. Vielleicht ahnte Coach Pavićević, dass er seinem Team aus der Ferne dabei zusehen würde, wie es die gemeinsam begonnene Saison zu Ende brachte. »It's your job to avoid the obstacles«, las er. »If you let them stop you or distract you, you're not doing your job, and failing to do your job will cause regrets that paralyze you more than a bad back.« Luka Pavićević klappte das Buch zu und schlug mir auf die Schulter. »Let's go. Let's have a sausage or something.«

BUILD A ROCKET BOYS!

FEMERLING FÜHLT SICH WIEDER FIT, er will zurück ins Team, er will seiner Mannschaft helfen. Schaffartzik hat seinen blockierten Rücken ein paar Tage lang manipulieren lassen, jetzt trainiert er wieder, und auch McElroy kann sich wieder bewegen. Coach Bobby schleppt immer noch seine Taschen und Koffer durch die Gegend, ständig bereit zur Abreise Richtung Skopje. Mithat hat geschworen, dass er ihn auf die Tribüne verbannt, wenn er weiter mit seinen pessimistischen Schultern auf der Bank sitzt. Bryce Taylor läuft nur noch in seinen Trikothosen der University of Oregon herum, weil er damit das Glück auf sich zieht.

»Ich setze mich jetzt fünf Tage lang im Schneidersitz vor den Bus«, sagt Konsti, »ich schlafe nicht und rede mit niemandem.« Nachmittags fragt er dann, ob ich Kaffee trinken wolle. »Aber keine Fragen mit ›Wieso habt ihr nicht …?‹ und ›Wieso macht ihr nicht …?‹« Yassin Idbihi lacht noch mehr als sonst, Derrick Allen sieht aus, als würde er zu wenig Schlaf bekommen. »Gentlemen, wir leben am Abgrund«, hatte Luka Pavićević gesagt, ehe er ging.

Die Faszination einer solchen Serie ist überall spürbar. Wir haben in dieser Saison bereits sechsmal gegen Oldenburg gespielt. Das nächste Spiel gegen Oldenburg wird das letzte Spiel gegen Oldenburg sein. »We play like pussies«, hatte Luka Pavićević im ersten Viertel des ersten

Spiels gebrüllt. Seine Flüche haben ihn überlebt, die Jungs haben den Coach noch längst nicht vergessen. »We play like a bunch of women«, lachen die Spieler jetzt mit Balkan-Akzent. »Gay women! With dicks!« Es liegt Angst in der Luft. Vorfreude. Erleichterung über das Ende der Bedeutungslosigkeit und der Monotonie der regulären Saison. Der Nervenkitzel des möglichen Scheiterns. Man kann die Untiefen ahnen, in die ein Ausscheiden führen würde.

Vor dem fünften Spiel liegen die Nerven blank. Die Bärte sind gewachsen, die Gesichter verlottern. Die Mannschaft rasiert sich seit Playoff-Beginn nicht mehr. Femerling und Schaffartzik sieht man den Bart nicht an, aber Schultze, Allen und Jenkins sind bereits zugewuchert. Bryce Taylor sieht mit seinen Dreads und dem ausgefransten Bart aus wie Thelonious Monk am Klavier. Bis zum fünften und entscheidenden Spiel gegen Oldenburg waren es fünf lange Tage.

»Wir brauchen unbedingt Regen«, sagt Bobby, als er mit seinem Gepäck in der Schützenstraße ankommt. »Das Spiel ist zu weit weg. Wir brauchen Regen, sonst sitzen die Spieler die ganze Zeit in der Sonne und trinken Espresso.« Bobby hält die spitzen Finger an den Mund, als halte er eine Espressotasse. »Wir brauchen unbedingt Regen!«

»Basketball ist eine Hallensportart, Bobby«, sagt Muli.

Taylor Rochestie will Druck. Er weiß, dass er nicht gut spielt. Er will besser sein. Er ermahnt sich, er flucht, er verspricht sich selbst den Wandel. Er will Dringlichkeit, also greift er zu den Methoden, die er kennt. Im Training wirft er wenig und versucht, den Rhythmus des Spiels wiederzufinden. Er passt viel. »Shoot, shoot, shoot!«, rufen die Jungs. Heiko und er sprechen die Sache durch. Er braucht den Druck. Er hat auf der Rückfahrt im Bus gesessen und sich selbst beschimpft, dann kasteit er sich für alle sichtbar selbst via Twitter. *»Der Mann, der für seinen Job bezahlt wird und ihn nicht erledigt, ist weniger wert als sein Geld.«* Die Journalisten reagieren wie immer. Die *BZ* hatte sich nach der Zwei-zu-Null-Führung noch in Lobeshymnen ergangen, von der Meisterschaft gesprochen und Rochestie gottgleich in Versalien gesetzt (»Dank Iнм holt Alba in allen Bereichen auf und darf vom Titel träumen. Jetzt müssen sogar die Überflieger aus Bamberg zittern.«). Rochestie diktiert Frank Weiss die längste Headline der Saison. »Wie ich in den Playoffs spiele, ist ein Witz. Ich muss sofort besser spielen oder ich kann nach Hause gehen.« Taylor ist innerhalb von einer Woche von »Rakete Rochestie« zu »Wackel-Rochestie« geworden. Die *Bildzeitung* nennt die Mannschaft »die Bocklosen« und spricht bereits wieder vom Scheitern des Trainers. Die Spieler lesen die Sportteile nicht mehr. Sie wissen selbst am besten, dass sie keine gute Figur abgegeben haben. Sie wissen, dass die Serie jetzt entschieden wird.

Coach Katzurin leitet das letzte Training selbst. Er findet im Mittelkreis klare Worte. »Freunde. Oldenburg. Spiel fünf. Ich kann diese Mannschaft nicht mehr sehen. Jetzt gilt es. Jetzt und nicht gestern, jetzt und nicht morgen. Jetzt ist jetzt: Do it. *Do it!*« Er nennt die Schlüssel zum Sieg: »Erstens: Rebound. Rebound! Zweitens: gute Defense! Verteidigung! Wir müssen ihre Zweier-Quote senken! Drittens: Konzentration! Kon-zen-tration, Jungs!«

Bei der letzten Videoanalyse reden die Spieler hitzig durcheinander, sie reden über das letzte Viertel und ihre

Verteidigung, sie sprechen über die letzten Sekunden. Julius Jenkins bleibt in der Kabine sitzen, er schüttelt den Kopf und flucht. »Am Sonntag müssen wir uns ihnen verdammt nochmal in den Weg stellen, wir müssen das Offensivfoul annehmen, wir müssen uns opfern.« Beim letzten Trainingsspiel lässt der Coach die Starting Five gegen die zweite Fünf spielen.

Patrick Femerling sitzt gereizt auf der Bank. Er hat mit der Mannschaft Video gesehen, er hat sich mit der Mannschaft aufgewärmt, er ist mit der Mannschaft gerannt. Aber jetzt muss er vom Spielfeldrand aus zusehen, wie die anderen elf Spieler spielen. Coach Katzurin hat ihm gerade ausrichten lassen, dass er in einem entscheidenden Spiel nicht seine Taktik ändern wird, um den verletzten und jetzt wieder gesunden Center zu integrieren. Er würde auf der Bank sitzen, aber aller Voraussicht nach nicht spielen. »He won't start rotating for you«, hat Bobby ihm übermittelt. Femerling hat seinen Stolz, er will der Mannschaft helfen, jetzt sitzt er störrisch auf der Bank. »Wir gewinnen Sonntag«, sagt Coach Bobby und klopft dem Kapitän auf die Schulter, »und dann sieht das alles schon wieder ganz anders aus.«

»Und wie?«, fragt Femerling.

»Dann bist du wieder dabei.«

Das Trainingsspiel endet 11:0. Weiß gewinnt gegen Blau, die erste Fünf verliert gegen die Bankspieler. Coach Katzurin steht nach Spielende als Erster im Mittelkreis. »This is embarassing, guys«, sagt er. »Es sind Playoffs und manche von euch drehen ihr Spiel noch immer nicht auf.« Coach Katzurin verschwindet zügig im Trainerbüro, noch ehe die Mannschaft die Fäuste zusammenhalten kann.

Als wir den Raum betreten, hat er bereits seine Papiere zusammengesucht und ist schon halb zur Tür hinaus. Katzurin ist nur für wenige Monate hier. Er ist Pragmatiker. Sein Tisch sieht immer noch aus wie Luka Pavićevićs Tisch, sogar die Schnapsflasche steht noch an der gewohnten Stelle. Jeden Abend packt Coach Katzurin seine Sachen und verschwindet. Er ist ein Brandstifter mit Vier-Monats-Engagement, er soll bei Alba das Feuer neu entfachen. Über eine vorzeitige Vertragsverlängerung spricht niemand, am wenigsten Coach Katzurin selbst. Man wolle nach der Saison reden, sagt er, das sei so verabredet.

Coach Katzurin ist Realist. Er kennt das Geschäft, er gibt sich ruhig und gelassen. Und er zögert nicht. Innerhalb von Sekunden entscheiden Konsti und er, Raduljica aus der Startformation zu nehmen und ihn durch Idbihi zu ersetzen.

»Baynes foult sich schwach gegen Yassin«, erklärt Konsti den Plan. »Gegen den hat er immer Probleme gehabt. Und dann haben wir Miro gegen McNaughton. Wie wäre das, Coach?«

»Sehr gut. Sonst noch was?« Muli lehnt am Türrahmen, seine Tasche in der Hand.

»Derrick für Tadija. Derrick braucht das, und wir brauchen Derrick.«

»*So we change it.* Derrick für Tadija. Alles?«

»Coach, wir müssen entscheiden, ob wir Patrick bringen.«

»Wir bringen ihn.«

»Okay. Ist gut für ihn. Und für unsere Perspektive. Frankfurt.«

»Ist gut für den Hallensprecher. Kann er zwölf Namen ansagen.«

Im Himmel über Berlin halten die Riesen ihr Kaffee-kränzchen. Nach dem Shootaround und vor dem Mittag-essen sitzen Femerling, Schultze, Miro, Tadija und Heiko Schaffartzik im zwölften Stock vom Teamhotel und sehen über die Stadt, jeder einen Kaffee und ein Stück Torte vor sich. Quark-Beere, Schokolade, Käsekuchen. Die Stadt liegt ausgebreitet unter uns, der Fernsehturm und der weite Westen dahinter, der Potsdamer Platz, der Reichs-tag, die O2 World links. Die Hochhäuser von Marzahn und Lichtenberg. Schultze und Femerling wechseln sich bei dieser Kaffeerunde mit der Rechnung ab, heute ist Fe-merling dran, denn er war lange weg. Jetzt ist er zurück, man sieht ihm die Erleichterung an.

Die Jungs sprechen hier oben nicht über Oldenburg. Hier oben scheint man aus den Zusammenhängen geris-sen und der Welt enthoben. Das Gespräch dreht sich um die guten alten Zeiten, um die Ausbrüche »des Alten«, Coach Svetislav Pešić, es geht um große Spieler und ihre großen Geschichten. Wie bei jedem ordentlichen Kaffee-kränzchen geht es um Gerüchte. Schaffartzik liest in der FAZ ein Interview mit Dirk Nowitzki, der gerade das Playoff-Viertelfinale gegen die Los Angeles Lakers ge-wonnen hat.

Erstaunlich ist: Selbst wenn sie unter sich sind, spre-chen die Spieler voller Respekt von Nowitzki. Dass er es schafft, sich nicht instrumentalisieren zu lassen. Dass er bleibt, wer er ist. Wie er politischer Stellungnahme aus dem Weg geht. Wie unfassbar gut er spielt. Jeder Ein-zelne wünscht ihm die Meisterschaft. Schultze hat schon in der Bayernauswahl für Dreizehnjährige mit Nowitzki gespielt. Femerling war bereits Nationalspieler, als Dirk dazukam. Sie haben gemeinsame Schlachten geschlagen. Türkei 2001. Indianapolis 2002. Belgrad 2005. Hier bewundert ihn niemand so hemmungslos, wie die Welt ihn bewundert. Dazu kennen sie ihn zu gut. Niemand ist *starstruck*. Das größte Kompliment der Jungs, so scheint mir, ist ihr neidloser Stolz, eine schöne Form der Bewunderung. Die Jungs sprechen bei Käsekuchen über die Gesichter seines Spiels, irgendwann faltet Schaffartzik die Zeitung zusammen, und Schultze bestellt noch einmal Cappuccino.

»Wenn Dirk die Lakers schlägt, dann sollten wir nicht gegen Oldenburg ausscheiden«, sagt Femerling. Ich sitze daneben, und mir wird klar, dass meine Saison im Profibasketball heute zu Ende geht, wenn die Jungs das Spiel verlieren. Aber es fühlt sich so an, als wäre das unmöglich. Dirk würde auch nicht verlieren.

Das nächste wichtigste Spiel der Saison. Mithat hat mit Bobby gesprochen, und Bobby hat seine dunklen Vorausahnungen gegen offene Zuversicht eingetauscht. In der Kabine arbeitet er sich durch seine Rituale, zwischendurch rennt er immer wieder zur Toilette.

»Nervös?«, fragt Konsti, als Bobby aus dem Bad kommt. »Oder schlechter Fisch?«

»Fisch?« Bobby arrangiert seine Ketten und Kreuze und Armbänder. »Ich sage dir: Femerling macht heute ein Riesenspiel. Und dann fliegen wir nach Frankfurt.« Professor Mika bringt vier Espresso, er bietet mir zum ersten Mal einen an.

Auf meinem Rundgang durch die tote Zeit vor dem Spiel werde ich nervös. Der Berliner Oberbürgermeister Klaus Wowereit kommt mit seinen Bodyguards in der Halle an, kurz danach die grüne Gegenkandidatin Renate Künast. Sie trinken zusammen ein Bier im VIP-Bereich, um sie herum eine Traube aus Journalisten und Sicherheitsleuten. »Wowereit scheint tatsächlich Ahnung vom Basketball zu haben«, sagt einer der Journalisten erstaunt. Ich sehe den Spielern beim Aufwärmen zu, die Oldenburger Fans trommeln sich bereits warm, aber heute sind die Berliner Fans lauter. Ich habe meine italienischen Kopfhörer dabei und suche nach der richtigen Platte für das entscheidende Spiel (*Build a Rocket Boys!* von Elbow). Max Drübeck steht an seiner Tür und wünscht mir einen schönen Nachmittag und gute Unterhaltung. »Wir sehen uns wieder«, sagt er, »wenn nicht nächste Woche, dann doch nächstes Jahr.«

»Ich würde euch heute gerne etwas Neues erzählen«, sagt Coach Katzurin, als er die Kabine betritt. Die Spieler wollen raus, sie wollen spielen, sie wollen die Entscheidung. Schultze ist schon jetzt klatschnass geschwitzt. Er und Bryce haben sich besonders intensiv aufgewärmt. Katzurin sieht in seine Notizen, er sieht auf das Board, das Konsti vorbereitet hat. Dann zuckt er mit den Achseln. »Aber es tut mir leid, es gibt nichts Neues. Es sind immer noch Playoffs. Es ist immer noch dieselbe Mannschaft, dieselben Spieler. Es sind immer noch dieselben Schlüssel zum Sieg. Wir wollen die Rebounds! Bei Rebounds gibt es kein Grau. Es gibt nur Schwarz oder Weiß. Entweder wir haben den Rebound oder wir haben ihn nicht. Und Geduld! Konzentration! Energie! Den Fast-Break stoppen! Keine einfachen Körbe zulassen! *No easy baskets!*«

Coach Katzurin wiederholt die Änderungen. Heute werden die großen Spieler nicht aggressiv auf die kleineren Oldenburger gehen, sie sollen lediglich den Weg zum Korb verhindern. »Niemand geht direkt zum Korb. Niemand!«, sagt er, »Niemand. In diesem Spiel geht es nicht darum, Punkte zu machen. Der Schlüssel ist die Verteidigung. Sie müssen weniger Punkte machen als wir.« Im Angriff verlangt der Coach Geduld, in der Verteidigung will er Druck auf das ganze Feld.

Coach Katzurin wiederholt alles, und die Spieler sitzen vor ihren Schränken wie Rennpferde in ihren Boxen. Der Coach wollte sich kurzfassen, aber jetzt wandert er seit zehn Minuten durch die Kabine. Dann steht er wieder in der Mitte. Er wartet noch einige Sekunden. »Guys. Es gibt kein nächstes Spiel mehr gegen diese Mannschaft. Es gibt heute kein Zögern. Es ist *jetzt* an der Zeit, ein Zeichen zu setzen. *Let's go!*«

Und die Mannschaft setzt ein Zeichen. Im ersten Viertel ist das Spiel knapp, aber Konstis Idee geht auf. Idbihi und Baynes werden fast gleichzeitig auf die Bank geholt und Miro Raduljica ist McNaughton tatsächlich überlegen. Er punktet nach Belieben.

Im zweiten Viertel hat Alba eine Reihe von Ballgewinnen und legt eine 13:1-Serie hin. Alba verteidigt, reboundet und trifft, zur Halbzeit steht es bereits 50:32, Jenkins macht 15 Punkte. »Wir führen beim Rebound 23 zu 16«, sagt Katzurin in der Halbzeit. »Jetzt stellen wir die Anzeige auf null und gewinnen nochmal! Gewinnen wir die zweite Hälfte! Genauso bei den Lay-Ups. No easy Lay-Ups! Die erste Hälfte war gut, aber wir müssen das in der zweiten Hälfte genauso machen. Ganz genau so!«

Im dritten Viertel bäumen sich die Oldenburger noch einmal kurz auf, sie kommen auf 14 Punkte heran, aber sofort zieht Alba wieder davon. Eine erste spärliche Welle plätschert durch die Halle, Wowereit freut sich. Die Oldenburger scheinen ihre Kräfte verbraucht zu haben, selbst Krunić kann sich nicht mehr aufregen. Das Spiel ist gebrochen (Luka Pavićević hätte bei 7:33 Minuten auf der Uhr die Anzugjacke vom Stuhl genommen und mit Blick ins Rund der Halle wieder angezogen). Die Oldenburger Saison ist vorbei.

»Das war eine exzellente Vorstellung unter Druck. Gute Reaktion. Ich bin sehr stolz auf euch!«, sagt Coach Katzurin. Nach dem Spiel werden die Highlightszenen auf dem Bildschirm der Kabine gezeigt, die Jungs sehen ihre Aktionen zum ersten Mal selbst. Auf der Tribüne jubelt der Bürgermeister. »I'm on TV!«, schreit Tadija, als er seinen Dunk gegen Stević aus der ersten Hälfte sieht, »I'm on TV!« Taylor Rochestie singt wieder, er ist sichtbar erleichtert. Heiko krakeelt wie ein kleines Mädchen.

»Heiko Schaffartzik ist homosexuell!«, grölt jemand wie ein Fußballfan.

»Schwul!«, antwortet ein anderer.

»'türlich, 'türlich«, singt Schultze.

»Sicher, Dicker!«, antwortet Femerling.

»'türlich, 'türlich.«

»Alles klar!«

Die Spieler werfen ihre Trikots in die Mitte der Kabine. Sie befreien ihre Knöchel, der Tape-Cutter fliegt durch die Gegend. Und plötzlich steht Bürgermeister Wowereit in der Kabine, samt Kameras und Printjournalisten und Radio. Er trägt rote Schuhe, die Amerikaner lächeln ihr pressetauglichstes Lächeln. Baldi stellt den Bürgermeister vor, und Wowereit hält eine kurze, sendefähige Rede. Dann ist er wieder verschwunden.

»Wisst ihr, wer das war?«, fragt Schaffartzik die Amerikaner, als Bürgermeister und Kameras verschwunden sind.

»Der Bürgermeister von Berlin?«

»Der schwule Bürgermeister von Berlin.«

»Berlin hat einen schwulen Bürgermeister? Das würde bei uns ...«

»Ein schwuler Bürgermeister in unserer Kabine?«

»Ich bin nackt!«

52:103

DIE LETZTEN 34 TAGE seiner Zeit als Coach von Alba Berlin begann Luka Pavićević mit einer Grundsatzrede. Wir waren zurück in Bamberg. Diesmal mit eigenen Zahnbürsten. Nach der 36-Stunden-Rückreise aus Caserta war die Mannschaft nach Braunschweig gefahren und an der lösbaren Aufgabe deutlich gescheitert, man hatte mit acht Punkten verloren. Mithat hatte sich um eine Verlegung des Spiels bemüht, aber die Liga hatte abgelehnt.

Das Spiel war im Fernsehen übertragen worden, und die Verletzlichkeit der Mannschaft war für alle deutlich sichtbar geworden. Sechs Spieler waren erkältet, drei spielten mit Fieber. Man hatte geschwiegen, um keine Schwäche zu zeigen. Das Gepäck hatte immer noch im Laderaum eines Flugzeugs am Flughafen München gelegen, Femerlings Schuhe, Yassins Mundschutz, McElroys Rückenbandagen. Die Medikamente des Arztes. Die Trikots. All das hatte Coach Pavićević nicht als Ausrede gelten lassen, aber die Umstände hatten sich nahtlos in sein Weltbild gefügt. Man hätte sich schützen müssen.

Dann war die Mannschaft nach Hause gekommen, hatte ihren Schnupfen auskuriert und drei Heimspiele gespielt. Der Sieg gegen Caserta hatte die vorzeitige Qualifikation für die nächste Eurocup-Runde bedeutet. Die Presse hatte gejubelt. Bei einem Morgenlauf hatte Konsti das

»den üblichen Hoffnungsreflex« genannt. »Aus dem Augenblick heraus will man an eine bessere Zukunft glauben.«

Bei der traditionellen Weihnachtsfeier in der Kinderkrebsstation des Virchow-Klinikums hatten die Spieler ernsthaft gerührt mit den Kindern Weihnachtslieder gesungen (Yassin Idbihi mit frisch rasierter Glatze). Es sah so aus, als wäre das Team in der Krise zusammengewachsen. Luka Pavićević hatte in diesen Tagen selten über Basketball und oft über die Kinder gesprochen.

Dann folgte die erste knappe Heimniederlage gegen die Artland Dragons, bei der sich ausgerechnet Aufbauspieler Hollis Price eine langwierige Muskelverletzung zuzog. Hollis war endlich fit geworden, jetzt saß er im Fan-Shop der O2 World und signierte Trikots mit seinem Namen, während sich seine Mannschaft aufwärmte.

Die Spielmacherposition wurde zum ernsthaften Problem. Price war draußen und Alba unterbesetzt. Coach Pavićević hatte wochenlang versucht, die Point-Guard-Schwäche zu beheben. Er hatte das Wohl des Teams über das individuelle Wohl des Spielers stellen wollen, aber das Management war nicht aktiv geworden. Pavićević erwog immer noch, Marko Marinović zu entlassen, vielleicht sogar, um das Management unter Druck zu setzen und einen besseren Verteidiger zu bekommen. Angesichts der Verletzung von Hollis Price wirkte sein Bemühen jetzt stur und waghalsig. Baldi und Demirel waren nicht amüsiert. Aber nach dem deutlichen Sieg gegen Anwil Włocławek schienen sich die Gemüter zu beruhigen.

Pavićević hatte nach dem Spiel den Kontakt zu den Journalisten gesucht. »My man Theo Breiding!«, hatte er gerufen und bei einem Bier über den 11. September

2001 gesprochen, den er als Spieler im Mannschaftsbus von Włocławek verbracht hatte, über das Geburtshaus von Chopin mitten in der Stadt und über die beachtlichen internationalen Erfolge des nächsten Gegners Bamberg. Breiding schrieb für die *Morgenpost,* sammelte Gitarren und war Lukas Vertrauensperson unter den Journalisten. Er interessierte sich wirklich für das Spiel. Der Coach war nicht optimistisch gewesen, aber er hatte sich bemüht, seinem Umfeld Zuversicht zu vermitteln. »Wir sind da, wo wir sein wollen«, hatte Coach Pavićević der Mannschaft gesagt. »Auch wenn Außenstehende das vielleicht anders sehen.« Damit wollte er sagen, dass die gemachten Fehler größtenteils noch zu korrigieren waren. »Sicher«, sagte der weißhaarige Journalist, aber auch für ihn war die Zerbrechlichkeit der Dinge spürbar gewesen.

Nach dem Sieg gegen die Italiener brach ein alter Krisenherd neu aus: Pavićević und die Deutschen. Lucca Staiger hatte um ein Gespräch mit Marco Baldi gebeten und nach dem Training für alle sichtbar mit dem Kapitän Femerling geredet. Insgeheim rechneten die meisten damit, dass er den Verein verlassen würde. Staiger hatte im Vorjahr dem Collegeteam der Iowa State University mitten in der Saison den Rücken gekehrt, weil er mit seiner Position als reiner Shooter unzufrieden gewesen war. Er war nach Berlin gekommen, um variabler eingesetzt zu werden, aber saß hauptsächlich auf der Bank. Nach den Gesprächen mit den Verantwortlichen war er zum Friseur gegangen und hatte sich symbolisch die langen blonden Haare abgeschnitten. Die *BZ* hatte das dankbar aufgegriffen (»Der Kurzarbeiter – Albas Lucca Staiger schnitt sich die Haare ab. Aber wann verlängert sich seine Spielzeit?«).

Die alte Debatte um Luka und die Deutschen wurde wieder aufgewärmt. Pavićević hatte immer betont, Spieler ausschließlich nach ihrer Leistung aufzustellen. Nicht nach Hautfarbe, nicht nach Pass, nicht nach Alter. Pavićevićs Regel war: Wer gut spielt, bekommt Einsatzzeit. Wer gewinnen will, muss die besten Spieler einsetzen.

Pavićević brauchte den Erfolg, aber die deutschen Medien brauchten deutsche Identifikationsfiguren. Staigers Frisurwechsel wurde dankbar als Symbol für Pavićevićs falsche Personalentscheidungen verstanden. Der Junge wurde interviewt und entsprechend ungünstig zitiert. Die *BZ* sprach vom ehemaligen Alba-Spieler Philip Zwiener, der unter Pavićević selten gespielt hatte, aber dann in Trier zum zweitbesten deutschen Werfer der Bundesliga geworden war.

Pavićević war wütend. Weniger auf Staiger, sondern auf die sich immer wiederholende Dummheit der Debatte. Der Coach war der Meinung, dass Staiger nicht gut genug verteidigte. Also spielte er wenig.

»Staiger kommt rein und macht nicht das, was er soll, also kommt er wieder raus. Dann macht er ein Drama, er findet Wenns und Abers. Er sollte aber in der Halle sein und sich ins Team hineinkämpfen. Und was macht er? Er kämpft zart vor sich hin. So erreicht er nichts«, hatte der Coach kommentiert. »Und wir wollen hier etwas erreichen.«

Unter den russischen Lampen im Bamberger Konferenzsaal trat Coach Pavićević unrasiert und im grauen T-Shirt vor die Mannschaft und wurde ungewohnt prinzipiell. »Gentlemen. Es gibt Leute, die ihre Aufgabe erfüllen, und es gibt Leute, die das nicht schaffen«, sagte er und lief langsam durch den Saal. Die Spieler waren bereits für das wichtige Spiel am Abend angezogen. Pavićević würde sich später rasieren und duschen und seine Liegestütz machen.

»Es gibt Leute, die erreichen in ihrem Leben etwas. Und es gibt Leute, die erreichen nichts. Ich habe nichts gegen diese Leute, aber sie sind anders als wir. Sie sind durchschnittlich.«

Der Coach schaltete den Fernseher aus, auf dem bereits Bilder der Videoanalyse liefen, Bamberg gegen Rom, Bamberg gegen Piräus. »Ich habe euch gebeten, nicht durchschnittlich zu sein. Aber ihr habt an Konzentration eingebüßt und die Wachsamkeit verloren. Eure Widerstandskraft schwindet. Ihr vernachlässigt das, was uns schützt. Ihr sucht Ausreden. An den Schultern eurer Frauen, an den Schultern der Journalisten. Ihr habt Caserta als Ausrede genutzt.«

Jetzt wurde der Coach konkreter, er stand direkt vor den Spielern. »Wer unsere letzten Spiele gesehen hat – und das Braunschweig-Spiel war im Fernsehen, das haben alle gesehen –, wird jetzt mit Blöcken gegen uns arbeiten. Die ganze Liga weiß das: Wenn Staiger spielt, attackiere ihn mit einem Block. Wenn Marinović spielt, attackiere ihn mit einem Block.«

Die Tür ging auf, und zwei Hotelangestellte rollten Kaffee und Kuchen in den Saal. »Die Herrschaften«, sagte der eine. »Der Snack«, sagte der andere. »Wohl bekomm's«, sagten beide im Chor. Die Spielerköpfe drehten sich zu den beiden um. Der Coach sah kurz zu Boden, er rang um seine Fassung. Er beobachtete die verirrte Konzentration seiner Spieler. Die Worte des Sportpsychologen und das Andre-Agassi-Buch schienen in ihm zu arbeiten. Wie ein Lehrer wartete er nun ab, bis die Spieler sein Schweigen bemerkten und sich wieder auf ihn konzentrierten.

Dann wechselte er zum Wir, er redete plötzlich persönlicher als sonst. Motivationsreden gehörten eigentlich nicht zu Pavićevićs Methoden. »Profibasketball ist ein Business und kein Film«, hatte er mir erklärt. »Man kann solche Reden nicht sechzig- oder siebzigmal in der Saison reproduzieren, sonst wird die Rede lächerlich.«

»Eine gute Ansprache enthält einfache Informationen, maximal drei verschiedene Inhalte«, hatte mir auch Konsti erklärt. »Nicht jeder Spieler versteht alles, nicht jeder kann sich alles gleich gut vorstellen. Deswegen arbeiten wir auch mit den Boards und den Scouting-Berichten, da steht alles drauf. Für diejenigen, die Informationen besser lesend aufnehmen. Luka arbeitet in den Besprechungen seltener mit Emotion, eher mit Ratio und Intellekt. Es gibt Trainer, die sprechen ganz bewusst unter ihrem Niveau, um die Spieler anzustacheln.« Die deutschen Nationalspieler im Team hatten mir erzählt, dass der Bundestrainer Dirk Bauermann jede vierte Ansprache mit »Let's go out and rip'em a new asshole« beendete. Gedacht war das als Motivation, verstanden wurde es von den Spielern als ritualisierter Running Gag. Wie Professor Mikas Brille. Wie die Sitzordnung im Bus. Man wusste, was kommen würde, und man war froh darüber.

»Bei Luka geht es immer um Wiederholung, Wiederholung, Wiederholung. So lange, bis die Spieler irgendwas kapiert haben, bis irgendwas hängen bleibt.« Konsti hatte gelacht. »Bei Luka Pavićevićs Ansprachen ist es fast noch wichtiger, dass er sich selbst erklärt, worum es geht und was zu erwarten ist. Das ist weniger pädagogisch, sondern fast beschwörerisch.«

»Gentlemen«, sagte der Coach, »es gibt Momente, in

denen wir uns beweisen müssen. Jedes Spiel, das wir spielen, besteht aus einzelnen Momenten. Jeder dieser Momente ist ein entscheidender Punkt in der Zeit. Diese Punkte addieren sich. Sie entscheiden Spiele, sie entscheiden Saisons, sie entscheiden unsere Karrieren. Es gibt Schlüsselmomente im Leben. Unsere Karrieren sind miteinander verwoben. Jeder einzelne Moment kann entscheiden, ob es aufwärts oder abwärts geht. Wir müssen uns der Verantwortung bewusst werden. Wir müssen die einfachen Dinge tun, wir dürfen uns ein Scheitern nicht gestatten. Es geht heute nicht um Alba Berlin, es geht um unsere eigene Integrität. Heute Abend müssen wir gemeinsam daran arbeiten. Vierzig Minuten lang. Große Sportler sind in der Lage, den nächsten Schritt zu gehen.« Der Coach wartete eine Sekunde, dann schaltete er den Fernseher wieder an, um die Bamberger Bilder zu zeigen. Der Bildschirm flackerte. »Gentlemen«, sagte der Coach, »alles, was im Leben zählt, ist die Familie und der gute Ruf.«

Wir waren das erste Mal in der Bamberger Halle. Als wir ankamen, waren Predrag Šuput und Karsten Tadda bereits nass geschwitzt. Die beiden warfen sich ein, und während er warf, lächelte Šuput ein Lächeln, das genau so war, wie Coach Pavićević sich das Lächeln eines Spielers vorstellte, wenn der Gegner die Halle betrat. Ein Lächeln an der Grenze zum Grinsen. Selbstsicher, fast arrogant.

Šuput sah seine Gegner nicht einfach nur an. Er war nicht höflich. Er musterte seine Gegner von oben bis unten. Man sah, dass es in ihm arbeitete. Šuput lächelte Tadija und Marinović an, weil sie Serben waren wie er. Er lächelte Sven Schultze an, weil der gegen ihn verteidigen musste. Er traf einen Dreier, fast ohne hinzusehen. »Das

Problem mit Šuput ist ganz simpel«, hatte Yassin Idbihi schon vor Wochen einmal erklärt, »ich habe noch nie gegen diesen Motherfucker gewonnen. Er ist richtig gut. Er killt uns jedes Mal.«

Predrag Šuput war ein Spieler alter serbischer Schule, niedriger Körperschwerpunkt und große Rumpfstabilität. Bei Šuput ging es nicht um Stil. Er trug geschmacklose Schuhe. Er verzichtete auf sichtbare Muskeln. Er sprang nicht, um in der Luft fotografiert zu werden. Šuput sprang, um den Rebound zu holen. Er sprang so hoch, wie er springen musste, um zu gewinnen. Šuput wirkte wie ein Mann unter Kindern. Manchmal schien er eine Diva zu sein, manchmal hatte er schlechte Spiele, manchmal zeigte er sein Beschwerdegesicht, lamentierte und zeterte. Aber Šuput war kein Fake. Sein Lächeln war gefährlich. In den entscheidenden Momenten ließ Šuput seinem Lächeln Taten folgen. Šuput warf und traf und lächelte Alba Berlin an.

Dieses Lächeln würde uns bis zum Saisonende begleiten.

Zum Spiel gibt es nicht viel zu sagen. Wir hatten wochenlang darauf gewartet und uns gute Chancen ausgerechnet. Eigentlich eine ganz normale Hauptrundenbegegnung der Bundesliga, aber mit großem Symbolwert.

Das Spiel war persönlich. Am Morgen im Hotel hatte Sven Schultze mit seinen Eltern, seiner Frau und seinen Kindern gefrühstückt. Seine Mutter arbeitete bei Bamberger Spielen am Bierstand, sein Vater Rudi war bis zum letzten Jahr Hallensprecher gewesen. Nach vielen Jahren würde ihr Sohn zum ersten Mal im Trikot eines Gegners in die Bamberger Arena einlaufen. Er würde ausgepfiffen werden, sein Vater würde neutrale Farben tragen.

Das Spiel war richtungsweisend. Es ging um die Identität von Alba Berlin. Es ging darum, das nervöse Auf und Ab einer schwierigen Saison zu beruhigen und so gut zu sein, wie man es von sich selbst verlangte. Ein Sieg würde die Weichen für den Rest der Saison neu stellen. Eine andere Mannschaft würde nach Berlin zurückreisen, eine Mannschaft, die keinesfalls gegen Tübingen verliert. Nicht gegen Hagen, nicht gegen Bonn. Nicht gegen Quakenbrück. Nicht gegen Ludwigsburg. Ums Verrecken nicht gegen Ludwigsburg.

Das Fernsehen war da, ein paar überregionale Tageszeitungen und Magazine, sogar zwei Berliner Journalisten waren mitgereist. Es ging um das Bild, das Alba Berlin abgeben würde. Es ging um den Ruf. Es ging um den Tonfall, in dem wir über diese Saison sprechen und schreiben würden.

Die Halle war voll und laut, ich saß neben Dirk Nowitzkis Trainer und Berater Holger Geschwindner. Geschwindner trug eine bunte Filzmütze, ein weiser Hofnarr des Basketballs, der die Wahrheit sieht und aussprechen darf.

Das Spiel begann, Julius Jenkins traf den ersten Dreier. Und dann fiel alles auseinander. Das Spiel glitt dem Coach und seiner Mannschaft aus der Hand, teures Geschirr, dessen kurzem Fall wir wie in Zeitlupe zusahen. Wir konnten es nicht mehr auffangen. Für einen winzigen Moment blieb mitten im Fall die Zeit stehen, wir begriffen, dass das Spiel nicht mehr zu gewinnen sein würde. Das Spiel war ein kurzer Moment der absoluten Machtlosigkeit. Jenkins traf den ersten Dreier, dann war es vorbei, als hätte jemand vorgespult. Das Spiel war nicht nur gebrochen, es war irreparabel zersplittert, es war kaputt, schlichtweg kaputt. Plötzlich stand der Bamberger Nachwuchsspieler Philipp Neumann auf dem Feld und erzielte seine allerersten Bundesligapunkte. Neumann war eine menschliche Schaumweinflasche, die vom Bamberger Trainer in dieser Saison nur aus dem Keller geholt wurde, wenn es etwas zu feiern gab. Ehe wir uns versahen, hörten wir die Sirene, dann wurde um uns herum gefeiert. Der Bamberger Jubel spülte die Mannschaft aus der Halle, sie hatte die höchste Niederlage in der Berliner Vereinsgeschichte erlitten. Über uns stand 52:103 an der Anzeigetafel.

»Der Coach hat die Mannschaft alleingelassen«, sagte Holger Geschwindner ins Dröhnen der Bamberger Vereinsschlager. »In so einer Situation sagst du deinen Spielern, sie sollen den Ball unter dem Trikot verstecken und die Uhr herunterlaufen lassen. Du rettest ihre Psyche. Du machst harte Fouls zur Bewahrung der Integrität. Wenn du merkst, dass du nicht gewinnen kannst, ergreifst du Maßnahmen, um nicht *so* zu verlieren.«

Die Rückfahrt war eine Katastrophe. Die Luft im Bus war eiskalt, die Stimmung leicht entzündlich. Von der Halleneuphorie blieb ein widerliches Pfeifen in den Ohren. Zum ersten Mal, seit ich mit der Mannschaft unterwegs war, hatte ich das Gefühl, vorsichtig sein zu müssen. Hatte der Coach wirklich die Spieler im Stich gelassen, oder war es umgekehrt? Mir fehlten die passenden Worte, also sagte ich nichts und notierte die ersten feinen Risse im Verhältnis von Management und Coach Pavićević.

Jeder hat seine eigene Art, mit Niederlagen umzugehen: Femerling stieg wetternd in den Bus, Jenkins setzte sich schweigend auf die Rückbank. Fieberhafte Grübelei. Vorwürfe und Schuldzuweisungen. Sarkasmus. Die Behauptung, es bereits vorher gewusst zu haben.

Im Schneetreiben vor dem Bus standen neun verloren wirkende Auswärtsfans und winkten tapfer, als wir abfuhren. Der Bus hielt noch einmal bei McDonald's, und Mithat entschied, dass die Spieler nach dieser Leistung ihre Burger selbst zahlen müssten. Pavićević fand das unprofessionell. Die beiden duellierten sich, erst mit Worten, dann mit Blicken.

Kinder ohne Abendbrot ins Bett, notierte ich.

Als wir wieder auf die Autobahn bogen, klappte der Coach seinen Computer auf. »Ich kann es gar nicht erwarten, wieder an die Arbeit zu gehen«, sagte er und starrte auf seinen Bildschirm (Jenkins trifft den ersten Dreier). Man konnte sehen, dass es in Coach Pavićević tobte, dass er seine Sicht der Dinge darlegen wollte. Man sah, dass er Worte finden wollte, um der Situation habhaft zu werden. Aber Demirel sah das anders. Er schwieg.

GENTLEMEN, WE'RE LIVING ON THE EDGE

DIE KRISE VON ALBA BERLIN HÖRTE NICHT AUF, sie wurde immer schärfer. Die Mannschaft war nach der höchsten Niederlage der Vereinsgeschichte direkt zum Rückspiel gegen Samara nach Russland geflogen. Die Zeitungen hatten Konsequenzen gefordert, manche subtil, manche explizit. Die Vereinsführung schwieg noch. Marco Baldi flog nach Brasilien, weil er dringende Familienangelegenheiten klären musste. Axel Schweitzer verbrachte einige Tage mit seiner Familie in Australien. Nach dem vorzeitigen Weiterkommen im Eurocup hatte man ursprünglich entschieden, einigen Spielern kurz vor Weihnachten die strapaziöse Reise nach Russland zu ersparen. Sportlich war das Spiel bedeutungslos, aber jetzt stand die Integrität der Mannschaft zur Debatte. Die Visa allerdings waren längst bestellt. Die Hälfte der Mannschaft blieb also erleichtert in Berlin, die anderen Spieler wuschen ihre Socken und fuhren dann schlecht gelaunt über Moskau an die Wolga. Pavićević musste improvisieren. Marinović machte ein gutes Spiel, Staiger bekam Spielzeit und nutzte sie, Bryce Taylor punktete und Andy Seiferth lieferte gegen die Millionäre aus Samara gute Minuten ab. Die Mannschaft gewann knapp mit 68:72. Das Spiel hätte vielleicht ein Lichtblick oder Hoffnungsschimmer sein können, wenn jemand Notiz davon genommen hätte.

Auch an Weihnachten bekam die Mannschaft keine Pause, sie spielte und gewann gegen Bremerhaven, drei Tage später schlug man Göttingen. »Wir sind auf dem richtigen Weg«, sagte Luka Pavićević in der Pressekonferenz. In Tübingen verlor man dann aber unverhofft, und sofort verschlechterte sich die Stimmung wieder. Die Vereinsführung war zurück in Berlin. Man präsentierte Heiko Schaffartzik als Neuzugang. Coach Pavićević hatte ihn schon vor der Saison verpflichten wollen, sein Name hatte auf dem Flipchart im Trainerbüro gestanden. Damals war die Verpflichtung im Hamann-Durcheinander gescheitert. Jetzt war der Coach nicht mehr so begeistert. Als Lösung des Aufbauspielerproblems sah er Schaffartzik nicht. »Schaffartzik hilft uns, wenn wir uns gemeinsam vorbereiten«, hatte er gesagt. »Wir werden Zeit brauchen, aber wir haben diese Zeit nicht.« Er hatte dabei bitter ausgesehen. »Wie stellen die sich das vor? ›Gentlemen, das ist Heiko. Wir wissen zwar nicht, was wir mit ihm anfangen sollen, aber hier ist er. Let's have a good practice, let's go?‹ Soll das so laufen?« Man gewann back-to-back Hin- und Rückspiel gegen den Mitteldeutschen Basketball Club, Schaffartzik spielte dabei ganze 41 Sekunden. Dann fuhr das Team nach Hagen.

Die Mannschaft wohnte im Mercure Hotel, ich wohnte bei meinen Eltern. Schon in der Auffahrt zum Hotel packte mich Wehmut. Im Steinbruch hinter dem Parkplatz hatte ich meine ersten Biere mit Freunden getrunken, im Speisesaal mein Abiturzeugnis erhalten. Das Mercure Hotel hatte noch Queens-Hotel geheißen und war das erste Haus am Platz gewesen, zumindest dachten wir das im Sommer 1995. Ich hatte einen Anzug meines Vaters getragen, im Beige der frühen Neunziger. Mein Schuldirektor hieß Kocher mit Nachnamen. Sein Vorname war in meiner Erinnerung nicht auffindbar.

In der Stadthalle nebenan war in den Achtzigern einmal *Wetten dass ..?* zu Gast gewesen, damals hatte es noch Eiermänner gegeben. Jeden Freitag klingelte es an der Tür, und ein Mann namens Beckmann stand mit einer Wochenlieferung Hühnereier vor der Tür. Unser Eiermann hatte bei Frank Elstner oder Thomas Gottschalk eine Wette verloren. Er wollte sämtliche Taxis Nordrhein-Westfalens am Piepen ihrer Funkgeräte erkennen, aber er erkannte kein einziges.

Das fiel mir ein, als ich mit Konsti in der Auffahrt stand. Jetzt wurden auf dem Billboard vor der Halle in gelblich -moosigen Buchstaben Mineralienbörsen angekündigt, ramponierte Schlagersänger und Ü-35-Partys.

Die Mannschaft checkte ein. Von den Zimmern konnte man über die Stadt sehen, rechts der Kratzkopf mit dem Hagener Rotlichtviertel, links der Schornstein einer stillgelegten Fabrik, in der Entfernung die bewaldeten Hügel im Nieselregen. Zum Mittagessen gab es Sauerbraten und westfälische Wurstspezialitäten.

Der Coach ging ungewöhnlich schnell auf sein Zimmer, um sich vorzubereiten. Marco Baldi stand auf Socken im Gang des Hotels und entschuldigte sich, er müsse heute Nachmittag arbeiten, ein Thesenpapier, das die Zukunftspläne für Alba Berlin in der O2 World formulieren würde. Er wirkte wortkarg, es lagen Veränderungen in der Luft. Ich saß eine Weile mit Mithat Demirel in seinem Zimmer, wir sahen aus dem Fenster direkt auf Blumen Mankopf im Wasserlosen Tal. »Steht irgendetwas Besonderes an?«, fragte ich, weil ich den Eindruck hatte, dass Entscheidungen gefällt werden würden. Aber Mithat wich aus. »Nö«, sagte er, »nö.«

»Wirklich nicht? Wirkt so«, sagte ich. »Es wirkt so, als würdet ihr Pläne schmieden.«

»Hagen«, sagte Mithat auf seine unnachahmlich uneigentliche Art und nickte aus dem Fenster, »Hagen ist ne *richtig* schöne Stadt.«

Die blaue Stunde vor dem Spiel. Die Raben über dem Steinbruch krächzten. Die Mannschaft stand in der Lobby des Hotels um eine winzige, pinke Tischtennisplatte herum. Wir warteten auf den Coach und die letzte Besprechung vor dem Spiel gegen Phoenix Hagen. Es gab Toast und Kaffee wie immer. Im Fernseher lief die Wiederholung eines Fußballspiels, Borussia Dortmund gegen Sevilla, kein gutes Omen.

Die Spieler sahen zu, wie Mithat, der Sportdirektor, und Baldi, der Manager, erst locker und dann immer konzentrierter mit den viel zu kleinen Schlägern auf der viel zu kleinen Platte Tischtennis spielten. »Das sagt einiges über unser Leben«, sagte Femerling. »Wenn eine zu klein geratene rosa Tischtennisplatte der Höhepunkt unseres Tages ist, und alle um das Scheißteil herumstehen wie ein Stamm um sein Lagerfeuer.«

Baldi spielte gegen Demirel, beide wollten nicht nachgeben, beide spielten ihr Spiel, so gut es auf der winzigen Platte eben ging. Ich hatte den Eindruck, dass die beiden etwas Entscheidendes besprachen (sie führten eine wortlose Diskussion). Lange Bälle mit Unterschnitt waren auf der kleinen Platte schwierig, Schmetterbälle waren sichere Winner, also spielten die beiden auf Angriff.

»Gentlemen, we're living on the edge«, sagte Luka Pavićević in der Goldberg-Suite des Mercure Hotels Hagen. »Das Leben am Abgrund schärft die Sinne und bringt unseren wahren Charakter hervor.« Er sprach wieder von Konzentration und Selbstschutz und den Konsequenzen jeder Spielsekunde, den Konsequenzen jeder einzelnen Entscheidung. Für das Spiel, für die Saison und für die gemeinsamen Karrieren. Der Coach sprach laut und deutlich, aber ich konnte mich nicht richtig auf seine Rede konzentrieren. Ich trieb ab. Während die Hagener Spieler auf dem Bildschirm wieder und wieder ihre Spielzüge liefen, während der Coach den schnellen und wilden Basketball von Phoenix analysierte, sah ich aus dem Fenster in den Nieselregen.

»Diese Mannschaft hat keine Verteidigung«, erklärte der Coach. »Ihre Verteidigung ist Angriff.«

Ich sah über die Stadt. Hagen war nach all den Jahren immer noch meine Stadt, Hagen war mein Verein, 1974 als SSV Hagen sogar ein einziges Mal Deutscher Meister. Ich kannte die Spieler von damals, obwohl ich 1974 noch gar nicht geboren war. Ich kannte die Geschichten, ich kannte die Legenden. Jimmy Wilkins, die Pollex-Brüder, Krüsmann, Schmunz. Ich konnte mich an den Centerspieler Schaumann erinnern, den Trinker, der lang und hager durch unsere Straßen am Kuhlerkamp lief. Bei der Meisterfeier hatte er ein Aquarium voll Bier ausgetrunken, fünf Liter in einem Zug, danach hatte er vom Balkon gekotzt.

Ich hatte meine Kindheit mit Basketball zugebracht, von einer Profikarriere geträumt und trainiert. Ich hatte auf den Stehplätzen der Ischelandhalle gestanden und gebrüllt.

Hagen hatte jahrelang sogar zwei Bundesligavereine gehabt: TSV Hagen! SSV Hagen! Die Spieler hießen Ralf »Kees« Kuhtz, Keith Gray, Sylvester »Sly« Kincheon,

Martin Schimke, Andreas Klippert, Eric Pröscher, Shorty Hillebrand, Ralf »X« Risse, und wahrscheinlich bin ich der Einzige, der sich noch an den seltsamen Wurf des Südafrikaners Robert von Amelunxen erinnert, von weit hinter dem Nacken, himmelhoch in der Luft, perfekt rotierend. In meinem Leben hatte ich mir ein einziges Autogramm geholt, von »Centi« Thomas, dem Centerspieler des TSV Hagen 1860 (die einzige andere Person, von der ich mir ein Autogramm holen würde, wäre John Irving).

Heute Abend würde Alba Berlin in der Ischelandhalle spielen. 1994 hatte der Verein Brandt Hagen geheißen, nach der Zwiebackfabrik, und war noch einmal Pokalsieger geworden.

Ich hatte manchmal mittrainiert, ich hatte über Basketball die Schule vergessen. Ich erinnerte mich an Keith Gatlin, Oliver Herkelmann. Adam Fiedler, Arnd Neuhaus und die Feldscher-Brüder. Ich starrte aus dem Fenster auf das Rathaus, die Nacht, die Lichter. Mir fiel mein altes Fahrrad ein, blau, Marke Minerva. Ich dachte an die steilen Berge nach den fürchterlichen Trainingseinheiten. Ich dachte an den Fleyer Wald und die letzten Meter der großen Runde. Wir hatten unsere Sommer auf dem Freiplatz Emst verbracht, ich erinnerte mich auch an die Namen dieser Sommer. Frank Heemsoth, der sich das Knie zerfetzte. Thomas Janiszewski, der einen amerikanischen Führerschein hatte und uns Pearl Jam erklärte. Jens Pfeifers O-Beine und seine miese Linke, Gordon Debus' flatternder Dreier. Pit Kapetanovic, der nach dem Duschen immer zuerst sein Unterhemd anzog. Sven Hammacher konnte Spagat und hatte Reebok Pumps. Schädel Gieseck, der in Leverkusen Profi wurde. Sein Bruder Robin, den wir Balu nannten. Storch Kruel mit seinen überlangen Beinen und

viel zu kurzen Hosen. Marko Pešić beim Bierdosenschie-
ßen hinter der Halle.

Wenn wir nicht spielten, lagen wir auf dem Beton in
der Sonne und teilten uns Malzbier. Wir hörten The Po-
gues und Beastie Boys. Ich erinnere mich an die Risse im
Asphalt. Die Mädchen, über die wir damals sprachen, waren allesamt Basketballspielerinnen. Die langen, blonden
Haare von Marta Lewandowski. Tanja Trapp, die Tochter des Hagener Meistertrainers Yogi Trapp. Sandra Stein-
hoff. Kirsten Scheele. Ich erinnerte mich an den langsamen Abstieg des Vereins und den endgültigen Bankrott.
Die Zwiebackfabrik produzierte jetzt irgendwo im Osten. Ich hatte Hagen verlassen und war nach Hamburg gegangen. Vom Neuanfang der Basketballer hatte ich nur in
der Zeitung gelesen. Jetzt hieß der Verein Phoenix Hagen und war seit einem Jahr zurück in der ersten Liga.
Die Spieler hießen Bell, Burtschi und Dorris. Ich hatte sie
noch nie spielen sehen.

Hagen lag dunkel vor dem Fenster. In der Goldberg-
Suite redete Luka Pavićević immer noch. »Wir werden die
totale Kontrolle über dieses Spiel übernehmen«, sagte er.
Ich saß im Mercure Hotel Hagen, ehemals Queens, sieben
Stockwerke über dem Festsaal, und Patrick Femerling neben mir kaute Kaugummi. »Let's go«, sagte der Coach,
und die Mannschaft stand auf, um die Kontrolle zu übernehmen.

Der Bus fuhr durch die bekannten Straßen. Die Spieler
hörten Musik, und ich versuchte Konsti diese Stadt zu
erklären, in der ich aufgewachsen war. Der Felsengarten.
Das Wasserlose Tal. Hier die Volme, dahinter links der
neue Kinokomplex, der fast alle anderen Kinos ausradiert
hatte. In Hagen gab es nur noch Pornokinos und Main-

stream. Waffen Becker links. Die Remberghalle über uns leuchtete, als wir vorbeifuhren, sie hieß jetzt Öwen-Witt-Halle. Hier das Landgericht, ganz oben die Kantine mit ihren unfassbar fettigen Pommes.

»Das Zentrum«, sagte ich, »sieht aus wie jedes Stadtzentrum in Westdeutschland.« Wir fuhren in der Dunkelheit an einem leeren Schotterparkplatz vorbei. »Hier der Kirmesplatz Höing«, sagte ich mit Reiseleiterstimme und erzählte von Riesenrädern und Wellenreitern und Ponygeruch und von dem Tag, als mir einer der Jeansjackentürken am Autoscooter fast mein linkes Ohr abgerissen hatte.

Unter uns in der Dunkelheit lag der Ischelandteich, um den wir damals rennen mussten, ich konnte sein Brackwasser riechen, die Modellschifflenker am Ufer und ihre Käsebrote. Die Enten. »Nicht so einfach für dich, oder?«, lachte Konsti. »Für wen bist du eigentlich heute Abend?«

Der Bus hielt an der Ischelandhalle. Mittlerweile regnete es heftiger. Die Mannschaft rannte ohne Regenschirme den Weg hinauf zur Halle. Am Spielereingang stand der Hausmeister, der uns früher nach dem Training Malzbier verkauft hatte, und hielt uns die Tür auf. Tommy schleppte das Equipment durch den Regen, die Spieler versenkten sich in ihre Rituale. Ich spazierte durch meine alte Halle, die mittlerweile auf Ligastandard gebracht worden war. Sie war immer noch eine Baustelle. Der Kabinentrakt sah genauso aus wie früher – graues Linoleum und gestrichener Beton. Die leere Ischelandhalle lag vor mir, das Grau und Rot der Tribünen, das Blau der Wände. Alles wie damals. Man hatte neues Parkett verlegt und hinter den Mannschaftsbänken eine zusätzliche Tribüne eingebaut, aber die Zuschauer saßen immer noch direkt am Spielfeldrand. Die Werbetafeln der unzähligen Kleinsponsoren der Mannschaft hingen jetzt an den Säulen und Aufgängen.

Phoenix Hagen hatte die letzte Bundesligasaison in einer notdürftig umgebauten Fabrikhalle bestritten, jetzt war die Ischelandhalle fertig und fasste 3300 Zuschauer. Vor wenigen Wochen hatte man die Namensrechte an einen örtlichen Energieversorger verkauft. Diese Halle hatte große Spiele und große Spieler gesehen, Rimas Kurtinaitis, Arvidas Sabonis, Dražen Petrović. Ich hatte hier gejubelt und gelitten, ich hatte in dieser Halle die Schönheit des Spiels verstanden. Mein eigener Traum vom Basketball lag im Foyer begraben. Ein paar vertraute Gesichter gab es noch, fünfzehn Jahre älter, aber sie waren immer noch da. In Hagen bauten freiwillige Helfer die Bandenwerbung auf und schleppten Stühle.

Geld war in Hagen knapp, der Etat für Spieler lag etwa bei einem Achtel der Berliner Mannschaft. Heute kam Alba Berlin, und Spiele gegen Alba sind für die kleineren Clubs der Liga besondere Spiele. Die Halle war ausverkauft. Die ersten Fans betraten den sogenannten Heuboden, die Stehplätze ganz oben unter dem niedrig hängenden Dach. Sie befestigten ihre Banner, sie schleppten ihre Trommeln in die Halle. Ich sah mir die Stehplätze an, auf denen wir früher gejubelt und gelitten hatten. Unten auf dem Parkett machte Sven Schultze seine körperstabilisierenden Übungen. Unter dem Hagener Korb dehnte sich mein alter Mannschaftskamerad Bernd Kruel, mittlerweile der dienstälteste Bundesligaprofi.

Hier war alles improvisiert oder ehrenamtlich, die Dinge wurden gemacht, wie sie immer schon gemacht worden waren, wie 1974 und 1994, wie zu Zweitligazeiten und im Jahr nach dem Aufstieg. Der Getränkeautomat stand nicht mehr an der Treppe zum Foyer, aber in den Katakomben wurden Bierkisten hinter die Theke gewuchtet, es gab Iserlohner Bier und Bockwurst mit Senf. Frikadellen. Ich trank ein Bier mit meinem Vater und meinem ehemaligen Deutschlehrer Schneider. Das Foyer füllte sich, und ich erinnerte mich an den Rauch der Zigaretten 1985 (damals wurde in Sporthallen noch geraucht). Jetzt waren die Türen geöffnet, und das Publikum schüttelte die Schirme aus. Die Vorfreude auf das Spiel heute Abend war ihnen anzusehen. Sie freuten sich auf Berlin. Sie freuten sich auf Hagen, auf ihre eigene Geschichte. Sie erzählten sich diese Geschichte immer wieder neu, sie beschworen sie: der Underdog, der gegen den reichen, riesigen Großstadtclub gewinnen würde. Sie würden es zumindest versuchen. David und Goliath, Gallier und Römer, Jerry und Tom. Sie liebten ihre Hoffnung auf das Wunder. Sie liebten ihre Spieler dafür, dass sie nur 2000 Euro im Monat verdienten, plus Kleinwagen und Wohnung, und sich trotzdem gegen den Abstieg stemmten. Sie würden den hoch bezahlten Profis von Alba Berlin heute Abend alles entgegenwerfen, was sie hatten. Die Zuschauer liebten ihr Flaschenbier, sie waren Sportromantiker. Ich war hier Nostalgiker. Kurz vor Spielbeginn wurde mir im Foyer der Hagener Ischelandhalle klar, warum wir diese Geschichte immer wieder hören wollten. Sport ist eine große Metapher für das Leben, Basketball ist rührend, bewegend und groß. Immer wieder neu und immer unvorhersehbar.

Berlin und Hagen könnten unterschiedlicher nicht sein. Die Hagener Halle fasst 3300 Zuschauer, in die O2 World passen 14.500. Die Infrastruktur in Berlin ist durchprofessionalisiert, Catering, Ticketing, Sicherheitsdienst, jeder Mitarbeiter wird bezahlt. In Hagen helfen alle freiwillig mit. In Hagen will man nicht absteigen, in Berlin ist der Anspruch jedes Jahr aufs Neue der Titel. In Hagen ist Basketball die einzige große Publikumssportart auf Erstliganiveau, in Berlin gibt es die Eisbären, die Füchse und Hertha. In Berlin hat man sich entschieden, deutschen Basketball auf eine wirtschaftlich und infrastrukturell neue Ebene zu heben. Man will auf lange Sicht konkurrieren können: mit der Vielfalt der Möglichkeiten in der eigenen Stadt und mit den europäischen Basketball-Schwergewichten. Man ist in eine riesige Halle gezogen. Man hat ein Jugendprogramm entwickelt, das nichts weniger versucht, als das deutsche Denken über Kinder und Sport zu revolutionieren. Mehrere außergewöhnliche Trainingshallen sind gebaut worden. Man will sich breit aufstellen und idealistisch denken. Es geht um einen breiten Enthusiasmus für den Sport. Man hat sich in der Stadt verankert, und die Profis haben den höchsten Zuschauerschnitt Europas.

Die Kehrseite war: Man hatte sehr viel Platz. Wenn sie nicht ausverkauft war, konnte die O2 World zu groß und ausgedacht wirken, als wäre sie aus amerikanischem Plastik. Also musste man die Halle voll bekommen. Der ehrgeizige Rahmen musste mit authentischen Emotionen gefüllt werden, wie sie in den kleinen Hallen der Liga automatisch gegeben waren. Dazu brauchte man gute Geschichten, gute Protagonisten und natürlich sportlichen Erfolg.

Luka Pavićević wollte auf höchstem Level Basketball spielen. Es ging ihm nicht nur um Siege und Titel in Deutschland und Europa, sondern auch um das basketballerische

Niveau seiner Mannschaft. Es ging ihm um das perfekte Spiel, *the proper game.*

Spiele wie heute waren für ihn eine Last. Pavićević meinte das ohne jede Arroganz, denn ihm gefiel die Geschichte des Underdogs ebenfalls. Im Film, in der Literatur. Aber er hasste es, gegen Mannschaften anzutreten, die nicht gewinnen mussten. Teams, die ausgeruht waren, weil sie weniger Spiele hatten. Teams, die auf Kampfgeist und auf etwas Glück vertrauten. Die es drauf ankommen lassen konnten. Luka Pavićević liebte die Kalkulation, und Spiele gegen Hagen waren unkalkulierbar. Gegen Hagen konnte Berlin nur verlieren.

Pavićević hatte nichts gegen Hagen. Er hatte nichts gegen die kleinen Clubs der Liga, aber der ständige und hoch motivierte Kampf der Kleinen gegen die Großen erschwerte seine Arbeit. Für Luka Pavićević war die Liga mit 18 Mannschaften zu groß. Eine Liga mit 18 Mannschaften bedeutete 17 Auswärtsspiele für jede Mannschaft. Dazu kamen der Pokal, der internationale Wettbewerb und die Playoffs. Ein Auswärtsspiel bedeutete einen Tag Anreise, den Spieltag und einen Tag Abreise. In einer guten Saison spielte Alba Berlin fast 70 Spiele, davon die Hälfte in fremden Hallen. Zwischenfälle wie unsere Rückreise aus Caserta nicht mitgerechnet. Die kleineren Teams aus der unteren Tabellenhälfte spielten nur halb so oft und waren dann ausgeruhter und hoch motiviert. Eine kleinere Liga, so Pavićevićs Argument, wäre eine stärkere Liga. Das Niveau wäre höher, die Spiele wichtiger. Vier Auswärtsfahrten weniger im Jahr hießen zwölf Nächte weniger in Hotels. Zwölf Nächte weniger unterwegs bedeuteten effektiv zwei Trainingswochen. Weniger getrennte Familien. Die eigenen Betten. Besseres Essen, bessere medizinische Versorgung. Der schmalere Spielplan ließe Raum für gründlicheres Training und Kraft für die europäischen Wettbewerbe.

Der deutsche Basketball schwäche sich selbst, fand der Coach. Er tausche die schöne Geschichte vom widerständigen Dorf gegen internationalen Erfolg und internationales Standing. Der deutsche Basketball müsse sich schützen. Pavićević wollte immer gewinnen, und er wollte so gut sein, um die Siege garantieren zu können.

Als das Spiel begann, war ich hin- und hergerissen zwischen Vergangenheit und Gegenwart, zwischen Wehmut und Projekt, zwischen Hagen und Berlin. Ich saß am Spielfeldrand in meiner alten Halle, die jetzt Enervie Arena hieß, und erinnerte mich an all die Trainingseinheiten. An all die Schreie und Pfiffe, an das Quietschen der Turnschuhe beim Training, an das Malzbier. Als Phoenix einlief, explodierte die Stimmung. Die Hagener arbeiteten mit dem Publikum. Der ehemalige Navysoldat Jacob Burtschi salutierte den Stehplätzen. Den Berlinern schlug die zusätzliche Motivation entgegen, der sie ständig gegenüberstanden. In den Augen der Hagener Spieler war heute eine Dringlichkeit und Konzentration zu sehen, die den Berlinern fehlte.

Das Spiel war eng. »Du kannst nur verlieren«, hatte Bobby gesagt. »Du kannst nur gewinnen«, sagte Konsti. Ich entschied, dass mir der Ausgang egal sein würde. Ich sah meinen Vater oben auf der Tribüne und erinnerte mich an unser erstes gemeinsames Spiel, 1985. Ich war zehn Jahre alt und verblüfft, dass Menschen so hoch springen und Trommeln so laut schlagen konnten.

Ich sah dort oben den zehnjährigen linkischen Jungen,

der ich war. Er stand zwischen 2499 anderen brüllenden Menschen und sah einem Basketballspiel zu. Der die Regeln des Spiels gerade erst lernte, der selbst noch mit dem kleinen Ball spielte (Spielklasse D-Jugend). Ich sah den Jungen mit elf, zwölf, dreizehn Jahren, immer linkischer, immer ein wenig größer, rausnehmbare Zahnspange, Sweatshirts in fürchterlichen Pastellfarben am Leib (die Erinnerung an diese Zeit hat fürchterliche Pastellfarben).

Ich erinnerte mich daran, dass in Hagen der TSV der Underdog war, der SSV Hagen war der Geldsack, mit Kontakten, Sponsoren, mit zwielichtigen Gestalten im Präsidium. Jedes Jahr kam es zweimal zum Derby, bis aufs Blut. Dann war die Halle übervoll, überlaut und überhitzt. Hier sah ich meine ersten Betrunkenen, meine erste Schlägerei und sogar meinen ersten Sex (das hatte ich fast vergessen, es war in einem Lagerraum und ich gerade auf dem Weg zum Klo, da lagen zwei auf einer blauen Gymnastikmatte, ich habe da vielleicht eine Minute gestanden, bis der gar nicht so junge Herr mich bemerkte und ich völlig überstürzt zurück auf die Tribüne rannte). Die Welt war der Ball, die Halle war das All.

Jetzt sah ich dem Berliner Trainer Luka Pavićević bei der Arbeit zu, er hatte seine Anzugjacke ausgezogen und gestikulierte. Die Mannschaft startete gut in das Spiel, Derrick Allen machte elf Punkte in Serie. Die Halle schüttelte ihre Köpfe, beim 11:4 deutete sich eine schlimme Niederlage an. Aber weil Basketballspiele aus Läufen bestehen, sah es beim 16:23 schon wieder ganz anders aus. Die Hagener begannen, über das ganze Feld Druck zu machen, sie warfen schnell und immer schneller. Die Halle hatte das Kopfschütteln eingestellt. Zur Halbzeit hatte Hagen zehn Punkte Vorsprung.

In der zweiten Hälfte wirkten Pavićević und sein Team steif und verkrampft. Die Zuschauer hinter der Berliner Bank pfiffen bei jeder Gelegenheit, zu jeder Beschwerdegeste, bei jedem Wechsel. »Halt die Fresse, und setz dich hin!«, brüllte ein rotgesichtiger Anwalt, den ich noch von früher kannte. Pavićević wollte die Kontrolle, aber dieses Spiel und diese Situation ließen sich nicht kontrollieren. Die Hagener rannten und warfen, sie suchten und fanden Zuflucht im Angriff, sie opferten hinten leichte Körbe, um vorne selbst schnell abzuschließen. Ihre Dreier fielen. Der junge Power Forward Andreas Büchert war kein guter Basketballspieler, aber er brach sich die Nase und spielte trotzdem weiter.

Pavićević beharrte auf der Kontrolle seiner Mannschaft, aber seine Spieler rannten den Hagenern lediglich hinterher. Derrick Allen punktete wie eine Maschine, alle anderen trafen schlecht. Trotzdem kam es zu einer Aufholjagd, Berlin ging sogar 65:63 in Führung. Marinović war gegen den schnellen und unkonventionellen Hagener Guard David Bell überfordert, aber der Coach setzte seinen eigenen unkonventionellen und schnellen Aufbauspieler Heiko Schaffartzik partout nicht ein. Es schien ums Prinzip zu gehen, um Positionen. Es ging hin und her, aber dann machte Hagen die wichtigen Punkte, und Alba beging zwei unsportliche Fouls. Am Ende verlor Alba gegen Phoenix. 92:86.

Vor dem Getränkeautomaten im Kabinengang kam es zu dünnhäutigem Gerangel zwischen Femerling und dem Hagener Manager Herkelmann. Ich bemerkte, dass mir das Ergebnis des Spiels nicht egal war, ich freute mich für die Hagener, weil sie sich ihre Geschichte in voller Länge erzählt hatten. Die Spieler hatten sich ein Megafon geschnappt und mit den Fans auf dem Heuboden gesungen, das Lied von der Legende, die wir Sportromantiker hören wollen.

Ich trank noch ein Bier mit meinem Vater, wir tranken auf den überraschenden Sieg. Ich freute mich, aber ich hatte auch gesehen, dass Albas Manager die Halle nach dem Spiel schnell verlassen hatten und Coach Pavićević draußen allein im Regen stand. Fast ein Gleichnis, fast eine Metapher. Luka Pavićević ahnte, was in den nächsten Wochen kommen würde. Aber er sprach nicht von diesen Dingen, er lächelte. »Congratulations«, sagte er, »dein trauriges Herz hat gewonnen.«

Ich weiß nicht mehr, was es zum Abendessen gab, aber es war ein konzentriertes Löffeln und Kauen und Schlucken. Professor Mika platzierte seine Brille fein säuberlich neben dem Teller. Die Spieler standen schnell wieder auf und verschwanden auf ihre Zimmer.

Der Coach und ich tranken noch ein Bier, Mika blieb beim Wein. Luka sprach wenig. An der Oberfläche schien er der Situation gemäß wütend, aber als das Team im Bett war, verflüchtigte sich seine Wut. Seine Konzentration blieb. Er machte sich einige Notizen auf einer Serviette. Als der Speisesaal fast leer war, lehnte er sich zurück.

»Hagen«, sagte er und grinste. Er sah sich um. »Hör zu, ich erzähle dir eine Geschichte«, also hörte ich zu. »Ich war in den 1980er-Jahren zum ersten Mal hier. Die jugoslawische Juniorennationalmannschaft spielte hier ein paar Freundschaftsspiele gegen die Deutschen. Ich war der Jüngste. Wir wohnten in diesem Hotel, ich erinnere mich genau. Damals war alles noch grün und gelb hier. Der Teppich, die Stühle, alles. Am Abend vor unserer Rückreise hatten wir noch Geld übrig. Und dort unten«, Pavićević deutete Richtung Eingang, Richtung Kratzkopf, Rich-

tung Fluss. Er lachte und schüttelte den Kopf. »Dort unten gab es die Bordelle der Stadt. Ein Mannschaftskamerad wollte das Geld zu einer Hure tragen, es sei nicht viel,
aber es würde reichen. ›Lass uns etwas essen gehen‹, sagte
ich, ›vielleicht später etwas trinken?‹ – ›Die Damen bekommen ja nicht den üblichen fetten Deutschen‹, scherzte
mein Mannschaftskamerad, ›Sie bekommen einen Sportler. Beide Seiten gewinnen. Das ist besser, als das Geld mit
nach Hause zu nehmen‹, sagte er. Wir gehen also runter
zum Fluss und laufen die Straße entlang, drei oder vier
von uns. Wir rennen zögerlich hin und her, wie Teenager nun mal so sind, und irgendwann sammelt mein Kamerad seinen Mut und verschwindet in einem Haus mit
Rotlicht. Wir anderen folgen ihm, weil wir nicht wissen,
was wir sonst machen sollen. Vielleicht gibt es da drinnen ja etwas zu essen. Mein Mannschaftskamerad zeigt
unser Geld. ›Das reicht für einen‹, sagt die ledergesichtige Frau am Tresen. Sie spricht kein Englisch, und unsere
erste Fremdsprache ist Russisch, was sie auch nicht versteht. Wir unterhalten uns mit den Händen. Sie hält einen
Finger in die Höhe. ›Einer‹, sagt sie, und wir verstehen:
Unser Geld reicht nur für einen. Wir ziehen Streichhölzer, und mein Mannschaftskamerad gewinnt. Vielleicht
hat er gemogelt, aber wir sind erleichtert. ›Viel Spaß‹, sagen wir, wie Teenager neidisch tun. Mein Kamerad sieht
aus, als würde er zögern, aber er tut völlig sicher. An der
Treppe dreht er sich kurz um und lacht, dann verschwindet er mit der hübschesten Dame nach oben. Wir anderen
bestellen Wasser. Ich will höflich sein und mache Konversation mit der alten Dame hinter der Bar. Absurd! Ein
Wasser! Im Puff! In Hagen! Wir warten zehn Minuten,
zwanzig. Ich frage nach etwas zu essen, und die Dame
serviert Pistazien. Wir warten dreißig Minuten, langsam

werden wir nervös. Unser Kamerad kommt nicht wieder runter. Ich werde wütend. Nicht, weil mein Kamerad seine Heldengeschichte von fantastischem Sex erzählen wird. Ich trinke ein überteuertes Wasser, ich führe eine seltsame Unterhaltung. Ich werde wütend, weil er *mein* Geld für *seine* Idee ausgibt, weil ich ihm hinterhergerannt bin. Weil er mich warten lässt. Weil ich in einer Situation bin, die ich mir nicht selbst ausgesucht habe. Weil ich den Ausgang der Dinge nicht beeinflussen kann. Wir warten noch einmal zehn Minuten, und gerade, als ich gehen will, poltert es die Treppe herunter. Es gibt ein Gebrüll und Gebell, und drei riesige Typen tragen meinen Kameraden an mir vorbei, die Trainingshose der jugoslawischen Nationalmannschaft hängt um seine Knöchel. Mein Kamerad ist ein dünner, drahtiger Spieler. Die drei Kolosse können ihn mit Leichtigkeit hochheben. Hinter ihnen rennen drei kreischende Damen, eine hat drei kleine hysterische Hunde an der Leine. Die Köter kläffen wie irre. ›Ich habe bezahlt‹, brüllt mein Kamerad, während die Kolosse ihn durch den Laden und auf die Straße tragen, ›ich habe ein kapitalistisches Recht, fertig zu werden!‹ In seinem jugendlichen Größenwahn hatte sich mein Kamerad vorgenommen, die Dame mit seiner Ausdauer zu beeindrucken. Aber Zeit ist Geld, und die Dame hatte unserem Kameraden völlig unbeeindruckt gesagt, er müsse sich beeilen. Aber mein Kamerad hatte die ganze Zeit an etwas Beängstigendes und nicht im Entferntesten Attraktives gedacht. ›Der Trainer‹, sagte er mir später. ›Ich hatte die ganze Zeit den Trainer im Kopf.‹ Die Kolosse setzten meinen Kameraden vorsichtig auf die Straße, wir anderen verabschiedeten uns von der Dame am Tresen. Wir rannten hinterher. Das war Hagen.«

Der Coach stand auf, trank sein Bier aus und schlug

mir auf die Schulter. »Diesmal war's nicht viel anders, oder?«, fragte er. »Wir sind hinterhergerannt, die anderen haben Entscheidungen getroffen, und am Ende standen wir im Regen.« Luka Pavićević nickte und grinste und verschwand im Aufzug. Der Coach war ein guter Geschichtenerzähler, komisch und selbstironisch, er beherrschte seine Anekdoten und Metaphern. Sogar nach einer Niederlage. Und wie jeder gute Geschichtenerzähler erfand er Teile seiner Geschichte, damit ihre Botschaft klar wurde. Wie wir alle. Ich sah zu, wie sich die Türen hinter ihm schlossen. Als ich das Hotel verließ, um nach Hause zu fahren, lagen die beiden Tischtennisschläger von heute Nachmittag noch immer auf der leeren Platte in der Lobby. Niemand spielte, das Spiel war entschieden.

NIJE MENE DUŠO UBILO

AM LETZTEN ARBEITSTAG VON LUKA PAVIĆEVIĆ rannten Konsti und ich durch den Tiergarten. Wir nahmen die große Runde und redeten wenig. Vorbei an der Siegessäule, vorbei am Zoo, ein Esel schrie. Die Sonne schien, die Geier kreisten in ihrem Gehege.

Nach der Niederlage in Hagen war in den Zeitungen von »Kontrollverlust« die Rede gewesen, und die *Bildzeitung* hatte unverblümt Konsequenzen für den Trainer gefordert. Die Mannschaft hatte sechs Tage später das Rückspiel gegen Phoenix Hagen sehr deutlich mit 108:78 gewonnen. 108 Punkte war die höchste Punktzahl gewesen, die Alba jemals in der O2 World erzielt hatte. Hagen war chancenlos.

Der Bundespräsident Christian Wulff und seine Familie waren in der Halle gewesen, nach dem Spiel hatten Coach Pavićević und Femerling Wulff die Hände geschüttelt und gelächelt. Der Coach hatte unverkrampft und souverän gewirkt, die Kinder hatten sich hinter dem Präsidenten versteckt.

Das Auftaktspiel im Eurocup TOP 16 bei Benetton Treviso zwei Tage später hatte das Team dann wieder verloren. Die erste Niederlage in Europa! Die Presse war sofort wieder in Stellung gegangen, sie hatte die Kritik am Coach erneuert. »Wie lange sitzt Schaffartzik noch auf der Alba-Bank?« hatte die *BZ* gefragt. Pavićević und die Deutschen, das ewige Thema. Jetzt war erstmal All-Star-Break. Heute würden Derrick Allen, Julius Jenkins und Immanuel McElroy beim Training fehlen, sie waren für das Spiel der Besten nominiert. Konsti würde gleich ebenfalls zum Flughafen fahren. Der Rest des Teams sollte die erste längere Pause seit Wochen nutzen, um seine Blessuren auszukurieren und gut zu trainieren.

»Ich habe einen Titel für das Buch«, keuchte ich, als wir am großen Stern abbogen.

»Der wäre?«, fragte Konsti.

»Gentlemen, wir leben am Abgrund«, sagte ich. »Das hat Luka in Hagen gesagt. *Gentlemen, we're living on the edge.* Passt das?«

»Passt«, sagte Konsti. »Passt besser, als du denkst.«

Luka kam frisch rasiert ins Trainingszentrum. Er trug Zivil, schwarze Winterjacke, Pullover und eine Wollmütze, die ihn plötzlich gesund aussehen ließ. Er betrat die Halle gemeinsam mit Marco Baldi, und sofort änderte der Raum seine Temperatur. Alle wussten, dass etwas passieren würde.

Als der Coach und Baldi die Halle betraten, verstummten die Spieler. Die beiden gingen zielstrebig zum Mittelkreis. Als der Coach in die Hände klatschte, wie er es immer zur Eröffnung des Trainings tat, kamen die Spieler zusammmen. Man sah, dass sie wussten, dass es heute keine einfache Ansprache geben würde. Es ging um mehr. Ich saß am Rand und beobachtete, wie der Raum seine Dimensionen änderte. Vorher war hier trainiert worden, der Raum war begreifbar gewesen, hölzern und begrenzt, einfach eine renovierte Turnhalle in Berlin-Mitte. Plötzlich lag eine unerwartete Solidarität in der Luft. Und plötzlich wirkte der Mittelkreis wie eine

Insel, die Halle weit. Die Spieler und ihr Trainer standen in der Mitte des Trainingszentrums, in der Mitte ihrer Saison. Und sie standen am Ende einer gemeinsamen Idee. So kam es mir vor.

»Wir haben uns entschieden, Luka von seiner Aufgabe als Headcoach von Alba Berlin freizustellen«, sagte Marco Baldi, und seine Worte verebbten nur langsam in der leeren Halle. Die Mannschaft hielt den Atem an. Es fiel ihm nicht leicht, den Trainer zu entlassen, den er noch im Sommer gegen alle Widerstände verteidigt hatte.

Die Spieler wirkten geschockt. Sie hatten über Luka Pavićević geschimpft, wie Schüler immer über ihren Lehrer schimpfen, wenn es nicht gut läuft. Sie hatten ihn bisweilen fast verflucht, seine Methoden und seine Entscheidungen, seine Rituale und seine Sturheit, sein akribisches Beharren auf Details. Sie hatten ihre Witze gemacht, wie man immer über Autoritäten Witze macht, harmloser Spott von unten nach oben. Sie hatten sein rollendes R imitiert, sein manchmal martialisches Vokabular, seine Formulierungen, seine Sprüche. Sie hatten einen Menschen imitiert, den sie gründlich respektierten, die strengsten Lehrer sind im Rückblick immer die besten. Mit seiner Entlassung hatte niemand gerechnet.

»Das ist eine harte Entscheidung und bedeutet tief greifende Veränderungen für jeden von uns«, sagte Marco Baldi und nickte dem Coach zu. »Ich möchte Luka das Wort übergeben.«

»Gentlemen«, sagte Luka Pavićević mit klarer Stimme, »ich bin gekommen, um mich zu verabschieden. Ich habe oft über die Schwierigkeiten dieses Lebens und unserer Arbeit gesprochen. Wir werden ständig getestet, dieses

Leben ist eine ständige Prüfung. Gleiches gilt für unsere Arbeit. Wer in diesem Job nicht zäh und hart genug ist, muss mit den Konsequenzen rechnen.« Luka Pavićević ließ sich Zeit. Er sah seine Spieler an, er rieb sich die Hände wie immer, er wippte leicht von einem Bein auf das andere. Wie immer. Er stand aufrecht in der Mitte seiner Spieler, kerzengerade, würdevoll fast. Er schien zu lächeln, er sah sich um. Femerling sah direkt zurück. »Gentlemen, ich liebe diesen Job. Ich habe sehr gerne mit euch zusammengearbeitet. Wir werden uns wiedersehen, das ist sicher. Ich möchte mich bei jedem Einzelnen von euch bedanken. Ich wünsche euch Erfolg. Wie es im Sport nun mal so ist, werden wir uns wiedersehen. Ich danke euch.«

Luka Pavićević ging auf seine Spieler zu. Er gab Hollis Price die Hand. Schulterklopfen mit Schaffartzik. Der Coach reichte Lucca Staiger die rechte und legte ihm die linke auf die Schulter. Dann stand der Coach vor seinem Kapitän. Er umarmte den Kapitän, und der Kapitän umarmte den Coach. Zwei Männer, die viel voneinander hielten und es nur selten ausgesprochen hatten. Der Coach umarmte Yassin Idbihi. Tadija Dragićević küsste den Coach, wegen dem er nach Berlin gekommen war, links, rechts, links. Marko Marinović genauso. Der Coach machte die Runde. Zuletzt umarmte er Tommy, den zähesten Spieler, den er im Team hatte. Die beiden hielten sich kurz fest, »Tommy, my man«, sagte Luka Pavićević und wartete noch eine Sekunde. Hätte man genau hingesehen, wären einem die Tränen in den Augen der Männer im Mittelkreis aufgefallen. Dann ließ der Coach Tommy los. Er trat einen Schritt zurück und hielt seine Faust in die Höhe. Huddle. Die Spieler machten einen Schritt auf Luka Pavićević zu.

One
two
three
Alba!

sagte Femerling. Die Fäuste sanken, der Coach nickte und ging dann quer durch die Halle. Er drehte sich nicht um, er ging und verschwand im Trainerbüro. Baldi folgte ihm.

Die Spieler sahen den beiden nach, sie sahen, wie die Tür hinter ihrem Trainer zuschlug. Dann brach Hollis Price das Schweigen.

»Das«, sagte der Aufbauspieler, »das habe ich nicht kommen sehen.«

»Ruf mich an, writer«, sagte Luka Pavićević und zog sich die Wollmütze über die Ohren. Er lächelte jetzt deutlicher. Der Coach schien ganz bei sich zu sein. Er hatte seine Beurlaubung geahnt, jetzt war die Ahnung Realität geworden. Er wirkte gleichermaßen traurig und erleichtert. Er hatte seinen Schreibtisch aufgeräumt. Er hatte die fein säuberlich aufgefächerten Materialien zu den anderen Mannschaften zusammengestrichen und in eine dieser blauen Ikea-Taschen gepackt. Seine Unterlagen, Videos, sein Playbook und seine Philosophiepapiere lagen durcheinander zwischen seinen Füßen. Nur die Schnapsflasche mit dem Basketballspieler ließ er stehen. Coach Pavićević verabschiedete mich, wie serbische Männer sich verabschieden, Kuss links, Kuss rechts, Kuss links.

»Ich bin ein großer Mittagesser«, sagte Luka Pavićević. »Es gibt Geschichten zu erzählen und Bücher zu besprechen.« Dann öffnete er die Tür des Trainingszentrums von Alba Berlin, wuchtete die Ikea-Tüte mit all seinen

Ideen und Plänen auf die Schulter und trat hinaus in die Kälte und den leuchtenden Schnee.

Im leeren Büro saß Bobby und plapperte ohne Punkt und Komma. »Das ist der Job«, sagte er. »Das ist der Job. Als Trainer sitzt du immer auf einem dreibeinigen Stuhl. Und ehe du dich versiehst, kippt er um.« Bobby klappte seinen Laptop auf und plapperte weiter, serbisch, englisch, polnisch, er schien etwas zu suchen. »Gordon Herbert aus Frankfurt«, sagte er. »Svetislav Pešić vielleicht, Pini Gershon von Maccabi«, sagte er, »kommen alle infrage.« Dann hatte er gefunden, was er suchte. »*Listen!*«, sagte er und drückte auf Play. »Das ist für dich, Coach«, sagte Bobby und sang leise mit. »Haris Dzinović. *Nije Mene Dušo Ubilo.*« Das, meine Seele, bringt mich nicht um. Konsti kam aus der Dusche, sah Bobby singen und schüttelte den Kopf. Er packte seine Sachen und tippte auf seinem Telefon herum. Dann ging er zu Luka Pavićevićs leerem Schreibtisch. »Ich habe mit ihm das Spiel neu verstanden«, sagte er. Konsti versetzte den weißen Ledersessel seines ehemaligen Cheftrainers in Schwung, der Stuhl drehte sich langsam und blieb dann stehen. Bobby spielte mittlerweile Monthy Pythons *Always Look on the Bright Side of Life.* »Spielanalyse. Das Auge für die Dinge. Das Auge für die *entscheidenden* Dinge. Das Spiel richtig zu lesen und zu verstehen. Ich glaube, wir haben das *alle* von ihm gelernt.« Konsti hob seine Tasche auf. »Ich fahre dann mal zum All-Star-Spiel. Dann sehen wir weiter.«

TRANSITION

WIR WAREN IN SEVILLA, und die Stadt leuchtete pink. Es war sieben Uhr morgens, vor meinem Hotelfenster im 15. Stock mit Blick auf die Peripherie von Sevilla ging die Sonne auf. Auf der Schnellstraße zog sich ein Autostrom Richtung Innenstadt, vom riesigen Kreisverkehr vor dem Hotel drang das Hupen bis nach oben. Auf der Verkehrsinsel standen ein paar ramponierte Palmen und Orangenbäume.

Ich hatte die Mannschaft am Flughafen von Palma de Mallorca getroffen, wir waren gemeinsam nach Sevilla geflogen. Im Anflug hatten wir einen Bogen über die Altstadt gemacht, kleine Gassen und prachtvolle Gebäude, eine Stierkampfarena von oben.

Aber dann waren wir mit dem Bus an den Rand der Stadt gefahren, in eine Hochhaussiedlung, eine halbe Stunde entfernt vom Zentrum. Das Hotel war hoch und schlicht, viel mehr gab es nicht zu sagen. Viel Beton in spanischem Rosa, eine Auffahrt aus Pflasterklinker, ein paar Palmen vor der Tür. Das Internet und die Aufzüge stockten, der Berliner Speiseplan war zur Unkenntlichkeit variiert. Auf der anderen Straßenseite gab es eine Kaffeebar, direkt daneben einen provisorischen Kindergarten in einem rostigen Eurocontainer. Die Spieler hatten Sonnenbrillen getragen und waren in den Zimmern verschwunden und erst wieder zum Abendtraining aufgetaucht.

In der Lobby wartete Konsti. Wir tranken einen Kaffee in der Hotelbar und liefen los. In den turbulenten letzten Wochen waren der Assistenztrainer und ich immer regelmäßiger laufen gegangen. Konsti war ein perfekter Laufpartner. Am Anfang des Laufes konnte man mit ihm schweigen, in der Mitte unterhielten wir uns über alles, was anstand, über Filme, die wir gesehen hatten, Bücher, die wir lasen (er las viel mehr als ich), über die Schwangerschaft meiner Frau, über seinen Sohn und über die Taktik des nächsten Gegners. Am Ende der Strecke liefen wir schneller, das Gespräch versiegte, wir keuchten. Wir liefen durch den Berliner Tiergarten, wir liefen durch den Nieselregen von Caserta, wir rannten in Hagen und Oldenburg, wir liefen auf den Laufbändern im Trainingszentrum. Wenn wir angekommen waren, hatte ich immer etwas verstanden, die Philosophie eines Spielsystems, einen Kinofilm oder die besonderen Stärken eines Spielers. Jetzt liefen wir zwischen den morgendlichen Wohntürmen am Rande von Sevilla. Wir folgten der Schnellstraße, die Betonburgen wurden zu flachen Lagerhäusern, alle im gleichen matten Licht des Morgens. Wir gerieten in ein Industriegebiet. So früh morgens war es auch hier noch kühl, aus den Schornsteinen quoll wattiger Dampf. Es roch nach Industriefeuer.

Luka Pavićević war seit zehn Tagen nicht mehr Trainer von Alba Berlin. Konsti war direkt nach Lukas Rede mit dem Taxi zum Flughafen gefahren und hatte Derrick Allen, Immanuel McElroy und Julius Jenkins die Nachricht überbracht. »Du hättest Julius' Reaktion sehen sollen«, lachte er. »Ein Gesicht für die Ewigkeit.« Wie Julius reagiert hatte, sagte er nicht. Ich stellte mir vor, dass Jenkins vom Abschied seines Coaches geschockt war.

Die vier hatten das Wochenende beim All-Star-Spiel verbracht, die Mannschaft hatte ein paar Tage in der Luft gehangen. Mithat und Baldi hatten die All-Star-Woche auf der Suche nach einem neuen Trainer vertelefoniert. Eine Woche lang war spielfrei. Niemand hatte gewusst, wie es weitergehen würde. Professor Mika begann plötzlich, Englisch zu lernen. Coach Bobby packte seine Sachen, weil er sicher war, dass der nächste Trainer seine eigenen Assistenten mitbringen würde. »That's the job«, sagte er. »I'll be back in Skopje in no time.« Ein paar Tage lang leiteten Bobby und Konsti das provisorische Training, die Spieler arbeiteten mit Professor Mika an ihrer Athletik und versuchten, ihre Körper zu reparieren. Die Spekulationen um den neuen Trainer begannen. Die Journalisten versuchten eine Weile, die Spieler zum Nachtreten zu bewegen und sich schlecht über Coach Pavićević zu äußern, aber alle blieben diplomatisch. Eine Entscheidung war gefallen, aber alle wussten, dass man sich wiedersehen würde.

An einem perfekten Berliner Wintertag machte Konsti reinen Tisch. Tabula rasa. Eis und Licht und Schnee vor dem Trainingszentrum in der Schützenstraße. Er hatte erfahren, dass der neue Coach allein nach Berlin kommen würde. Er war Israeli, so viel wussten wir. Headcoaches arbeiten oft mit ihrem eigenen Trainerstab, sie ziehen gemeinsam von Station zu Station. Wenn Coach Bobby von »meinem Coach« sprach, meinte er Sašo Filipovski, mit dem er in Russland und Polen gearbeitet hatte. Diesmal würden Bobby und Professor Mika bleiben. Konsti war die Konstante, der neue Headcoach wäre der dritte, dem er assistieren würde.

Der nächste Coach war gestern am Flughafen Tegel gelandet. Mithat hatte ihn abgeholt, heute würde er zum ersten Mal ins Büro kommen und mit dem Trainerstab arbeiten, um zumindest etwas Kontinuität zu wahren.

Konsti riss die letzte Seite mit Lukas Plänen für die nächsten Spiele vom Flipchart. Er knüllte das Papier zusammen und warf es im perfekten Bogen in den Mülleimer. Dann fischte er eine schwarze Socke aus seiner Tasche und wischte damit Lukas Systemkritzeleien von der Wand hinter dem Trainerschreibtisch. Auf dem Tisch stand immer noch die Dekoflasche Williamsbirne mit dem gläsernen Basketballspieler im Innern, eine Erinnerung an die Zerbrechlichkeit der Dinge.

In der Halle reihte Marco Baldi die Spieler auf. »Der neue Coach heißt Muli Katzurin«, sagte er. »Er ist ein erfahrener Mann, er verlässt für Alba seinen Job als Sportdirektor des Israelischen Basketballverbandes. Er war polnischer Meister, er war tschechischer Meister, er war polnischer Nationaltrainer. Er ist schon in Berlin, heute Abend leitet er das Training.«

Baldi hatte seine Winterjacke anbehalten. Er sah müde aus, er wollte sich kurzfassen. In den letzten Tagen hatte er fast ohne Unterlass telefoniert und war herumgereist. »Wir haben uns zu diesem Schritt entschieden. Aber es geht hier nicht nur um den Trainer. Es geht um jeden Einzelnen von euch. Es geht um das hier.« Marco Baldi legte seine rechte Hand an die Stelle auf die Winterjacke, wo sein Herz sein musste. »Wir stehen unter Druck. Wir müssen unsere Einstellung verändern. Wir benehmen uns, als hätten wir etwas zu verteidigen. Das stimmt nicht. Wir sind nicht Meister, wir sind nicht Pokalsieger. Es gibt nichts zu verteidigen. Wir wollen angreifen. Wir wollen aggressiv und clever sein. Wir wollen Stärke. Wir wollen keine Ausreden. Manchmal denkt man ja, dass die Situation woanders besser sein könnte. Ist sie nicht. Wir haben hier hervorragende Gegebenheiten. Wenn jemand unzufrieden ist, kommt er zu mir. Oder zu Mithat. Und dann lösen wir das Problem. Aber es gibt keine Ausreden, kein Das-war-nicht-richtig-jenes-klappt-nicht-und-das-Wetter-war-auch-scheiße. Wir wollen in dieser Saison etwas erreichen. Wir wollen Erster werden. Wir wollen es *jetzt!* Der Coach ist erfahren genug. Er wird nicht alles verändern, und ihr wisst nicht mehr, wo ihr hinlaufen sollt. Seid aggressiv, seid smart. Im Training. Im Spiel. In *jedem* Spiel! Immer! Lasst uns die Chance *jetzt* ergreifen! Um sieben geht es los.«

Die Zeit drängte, in drei Tagen spielten wir gegen Panellinios Athen. Vor seinem ersten Abendtraining skizzierten Coach Katzurin und die Assistenten in Windeseile sechs neue Angriffssysteme. Dazu sechs alte Sets, und das Playbook für das Spiel am Donnerstag stand: zwölf Sets und Ganzfeldpresse in der Verteidigung. Coach Katzurin hatte die letzten 24 Stunden damit zugebracht, Videos von Alba Berlin zu sehen. Seine Assistenten hatten einfach weiter ihre Vorbereitungsarbeit gemacht. Der Coach wollte schnell spielen. »Was haltet ihr davon?«, sagte er. »Wir starten auf der Eins mit Hollis Price. Ich rede mit ihm. Zwei: Jenkins. Drei: McElroy. Derrick Allen auf der Vier. Und Schultze.« Der Coach klappte sein portables Videogerät zu und legte einen Stapel DVDs auf den Tisch: »Und mal ganz ehrlich, Coaches? Wir haben ein Problem mit unseren Point Guards.«

Tabula rasa auch auf dem Parkett. Nach all den Niederlagen, nach Schneewehen und organisatorischen Verwerfungen, nach der Entlassung des Trainers, nach Gerüchten, Besprechungen, Telefonaten, Besprechungen und noch mehr Besprechungen, nach Interviews und Schlagzeilen, nach Moralpredigten, Korrekturen und Disziplinarmaßnahmen gab Coach Katzurin den Spielern den Ball. Team Blau gegen Team Weiß, werfen bis 21 Treffer, Verlierer macht Liegestütz.

Die Spieler begannen zu werfen, erst Nahdistanz, dann Mitteldistanz. Dann Dreier. Die Spieler zählten mit, sie riefen die Zahlen lauter und lauter, sie brüllten die Zahlen, sie liefen immer schneller und schneller, sie passten und spürten den Ball. Blau gewann. Dann Weiß. Dann noch einmal Weiß. Dann Fast Break, Fünf-gegen-Null, Körper in Kurven, das Quietschen der Schuhe.

Konsti und Bobby erklärten die neuen Sets, Coach Katzurin schritt ab und zu ein und verbesserte. Er redete nicht viel. Dann ließ er die Spieler wieder Fünf-gegen-Fünf spielen, aufs ganze Feld. Coach Katzurin ließ die Mannschaft Basketball spielen.

Die Intensität stieg. Im ersten Training unter dem neuen Trainer kämpften die Spieler wieder neu um ihre Positionen, ihre Spielzeit und ums Überleben. Sie wussten, dass der Coach Änderungen angekündigt hatte. Nach dem zweiten Training dehnten sich die Spieler länger als gewohnt, der Physio brachte Eisbeutel und Eiswasser und band sie mit Frischhaltefolie auf die malträtierten Gelenke. Es war härter zur Sache gegangen, es stand mehr auf dem Spiel.

Bei Luka Pavićević hatte jeder gewusst, was kommen würde. Jetzt wusste jeder, dass in den nächsten Trainingseinheiten die Rotation und die Teamhierarchie neu geformt werden würden.

Nach dem dritten Training bat der Physio um eine größere Eismaschine. Eis für die Knie und Sprunggelenke, für die Handgelenke und den Rücken. Femerling saß blass in der Ecke, die Füße in Eiswasser, Eispakete auf den Knien. Er hatte in den letzten Tagen Schmerzen an der Patellasehne, dazu einen Fersensporn und einen schmerzenden Zeh. »Patricks Füße sind weit gereist«, hatte der Physio gesagt, »die sind wie alte Autoreifen.«

Der Kapitän kam mit den Schuhen des Ausrüsters nicht zurecht, er hatte sie bereits speziell umschustern lassen. Sein Rücken schmerzte, und um das Aufwärmen vor dem eigentlichen Training schmerzfrei zu überstehen, musste er sich eine Viertelstunde dafür warm machen. Seine linke Achillessehne schmerzte und beide Knie. »Das ist jetzt der letzte Schrei«, ächzte er, »Arthrose. Das ist der Trend, das haben fast alle jetzt.« Hi-Un holte ein paar Schmerztabletten aus einer seiner Plastiktüten, Aspirin oder Ibuprofen oder Diclofenac, je nachdem. Er gab sie dem Kapitän. Femerling sah ihn fragend an, dann warf er die Pillen ein und spülte sie mit seiner dritten Flasche Wasser hinunter.

»Ich möchte nicht in deinem Körper aufwachen«, sagte Konsti.

Femerling gab dem Doc High Fives und nahm die Füße aus den Eiswürfeln. »Du möchtest dich noch nicht einmal in meinem Körper aufs Sofa legen, Konsti.«

»Luka Pavićević hat großen Einfluss auf die Liga, die Spielkultur und unser Team gehabt«, sagte Axel Schweitzer in der Pressekonferenz am nächsten Morgen. »Wir halten ihn nach wie vor für einen der besten Trainer Europas.« Der Aufsichtsratsvorsitzende von Alba Berlin saß mit Coach Katzurin und Marco Baldi auf einer eigens aufgebauten Bühne im zwölften Stock des Andel's Hotel Berlin. Links hinter ihm war in einiger Entfernung die O2 World zu sehen, rechts der Fernsehturm.

Alle waren da. Das Fernsehen. Das Radio. Es gab Frühlingsrollen und Samosas, es gab Desserts in kleinen Gläsern. Dazu Orchideen. Die Pressekonferenz wirkte wie ein absurdes Festessen. Die Schreiber, die vor ein paar Tagen noch Konsequenzen für Luka Pavićević gefordert hatten, dippten jetzt ihre Satayspieße in Erdnusssoße. Die Kameras klickten. Einige von ihnen hatten gestern noch vor der Trainingshalle gestanden, um Coach Katzurin an der Tür zum Trainingszentrum abzufangen, jetzt schrieben sie mit.

Axel Schweitzer honorierte Luka Pavićevićs Arbeit und formulierte die sportlichen Ziele von Alba Berlin. Schweitzer war so etwas wie der Besitzer von Alba Berlin, die Alba Group war Namens- und Geldgeber. Im Grunde war Alba Berlin ein Teil der Firma, die Schweitzer und seinem Bruder Eric gehörte. Die beiden hatten das Recyclingunternehmen und den Basketballenthusiasmus von ihrem Vater geerbt. Axel Schweitzer war erstaunlich jung und erstaunlich oft beim Training anzutreffen, in T-Shirt und Baseballmütze. Er spielte selbst. Oft kam er mit seinem Sohn. Jetzt trug er Anzug. Auf dem Podium wirkte sein Wirtschaftsvokabular metierfremd, aber der Situation absolut angemessen. »Wir wollen am Ende der Saison Deutscher Meister sein, wir wollen ganz oben stehen«, sagte Schweitzer, »deshalb dieser Wechsel.«

Marco Baldi sagte, was bei einer Pressekonferenz gesagt werden muss. Muli Katzurin sei der Wunschkandidat gewesen, er habe für Alba eine Festanstellung beim Israelischen Basketballverband aufgegeben. Coach Katzurin saß neben ihm auf der Bühne. Marco Baldi war ein Mann, der wichtige Entscheidungen nicht schnell und impulsiv traf, sondern erst nach reiflicher Überlegung. Er wusste um die Kurzlebigkeit von Kritik, also bewahrte er Ruhe. Aber die letzten Wochen hatten auch ihm zugesetzt.

Der Manager wollte, dass die Mannschaft wieder gewann, also beschwor er zum zweiten Mal in zwei Tagen bessere Zeiten. »Es gibt unter uns ja immer Propheten, die die Zukunft schon kennen und wissen, was als Nächstes passiert. Sie alle hier wissen, dass Alba Berlin über den heutigen Tag hinausdenkt. Aber wir haben nur einen Vertrag bis zum Saisonende verabredet. Unsere volle Konzentration gilt dieser Saison. Wir wollen nicht über die nächste oder übernächste Saison reden. Wir wollen in *dieser* Saison unsere Möglichkeiten ausschöpfen. Und dann werden wir sehen, wo wir landen. Unsere Konzentration gilt dem Heute und dem Jetzt und was in dieser Saison passiert.«

Ich wusste wenig über Muli Katzurin und würde in den nächsten Monaten wenig erfahren. Er war ein reservierter und skeptischer Mann, er benutzte Ironie als Waffe, Humor war sein Rückzugsort. Er hatte viel gesehen, er war seit zwanzig Jahren Trainer im Ausland. Er saß in aller Ruhe auf dem Podium, begrüßte die Journalisten und skizzierte in kurzen Sätzen, wofür er als Trainer stand und was er mit der Mannschaft vorhatte. Er hatte braune Augen, einen militärischen Kurzhaarschnitt und den Spitznamen Sergeant. Katzurin sprach nur mit der Presse, um zitiert zu werden.

»Ich sage immer, was ich denke, und ich denke immer, was ich sage«, erklärte er. *Ehrlich & direkt* notierte sich eine Journalistin im roten Kostüm neben mir.

»We need noise«, sagte Coach Katzurin, »wir brauchen die Atmosphäre der Halle.« *Publikumsorientiert* schrieb die Journalistin. *Will Emotion!*

»Werden Sie personelle Änderungen im Team vornehmen?« Katzurin schmunzelte. »Der Kader ist exzellent. Sollte sich etwas ändern, werden Sie davon erfahren, wenn wir die Änderungen gemacht haben. So läuft das in diesem Geschäft. Aber erst mal wollen wir das Beste aus den Spielern herausholen«, sagte Coach Katzurin, und die Frau im roten Kostüm notierte *Team wird sich verändern* in ihrem Block.

Katzurin beherrschte das Frage-und-Antwort-Spiel, er lieferte die benötigten Zitate. »Ich hasse es zu verlieren«, sagte er, »der Spielplan ist eine Tatsache« und »Basketball ist Basketball.«

Luka Pavićević hatte immer versucht, sein Spiel in allen Facetten zu erklären und begreiflich zu machen – und in gewisser Weise auch sich selbst. Pavićević war Dompteur gewesen, Muli Katzurin war, wie sich herausstellen sollte, ein durchtriebener Zoowärter. Er betrat den Raum mit einem Eimer schmackhafter Häppchen, erledigte die Fütterung und ging wieder. Manchmal würde er nach Pressekonferenzen den Kopf schütteln. »Same questions«, würde er sagen, »same answers«.

Zurück an der Peripherie von Sevilla. Konsti und ich liefen jetzt zwischen Orangenbäumen und Einfamilienhäusern entlang, ab und zu kickten wir eine Apfelsine zur Seite. Wir liefen langsam, es gab viel zu erklären. Ich fragte nach, und Konsti erklärte mir die unterschiedlichen Philosophien und Stile, er erklärte mir Luka Pavićević und

Muli Katzurin. Der Basketball von Coach Katzurin unterscheide sich grundlegend von Lukas Basketball, sagte er. »Muli will über das ganze Feld hohen Druck ausüben, er will, dass die Spieler aggressiv und weit vorne verteidigen. Im Angriff sollen sie selbst Entscheidungen treffen und nicht auf Ansagen von außen warten. Er will den Fast-Break, und wenn das nicht geht, will er trotzdem abschließen, bevor der Gegner sich sortiert und organisiert hat. Er will, dass die Spieler intuitiv die richtigen Wege laufen. Schnell. Selbstständig. Sie sollen die richtigen Blocks setzen, *Side Pick & Roll* und den nachkommenden Spieler finden, den *Trailer*. Das ist die zweite Welle, das sind die ersten sieben Sekunden des Angriffs. Und wenn das nicht geht, haben wir immer noch unsere festen Sets. Gerade in der Verteidigung hat Muli ein größeres Arsenal, manchmal spielt er eine israelische Zone.«

»Was ist das?«, fragte ich.

»Im Prinzip bleiben alle stehen, und der Gegner läuft sich tot. Luka war für Perfektion, Muli will Variation.«

Während er sprach, wurde Konsti schneller. Es war halb neun, die Sonne über Sevilla stieg. Zwischen den Hochhäusern und Tiefgaragen wurde es wärmer. Die Autos hupten ohne Unterbrechung. »In der Theorie klingt das alles logisch«, keuchte Konsti, als wir quer über den riesigen Kreisverkehr vor dem Hotel liefen. Unter unseren Füßen knisterten alte Palmblätter und Kaffeebecher. Jemand schnippte eine Zigarette in unsere Richtung. Unser Hotel lag an der Pendlerschneise in die Innenstadt. »Die Frage ist nur, wie schnell die Jungs das alles verinnerlichen. Auf diesem Niveau müssen die Körper genauso schnell sein wie der Kopf. Man braucht ein paar Wochen, bis die Körper das verstanden haben.« Wir dehnten uns in der Auffahrt des Hotels, Bryce Taylor brach zu einem Morgenspaziergang auf, Mütter gaben ihre Kinder im Container zwischen den Hochhäusern ab.

Ich war nicht mehr der Neuling. Im ersten Spiel des neuen Trainers gegen Panellinios Athen setzte ich mich in die Kabine, ehe der Coach kam. Bei Luka Pavićević durfte niemand zu den Besprechungen in die Kabine, der nicht unmittelbar zum Team gehörte. Aber die Regeln hatten sich geändert. Ich hatte vorher von »Alba Berlin« gesprochen, jetzt sprach ich von »uns«. Ich hatte anfangs auf der Tribüne gesessen, zehnte Reihe, dann dritte, dann direkt unter dem Korb. Wir waren zwanzig Mann, Baldi und Mithat saßen jetzt auch in der Kabine.

Ich entschied mich, einfach zu behaupten, dass ich ein Teil des Ganzen sei, und setzte mich ohne offizielle Erlaubnis zwischen Sven Schultze und Tadija Dragićević. Wenn mich Coach Katzurin nicht rauswerfen würde, wäre ich im Bauch des Teams angekommen. Ich sah mich um und schrieb in mein Notizbuch, um mir Legitimität zu verschaffen. Niemand beachtete mich, ich fiel nicht auf. Die Spieler hörten Musik, die Scouting-Reports auf den Knien. Tape-Rollen flogen durch den Raum.

Ausgerechnet jetzt bekam ich eine Textnachricht von Luka. *Es geht mir gut, Thomas, danke sehr. All die Zeit und all die Gedanken setzen mir etwas zu, aber ansonsten immer gerne essen oder trinken, Geschichten erzählen und Geschichten hören. Ruf an, wenn du willst. Herzlich, Luka*

Dann öffnete sich die Tür. Die Coaches trugen Blau, Katzurin hatte einen schwarzen und eine Spur zu großen Anzug an, seine Schuhe waren frisch poliert. McElroy öffnete eine Dose Red Bull. Der Coach sprach gedämpft und zögerlich, sein Akzent war deutlich, seine Grammatik taumelte. Er hatte wichtigere Dinge zu tun, als mich zu bemerken. »Guys, vor dem Spiel rede ich wenig«, sagte Katzurin. »What you got, you got.« Die Coaches hatten sich entschieden, Athen über die großen Leute zu attackieren, besonders ihren gefährlichsten Mann Torin Francis in der Mitte. Was man in der kurzen Zeit hatte klären können, war geklärt worden. »Wir wollen rennen. Wir wollen spielen. Wir wollen die Würfe mit Selbstvertrauen nehmen.«

Coach Katzurin hob die Faust, die Spieler kamen zusammen. Sie hatten viele Trainer erlebt, sie wollten rennen, spielen, werfen. Die Dinge würden besser werden. Die Luft in der Kabine war wie Morgenluft, der Rest der Saison lag ausgebreitet vor uns, alles neu, ein weißes Blatt Papier, ein frisch gewaschenes Trikot, eine Leinwand, ein Wechsel der Jahreszeit. Man sah der Mannschaft die großen Vorsätze an. McElroy klatschte in die Hände, wie die Cincinnati Bearcats eben klatschten. Alles konnte passieren. Femerling rief den Schlachtruf, Jenkins, Taylor und Allen beteten, ich betrat mit Konsti die Halle. »Ist nur so ein Flash, aber ich sage dir: Wir schlagen Panellinios mit 20, Trier mit 30 und Sevilla mit 40.« Aber so einfach war es nicht. Alba gewann knapp und kämpferisch 68:65 gegen Athen. Trier schlug man mit 69:75. Dann flogen wir nach Sevilla.

Marco Baldi fuhr jetzt immer mit. Ich wusste, dass mein Bild von ihm medial verzerrt war. Ich hatte ihn für einen beredten, kalkulierenden Mittvierziger gehalten, der dem Erfolg alles unterordnete. Einen schwäbischen Manager. Einen Narziss, der die Basketballwelt polarisierte.

Einen Provokateur. Einen halbitalienischen Paten, der über Schiedsrichterleistungen lamentierte.

Aus der Nähe sah das anders aus. Wenn wir ankamen, in Hagen oder Tübingen oder Caserta, tauschte er Hemd und Sakko gegen Alba-Hose und Alba-Kapuzenpulli. Turnschuhe. Wenn die Spieler trainierten, machte Baldi am Spielfeldrand Liegestütz und Sit-Ups, er absolvierte sein Stretching-Programm, manchmal warf er ein paar Bälle mit Mithat. Er saß auf der Tribüne und telefonierte, er saß in der Hotelbar und sinnierte. Weizen. Cordsakko. Sportler. Leser. Gemäßigter Zigarettenraucher. Zwei Kinder, lichte Haare und entfernte Ähnlichkeit mit einem Schauspieler, dessen Name mir nicht einfiel. Hat die Basketballwelt gesehen. Name-Dropping war nicht seine Sache, Geschichten von früher schon.

Marco Baldi war ein Spieler, der durch eine Reihe von Zufällen und Bauchentscheidungen Manager geworden war. Er liebte Basketball. Wenn er konnte, reiste er mit dem Team und saß am Spielfeldrand. »Ich brauche das Gefühl für das Spiel«, sagte er. »Die Vibration des Parketts. Ich will genau sehen und hören, was passiert.« An repräsentativen Aufgaben lag Baldi wenig. Er stammte – ausgerechnet – aus dem Dorf Korb bei Stuttgart. Neun Jahre hatte er in der Bundesliga für Ludwigsburg und Berlin gespielt, mit 29 war er bereits Manager geworden. Seit zwanzig Jahren saß er am Spielfeldrand unter dem Korb, die Bank im Blick, die Gesichter. In den meisten Hallen stand ein Stuhl für ihn bereit, manchmal war es ein Presseplatz, manchmal ein Hocker von einem Sanitäter, manchmal blieb er stehen, um das Gefühl der Unmittelbarkeit zu behalten. Während der Spiele sprach er selten, außer bei Fehlentscheidungen direkt vor seiner Nase. Er konnte mehrsprachig fluchen. Seine Explosionen wurden international verstanden.

Beim Training in Sevilla lag Marco Baldi keuchend am Spielfeldrand, den Kopf auf einem Ball, und beobachtete die Spieler und den neuen Coach. Ob er Zeit für ein Interview habe, fragte ich, ich hätte einige Fragen, es gebe ja einiges zu erzählen, die Saison sei ja jetzt halb vorbei. »Jetzt ist Training«, sagte Baldi und begann die nächste Serie Liegestütz. »Heute Nachmittag ziehen wir Fazit.«

Am Mittag stand Sevilla still. Ich saß in der blinkenden und piependen Kaffeebar gegenüber vom Hotel und notierte. Die Innenstadt war zu weit entfernt, um sie sich anzusehen, die Zeit war gerade eben zu knapp. Baldi kam vorbei. Wir sprachen eine Weile über Luka Pavićević, über die O2 World, über Einstellungen zum Spiel, über Identifikation und Entertainment. Die Spieler verließen das Hotel und kamen zurück, sie spazierten zur Tankstelle gegenüber, sie kauften Sonnenbrillen und Limonade, sie tranken Kaffee.

Patrick Femerling stieg in ein Taxi und kam eine Stunde später mit einem rot-weiß gepunkteten Sommerkleid für seine Tochter zurück, einem traditionellen Sevillanakleid. Femerling kannte sich hier aus, er und Hollis Price hatten beide eine Saison für Cajasol Sevilla gespielt, beide sprachen Spanisch. Hollis saß in der Lobby des Hotels und unterhielt sich mit zwei Spanierinnen, die Füße auf dem Tisch, sein breites Lächeln im Gesicht. Auch hier war er Publikumsliebling gewesen. Hollis ließ den beiden Tickets für das Spiel reservieren, dann setzte er sich zu mir.

Hollis Price hatte eine Geschichte. Sie war tragisch, aber wahrscheinlich war sie sogar exemplarisch für einen größeren Missstand. Patrick Femerling war in Düsseldorf aufgewachsen, Tadija Dragićević in Čačak, Bryce Taylor in

Encino, Kalifornien. Hollis Price stammte aus den Desire Projects von New Orleans, heruntergekommenen Sozialbauten im Ninth Ward der Stadt, in denen fast ausschließlich unterprivilegierte Schwarze lebten. Seine Mutter war drogensüchtig, sein Vater lebte nicht in New Orleans. Hollis war bei seinen Großeltern aufgewachsen, er schlief auf ihrem Sofa. »Meine Mutter nahm Drogen, seit ich denken kann. Meist Crack, wie alle Schwarzen. Sie war ständig im Gefängnis. Oder sie lebte auf der Straße. Manchmal verschwand sie einfach und blieb Monate weg. Wir hatten keine Ahnung, wo sie war. Oder ob sie zurückkommen würde.«

Seine Mutter war jetzt fünfzig Jahre alt und lebte in Houston. Sie kämpfte immer noch gegen ihre Sucht. Im Sommer flog Hollis zurück nach Hause und brachte sie täglich zur Therapie. Aber wenn in Europa die nächste Saison begann, konnte er seine Mutter nicht schützen. »It's tough«, sagte Hollis. »Sie kämpft, Mann, sie kämpft, aber dieser Kampf hört niemals auf. Sie sieht jung aus, wenn sie clean ist. Wenn sie konsumiert, wird ihr Körper kleiner. Klein und alt. Crack macht einen klein und alt und fertig.«

Wenn Hollis über diese Dinge sprach, redete er langsamer und leiser. Er war älter, als sein breites Lächeln vermuten ließ. Als Kind hatte er Baseball gespielt, erst mit dreizehn kam er zum Basketball. Sein Großvater hatte ihm das Spiel erklärt und seine Einstellung zum Sport geprägt. Hollis telefonierte immer noch alle zwei Tage mit seinem Großvater. »Er hat mir erklärt, wie man Stärke zeigt«, sagte Hollis. »Er hat mir erklärt, wie man gewinnt. Dass man dem Gegner nie zeigen darf, dass man frustriert ist. Dass man immer weitermacht. Dass der nächste

Wurf kommt. Du darfst dich nicht ablenken lassen.« Sein Großvater sei sozusagen jünger als seine Mutter und sein bester Freund, sagte Hollis in Sevilla. Er überlegte kurz. George Carraby. Sein bester Freund.

Nach der St. Augustine High School in New Orleans hatte Hollis vier Jahre an der University of Oklahoma gespielt, in einem Team mit Eduardo Najera, dem einzigen Mexikaner in der NBA. Er war blitzschnell gewesen, mit einem unkonventionellen, aber sicheren Dreier.

Schon in seinem Freshman-Jahr war Hollis Starter geworden, er erinnerte sich genau. »An einem 23. Dezember im Spiel gegen Cincinnati, mit Kenyon Martin, später New Jersey und Denver.« Der Gedanke an eine Profikarriere war ihm erst in seinem dritten Jahr am College gekommen, als er seine Mannschaft als Junior ins Final-Four der NCAA-Meisterschaft in Atlanta führte, sagte Hollis, aber man sah, dass er diesen Gedanken schon oft so oder so ähnlich formuliert hatte, wieder und wieder. Er bedeutete nichts mehr. Hollis war ins All-American-Team gewählt worden, er hatte zu den zehn besten Collegespielern Amerikas gehört.

Hollis Price sah aus dem Fenster auf den rostigen Containerkindergarten und die struppigen Palmen von Sevilla. Er zögerte. Er verstand Nostalgie. Er setzte neu an.

»Das Halbfinale war das schlechteste Spiel meines Lebens«, sagte er. »Ich bin niemand, der ständig zurückblickt, aber wenn ich mein Coach von damals wäre, würde ich einiges anders machen. Wir sollten uns damals nur auf das Spiel konzentrieren. Deshalb wohnten wir irgendwo in der Nähe des Flughafens, anderthalb Stunden entfernt von der Halle. Weitab von all dem Trubel, der Presse, dem Spektakel. So wie hier.«

Hollis lachte jetzt wieder, er lachte laut. Der dicke Rezeptionist des Hotels sah zu uns herüber, als wolle er uns ermahnen. »Ich habe auf dem Weg zu meinem Final-Four-Spiel fast zwei Stunden im Bus geschlafen. Vor dem wichtigsten Spiel meines Lebens! Ich habe dem Coach das neulich beim Mittagessen in Vegas einmal gesagt. Coach Sampson, habe ich gesagt, wenn wir uns nicht so verbissen konzentriert hätten, wären wir weitergekommen. Wir hätten das alles genießen sollen.« Hollis hatte gesagt, dass er nur selten zurückblicken würde, aber er erinnerte sich an jedes Detail. »Ich habe fürchterlich geworfen, einen von zehn. In den ersten fünf Minuten habe ich den Ball nicht berührt. Einen einzigen Dreier habe ich getroffen. *Horrible.*« Hollis gestikulierte und winkte den vorwurfsvollen Concierge zu uns herüber. Er bestellte Wasser. Er lachte laut, er sah mich direkt an, er machte eine Pause, bis das Wasser kam, er lachte, als wäre das bedeutendste Spiel seiner Collegekarriere tatsächlich völlig unwichtig. Als wäre Basketball nicht die eigentliche Geschichte. »Das Halbfinale 2002 in Atlanta war das erste Spiel, das meine Mutter jemals von mir gesehen hat. Das schlechteste Spiel meines Lebens.«

Hollis war in New Orleans, als der Hurricane Katrina 2005 die Stadt traf und den Ninth Ward fast komplett zerstörte. »Katrina hat alles zerlegt, was wir hatten. Meine Großeltern sind schon ein paar Tage vorher nach Atlanta gefahren. Meine Freunde und ich haben bis zuletzt gewartet. Irgendwann habe ich den Fernseher angemacht. Der Reporter war völlig durcheinander, sein Hemd flatterte, und die Palmen hinter ihm flogen weg. Da sind wir ins Auto gesprungen und nach Houston gefahren. Wir haben alle überlebt, aber der Ninth Ward war weg. Natürlich gab es keine Deiche, natürlich kam die Hilfe viel zu spät. Vor Katrina sah das Viertel fürchterlich aus, danach wurde viel neu gemacht. Aber die Leute, die dort wohnen, sind arm. People will be people. Wenn man da heute hinfährt, sieht es genauso schlimm aus wie vorher.« Hollis' Geschichte ist die Geschichte unzähliger schwarzer Jungs, die ihre Hoffnung auf die unwahrscheinliche Möglichkeit einer Karriere als Profibasketballer setzen. Die Hoffnung ihrer Familien aus vernachlässigten Infrastrukturen inmitten der amerikanischen Städte. Die wenigsten erreichen ihr Ziel, die meisten bleiben, wo sie sind. Die Verhältnisse bleiben, wie sie sind.

Hollis ist eine seltene Ausnahme. »Ich bin dann aus Atlanta nach Berlin geflogen. 2005 war das. Ich hatte drei Boxershorts dabei.«

Jeden Sommer kehrte Hollis nach Houston zurück. Er war seit acht Jahren Profi und verdiente in Europa genug Geld, um davon seinen Großeltern und sich Häuser kaufen zu können. »Eigentlich seit zwölf Jahren«, korrigierte er sich. »Am College arbeitet man wie ein Profi, man wird nur nicht bezahlt. Im College spielt man aus Liebe zum Spiel«, sagte Hollis. Nach seiner Collegekarriere war Hollis nicht gedraftet, sondern direkt nach Le Mans vermittelt worden. Sein Agent war Guy Zucker, ein findiger Israeli.

2005/06 spielte Hollis seine erste Saison bei Alba Berlin. Die Erntejahre seiner Karriere hatte Hollis dann auf höchstem europäischem Niveau in Litauen, Spanien und Russland gespielt. Dann für die Artland Dragons. Seine Einstellung zum Spiel an sich habe sich in all den Jahren nicht verändert. Immer noch spiele er Basketball aus denselben Gründen wie an der St. Augustine High. »Nur bekomme ich jetzt Geld für das, was ich liebe«, sagte Hollis. »Zu Hause wissen die wenigsten Leute, dass ich Basketball spiele. Ich trage keinen Schmuck, ich fahre kein dickes Auto, ich erzähle es nicht jedem.« Immer noch telefoniere er alle zwei Tage mit seinem Großvater. Immer noch führe er im Sommer seine Mutter zur Therapie.

Die Geschichte ging weiter. Hollis erwähnte den Krebstod seiner jüngeren Schwester im letzten Frühjahr, aber er ging nicht ins Detail. Er erzählte von den Sommern in Houston und seinem Hund, einem Mops namens Buckets, den er vor Jahren in Berlin gekauft hatte.

Femerling humpelte wieder durch die Lobby, Coach Katzurin verließ das Hotel und kehrte mit ein paar Äpfeln zurück, er schien uns nicht zu sehen. Der Physio wuchtete seine Massagebank in den Aufzug.

Unser Gespräch kam wieder zum Basketball zurück. »Ich bin zum ersten Mal in meiner Karriere in so einer Situation«, sagte Hollis. »Ich war verletzt, ich spiele wenig. Ich telefoniere mit meinem Großvater.«

Luka Pavićević war auf gewisse Weise am Point-Guard-Problem gescheitert. An einem Januarmorgen hatte er Hollis mitgeteilt, dass er nicht mehr mit ihm plane. Dann aber hatten die Manager mit Guy Zucker telefoniert, und Hollis hatte beim Abendtraining wieder in der Halle gestanden. »Du musst positiv bleiben«, sagte er. »Wenn du negativ sprichst, beeinflusst das alle anderen in der Mannschaft. Negativität zieht Kreise.« Hollis stand auf, ein wenig ungelenk, ein wenig steif. Er ächzte, dann lächelte er. »So einen Stil, wie ihn der neue Coach spielen lässt, habe ich nicht mehr gespielt, seit ich zwölf war. Allerdings hatte ich damals noch die Beine dafür. Ich konnte den ganzen Tag spielen, ohne müde zu werden.«

Dass dieses Jahr kein gutes Jahr für ihn war, wusste Hollis Price in der Hotellobby des Vertice Hotel in Sevilla. Es kam mir vor, als wisse er auch, was kommen würde. »Wir sind Profis, und das ist dein Job. Und wenn du schlecht spielst, verlierst du diesen Job.« Wir standen vor dem Aufzug und warteten, der Concierge ignorierte uns. Hollis Price lächelte sein Lächeln. »Deswegen muss ich jetzt auch schlafen, Mann.«

Die Kabine im Palacio Municipal de Deportes San Pablo sah aus wie eine deutsche Gesamtschule am Rand von Münster. Gebaut in den späten achtziger Jahren, nackter Beton und bunte Farbflächen. Fliesen. Weichholzbänke. An der Tür zum Aufwärmraum stand *Sala de Musculación*. Sven Schultze und Patrick Femerling blieben im Aufzug stecken und kamen zu spät zur Besprechung. Katzurin ließ sie auf dem Gang warten.

Man betrat die Halle durch einen Tunnel aus grüner Lkw-Plane, der die Mannschaften und Schiedsrichter vor Wurfgeschossen schützen sollte. Ein Thermometer in den Katakomben zeigte neun Grad. Die Zuschauer trugen Winterjacken, ein paar Spieler behielten beim Aufwärmen ihre Mützen auf.

Neben mir machte sich ein NBA-Scout der Charlotte Bobcats Notizen in sein iPad. Er beobachtete den Aufbauspieler der Spanier, den Tschechen Tomáš Satoranský. Die Halle war ähnlich wie in Caserta nur spärlich gefüllt, aber die wenigen Zuschauer waren laut.

»Diese Hallen hier sind nur im Sommer und bei wichtigen Spielen warm«, sagte der Scout. Er trug aberwitzige Schlangenlederschuhe, sein Kopf war spiegelglatt rasiert, und wie alle in der Halle aß er Sonnenblumenkerne. Jeder Schritt knackte, überall lagen Schalen. Femerling und

Hollis wurden vor Spielbeginn vom spanischen Publikum kurz und respektvoll bejubelt. Und dann gnadenlos ausgepfiffen. Coach Katzurin begann klein und schnell, Femerling blieb auf der Bank. Die Mannschaft pumpte sich auf, sie schrie sich heiß, es ging los.

Und dann kam alles ganz anders. Nach zwei Minuten war die Zuversicht verflogen, sie wich einer unerwarteten Angst. 9:0, Alba hatte noch kein einziges Mal auf den Korb geworfen. Dann 8:22. Turnover über Turnover, die Spanier rannten. Coach Katzurin wechselte Hollis Price aus und würde ihn nicht wiederbringen. Die Ideen des Trainings konnten nicht umgesetzt werden. Marko Marinović hatte sich offensichtlich vorgenommen, dem neuen Coach zu imponieren, aber er wählte seine Würfe schlecht aus und traf nur einen von acht Dreierversuchen. Immer wenn es knapp wurde, konnte der Scout eine gute Aktion für Satoranský in sein iPad tippen. Erst als das Wunderkind umknickte, kam Alba näher. Satoranský kam zurück, und Sevilla zog wieder davon.

Alba reihte Fehler an Fehler. Der Scout notierte. Femerling wurde Topscorer, Schaffartzik traf seinen ersten Dreier der Saison, das Spiel ging trotzdem verloren. 76:67.

Sevilla war nicht gut gewesen, Alba hatte einfach zu schlecht gespielt. »Das war fürchterlich dumm«, sagte der Scout. »Der Sieg lag rum, man hätte ihn nur aufheben müssen.« Das Zusammenspiel der Mannschaft funktionierte schlecht, dazu kamen 22 Ballverluste.

»Stupid. *Stupid!*« In der Kabine erhob Coach Katzurin zum ersten Mal seine Stimme. »Da war kein Wille. *Kein Wille!* Kein Gefühl für das Spiel! Wir fahren morgen direkt vom Flughafen in die Halle! Was man nicht im Kopf hat, muss man in den Beinen haben!« In der Pressekonferenz saß der Coach vor 150 leeren Kinosesseln und zwei Journalisten, er fasste sich kurz. »Stupid!«, sagte er.

Der Bus stand im kalten Flutlicht hinter der Halle, die Spieler kamen mit gesenkten Gesichtern aus dem Hinterausgang. Ich sprach mit den beiden einzigen Berliner Auswärtsfans, die sich auf die Reise nach Sevilla gemacht hatten. Roy Wenske war promovierter Philosoph, seit zwanzig Jahren Alba-Fan und arbeitete jetzt als Waffenhändler. Guido Wachsmuth war Mathematiker an der Uni von Delft. Die beiden begleiteten Alba jedes Jahr zu zwei, drei Auswärtsfahrten in Europa. Sie reisten an, bestiegen den höchsten Punkt der Stadt, verschafften sich einen Überblick, stiegen ab, sahen das Spiel und beendeten den Abend in einer Bierbar. Für die Freude. »Oder den Frust«, sagte Wenske. Wir redeten kurz, der eine oder andere Spieler blieb stehen und bedankte sich. Baldi rauchte eine Zigarette mit den beiden. Sie trugen Alba-Trikots unter ihren Winterjacken. Der Atem stand in Wolken um unsere Köpfe. Es wurde immer kälter.

Als Femerling und Price die Halle verließen, wurden sie von Spaniern umringt, die sie noch aus ihrer Zeit bei Sevilla kannten. Es gab respektvollen Smalltalk und Unterschriften. Hollis Price posierte vor dem Bus für Fotos, er lächelte sein höfliches Lächeln.

»Sag ihm, er soll einsteigen«, befahl Coach Katzurin, und der Busfahrer hupte. Es würde Hollis' letztes Bild als Spieler von Alba Berlin sein. Wir fuhren schweigsam zurück ins Hotel, aßen in aller Stille, wir nickten einander zu und standen auf. Auf halbem Weg nach oben blieb der Aufzug stecken, fünf Spieler und ich, wir waren zu schwer. Wir warteten ein paar Minuten, wir wurden ungeduldig, dann ging es langsam und stockend wieder zurück ins Erdgeschoss.

»Der Alba-Aufzug«, sagte Femerling, »fährt nur nach unten.«

Am Flughafen von Sevilla saßen Schweigsamkeit und Nervosität zwischen uns am Gate und gähnten. Es war sieben Uhr morgens, ein perfekter Himmel, hinter dem Flugfeld ging die Sonne auf. Den Spielern graute vor der Rückreise, Berliner Frost und Berliner Straftraining. Konsti tippte irgendetwas in seinen Computer, er hatte den nächsten Gegner Telekom Baskets Bonn bereits gesichtet. Coach Katzurin saß abseits und allein. Er kannte diese Situation. Er hatte Straftraining anberaumt, also saß er allein.

»Sie sollen mich nicht mögen, sie sollen gewinnen«, würde er später sagen. Yassin las in der *Süddeutschen*, Marinović hatte sich in einer Ecke zusammengerollt und schlief, Jenkins verbarg sich wieder einmal hinter seiner Musik. Wir tranken Automatenespresso und warteten. Vor den Panoramafenstern wurde die Maschine startbereit gemacht.

»Straftraining!«, Tommy schüttelte den Kopf. »Wir haben keine Klamotten fürs Straftraining.«

»Dann müssen wir eben welche besorgen«, sagte Konsti. Seit der neue Coach da war, fühlte der Assistent sich für den reibungslosen Ablauf verantwortlich.

»Geht nicht«, Tommy war besorgt um seine Lagerbestände. »Dann ist mein Lager leer.«

»Immer dieses Geht-nicht! Wenn wir vor Jahrtausenden Stein und Holz aneinander gerieben hätten und dann

248

›Geht-nicht!‹ gerufen hätten, würden wir in Höhlen leben. Wir würden jetzt nicht hier sitzen.«

»Ich würde ganz *gerne* nicht hier sitzen.«

Das Spiel in Sevilla war das vorletzte Spiel von Hollis Price. In Trier spielte er 25 Minuten, gegen Sevilla nur noch 4:25. Dann würde er in einem Zeitungsinterview für weniger Training plädieren. Bei seinem letzten Spiel gegen Bonn würde er noch zwei Punkte erzielen, dann würde er das Team verlassen. Hollis war wieder fit, aber Katzurin hatte sich längst entschlossen, ohne ihn weiterzumachen. Der Coach wollte ändern, was er ändern konnte, und die Spielmacherposition hatte er als ersten Schwachpunkt identifiziert. Das Profileben schien aus unbeendeten Geschichten zu bestehen.

Keiner von uns ahnte, dass es noch weiter nach unten gehen würde. Die Mannschaft würde weiter verlieren. Gegen den alten Rivalen Bonn, den man zu Saisonbeginn noch mit zwanzig Punkten geschlagen hatte, würden wir die schlechteste erste Halbzeit der Saison spielen. Die fast ausverkaufte O2 World würde fassungslos starren, als das Team mit 10:30 hinten lag.

Der Dreivierteljournalist, ein schlechter Schreiber in zu kurzen Hosen, würde vor der Pressekonferenz sein eigenes Niveau überlaut unterbieten. »War das eine Holocaust-Performance?« Ein Kollege würde anstandshalber lachen, die anderen würden so tun, als hätten sie nichts gehört. »Muss Katzurin an die Klagemauer?«

Der Coach würde sagen, dass er noch nie eine Mannschaft mit derartig wenig Selbstachtung gesehen habe.

»Scheiße kann man nicht polieren«, sagte Konsti.

»Alba im Sturzflug« und »Ständige Verhöhnung« würden die Zeitungen schreiben und das Spiel eine »Demütigung« nennen. Sie hatten recht.

Katzurin wurde gefragt, ob er immer noch zufrieden mit seinem Kader sei. »Ich bin ein Kämpfer. Ich habe bis zu diesem Tag hart gearbeitet, und ab heute werden wir noch härter arbeiten«, antwortete der Coach. Erste Gerüchte von Auflösungserscheinungen innerhalb der Mannschaft, von Grüppchenbildung und Egoismen machten die Runde. Und Tommy Thorwarth, der als Spieler immer alles gegeben hatte, stand am nächsten Morgen immer noch halb fluchend, halb resigniert in der Trainingshalle. »Wenn sie schon nicht einfach Basketball spielen wollen«, sagte er, »dann doch bitte wenigstens für ihr Geld. Wenigstens für Geld!«

Tatsächlich kamen Marco Baldi und Mithat Demirel am Morgen nach dem Spiel ins Trainingszentrum und redeten dem Team eindringlich ins Gewissen. Sie zogen Konsequenzen und teilten den Spielern mit, dass ein Teil des Februargehalts eingefroren würde. Zum ersten Mal, seit Coach Katzurin im Amt war, durfte ich nicht mit in die Kabine. Ich saß in der leeren Halle und wartete. Die Spieler kamen mit Beschwerdegesichtern aus der Kabine und redeten wild durcheinander. Eine wütende Hektik lag in der Halle. Die Manager verschwanden direkt nach der Besprechung.

Die Spieler gaben ihnen in der Sache zwar recht: Man *durfte* so nicht verlieren. Aber die Sperrung hatte keine juristische Grundlage, sie war Ausdruck des wachsenden Drucks und der Machtlosigkeit gegen die Niederlagen. Gegen die Art und Weise, *wie* verloren wurde. Die Niederlage gehört zum Sport. Das wussten Baldi und Demirel. Aber für Alba war die Niederlagenserie ein eklatanter Verstoß gegen die Clubregeln und Teamgesetze. Die Qualität der Unterlegenheit – die »Demütigung« – verstieß gegen das Selbstverständnis des Clubs und lief der kämpferischen Natur von Baldi und Demirel zuwider. Wer gegen Spielregeln verstößt, wird im Sport bestraft. Die Manager waren derart entsetzt vom Auftreten der Mannschaft, dass sie konkrete Maßnahmen ergreifen mussten. Motivationsreden, Ehransprachen und Druck hatten nicht geholfen. »Wer Fragen hat«, sagte Baldi, »der kommt zu mir.« Es habe wie eine Drohung geklungen, sagten die Spieler.

Eine Woche später reiste die Mannschaft nach Quakenbrück. Pokalspiel: Weiterkommen oder Ausscheiden. Quakenbrück war die längste Auswärtsfahrt der Liga, tief im Nordwesten Deutschlands. In Quakenbrück wohnten die Artland Dragons (Artland ist kein Teppichhändler oder Künstlerbedarf, wie ich immer gedacht hatte).

Unten im Bus wurde fieberhaft gearbeitet. Die Manager telefonierten der Presseabteilung die Erklärung zu Hollis' Abschied durch. Eine Minute später riefen die Journalisten an und stellten ihre Fragen. Zwischen den Telefonaten arbeiteten die Manager an der Verpflichtung eines neuen Point Guards.

Die Spieler saßen oben im Bus und diskutierten, Hollis' Platz war leer. Das Spiel ging knapp verloren, 84:80, und auch der Pokalwettbewerb war für Alba beendet. Nach dem Spiel saß die Mannschaft in der Kabine und hörte dem weit entfernten Jubel aus der Halle zu. »Wir können so nicht spielen«, würde der Coach sagen. »Wir machen immer wieder dieselben Fehler. Es ist in jedem Spiel das Gleiche: Der Point Guard des Gegners macht sein bestes Saisonspiel gegen uns.«

Die Mannschaft verlor auch das anschließende Spiel in Ludwigsburg, 89:84, die vierte Niederlage in Folge. Die Maßnahmen des Trainers und des Managements schienen nicht zu greifen. Beim Rückspiel gegen Sevilla lag man nach einer weiteren schlimmen Halbzeit mit 28:49 zurück. Die Halle schien erstarrt. Die Mannschaft schlich unter deutlich hörbaren Buhrufen in die Kabine. Die Spieler fielen auf ihre Plätze, sie zeterten, fluchten, schimpften.

Derrick Allen trat aus den Buhrufen der Fans in die Kabine und zögerte nur kurz. Derrick Allen hatte seit Monaten gewissenhaft seine Arbeit gemacht, er hatte trainiert und dabei nicht viel gesagt. Und wenn, dann war er nicht laut gewesen. Wenn Derrick Allen seinen Schädel nicht rasierte, sah man, dass sein Haar lichter wurde. Er wirkte wie ein Mann unter Jungen. Derrick Allen betrat also die Kabine, er sah sich kurz um und ging zu seinem Platz zwischen Jenkins und Taylor, aber er setzte sich nicht. Derrick Allen blieb stehen. Er hatte genug von Ansprachen und disziplinarischen Maßnahmen. Er hatte genug von Erklärungsversuchen und Interviews, von Schlagzeilen und Rechtfertigungen, von Vorwürfen und Spannungen und Gerüchten und Zwist, er hatte genug vom monoton kreisenden Floskelwirbel des Profisports.

Derrick Allen hatte genug verloren.

Noch ehe der Coach das Wort ergreifen konnte, räusperte sich Derrick Allen und begann zu sprechen, ohne die Aufmerksamkeit der Mannschaft abzuwarten. Der Schweiß rann ihm in Strömen über das Gesicht. »Ich bin nicht hierhergekommen, um verdammt nochmal zu verlieren«, sagte Derrick. »Fuck! Deswegen bin ich nicht hier. Ich bin nicht hier, um miserabel zu spielen. Deswegen bin ich nicht hierhergekommen.« Es war jetzt totenstill in der Kabine. Die Sorte betroffener Stille, die herrscht, wenn ein besonnener Mensch die Fassung verliert, wenn ein Mann fällt oder weint oder die Wahrheit sagt. Man konnte Derrick Allens Schweiß nicht mehr von Derrick Allens Tränen unterscheiden.

»I came here to fucking win«, rief Derrick, und seine Stimme schien kurz zu kippen, aber Derrick fing sie ein und brachte sie wieder unter Kontrolle. »Wir reden die ganze Zeit nur. Wir reden und reden. Fuck! Ich kann das Gerede nicht mehr hören. Wir spielen schlecht. Wir spielen miserabel. Fuck!«

Mittlerweile hatte der Coach die Kabine betreten, aber auch er schwieg und hörte zu. Ich sah mich um. Die Argumente und Rechtfertigungen verschwanden aus den Augen der Spieler. Das Aber verschwand. Das Fingerzeigen. Die Schuldzuweisungen. »Ich rede nicht nur von euch. Ich rede auch von mir. Ich rede von uns, von Spielern, von den Trainern, von uns allen«, sagte Derrick. »Ich hasse es, wie wir spielen! Ich hasse dieses Gefühl! Lasst uns aufhören zu reden, und lasst uns spielen. *Let's play with some fucking heart!* Fuck!«

Derrick wischte den Schweiß, die Tränen und den Rotz mit seinem Trikot ab. Er setzte sich. Die Spieler nickten. Coach Katzurin ergriff das Wort und redete zu lange, er zerredete die Größe des Moments. Ich notierte *Kehrtwende der Saison?* Wir waren im Abgrund angekommen, jetzt konnte es nur noch bergauf gehen (ich hatte auf diese Momente gehofft).

Das Spiel gegen Sevilla würde noch verloren gehen. 81:95. In einer Loge der O2 World saß bereits der neue Aufbauspieler Taylor Rochestie und sah seinen neuen Mannschaftskameraden zu. In der Woche drauf sollten Coach

Katzurin und Mithat den Point Guard von Galatasaray Cafecrown Istanbul dem Team vorstellen. Eine weitere Woche später würde dafür Marko Marinović nach Samara in Russland wechseln, gegen die er im Dezember noch ein gutes Spiel gemacht hatte.

Marinović verabschiedete sich freundlich von allen. »So was passiert mir zum ersten Mal in meiner Karriere«, sagte er noch, »aber ich muss spielen, Mann!« Tommy durchkreuzte Marinovićs Gesicht auf dem Mannschaftsposter an der Kabinentür. Auch der Physiotherapeut wurde ausgetauscht, und im März lieh Alba den 125-Kilo-Center Miroslav Raduljica von Efes Pilsen Istanbul aus. Die Wechselfrist würde ablaufen. Mit dieser Mannschaft würde diese merkwürdige Saison zu Ende gespielt werden müssen. Diese denkwürdige Saison.

Aber als Hollis, Coach Katzurin und die anderen in der Morgensonne am Flughafen von Sevilla warteten, hielt niemand so eine Geschichte für möglich. Merkwürdige, denkwürdige Dinge müssen tatsächlich erst passieren, damit wir sie glauben können.

Er ist jemand, der an Wiederholungen glaubt. Er will
das System perfektionieren. Das hat große Stärken,
weil eine solche Arbeitsweise eine hohe Stabilität
bringt. Die Frage ist dann:
Wie reagiert man auf Unvorhergesehenes? Luka hat
auch Stärken, wenn er gezwungen wird, sein System zu
verlassen. Wenn er wirklich improvisieren muss, bei
Verletzungen oder bei Krankheiten. Ganz unabhängig
vom Gegner. Ich glaube, dass er Improvisation durchaus beherrscht. Wir haben oft darüber gesprochen.

**Gab es denn Diskussionen in den letzten Wochen? Oder
habt ihr Entscheidungen getroffen, die nicht mehr
seine Entscheidungen waren? Ich denke an die Verpflichtung von Heiko (Schaffartzik).**

Nein, das haben wir nicht. Ich würde niemals einen Spieler verpflichten, den der Cheftrainer nicht
will. Niemals. Alle Spielerverpflichtungen werden bei
uns intensiv diskutiert. Und zwar von allen, die bei
uns im sportlichen Bereich mitsprechen - Manager,
Trainer und Co-Trainer. Luka wollte auf jeden Fall
noch einen Point Guard, und Heiko war unser gemein-
samer Wunschkandidat vor der Saison. Und als Hollis verletzt war und diese Konstellation nicht richtig funktionierte, haben wir uns gefragt: Gibt es
noch Alternativen, was ist auf dem Markt? Vielleicht sieht Luka es heute ein Stück weit tatsächlich so, dass Heiko nicht seine Verpflichtung war.
Aber am Ende war es unsere Verpflichtung, bei der er
kein Veto eingelegt hat - was er durchaus kann und
soll. Es sprach tatsächlich rein gar nichts dagegen. Vor der Saison wollte er ihn unbedingt haben.
Aber gut. Am Ende gelten immer die eigenen Überzeugungen. Seine und meine. Und das ist dann wiederum
auch für mich eine Gratwanderung: Inwiefern greife
ich ein? Wie harsch und hartnäckig fordere ich Dinge
ein, ohne ihn zu bevormunden. Er soll ja nichts tun,
was fernab seiner Überzeugung ist. Wenn man in einer Führungsverantwortung Dinge tun muss, an die man
nicht glaubt, geht das in aller Regel nicht gut.

Geht es einem nahe, wenn man die gefürchteten Worte ausspricht:
Wir müssen reden, wir haben uns entschieden?

Das geht einem sehr nah. Extrem nah. Das ist ja fast ein eheähnliches Verhältnis. Man geht ja mit einer festen Überzeugung in eine solche Beziehung. Man muss sich nicht ständig umarmen, aber man kämpft zusammen. Das ist eine tiefe Beziehung, die absolut persönlich ist. Aber auf der anderen Seite haben wir eine Aufgabe. Wir tun, was das Beste für den Club ist. Und manchmal kommt es dadurch zu einer Doppelbödigkeit. Aber es gibt etwas, das ich noch nie gemacht habe und auch niemals machen will: dass man die Alternative schon vorbereitet hat und erst dann erfährt es derjenige, um den es geht. Also, mein Anspruch war definitiv, dass Luka von mir und nicht von irgendwelchen Spechten im Umfeld erfährt, wo wir stehen. Das kann man unter Altertümlichkeit und völlig falschem Harmoniebedürfnis abhaken. Zwanzig Jahre in diesem Business haben schon andere versaut. Aber für mich ist das sehr wichtig. Für mich persönlich ist es wichtig, dass der Mensch, den man schätzt und mit dem man intensiv zusammenarbeitet, auch direkt von einem erfährt, was Sache ist. Nicht hintenrum, nicht mit Drohung: wenn er das nächste Spiel nicht gewinnt und so weiter und so fort. Das mag ich nicht.

Die Entscheidung ist ganz unabhängig von einem betimmten Spiel gefallen?

Wir waren schon lange unter Druck. Der Verein und vor allem ich standen ja schon im Ruf, noch dickköpfiger zu sein als Luka selbst. Meine Aufgabe ist es, meiner Überzeugung zu folgen. So definiere ich meinen Job. Nach verlorenen Spielen gibt es immer Fragen und Reflektionen. 100-prozentige Überzeugung ist äußerst selten. Es geht um die Überzeugung, dass man sich präsentieren kann, wie man sich selbst sieht. Nicht um Meister oder Nicht-Meister. Ich möchte nicht behaupten, dass äußere Einflüsse an Entschei-

dungen gar keinen Anteil haben. Aber sie sind kein
Kriterium, ob man so eine harte geschäftliche und
persönliche Entscheidung trifft oder nicht.

Was spielt bei so einer Entscheidung die größte Rolle?

Es geht um unseren Glauben. Seinen und meinen. Vor
dem Weißenfels-Spiel haben wir uns lang unterhalten. Ich wollte verstehen, woran genau er glaubt.
Wenn ihm der Glaube fehlt, dann hat das alles keinen
Sinn. Aber ich hatte bei unserem Gespräch einen
ganz anderen Eindruck. Ich habe bei Luka Schaffens-
kraft, Willen und Überzeugung gespürt. Alles Dinge,
die dazu führen, dass ein Schiff Kurs aufnimmt. Aber
du warst bei dem Spiel in Hagen dabei. In Hagen habe
ich gesehen, dass wir unsere Möglichkeiten nicht
nutzen. Und zwar aus Angst zu verlieren. Aus reiner Angst vor der Niederlage. Wir hatten keine Risi-
kobereitschaft. Wir wurden immer enger. Während des
Hagen-Spiels ist bei mir völlig unabhängig vom Resultat ein starkes Gefühl von Zweifel aufgekommen.
Ich habe gesehen, dass das Spiel nicht funktioniert,
wenn man sich nicht öffnet und probiert oder sogar experimentiert. Mir sind massive Zweifel gekommen, dass wir auf diese Weise unsere Möglichkeiten
wirklich optimal nutzen. Es geht weniger um die Art
Basketball zu spielen, sondern eher um die Art, mit
Dingen umzugehen. Ich bin dann in mich gegangen, und
habe dieses Gefühl mit einigen wenigen Personen ab-
geglichen. Wie gesagt, rationale Reflektionen gibt es
ständig. Aber in Hagen kam ein starkes Bauchgefühl
hinzu: Wir machen komplett dicht.

Gab es klar benennbare Momente im Spiel?

Ich hab gesehen, dass die Mannschaft sehr emotional
war. Die Standardkritik an Lukas System ist ja gewesen, dass die Mannschaft an Emotionalität und Intensität verliert. Dass man quasi vor Automatismen
erstarrt. Diese Kritik hat eine gewisse Berechti-
gung, aber Automatismen können auch eine große Qua-

lität hervorbringen. Ich habe in Hagen gesehen, dass sich die Mannschaft komplett verausgabt hat. Die Spieler waren sehr emotional und wollten ums Verrecken gewinnen. Und dann schlägt ein Hagener Point Guard Marinović oder Jenkins und zieht zum Korb, dann kommt der Pass, und dann kommt der Dreier. Wir wissen, dass das unser Problem ist. Wir wissen, dass Marinović Schwächen hat, wir können aber nicht sagen ‚Verdammt Marinović, warum kann der das nicht?‘, sondern wir müssen Wege finden, trotz dieser Schwächen zu gewinnen. Aber in Hagen habe ich keine Reaktion von Luka gesehen. Wir haben schließlich ganz ohne Point Guard gespielt. Das sah ängstlich aus. Aber selbst die Angst hat nicht dazu geführt, ein Stück weit aufzumachen, ganz im Gegenteil. Ich bin ein großer Verfechter davon, seine eigene Philosophie gegen Widerstände durchzuziehen. Die größten Coaches dieser Welt entwickeln ihr System und ziehen es dann durch. Aber mit Öffnungen, Möglichkeiten und Anpassungen. Es geht nur um eins: Wie können wir mit unseren Instrumenten, mit unseren Waffen, mit den Voraussetzungen, die wir uns geschaffen haben, den Gegner in Schach halten und am Ende gewinnen. Es gibt keinen großen Trainer dieser Welt, der sich weigert, Dinge zu tun, die er vorher vielleicht noch nie getan hat. Aber das ist meiner Meinung nach eine Sache, an der Luka arbeiten muss. Eine gewisse Offenheit muss möglich sein. In Hagen kamen mir starke Zweifel, ob wir so weitermachen können.

Du hast vorhin vom Herz gesprochen.

Das ist der zweite Punkt. Man muss die Herzen ansprechen. Ich glaube, dass Luka eine sehr, sehr hohe soziale Kompetenz hat. Aber in letzter Konsequenz ist es so, dass man bei allem Technischen, bei aller Vorbereitung, bei allem Training, Periodisierung, medizinischer Betreuung, Ernährung und so weiter auch situativ reagieren können muss. Es gibt nicht für alles eine Bedienungsanleitung.

Mir schien es immer so, dass ein ganzes System von Erklärungen parat stand, bevor die Fehler überhaupt passiert sind. Ein komplexes System von Gründen für noch nicht Eingetretenes. Die Schiedsrichter hast du vorhin ja schon angesprochen. Der ungünstige Spielplan. Der Schnee. All diese Dinge wurden häufig vorab ins Feld geführt, als Erklärungen für etwas, was noch gar nicht geschehen war. Und Coach Katzurin sagt im ersten oder zweiten Training: „Ich weiß, dass es Scheiße ist, dass wir jetzt reisen müssen, aber: Schedule is a fact." Damit ist das Thema für ihn abgehakt. Mit solchen Ideen muss sich niemand mehr beschäftigen. Der entscheidende Punkt ist wohl, dass am Ende eine Mannschaft Meister wird. Vielleicht die, die mit diesen äußeren Widrigkeiten am besten umgehen kann.

Das ist eigentlich der Punkt. Themen wie Spielplangestaltung und die Qualität der Schiedsrichter sind natürlich wichtig. Wir müssen uns schon wegen der Verfügbarkeit der O2-World sehr aktiv um den Spielplan kümmern, da muss man sich vom ersten Tag an beteiligen. Aber ich weiß, was du meinst: das war eine Art self-fulfilling prophecy. Bei Alba Berlin zu spielen ist für viele eine große Herausforderung, gerade auch für Trainer. Hier geht's um den ersten Platz. Darum geht's hier. Und wenn man unter diesem Druck steht, dann kann man eben versuchen, wirklich alles zu kontrollieren. Oder man kümmert sich ausschließlich um das direkte Wirkungsfeld. Wenn ich beispielsweise der Meinung wäre, dass sowieso alle Schiedsrichter korrupt sind, würde ich sofort aufhören. Dafür wäre mir meine Lebenszeit zu schade. Wenn meine Intensität, mein Investment und meine Integrität auf einem Altar geopfert werden, vor dem ich niemals knien werde, dann höre ich sofort auf. Bei diesem Club wird das nicht passieren. Solange ich hier bin ganz sicher nicht ... (UNVERSTÄNDLICH 0:33 sec) ... Die zentrale Frage ist dann, ob ich da trotzdem Energie verbrenne. Man muss ja

mit seinen eigenen Kräften haushalten, man kann die
nicht einfach so verschwenden. Wir haben da sehr oft
diskutiert. Luka hat sich da wirklich weiterentwik-
kelt, aber eine Grundüberzeugung blieb: Ohne Schutz
und Kontrolle auf allen Ebenen ist konstanter Erfolg
nicht machbar. Es gibt zu viele, die einem ans Leder
wollen.

**Was ja auch grundsätzlich stimmt, es ist ja ein
Wettbewerb. Das liegt ja in der Natur der Sache. Wer
Sport betreibt, tritt in Wettbewerb.**

Natürlich. In vielen Dingen hat Luka recht: Wo können wir uns verbessern? Was können wir machen, um die
allgemeinen Bedingungen und Strukturen zu verbessern?
Es gibt in Europa sicher Clubs, die es mit Trick-
sereien schaffen, trotz ihres relativ bescheidenen
Budgets und einer unpünktlichen Zahlungsmoral kurz-
fristig über ihre Verhältnisse zu performen. Wir gehören nicht dazu. Man muss auf sich selbst schauen:
Instrumentarium, Infrastruktur, Personal, Spieler,
Assistenztrainer, medizinische Betreuung, unsere Hallen. Aber wenn man sich als Trainer zu sehr mit äußeren Einflussgrößen beschäftigt, die man schon aus
reinen Kapazitätsgründen nicht beeinflussen kann, dann
begibt man sich auf dünnes Eis. Aus meiner Sicht soll
das ein Trainer nicht machen. Die Impulse und Ideen
sind wichtig, die Diskussion ist wichtig. Aber wenn
es zum Spiel kommt, dann ist Spiel.

Im Rückspiel gegen Hagen war der Gestus anders.

Das war das Spiel, in dem Hollis (Price) den Ball
an sich genommen hat. Mein Ball! Das geht nicht immer, aber solche Dinge sind zentral. Es geht nicht
um Trashtalk, fick dich, deine Mutter und was weiß
ich sonst noch. Sondern dass man dem Gegner in Aktionen zeigt: Der geht heute nicht an mir vorbei,
ich bück mich nicht ab, ich werde nicht klein. Wenn
ich dem das zeige, dann baue ich ihn auf, dann mache
ich ihn größer, als er ist. Und das sind so Kleinig-
keiten, die die wenigsten mitkriegen. Es geht da-

bei nicht um Härte, sondern ganz einfach um Präsenz.
Es geht darum: Egal, was heute passiert, ich bin so
fokussiert, unser Plan ist so klar. Und ganz egal,
was heute passiert, mein Freund, wenn du an mir vor-
beiläufst und ich den richtigen Augenblick erwi-
sche, dann kann es sein, dass du nicht mehr wieder aufstehst. Bildlich gesprochen. Dann fegen wir
euch aus der Halle. Das muss die Ausstrahlung sein.
Und die bringe ich nicht rüber, indem ich lamen-
tiere oder beleidige oder indem ich sage: Und deine
Mutter erst recht. Oder: Wenn ich eine kriege, dann
gebe ich dir gleich eine zurück. Nicht Zahn um Zahn,
sondern indem ich Kontrolle und Willen zeige. Wenn
der Schiedsrichter abpfeift und zwei gleichzeitig
den Ball haben. Was passiert dann? Da ist dieser David Bell, ein Ochse, der wahrscheinlich 120 Kilo
beim Bankdrücken macht, während Hollis wahrscheinlich gerade 40 schafft. Aber Hollis zeigt: Das ist
mein Ball. Nicht bösartig oder so. Nicht mit Ellenbogen. Lächelnd. Das ist mein Ball! Er gibt ihn einfach nicht her. Solche Dinge sind wichtig. Das wirkt
vielleicht pubertär, aber es ist wichtig.

McElroy hatte auch zwei, drei dieser Situationen.

Ja. Mac wird abgeräumt. Und sein Gegenspieler denkt:
Ich hab ihn. Die Gegner denken sich: Berlin ist
dünnhäutig, die haben ein paarmal verloren. Wenn du
die provozierst, hauen die dir irgendwann eine rein.
Und dann lässt du dich fallen, und der Berliner geht
raus. So denken die. Aber McElroy wird abgeräumt und
steht auf, ganz schnell steht er auf. Er springt
auf, läuft auf (Žygimantas) Jonušas zu. Aber er attackiert ihn nicht, sondern geht einfach direkt auf
ihn zu. Und er geht aus dem Weg. Der macht Platz.
Alles klar. Da weiß ich, wir können dieses Spiel
nicht verlieren. Geht nicht. Weil das zeigt: Du bist
voll da, du hast die Kontrolle über dich.

**Wenn ich dich richtig verstehe, war der Gestus vor-
her anders.**

Es geht um die feste Überzeugung, dass ich mit dem, was ich vorfinde, das Optimum rausholen kann. Aber nicht nur in der Rede, sondern tief, ganz tief in mir drinnen. Aber wenn eben häufig, sehr häufig darauf hingewiesen wird, dass dieses und jenes ein Problem ist – was im Einzelfall natürlich stimmen kann –, dann ist die Frage, ob das nicht zur Vorbeugung dient. Ob die Überzeugung, dass man sein Ziel unter diesen Voraussetzungen erreicht, doch nicht so ausgeprägt ist. Das spürt jeder Spieler intuitiv. Für Unsicherheiten haben Spieler ein ganz feines Gespür, sie haben Tausende dieser Situationen erlebt. Sie spüren sehr, sehr schnell jede feine Lücke zwischen der tiefsten Überzeugung und dem Gesagten. Spieler suchen oft nach Alibis. Wir alle stehen ständig unter hohem Druck, und dann geht es oft darum: An wem könnte es gelegen haben außer an mir? Das ist ein interessanter Mechanismus. Wenn man es schafft, diesen Mechanismus erheblich zu reduzieren – also Eigenverantwortlichkeit zu schaffen, dann wird man aus seinen Möglichkeiten das Beste herausholen. Insofern hast du einen wichtigen Punkt angesprochen. Wenn man im allertiefsten Inneren, da, wo's richtig bitter schmeckt, wenn man da die Überzeugung nicht hat, dann wird's schwierig.

Und das hat sich in dieser Saison gezeigt?

Es gibt sehr viele Gründe, warum ich Luka Pavićević nicht nur als Menschen, sondern auch als Trainer wahnsinnig schätze. Luka hat ein extrem großes und entwickeltes Basketballwissen. Eigene Erfahrungen auf höchstem Niveau. Gepaart mit einem hoch entwickelten Intellekt. Mit einer – jetzt übertrieben gesagt – typischen Balkan-Verschwörungsmentalität. Und Akribie. Genauigkeit. Bei Luka kommt das alles zusammen. Ich glaube, da gibt es nur ganz wenige, die da hinkommen können, wo er hinkommen wird. Weil er eben das alles hat. Die Frage ist: Wie kanalisiere ich meine Qualitäten, wenn die Erwartungshaltung ganz, ganz hoch ist. Die Top-Leute können das. Die

ganz Großen, die auch die höchsten und berechtigten Erwartungen erfüllen. Das wird nicht immer gehen, denn alle sind bewaffnet bis an die Zähne. Und
am Ende bleibt immer nur einer. Aber nur vier, fünf
Teams sind mit der berechtigten Hoffnung angetreten
zu gewinnen. Am Ende wird's nur einer sein, und vier
haben's nicht geschafft. Aber erstmal dahin zu kommen, ist schon ein richtig weiter Weg.

**Lass uns mal über Image und über die Halle sprechen.
Ich wollte mal nachfragen, was deine Ideen für eure
Entwicklung sind.**

Mit dem Umzug haben wir erstmal ein riesiges Potenzial für uns nutzbar gemacht. Das Potenzial hat aber
eine kleine Schwäche: Es macht Druck. Wenn du 15.000
Plätze hast, und da nur 6000 Leute sitzen, dann bleiben Ressourcen ungenutzt. Dann hast du ein Problem, worüber jeder andere in Europa jubeln würde.
Das schafft eine völlig andere Gemengelage. Das kann
aus meiner Sicht nur optimal gelöst werden, wenn wir
die Identifikation zwischen uns und den an uns Inter-
essierten stärken. Die Leute sollen spüren, dass das
ihre Jungs sind, die da spielen. Das ist mein Club,
das ist meine Mannschaft! Wie vermitteln wir das? Das
ist eine Aufgabe. Die zweite Aufgabe: die Basketballgemeinde Berlins. Die Frage ist: Wie öffnen wir uns,
welche Verbindungen schaffen wir, welche Plattform
schaffen wir, dass die Basketballgemeinde sagt: Das
ist mein Team! Denn nicht alle sagen das. Vor vier,
fünf Jahren war diese Bindung stärker. Das hat auch
ein bisschen mit der Halle zu tun. Die Entfernung ist
größer, es scheint unpersönlicher und so weiter. Aber
ich glaube, da ruht eine Menge. Da könnten zwölf-,
vierzehntausend Leute sagen: Das ist mein Team, dazu
bekenne ich mich, damit lebe ich. Mit aller Kritik,
mit allem Hoch und Runter. Da haben wir noch viele
Möglichkeiten. So ein Flaggschiff, so ein Tanker wie
die O2 World muss gefahren werden. Das ist unsere
Aufgabe. Man kann nicht einfach in einer Großarena
spielen und mal sehen, was passiert.

Und wie geht ihr das jetzt an?

Ich sammele meine Gedanken. Wir sind da noch nicht
fertig. Ich glaube, dass wir Richtung Berliner Bas-
ketball-Community eine Menge arbeiten müssen. Ich
glaube, dass wir in Richtung unseres Jugendpro-
gramms eine Menge arbeiten müssen. Das hat alles Potenzial, das ist unsere Zukunft. Ich glaube, dass
wir verstärkt auf diese Leute zugehen müssen. Es
wird um eine gewisse Öffnung gehen, um Gestaltungs-
möglichkeiten. Am Ende ist natürlich die Mannschaft
der Fahnenträger. Sie sind diejenigen, die durch ihr
Spiel die Emotionen vermitteln, die den Verein ver-
körpern. Dadurch, wie sie spielen, wie intensiv, wie
erfolgreich. Ob sie cool sagen: „Ich mach hier meinen Job, und vielleicht sind wir am Ende gut genug,
um irgendwie Erfolg zu haben, also was wollt ihr?"
Oder ob sie in jedem Spiel bereit sind, sich komplett hinzugeben. Auf Leidenschaft kommt es an. Die
ist wichtig für unser Projekt.

**Ist auf jeden Fall eine große Aufgabe, finde ich. Mir
persönlich geht es so, wenn ich nach Hagen komme.
Da kommst du in die Halle, und die Halle fällt auseinander, obwohl sie gerade neu gebaut ist. Aber da
ist Improvisationsgeist und Verankerung. Da ist Bier
und Bratwurst. Da sind 3000 Leute, die das Verlieren gewohnt sind, aber die zeigen großen Enthusiasmus. Aber das sind nur 3000 Leute, das ist natürlich
ein Unterschied.**

Auch das muss man erst mal hinkriegen. Natürlich ist
in Berlin die Erwartungshaltung und der Anspruch höher. Das, was woanders toll ist, das ist in Berlin
stinklangweilig. Ich glaube nicht, dass man so etwas künstlich aufsetzen kann. Ich glaube aber, dass
auch in Berlin ein starker Wunsch nach Identifikation ist. Aber erstmal sind hier die Kategorien anders. Fußball ist unangefochten. Handball ist Volks-
musik. Eishockey ist Rock'n'Roll. Und Basketball ist
Jazz. Das steht für mich, das kann man sich nicht

aussuchen. Da kann man so viel Bier reichen wie man möchte. Das wird am Ende, glaube ich, nicht zusammenkommen. Nehmen wir zum Beispiel Fußball. Natürlich ist die Stimmung in Dortmund oder Bochum – zu besseren Zeiten – oder in Duisburg eine andere als bei Bayern München. Man muss gucken: Wo liegt das Potenzial? Wer entwickelt sich weiter? Was ich damit sagen will, ist einfach: Basketball ist facettenreich. Diese Facetten wird's immer geben. Wenn du unter Berliner Basketballfans eine Befragung machst, werden sicher viele sagen: Ich möchte zurück in die Sömmeringhalle, wo die CHRISTEL (?) die Cola aus der Zweiliterflasche eingeschenkt hat. Du konntest die kaum trinken, aber du kanntest jeden, der da war und es war – mmh! Natürlich erinnern sich die Leute nostalgisch daran. Insgesamt wird man sich so aber nicht weiterentwickeln und wettbewerbsfähig bleiben können. Man lässt immer etwas zurück, das ist keine Frage. Aber wichtiger ist: Was kann man gewinnen? Da spielen hundert Faktoren eine Rolle. Ich würde niemals sagen: Das ist der Weg, nur so geht's in Deutschland. Aber in letzter Konsequenz geht es darum, dass man seine Möglichkeiten, seine Besonderheiten, seine Umgebung aufnimmt und weiterentwickelt. Am Ende muss es immer eine Entwicklung geben, sonst verschwindet man. Ein Beispiel aus deiner Ecke: Schalke. Das ist genau das Gefühl: Bratwurst, Pils, Arbeitermilieu. Aber die haben die modernste Arena Europas. Die haben's geschafft, diese vermeintlichen intellektuellen, kulturellen und emotionalen Widersprüche aufzulösen. Wenn du jetzt eine Umfrage machst bei den Schalkern, wo's eigentlich schöner war, dann wirst du wahrscheinlich von einem relativ hohen Prozentsatz hören: Glückaufkampfbahn, aber die Veltins-Arena ist auch wirklich super. Man kann da schon sehr ordentlich stehen und hat nicht ständig Regen im Nacken.

Ich finde, die Halle ist eine richtig gute Basketballhalle, wenn sie voll ist. Eine Potenzialhalle.

Richtig. Und das will entwickelt werden. Am Ende geht's darum, dass wir insgesamt stärkere Bindung zu den Menschen entwickeln. Dass wir offen bleiben für Leute, die sich für uns interessieren möchten. Dass wir aktiv sind, dass wir ihnen die Möglichkeit geben, sich für uns zu interessieren. Es geht darum, dass wir auf vielen Ebenen in der Berliner Gesellschaft verankert sind. Das muss zusammenwachsen. Ich glaube, dass es beinahe logisch ist, dass es zusammenkommt. Aber von alleine passiert das nicht. Das müssen wir schon tun.

FROM DUSK TILL DAWN

ZUM ZWEITEN MAL IM NIRGENDWO, Romantikhotel Aselager Mühle, dreißig Kilometer entfernt von Quakenbrück. Wieder Morgenlauf mit Konsti, wieder vorbei an Gänsen, Hühnern, Schweinen, Kühen, bissigen Hunden (angekettet), Kaltblutpferden und mehreren Kirchen (protestantisch). Klare Luft und Düngegeruch, die Aprilsonne scheint flach über die Felder. Über dem Grundstück kreisen Bussarde, die wie Aasgeier aussehen, am Straßenrand liegt eine tote Gans, die wie ein Albatros aussieht. Nach dem Lauf wieder völlig fasziniert vor der Fotowand in der Hotellobby gestanden und die Gesichter betrachtet: Harald Juhnke, Evelyn Hamann, Eugene Holmes, Wim Thoelke, Felix Magath. Und Otto. Für alle Romantikhotels dieses Landes gilt: Wenn wir ankommen, war Otto Waalkes schon da.

Wir kannten das Hotel, ein überraschendes Gehöft im Nichts, rustikal und riesig. Am Wochenende kamen Ehepaare hierher, unter der Woche außereheliche Affären. Und Basketballmannschaften. Das Hotel hatte eine Tennishalle und eine Wellnesslandschaft, perfekt für die Zeit zwischen Shootaround und Spiel. Coach Bobby war ein passionierter Saunagänger, ich wollte lesen. Gerade hatte ich Wasser aufgegossen, als Bobby die Tür öffnete, eingewickelt in Handtücher und Bademäntel und Stoffslipper.

»Darf ich?«, fragte Bobby, denn er ist ein höflicher Mann.

»Klar«, sagte ich. Bobby pellte sich aus seiner weißen Schale wie Calimero aus dem Ei.

Er sah mich fragend an und goss dann Wasser auf den Ofen. Dann setzte er sich.

»Hör zu«, sagte er. »I'm afraid, I'm very afraid.«

Das letzte Mal, als ich mit Bobby in der Quakenbrücker Sauna gesessen hatte, war im Februar gewesen. Das Team steckte mitten in einer Niederlagenserie, die Stimmung war miserabel. Luka Pavićević war gerade erst beurlaubt worden, Muli Katzurin hatte ihn ersetzt. Wir waren nach Sevilla geflogen. Bobby hatte ständig mit seiner Entlassung gerechnet und überall seine Taschen und Täschchen mit sich herumgeschleppt. Coach Katzurin hatte angefangen, mit den Spielern zu arbeiten, aber das Team und er mussten sich noch aneinander gewöhnen.

Alba verlor in Sevilla, Alba ging gegen Bonn schmählich unter. Die ständig gestellte Point-Guard-Frage war noch nicht beantwortet. Heiko Schaffartzik war zwar bereits nachverpflichtet worden, aber noch nicht richtig angekommen. Am Tag vor unserer Anreise war Hollis Price entlassen worden, und die Spieler hatten sich darum gestritten, wie viel sein zurückgelassener Fernseher wert war. Sein Name auf der Buchungsliste des Hotels war einfach durchgestrichen. Mithat und Baldi sprachen damals über den Point Guard Taylor Rochestie. Marinovićs Zukunft war ungewiss. »I'm afraid. I'm very afraid«, hatte Bobby auch damals gesagt und Wasser aufgegossen. »Ich glaube nicht an diese Jungs. Ich habe große Angst. Wenn wir dieses Spiel und das nächste verlieren, sind wir in einer richtig beschissenen Lage.« Im Pokalspiel gegen die Artland Dragons hatte der gegnerische Aufbauspieler Tyrese Rice 21 Punkte erzielt und das Spiel gewonnen.

Coach Bobby hieß eigentlich Boban Mitev, wurde aber von allen nur Bobby genannt. Sein Name passte zu seiner gedrungenen Gestalt. Wenn ich Bobby sah, dachte ich an Karlsson vom Dach. Bobby trug Hosenträger. Bobby war nur zwei Jahre älter als ich, aber er kam mir ungleich älter vor. Er hatte ein trauriges Wesen. Bobby kam aus der mazedonischen Hauptstadt Skopje, war aber seit fast zwanzig Jahren Basketballtrainer in Polen, Russland und den ehemals jugoslawischen Staaten. Er sprach Polnisch, Serbisch, Englisch und Mazedonisch. Er war ständig unterwegs, und ständig war er bereit zu gehen.

Bobby war ein Mann der Widersprüche. Wenn er über Basketball sprach, blitzte sein enormes Fachwissen durch. Er bezeichnete sich als Pragmatiker, aber er trug Amulette, Gebetsketten und Talismane. An das Revers seiner Anzugjacke steckte er ein orthodoxes Kreuz. Das Profigeschäft sah er völlig unromantisch. Er war religiös, und zusätzlich war er Zwangsneurotiker und Mystiker. Wie viele Basketballvagabunden erzählte er seine eigene Geschichte als Heldensage, er erzählte von Siegen und Desastern, Meisterschaften und Räuberpistolen.

Bobby konnte den Titty-Twister-Monolog aus Quentin Tarantinos *From Dusk till Dawn* komplett zitieren und tat das auch bei jeder sich bietenden Gelegenheit, im Flugzeug, in der Sauna oder beim Frühstück im Romantikhotel Aselage. »All right«, sagte er am Frühstücksbuffet, einen Teller Rührei in der Hand. »We got white pussy, black pussy, Spanish pussy, yellow pussy, we got hot pussy, cold pussy, we got wet pussy, we got«, hier machte er eine dramatische Pause, genau wie im Film. Er sog die Luft durch die Nase, als würde er den frischen Kaffeeduft inhalieren, dann ging er proklamierend weiter. »Smelly pussy, we got hairy pussy, bloody pussy, we got snappin' pussy, we got silk pussy, velvet pussy, Naugahyde pussy, we even got horse pussy, dog pussy, chicken pussy! Come on in, pussy lovers!«

Manchmal bekamen Bobbys Widersprüche tragikomische Züge. Er stilisierte sich gern als Casanova, kam aber ständig allein. »I decided to go alone«, sagte er dann, ein einsamer Cowboy ohne Heimat sei er, schon lange geschieden. Aber Bobby telefonierte jeden Tag zwei Stunden mit seinem Sohn, um ihm bei den Hausaufgaben zu helfen. Der Junge lebte bei seiner Mutter, Bobby sah ihn nur im Sommer und in den Weihnachtsferien. Er trinke nicht, sagte Bobby, aber er mochte Whisky und Longdrinks. Bobby erwähnte oft, dass er gerade zehn Kilo verloren habe, konnte aber in fünf Minuten eine Tüte Gummibärchen aufessen. Er liebte Weingummi. Auf den langen Busfahrten sah er Krzysztof-Kieślowski-Filme und las in der Bibel. Er rauchte hinter dem Bus und trug weite Hemden und Hosen. Bobby liebte Boxen, er zitierte Muhammad Ali immer dann, wenn er nicht Tarantino zitierte: »They ain't gonna say that I'm good; I'm the bad and the ugly one; but I am the greatest!« Bobby ging in die Sauna, wenn dort mit niemandem sonst zu rechnen war.

Nach fünf Niederlagen in Serie gewann die Mannschaft unter Coach Katzurin ein Spiel gegen Bayreuth, dann schlugen wir den Mitfavoriten Oldenburg in fremder Halle. Miro Raduljica wurde verpflichtet, Taylor Rochestie kam. Man gewann in Frankfurt. Ende März spielte das Team in Berlin gegen Bamberg und verlor nur knapp,

93:97. »Das beste Spiel seit 25 Jahren«, schrieb ein Blogger. »Kann man mit arbeiten«, sagte Bobby. »Aber wenn sich einer verletzt, sehe ich schwarz.« Bobby wickelte sich wieder in seine Tücher und lachte. »I'm telling you«, sagt er. »Heute Abend verlieren wir mit zwanzig. Und dann kann ich gleich durchfahren nach Skopje.«

Zum Spiel gegen Quakenbrück war McElroy gar nicht erst mitgekommen, denn er musste in Berlin seinen Rücken behandeln lassen. Quakenbrück hatte fünf Siege in Serie auf dem Konto und im Winter in Berlin gewonnen. Es ging um den direkten Vergleich beider Teams. Coach Katzurin schien seine Rotation gefunden zu haben: Rochestie führte Regie und passte präzise, Julius punktete, Miro dominierte unter dem Korb, und Bryce war seit einigen Wochen ein völlig anderer Spieler. Alba kam gut aus der Kabine und spielte Quakenbrück an die Wand. Jedes Viertel ging an Berlin. Ich notierte mir wenig, das meiste war klar. In der Halbzeit spielte Bobby mit seinen Amuletten, er schlug ein Kreuz, als er die Halle wieder betrat. »Siehst du?«, sagte er zu mir, eine Hand auf seinem Kreuz. »Wir gewinnen mit zwanzig.«

Apropos Symbole: In einer Auszeit gegen Ende des Spiels wurde Tadija Dragićević auf die Bank beordert und zerrte vor Ärger über seine Leistung und Spielzeit an seinem Trikot, »wieso spiele ich nur so verdammt miserabel«, schien er sich selbst zu fragen, er griff mit beiden Händen an den Kragen, als wolle er sich selbst schütteln und aufwecken. Die Welt des Profisports ist voller Symbole, das Trikot und das Logo des Vereins sind die wichtigsten. Aber als Tadija ausgewechselt wurde und zu seinem Platz auf der Bank ging, war sein Ärger oder seine serbische Rumpfkraft so groß, dass er das Trikot am Kragen in zwei Hälften riss, ein langer, fransiger Riss bis mitten auf die Brust. Tadija erschrak. Er sah sich um, ob jemand sein zerfetztes Trikot bemerkt hatte. Bobby erschrak und wendete den Blick ab. Aus Tadijas Akt der Selbstbezichtigung war plötzlich eine symbolische Grenzverletzung geworden. »Dafür muss der Verein ihn bestrafen«, sagte Bobby später. »In Belgrad wäre er sofort entlassen worden. Seine Karriere wäre sofort vorbei.« Aber Tommy kam und klebte den Riss schnell und unauffällig mit Tape. Es sollte nichts schiefgehen an diesem Tag. Wir gewannen das Spiel mit 95:78 und überholten Quakenbrück in der Tabelle. Wenn wir uns nicht komplett dumm anstellten, würden wir Tabellendritter werden. Die Auswärtsfahrt nach Quakenbrück schuf Zuversicht. Noch vier Spiele, die reguläre Saison war fast schon Vergangenheit. Die Playoffs konnten kommen.

Ab jetzt war Gegenwart.

ONE FOR YOU, ONE FOR ME

DIE FRANKFURTER BALLSPORTHALLE riecht nach Popcorn. Es ist, als wäre ein Kinosaal plötzlich hell erleuchtet und man nähme zum ersten Mal wahr, dass die Sitze knallbunt, der Geruch süßlich und die Ränge nur drei Viertel voll sind. Der Film ist nur noch eine schlechte Erinnerung. Wahrscheinlich ist das nicht gerecht, denn die Frankfurter Halle ist nicht schlechter als die anderen Arenen der Liga. Sie ist nicht sonderlich charmant, sondern ein einfacher Zweckbau für 5000 Zuschauer. Das Publikum sitzt dicht am Geschehen, die Tribünen sind steil, es kann laut werden. Aber die Popcornmaschinen laufen, und der Geruchssinn wühlt in der Erinnerung. Für die Berliner Manager und Fans wird die Gegenwart von den Eindrücken des letzten Jahres überdeckt. Die letzte Saison endete für Alba Berlin in dieser Kabine, in diesen Katakomben, auf diesem Spielfeld. Das Ende kam schon in der ersten Playoffrunde, mit drei zu eins verlor man und schied aus. Die Saison hatte trotz aller Erfolge und guten Spiele ein enttäuschendes Ende genommen, die Fans fuhren ernüchtert und angetrunken nach Hause. Ich hatte auf der Tribüne gesessen und den Jubel der Frankfurter beobachtet, darin die gesenkten Berliner Köpfe. Nach dem Spiel hatte ich Henning Harnisch bei einem traurigen Plastikbecher Bier im Nieselregen vor der Halle gefragt, ob die nächste Saison nicht vielleicht die ideale Saison für ein Buch über Profibasketball sei. Es würde sich sicherlich vieles verändern.

Vom letztjährigen Team sind nur noch McElroy und Jenkins dabei, für alle anderen bedeutet diese Vergangenheit wenig. Wir betreten die Halle wie immer 75 Minuten vor Spielbeginn. Derrick Allen hat vor einem Jahr noch für Frankfurt gespielt, jetzt kommt er als Berliner zurück. Er wird trotzdem überall begrüßt, vom Hallenwart, von Vereinsoffiziellen, von Zuschauern. Yassin Idbihi sieht ungewöhnlich konzentriert aus, heute trägt er ebenfalls Kopfhörer. Die Mannschaft denkt von Aufgabe zu Aufgabe, von Spiel zu Spiel. Profibasketballer müssen schnellstmöglich vergessen können, nur die Zuschauer dürfen sich erinnern. Fünfzig Fans sind aus Berlin gekommen, ein paar Mitarbeiter der Geschäftsstelle sind im Sprinter der Alba-Jugend angereist.

Die Halle ist nicht ausverkauft, aber trotzdem ist die Spannung greifbar. Die Frankfurt Skyliners haben Heimrecht, weil sie nach der Hauptrunde Tabellenzweiter waren. Berlin zahlt jetzt den Preis für die vielen verlorenen Spiele. Sollte es zu einem entscheidenden fünften Spiel kommen, würde es in Frankfurt stattfinden. Aber ein entscheidendes fünftes Spiel will niemand. Mit wem ich auch spreche, alle rechnen mit einem 3:1, mit knappen Matches und einer vorzeitigen Entscheidung. Mit wem ich auch spreche, Frankfurter oder Berliner: Niemand will über die volle Distanz gehen.

Vor drei Tagen haben wir das Viertelfinale gegen Oldenburg gewonnen. Große Erleichterung, deutliches Aufatmen, Klaus Wowereit stand in der Kabine und lud das

Team zu sich auf den Rathausbalkon. So schnell, wie er gekommen war, war der Bürgermeister auch wieder verschwunden, die Scheinwerfer erloschen, die Kameras wurden eingepackt. Oldenburg war abgehakt, jetzt kam Frankfurt.

Am Montag nach dem Sieg gegen Oldenburg regnete es, der Regen wusch alles Bisherige weg. Es gab einen halben freien Tag für die Spieler, die Trainer saßen im Trainingszentrum, sahen Videos und sammelten Ideen. Konsti, Bobby und Mauro hatten schon in den letzten Tagen der Viertelfinalserie an der Analyse des nächsten Gegners gearbeitet. Konsti riss die Blätter der Oldenburg-Serie vom Flipchart, Tabula rasa, Bobby schrieb »Frankfurt Skyline« an die Tafel im Trainerbüro. Coach Katzurin saß am Schreibtisch und hörte seinen Assistenten zu.

»Ich habe vor niemandem Angst, nur vor Wood«, sagte der Coach. »Wenn wir die anderen nicht stoppen können, brauchen wir gar nicht erst nach Frankfurt zu fliegen. Pascal Roller ist gut, aber ihn kriegen wir in den Griff. Quantez Robertson verteidigt, aber wir sind bessere Angreifer. Gordon Herbert ist ein guter Trainer, aber er hat nicht die Spieler. Frankfurt ist Wood. Ohne Wood würden sie so gerade eben um die Playoffs kämpfen.«

Coach Katzurin kaute an seiner Brille und blätterte in seinen Notizen, dann sah er auf. »Wir wollen, dass Wood den Ball so wenig wie möglich in den Händen hat. Und heutzutage dürfen wir ihn auch nicht einfach abknallen. Also: Was machen wir?«

Der Spielmacher der Frankfurter, DaShaun Wood, war der beste Werfer der Liga und ihr wertvollster Spieler. »Die anderen werfen, um zu werfen«, sagte er von sich,

»ich nehme die Würfe, um sie zu treffen.« Vor Frankfurt hatte er sich zwei Jahre lang in Italien mit Verletzungsproblemen herumgeschlagen. Gordon Herbert, der Trainer der Frankfurter, diplomierter Psychologe und gewiefter Taktiker, hatte das Frankfurter Spiel in Woods Hände gelegt. Wood strotzte vor Selbstbewusstsein. Im Spiel schien er jederzeit zu wissen, wo sich seine Mitspieler befanden, er schien schneller zu sein als seine Gegner, körperlich und gedanklich. Seine Überlegenheit war Teil seines Spiels, und die Art, wie er seinen Vorsprung nutzte, ließ ihn arrogant wirken. Wood polarisierte. Das Frankfurter Publikum liebte ihn, die Berliner hatte er mit Gesten und Gebrüll gegen sich aufgebracht. Unter Druck spielte er noch besser. Beim Hinspiel im Winter hatte er Alba fast im Alleingang besiegt.

Außer Wood hatten die Frankfurter keine herausragenden Spieler, aber Coach Herbert verstand es, das Beste aus dem Rest der Mannschaft zu machen. Er hatte den soliden Werfer McKinney, den deutschen Verteidiger Bahiense de Mello, den amerikanischen Power Forward Powell, den unangenehmen Finnen Kimmo Muurinen. Sechster Mann war der zähe Center Marius Nolte, ein Arbeitstier, der fehlendes Talent mit Einsatz wettmachte. Nolte kam aus Paderborn, sah aus wie ein Singer/Songwriter und spielte wie ein Holzfäller.

Schließlich war da noch Pascal Roller, Veteran und Regisseur, intelligent auf dem Spielfeld, beredt daneben. Er war der beliebteste Profi der Liga. Wie Femerling und ich war er Jahrgang 1975. Roller war seit zwölf Jahren in Frankfurt, er war hier Meister geworden und hatte das Nationalteam dirigiert. In diesem Jahr stand er nur noch auf dem Spielfeld, wenn Wood Pausen brauchte. Die

Frankfurter schienen eindimensional, aber Coach Herbert machte sie unberechenbar.

»Also, was machen wir?«, fragte Coach Katzurin. Er saß in dem weißen Sessel im Trainingszentrum und hörte den beiden Männern zu, ihren Argumenten und Strategien, er sammelte ihre Ideen, er überlegte und entschied. Das war Coach Katzurins Methode. Anders als Luka sah er den Dingen zu, machte sich seine Gedanken, und traf dann eine Entscheidung. »Wir müssen Wood nach links drängen. Er kann alles, aber wenn er über links geht, wirft er nie. Er passt immer. Bei allen *Pick & Rolls* mit Wood spielen wir *Step-Out*, sonst spielen wir wie gegen Oldenburg. *Contain*. Keine Experimente. *No new tools*. Wir haben keine Zeit, aber das müssen wir hinkriegen. Und wir müssen reden! Kommunikation!« Der Coach sah Bobby an. »Sonst noch was?«

»Was machen wir mit Patrick und Julius? Julius' Rücken ist …«

»Julius kommt mit.«

»Und Patrick?«

»Er weiß es noch nicht, aber er bleibt hier. Gewichte und Lauftraining. Er muss fit werden, wir brauchen ihn noch. Ich rede mit ihm.«

»Habt ihr ihn gehen sehen?«, sagte Bobby. »Er läuft wie ein Zombie.«

»Mika soll ein Programm für Patrick machen«, sagte Katzurin. »Sonst schreit er mir auf der Bank die ganze Zeit ins Ohr, und ich kriege Kopfschmerzen.«

Der Coach war Ironiker, er sagte Dinge und meinte das Gegenteil, er freute sich über den Unterschied zwischen Gesagtem und Gemeintem. Er wurde nicht immer verstanden. Der Coach wusste, dass die Mannschaft ihren

Kapitän brauchen würde. Er wusste, welche Schlachten Femerling geschlagen hatte. Katzurin wollte dem Körper seines Centers drei Tage und Nächte in Flugzeugen, Bussen und Hotelbetten ersparen. Ohne nennenswerte Bewegung. Und alles nur, um auf der Bank zu sitzen. Miro Raduljica und Yassin Idbihi würden die Fünferposition gegen die kleineren Frankfurter gut besetzen. In einigen Tagen wäre der Kapitän wieder voll belastbar. Ein gesunder Femerling gegen Bamberg war besser als ein noch nicht bereiter Femerling gegen Frankfurt. Aber der Coach wusste, dass Patrick Femerling unbedingt wieder dabei sein wollte. Er würde seinem Center die Situation erklären müssen, aber Bobby war bereits aus der Tür, um mit Professor Mika zu sprechen. Katzurin wusste, dass Bobby seine Ironie oft missverstand, er kannte die Stille-Post-Kommunikation seines Teams. Er ahnte, was kommen würde. Der Coach sah Bobby nach und schüttelte den Kopf. »A misunderstanding waiting to happen.«

Wir sind nach Bad Homburg gefahren, die Silhouette Frankfurts im Dunst jenseits der Felder, die knisternde Euphorie der Zeitungen vor uns (»Der Albatros fliiiiiiiiiiiegt!«). Ich habe die italienischen Kopfhörer dabei (Bright Eyes, *One for You, One for Me*). Wir haben trainiert, wir haben geschlafen, wir haben gegessen.

Abends ein vorsichtiges Bier mit Baldi und Demirel in der Hotelbar. Die Stimmung ist durchsichtig, jeder reagiert anders auf Anspannung. Coach Katzurin ist noch während des Essens auf sein Zimmer verschwunden, die Spieler haben eine Weile über dieses und jenes geredet, dann haben auch sie sich in die Doppelzimmer und vor die Fernsehgeräte verabschiedet.

»Ich bin Dominik«, hat der Barkeeper gesagt. Er komme aus Sri Lanka, er habe 10.000 CDs, sämtliche Kuschelrocks und alle Bravo-Hits, ob wir am nächsten Mittwoch unsere 3:0-Siegesfeier bei ihm in der Hotelbar feiern wollten? Worauf Baldi den Kopf schüttelt und sich verabschiedet. Er redet nicht gern von Festen, wenn es noch nichts zu feiern gibt.

Die Stimmung ist gut, die Serie ist völlig offen. Ich habe nachts noch zu schreiben versucht, aber ich habe nur meine Anspannung zu Papier gebracht. Ich habe den Abend vor einer Talkshow zum Thema Seuchen verbracht, Ehec und A/H1N1, ich bin mit Seuchenangst eingeschlafen. Am Morgen dann die Skyline am Horizont, die Spelzen über den Feldern. Es ist jetzt endgültig Sommer. Bis auf einen Übertragungswagen und ein paar Kinder in Badehosen ist der Parkplatz leer, als wir an der Halle ankommen. Das Silobad Frankfurt-Höchst nebenan leert sich. Die Kinder lecken langsam ihr Zitroneneis und beobachten uns. Die slowenischen Kinder aus Kranjska Gora fallen mir ein. Der Sommer liegt ausgestreckt vor ihnen. Sie sehen zu, wie die Mannschaft nach und nach aus dem Bus klettert und im Hintereingang der Ballsporthalle verschwindet.

Defensive key: be aggressive. Konsti hat seine Plakate im Hotel gemalt und sie in der Kabine an die Wand geklebt, karierte Maritim-Hotel-Zettel. Hi-Un Park legt seine Spritzen parat, riesige pinke Kanülen für McElroys und Jenkins' Rücken. Die Spieler kommen zurück aus der Halle. Derrick ist verschwitzt vom Händeschütteln. Yassin sagt nichts, und Yassins Schweigen ist ein zuverlässiges Barometer für die Konzentration.

Der Coach betritt die riesige, frisch renovierte Kabine. Er läuft durch den Raum, als suche er die richtige Position für seine Ansprache, hin und her läuft er, dann bleibt er vor Konstis Plakaten stehen.

»Guys«, sagt Katzurin, »das letzte Mal, als wir hier waren, waren wir soft. Diese Mannschaft ist eigentlich zu klein. Aber sie sind aggressiv. Sehr aggressiv! Sie attackieren!« Der Coach dreht sich zu Konstis Poster um, er liest, dann macht er einen Schritt in den Raum. McElroy nimmt einen Schluck Red Bull. »Wir müssen noch aggressiver sein. Wir müssen sie attackieren. Wir müssen den Rebound kontrollieren. In der Verteidigung keine billigen Fouls. Ganz einfach, es gibt keine Entschuldigung. Eine Sache noch: Wir müssen kommunizieren. Jeder muss wissen, was passiert. Kommunikation ist einfach. Gute Kommunikation ersetzt fünf Tage Training.«

Jemand furzt. Niemand lässt sich etwas anmerken, alle bleiben bei ihrem steinernen Blick. Die Kabine stinkt gottserbärmlich. Es ist eine absurde Situation. Jeder rät, wer es gewesen sein könnte. Ein paar blicken zu Yassin, aber Yassin ist konzentriert, er hat bereits seinen Zahnschutz in der Hand. Andere blicken zu Staiger, aber der träumt vor sich hin.

Mir wird plötzlich bewusst, dass ich mich in der Wirklichkeit befinde. Ich war nie beim Militär, aber jetzt stecke ich mitten in einer ganz realen Männerwelt. Vor dieser Saison hatte ich mit maskulinem Hochglanz gerechnet, mit immer währender sportlicher Ernsthaftigkeit und großen Gefühlen. In entscheidenden Momenten wie diesen hatte ich prägnante Worte erwartet. Ich hatte mit einer Filmwelt gerechnet und befinde mich im wirklichen Leben. Sport stinkt. Auch der Coach wahrt die Fassung (Katzurin kennt diese Welt).

»Guys, ich wiederhole nochmal. Das ist ein Männerspiel. Das sind die Playoffs. Es ist Halbfinale. Wir haben es in der Hand. Seid hart, seid konsequent. Beschwert euch nicht. Heult nicht rum. Wenn ihr foult, foult hart. Schickt sie zu Boden. Ich will keine weichen Fouls. Sie machen das genauso. Erwartet keine Blumen von ihnen.«

Coach Katzurin nimmt eine Flasche Wasser in die Hand, schraubt sie auf, stellt sie dann aber wieder zurück auf den Boden. »Dieses Spiel wird in der Verteidigung entschieden. Drei Sachen also. Wir müssen härter sein als sie, wir müssen den Rebound kontrollieren. Und Wood. Ganz einfach. *Ganz einfach*. Guys, bringt euch in die richtige Stimmung. Wir brauchen den Geist. Wir brauchen ein Team.« Coach Katzurin hält den Spielern die Faust hin, Derrick erledigt den Schlachtruf. Dann ist es plötzlich leise in der Kabine. »Sieben Minuten, Jungs«, sagt Konsti. In sieben Minuten darf das Team laut Ablaufplan in die Halle, in sieben Minuten beginnt das Halbfinale um die Deutsche Meisterschaft.

Ich mache ein Foto, das Klicken der Kamera ist lauter als erwartet. »Schalt das Ding ab«, Bryce Taylor lacht und nimmt mir mein Aufnahmegerät aus der Hand. Als er hineinspricht, klingt er wie der Coach. »No more talking«, sagt er. »No. More. Talking.«

»Wir sind hier nicht auf einem Kindergeburtstag«, krakeelt der Hallensprecher in den Popcorngeruch. Wir sind in der letzten Viertelpause, und Frankfurt führt mit 62:56. Das Spiel ist hart, unter den Körben fliegen die Fetzen. Frankfurt spielt mit kleiner Aufstellung, und Wood erzielt nur wenige Punkte, aber er spielt gute Pässe und macht seine Mitspieler besser. Der Verteidiger Bahiense de Mello trifft in der ersten Hälfte bereits vier Dreipunktewürfe.

Minutenlang hat Alba ein Mismatch, wenn der kleine Wood gegen den zehn Zentimeter größeren Bryce Taylor verteidigt, aber wir bringen den Ball viel zu selten zu Bryce. Raduljica müsste seinem Frankfurter Gegenspieler von Größe, Gewicht und Talent um ein Vielfaches überlegen sein (Raduljica verdient in Istanbul zehnmal so viel wie Nolte), aber die kleinen Frankfurter Center tragen Schicht um Schicht seiner Konzentration ab. Moss und Powell ringen, kickboxen und unterlaufen, Muurinen klammert und wickelt sich um Miros Rumpf, Arme und Beine. Er hängt an seinem Hals. Die Schiedsrichter könnten ständig pfeifen, aber bleiben stumm, als wüssten sie nicht, welches der unzähligen Fouls sie bestrafen sollen.

Im dritten Viertel wird den Frankfurtern nur ein einziges Foul gepfiffen. Miro spielt noch einen grandiosen schnurgeraden Pass zu Tadija, die Halle staunt angesichts von so viel Auge und Kraft, aber nur Sekunden später versucht er, einen Ball zu retten, hechtet ins Aus und landet seltsam verdreht auf der Seite. Erst Wochen später wird der Schmerz verschwunden sein. Femerling ist in Berlin und läuft mit Wut im Bauch Professor Mikas Shuttle Runs, also richten sich alle Augen auf Yassin Idbihi.

In der Halbzeit explodiert Coach Katzurin kurz und laut. »Konzentriert euch! Versteht ihr nicht, gegen wen wir hier spielen? Das Wesen von Frankfurt ist Aggression! Um Himmels willen! Konzentriert euch! *Focus! Focus! Focus!* Seid nicht so naiv!« Konsti erledigt die Details. »Yassin, die haben keine Ahnung, wie sie bei *Two Down* den Outside Pick verteidigen sollen. Die sind da nicht organisiert. Achte drauf«, und »De Mello ist ein reiner Schütze, also steht nicht tief!«

Jetzt folgt das entscheidende Viertel, jetzt krakeelt der Hallensprecher, und die Halle gerät in Erregung. Die mitgereisten Berliner brüllen gegen die irgendwie synthetische Geräuschkulisse an, »wir sind hier nicht beim Kindergeburtstag!«, brüllt der Hallensprecher noch einmal, diesmal in ohrenbetäubender Lautstärke.

Ich sitze heute auf den Presseplätzen, links vor mir Baldi, heute leicht blass um die Nase. Jenkins und Miro sind ans Ende der Bank gerutscht, sie werden das Spielfeld heute nicht mehr betreten.

Baldi leidet, die Kulisse dreht auf. Katzurin schickt vier Guards und Yassin aufs Spielfeld. Es sind die Sekunden, in denen das Spiel kippen könnte.

Und das Spiel kippt. McElroy trifft gleich im ersten Angriff einen Dreier, den er sonst nicht nehmen, geschweige denn treffen würde, 59:62, und gleich im nächsten Angriff legt Bryce nach, 62:62, ein 34-Sekunden-One-Two-Punch, der das Spiel ausgleicht.

Die Spannung ändert sich, in der Halle mischt sich ein säuerliches Toben unter den süßlichen Popcorngeruch.

Bei einem Zusammenstoß mit McKinneys Ellenbogen platzt McElroys Lippe. McElroy lässt sich in einer Auszeit von Hi-Un zusammentackern und spielt weiter, er trifft einen Step-Back-Dreier mit einem Mullschwamm voller Blut im Mund.

Yassin ist ein Riese unter Zwergen, an ihm wird gezogen und gezupft, aber er ist heute ganz bei sich. Er lässt sich nicht beeindrucken. Er blockt einen Wurf von Wood so vehement gegen das Brett, dass der Ball zurück an die Mittellinie fliegt. Die fünfzig Gelben drehen durch. Dann trifft er einen schwierigen Hakenwurf, wird dabei gefoult und verwandelt auch den Freiwurf.

Dreißig Sekunden vor Schluss hat Alba einen Punkt Vorsprung und 24 Sekunden, um abzuschließen. Die Uhr tickt, der Ball kommt zu Bryce, er sieht kurz auf und nimmt den Kopf gleich wieder hinunter. Wir alle stehen längst, Frankfurter und Berliner, sogar auf den teuren Plätzen in den ersten Reihen wird gestanden und krakeelt. Wir halten abwechselnd die Luft an und schreien wie von Sinnen, wir beschwören oder beten, wir sehen, wie Bryce und Yassin ein hohes Pick & Roll versuchen, wie dann aber ein Give & Go daraus wird, weil Bryce eine Lücke in der Verteidigung ausgemacht hat, die niemand sonst gesehen hat. Er geht backdoor, bekommt den Ball und geht zwischen De Mello und McKinney hart zum Ring.

Aber er trifft nicht.

Kein Foul, kein Pfiff, die Uhr läuft weiter. Die Frankfurter bekommen den Rebound nicht unter Kontrolle, und irgendwie kriegt Yassin eine Hand an den Ball. Noch sieben Sekunden. Und weil die Jungs plötzlich die Nerven behalten, das Feld instinktiv weit machen und sechs-, siebenmal schneller passen, als die Frankfurter rennen können, läuft die Zeit just in dem Augenblick ab, als Yassin den Ball zur Hallendecke streckt wie Lothar Matthäus den WM-Pokal 1990. Das Spiel ist aus. Yassin donnert den Ball aufs Parkett, Tadija springt auf seinen Rücken. Yassin geht mit erhobenen Armen zurück zur Bank und verschwindet im Jubel der Jungs. 80:81.

Eins zu null.

»Ich habe Yassin unterschätzt«, sagt Konsti im Bus zurück nach Bad Homburg. »Der ist ein richtiger Baller. Der will einfach zeigen, dass er spielen kann.« Im Bus wird nicht gesungen und gefeiert, aber zum allerersten Mal seit Wochen, vielleicht seit Monaten, habe ich das

Gefühl, dass in dieser Saison mit dieser Mannschaft noch etwas gehen könnte. Vielleicht, sagen die erledigten Gesichter im roten Nachtlicht des Reisebusses, vielleicht, vielleicht. Ein eigentümliches Gleiten durch die Nacht, leise hört man die Musik aus den Kopfhörern. »Nach solchen Spielen brauche ich kein Video«, sagt Bobby, »ich habe jede Aktion im Kopf.« Der kleine Mann hat die Krawatte gelockert, er notiert und überlegt und massiert sich die Schläfen. Als er Coach Katzurin seine Notizen und Meinungen hinüberreicht, seufzt er.

»Coach, ich bin zu alt für diesen Mist. Ich brauche drei Millionen Dollar, und dann gehe ich zu Fidel nach Kuba.«

Der Coach nimmt die Papiere und grinst. »Drei Millionen, Bobby?«, sagt er, »bleib lieber bei uns. Fidel nimmt dein Geld und hängt dich auf. Bei uns gibt es Pommes zur Belohnung.«

Euphorie liegt in der Hotelbar im Erdgeschoss des Maritim-Hotels Bad Homburg. »Da ist Luft nach oben«, sagt Mithat. Dem Manager kommt heute ausnahmsweise die Doppeldeutigkeit abhanden, er hat echte Freude im Gesicht. Baldi und Mithat wirken befreit. Der Barkeeper Dominik macht das Geschäft seines Lebens. Am Tresen lehnen fünfzig Endokrinologen aus aller Welt, die tagsüber Vorträge zu Diabetesprodukten gehört haben (Lilly Pharma). Jetzt trinken sie bunte Cocktails und werfen mit gesalzenen Nüssen. Die Laune ist bestens, Dominik hat das Spiel auf den Bildschirmen über der Bar laufen lassen, wir werden mit Schulterklopfen begrüßt. »Geiles Spiel, Alter!«, sagt ein Internist aus Bamberg, als er mir auf den Rücken haut (ausgerechnet Bamberg).

Die Endokrinologen spendieren uns Getränke. »Erstens haben wir ohne Jenkins gespielt«, sagt Demirel.

»Und zweitens haben die Schiedsrichter heute gar nichts gepfiffen, und trotzdem hat niemand rumgeheult und sich beschwert. Und Bryce hat bestimmt seit der High School nicht mehr so oft geworfen und so oft nicht getroffen. Trotzdem gut. Er hat Löcher gerissen.« Zum ersten Mal, seit ich mit der Mannschaft unterwegs bin, vergleicht Mithat Katzurins Team mit Luka Pavićevićs Mannschaft.

»Und Yassin«, sagt er, und seine Stimme klingt fast ein wenig stolz dabei, »Yassin hätte vor einem halben Jahr niemals so smart gespielt. Dieser Block!«

Mithat und Baldi heben ihre Gläser und fachsimpeln mit Dominik über Rumsorten. Wir lachen mit den Endokrinologen. Gegen Mitternacht setzt sich Mithat Baldis Lesebrille auf die Nase und sieht aus wie Professor Mika. Dominik spielt Raritäten, die Endokrinologen verabschieden sich singend, mitten in der Nacht steht Mac an der Bar und holt Eis für seine geplatzte Lippe. Wodka für alle, Vorsicht über Bord! Wir sagen zu, dass wir nächste Woche den Einzug ins Finale bei Dominik feiern werden. »Yassin«, sagt Marco Baldi und hebt sein Glas, »Yassin ist der Marvin Gaye des deutschen Basketballs.«

»Raduljica ist Ivan Rebroff«, sagt der Barkeeper. Ich bemerke meine eigene Erleichterung über die Führung. Ich nehme mir vor, heute Abend zehn Zahnputzbecher Wasser gegen das böse Erwachen zu trinken.

DANN IST DOOMSDAY. Die Apokalypse beginnt laut Prediger Harold Camping am 21. Mai 2011 um 18 Uhr. Camping hat vorausgesagt, dass zunächst der rechtschaffene Teil der Weltbevölkerung in den Himmel auffahren würde, dann kämen Feuer, Schwefel und Plagen. Seit fast zwei Wochen rasiert sich die Mannschaft nicht mehr. Wir spielen das zweite Spiel gegen Frankfurt an einem Samstagnachmittag, der Weltuntergang wird uns in der zweiten Halbzeit treffen. Jenkins ist wieder dabei. Es hat ihm zu schaffen gemacht, dass Coach Katzurin ihn nicht eingesetzt hat, obwohl er vor dem Spiel erklärt hat, er könne spielen. Er sei fit. DNP stand auf dem Statistikbogen, *Did Not Play – Coaches Decision,* und auf der Pressekonferenz hatte Katzurin beharrlich von Julius' Rückenproblemen geschwiegen. Verletzungen werden im Profibasketball selten in ihrer ganzen Tragweite öffentlich gemacht. Teilweise, um die Spieler und ihre Karrieren zu schützen, und teils, um den Gegner über den Zustand des Teams im Ungewissen zu lassen. Jenkins lässt sich oft von kleineren Verletzungen am Training hindern, zu den Spielen ist er oft wieder fit. »Es gibt zwei Arten von Spielern«, hat Katzurin gesagt, als wir zum Bus gingen. »Die einen wollen, und die anderen wollen gewollt werden.«

Der Zustand der Mannschaft ist gut. Heute soll die Welt untergehen, aber Jenkins hat gut trainiert. Schultze hat gut trainiert, aber er wirkt nachdenklicher. Unter dem neuen Coach hat er nach und nach immer weniger gespielt, und obwohl er ein Vorzeigeprofi und eine Motivationsmaschine ist, setzt ihm die Bankdrückerei zu. Er will helfen. Er fragt sich, was er hätte besser machen können und warum er nicht länger spielt. »Ich will irgendwas machen«, sagt er, »irgendwas. Wenn es sein muss, bin ich halt der Buhmann, der jemanden umhaut.« Femerling hat seinen Ärger geschluckt, er hat Professor Mikas Laufprogramm absolviert und beim Mannschaftstraining ebenfalls gut gearbeitet. McElroy trainiert gut, aber er sehnt den Sommer herbei, »I want to go home so bad«, hat er in einem schwachen Moment zu Julius gesagt, »soooo bad.«

Nur Miro Raduljica ist durch die letzten Tage geschlichen. Er bekommt Spritzen gegen die Rückenschmerzen. Das Kreuzbein des Riesen hat sich verschoben und sitzt schief in der Verankerung. Miros unterer Rücken ist bretthart. Die Physios versuchen, die Blockade zu lösen, aber die Schmerzen bleiben. »Die Zwerge können gerade mal 'ne Katze einrenken«, sagt Femerling. »Bei einem Elefanten wird's schwierig.«

Der Held des letzten Spiels ist schnell ausgemacht. Drei Zeitungen bringen McElroy-Porträts. Die *Bildzeitung* wiederholt die Klischees, die von schwarzen Profisportlern existieren. Schwere Kindheit. Gott gibt Halt. Will nur Basketball spielen. Er wird richtig als großer Schweiger porträtiert. Ich habe mittlerweile fünf Versuche unternommen, mit ihm zu sprechen, jeder einzelne ist gescheitert.

Der letzte misslingt am Mittag in der Lobby des Andel's. McElroy ist ein schwieriger Fall. Es gibt Gerüchte, niemand weiß Genaues, niemand will etwas gesagt haben. Gerede gibt es über viele Sportler, vor allem über amerikanische Basketballer. Man schreibt von schwerer Kindheit, Sport und Gott (manchmal hat man damit recht). Man schweigt von Einsamkeit, von Frauen und von Alkohol (der einzigen legalen Droge für Sportler), von Exzess, Religion, von fehlenden Perspektiven, von brennenden Küchen, Anwaltskosten, Familiendramen, Rassismen, Vorurteilen, Verhaftungen. Man schweigt von der Einsamkeit des Basketballprofis in völlig fremder Umgebung, über die Familie in Amerika und den kinderlosen Vater in Berlin-Mitte. Niemand erzählt vom Heimweh des Söldners.

Ich will keine Gerüchte nacherzählen, nehme ich mir vor, ich will McElroy direkt fragen. Die Gelegenheit ist günstig. Wer allseits gelobt wird, will vielleicht erzählen. Gestern haben Bobby und Mac noch Witze gemacht (zwei Cowboys scherzen über ihre Einsamkeit): »Na, Mac, heute Abend wieder mit Johnnie und Jack und Jim um die Häuser?«

»Mit wem?« Mac grinste, weil er wusste, was kam.

»Johnnie Walker«, sagte Bobby, und beide lachten. »Jack Daniels, Jim Beam.«

In der Lobby frage ich Mac vorsichtig nach diesem und jenem, doch die Antworten sind einsilbig und erwartbar. Ich frage das Offensichtliche: seine Tätowierungen und ihre Bedeutungen. Langsam fängt er an zu erzählen. Er lebt mit seiner ältesten Tochter in den Spielerappartements von Alba Berlin neben der Charité in Berlin-Mitte, seine Frau ist mit dem Rest der Familie zu Hause in Texas. Mac ist ein massiver Mann. Der tätowierte Name seiner Frau legt sich wie eine Kette um seinen Hals, auf seinen Armen die Namen seiner vier Kinder, das vierte ist gerade erst diesen Winter geboren worden, aber Mac ist der beste Verteidiger der Liga und hat nur ein einziges Training verpasst.

Auf seinem rechten Arm steht Matthäus 1, Vers 23, zitiert nach der King James Bible. Mac erzählt von seinem immergleichen Gebet vor dem Spiel, von seinem Interesse für Autos, von seinen Kindern. Wir sprechen über deutsche Städte, Köln und Berlin. Wir sprechen über Galveston, Texas, und Gary, Indiana. Vorsichtig erklärt er, wie sich ein Meistertitel anfühlt (er hat zwei Titel gewonnen). Eine Meisterfeier. Und gerade, als ich direkter fragen will, setzt sich Julius Jenkins in die Sitzgruppe nebenan, er kann unser Gespräch mithören. Mac lacht, seine Antworten werden kürzer und kürzer. Ich finde nichts weiter heraus, ich versuche es noch zwei-, dreimal, dann gebe ich auf. Wir müssen zum Spiel. »Matthäus 1, Vers 23«, sagt Mac zum Abschied, *Siehe, eine Jungfrau wird schwanger sein und einen Sohn gebären, und sie werden ihm den Namen Immanuel geben, das heißt in Übersetzung: Gott mit uns.*

Alba startet stark, 8:0. Von Anfang an ist Gift im Spiel. Die Frankfurter Nolte und Moss stellen sich gegen Yassin und Miro, aber Moss verletzt sich und muss auf die Bank. Kurz darauf kassiert Nolte sein zweites Foul. Beim 24:18 gibt es die ersten »Yassin, Yassin«-Sprechchöre.

Aber Frankfurt ackert, Coach Herbert hat ihnen begreiflich gemacht, dass sie ackern *müssen,* um gegen das Talent und Potenzial dieser wankelmütigen und manchmal doppelgesichtigen Alba-Mannschaft bestehen zu können. In diesem Jahr muss sich Alba in jedem Spiel neu erfinden. Die Frankfurter wissen, wer sie sind. Sie testen die Grenzen der schiedsrichterlichen Toleranz, Muurinen klammert, Nolte schiebt und floppt und ringt (*Nolte: trotzdem sympathisch,* notiere ich, *die Geschichte vom Underdog*). »Die fangen an zu hacken«, sagt Baldi am Spielfeldrand, »und wir kommen damit nicht klar.« Pausenstand 46:38. In der Kabine warnt Coach Katzurin: »Sie geben nicht auf. Sie werden nicht aufgeben. Erwartet gar nicht erst, dass sie aufgeben!«

Die Apokalypse startet leicht verspätet. Es ist Viertel vor sieben, als der Weltuntergang beginnt. Die Frankfurter geraten in Foul Trouble. Beim 63:50 hat der Berliner Fan-block ein erstes Lächeln auf den Lippen, beim 67:56 nur noch Spott übrig für den überschätzt erscheinenden Ver-lierer DaShaun Wood.»*M-V-P, M-V-P!*«, brüllt Block 212 hinter Baldi und mir, weil der beste Spieler der Liga im dritten Viertel zurückliegt, und alles auf die uneinholbare Führung Albas hinausläuft, aber gebrüllter Spott hat Ne-benwirkungen. »Die gehen nicht weg«, sagt Baldi und fährt sich mit den Händen durchs Gesicht. »Die gehen nicht weg.«

Wood spielt das ganze Spiel unauffällig, aber hart und so-lide. Wie im Hinspiel scheint ihn McElroy unter Kon-trolle zu haben, manchmal übernimmt Jenkins. Die Apokalypse beginnt, als Wood und Jenkins aneinander-geraten. Es sieht fast nach einem Kopfstoß aus, von Jen-kins oder Wood, das sollen später die Zeitlupen klären. Woods Stirnband rutscht ihm ins Gesicht, beide wech-seln bitterböse Worte, Wood wird zurückgehalten und von den Schiedsrichtern mit einem unsportlichen Foul bedacht. Leise schlägt die Stimmung um. Chris Moss ran-gelt und ringt, er foult Yassin hart, er foult Raduljica här-ter. Wood foult Rochestie an der Grenze zum Eishockey-Play. »Schlechte Verlierer«, sagt ein Fotograf neben mir und macht Bilder der Entrüstung. Wir sind uns der Füh-rung immer noch sicher.

Frankfurt geht nicht weg. Woods Körper und sein Ge-baren spannen sich, er scheint einen Gang hochzuschal-ten, er ist jetzt alert und wach, seine Antritte und Tem-powechsel kommen völlig unerwartet und zielstrebig. Er scheint in jeder Sekunde des Spiels alle Möglichkeiten im Blick zu haben, er tritt schneller an, er passt und wirft schneller, er scheint schneller zu *denken*. Jenkins und

McElroy haben Schwierigkeiten, ihn zu halten, Wood ist überall. Er passt nach Belieben oder punktet selbst.

Berlin sieht den Frankfurtern nur noch zu. Wood hat sie hypnotisiert. Die Bankspieler starren. Auch der Fanblock starrt und vergisst, dass Starren nicht weiterhilft. Die Mannschaft erzielt achteinhalb Minuten lang keinen einzigen Punkt, die Führung schmilzt und verschwindet schließlich ganz. Auszeiten helfen nicht. Frankfurt geht in Führung und gibt sie nicht mehr ab. Alba verliert 72:80. Das letzte Viertel fühlt sich an wie die Niederlage im Bamberger Winter, aber das ist vier Monate her, und wir hatten gedacht, jetzt eine andere Mannschaft zu sein.

Die Halle ist fassungslos. Frankfurt hat im letzten Viertel einen 4:25-Lauf hingelegt (Doomsday am Nachmittag). DaShaun Wood hat in der zweiten Hälfte 23 Punkte und 9 Assists erzielt. In der Kabine pfeffert Lucca Staiger das Trikot und die Hose in die Kabinenmitte. Heiko Schaffartzik und Sven Schultze ebenso. Er flucht vor sich hin, er richtet seine Enttäuschung gegen sich selbst, »ein Cheerleader« sei er, »meine Fresse!« Sven weiß, dass er helfen könnte, aber Coach Katzurin hat Schultze, Schaffartzik und Staiger heute keine zehn Minuten aufs Feld gelassen. Zusammengerechnet. »Wir kontrollieren das Spiel«, flucht Femerling, der keine Sekunde Spielzeit hatte. »They can't do shit!« Er feuert seine Schuhe vor sich auf den Boden. »Und dann werden wir nervös wie kleine Kinder. Fuck!«

Auch in der Niederlage hat jeder von ihnen seine Rituale. Die Spieler sehen zu Boden und versuchen sich zu beruhigen. Ich bin erstaunt, wie schnell ihre Aufregung einer geschäftigen Beherrschung weicht. Sie haben auf dem Spielfeld gestanden und das Spiel aus den Händen gleiten lassen, jetzt wollen sie das Gefühl der Machtlosigkeit loswerden. Manche greifen zum Telefon und tippen, andere kümmern sich um ihre Körper, sie lassen sich dehnen und massieren. Der Doc verteilt zur Regeneration kleine Vitamin-B12-Fläschchen.

Coach Katzurin betritt die Kabine, und diesmal verzichtet er auf Tadel und Rügen. »Guys«, sagt er, »wir hatten unsere Chance, wir haben sie nicht genutzt, dieses Spiel ist Geschichte. Jetzt bereiten wir uns auf das nächste vor. So einfach. Morgen ist frei, wir sehen uns Montag um zehn.« Die Coaches verlassen die Kabine, die Spieler verschwinden unter der Dusche.

»It ain't game over.«

»No need to panic, man.«

»Јебем ти мајку, Иди у пичку лепу материну!«

»Wood's killing us, man.«

»That's playoffs«, sagt Jenkins mit dem Handtuch um die Hüften, er ist als Erster fertig und wieder unterwegs. »Clear your head, let's go!«

Vor der Halle steht Henning Harnisch neben mir, hager vor Enttäuschung. »Man müsste das körperliche Gefühl nach so einem Spiel beschreiben können«, sagt er, und auf dem Weg nach Hause verstehe ich, was er meint. Wir haben nicht auf dem Spielfeld gestanden und verloren, wir haben nur zugesehen. Ich erinnere mich an die Rückfahrten nach Auswärtsspielen. Als Spieler duscht man und konzentriert sich auf das nächste Spiel. Für Zuschauer dauern Niederlagen länger und verschwinden langsamer. Man kann nichts mehr ändern. Wir steigen in ein Taxi Richtung Prenzlauer Berg und sprechen über das letzte

Viertel und die Elf-Punkte-Führung und dieses Gefühl. Wir finden keine passende Beschreibung.

»Welche Sportart?«, fragt der Taxifahrer.

»Verloren«, sagt Henning.

Wir steigen Prenzlauer Allee Ecke Jablonski aus und verabschieden uns. Henning gibt immer High Fives (Henning ist auf gute Weise von früher). Ich gehe den Rest des Weges zu Fuß. *Etwas umbiegen wollen, das unbiegsam ist,* notiere ich auf die Taxiquittung, *etwas Kaltes zwischen Kopf und Magen.* Als ich die Senefelderstraße entlanglaufe, fällt mir auf, dass die Stadt noch steht. Das Land. Die Welt dreht sich noch, die rechtschaffenen Leute sind immer noch da. Camping hat sich geirrt.

BAD HOMBURG. WIEDER MORGENLAUF MIT KONSTI. 25. Mai 2011, sieben Uhr. Wir erreichen den jüdischen Friedhof oberhalb von Bad Homburg, Obstwiesen und Mückenschwärme, Pollen und eine andere Zeit. Eine Kuh beobachtet uns. Wir sind durch den Kurpark gerannt, vorbei an Kurmuschel und Kunst im öffentlichen Raum, durch ein Villenviertel, hinauf durch den Hardtwald. »Die Führung im letzten Spiel war fake«, keucht Konsti. »Und am Ende wurde uns gezeigt, wie schlecht wir wirklich waren.« Wir treten aus dem Wald hinaus in einen perfekten Sommermorgen. »Ständig fragen die Leute, warum man diesen Job macht, bei dem man die ganze Zeit von anderen abhängig ist. Und welche Trottel man die ganze Zeit durchschleppt.« Wir dehnen uns und laufen dann weiter. »Nicht Trottel, nein«, korrigiert sich Konsti. »Schwierige Psychen. Mit Verlaub.«

Während wir durch den Bad Homburger Mischwald rennen, fasst Konsti die Tage seit dem letzten Spiel zusammen, er sucht und findet harte und dennoch irgendwie herzliche Worte. Bei Tadijas Leistung müsse man sich tatsächlich fragen, ob er nicht das falsche Trikot getragen habe (»Tatjana«, sagen die Coaches, wenn niemand zuhört). Und Miro sei zwar der talentierteste Center der Liga, aber ginge nicht gut mit der anstrengenden Frankfurter Gegenwehr um, Miro gegen Nolte, 300.000 gegen 30.000 Euro. »Wir brauchen Härte statt Tränen«, keucht der Assistent, und in seinem Keuchen pfeift Ironie mit. Konsti kennt die Rhetorik des Leistungssports und scheint immer wieder froh, wenn er darüber scherzen kann. Wir werden schneller. Staiger könne nach Amerika zwar bestimmt Bibelverse und Burgerrezepte auswendig, sagt der Coach, Helpside Defense könne er noch nicht. »Frankfurt ist wahrscheinlich die einzige Mannschaft der Liga, gegen die Lucca Staiger richtig verteidigen kann.« Wir wenden und laufen zurück Richtung Stadt, es geht bergab. Ein Pferd kommt uns entgegen, im Sattel eine Reiterin im langen weißen Gewand. Die Sonne bricht durchs Blätterdach. Es ist uns fast peinlich, wie unverhofft kitschig die Szene ist. Und wie außergewöhnlich, denn während der Playoffs passieren nur sehr selten Überraschungen jenseits der festgelegten Tagesabläufe.

Katzurin hat Abhärtungsmaßnahmen angeordnet. Im Training sagen sonst immer die Spieler selbst die Fouls an, sie sind dabei fair und wollen sich nicht streiten. Aber seit dem letzten Spiel pfeift Coach Katzurin, und er pfeift absichtlich schlecht. »Kommt schon, Jungs, ich pfeife und nicht ihr. Kein Wunder, dass ihr beim Spiel immer rumheult, wenn ihr keine Pfiffe bekommt. Seid mal hart und kämpft!« Bryce Taylor kühlt sich nach dem Training die Knie und seine geprellte Wurfhand. Rochestie hat nach der bewegten Oldenburg-Serie wieder etwas Stabilität gefunden. Sven Schultze arbeitet gewohnt konzentriert und genau, aber man sieht ihm an, dass er unzufrieden ist. Teil seiner Professionalität ist die Akzeptanz, aber immer wieder und nahezu unbemerkt bricht sein Unmut durch. Coach Katzurin weiß das. »Wenn ich ein Team zusammenstellen müsste«, sagt er, »dann würde ich zwölf Mal Sven nehmen.« Er schätzt ihn für seine Geduld, aber auf der Autofahrt nach Hause sagt Sven fast nichts. Ich habe das Gefühl, dass diese Geduld nicht mehr lange halten wird.

In den Playoffs verdichtet sich das Spiel. Die Zeit ist knapp und wird immer knapper. Die Zustände wechseln schnell, aus Freude wird Enttäuschung, aus Monotonie wird Euphorie. Es gibt keine Pausen. Jeder Tag trägt die Farbe des letzten Spiels. Wir gewinnen in Frankfurt. Wir sind euphorisch. Wir verlieren in Berlin. Wir leiden körperlich. Und schon sitzen wir wieder im Frühstückssaal des Kurhaushotels in Bad Homburg. Man bricht ständig auf, ständig kehrt man zurück. Der Kaffee schmeckt zu Hause am besten. Die Hotels wiederholen sich. Zimmernummern. 210. 212. 611. 3512. 742. Busse, Busse, immer wieder Busse. Die Kapitel werden kürzer. Irgendjemand erledigt die Wäsche.

Wenn es gut läuft, dauern die Playoffs sieben Wochen. Anderthalb Monate, in denen die Mannschaft ständig beieinander ist. Wer sich jetzt nicht konzentriert, scheidet aus. Die Intensität steigt. Wer nicht intensiv spielt, scheidet aus. Man ist im Augenblick, man *muss* im Augenblick sein, denn das nächste Spiel zählt. Nichts davor und nichts danach. Die Zeit dazwischen vergeht schneller. Der Rest der Saison ist Vergangenheit, sie ist nur eine Vorbereitung auf die Playoffs gewesen. Buffets. Fußgängerzonen. Kabinen. Gesichter. Gespräche. Die Namen der Gegner. Ihre Spielzüge. Die Aussicht aus den Fenstern beim Aufwachen (eine Sechzigerjahre-Hotelfront).

Die gleiche Aussicht auf die Umrisse Frankfurts, als wir in einem Linienbus über die Autobahn zur Halle fahren. Die Coaches gehen noch einmal die Ideen für das Spiel durch: immer frische Beine gegen Wood, also eine größere Rotation und Varianten in der Verteidigung. Katzurin will Wood nach und nach aufreiben und dafür sorgen, dass er im vierten Viertel nicht mehr genug Kraft hat, um das Spiel zu übernehmen. Sven soll als Banger kommen, er soll seinen Körper gegen die Frankfurter werfen und eine Härte ins Spiel bringen, die Frankfurt von Berlin nicht erwartet. Sven soll einschreiten.

Unterwegs telefoniert Baldi mit Miro Raduljicas Berater Ademola Okulaja, der Berliner Basketballlegende. Okulaja ist gleichzeitig der Kommentator für den Fernsehsender Sport 1. Er will wissen, warum sein Schützling ausgewechselt wird. Baldi spricht leise. »Es geht hier nicht mehr ums Reden«, sagt er und klingt dabei, als ringe er um Contenance, er wird langsam deutlicher und lauter, als wir die Raststätte Taunusblick passieren, schreit er fast. »Es geht ums Spiel … es geht hier nicht um Schönheit, es geht um die Playoffs … Wir spielen um unseren Arsch … Wir können nicht rumheulen, wir müssen uns durchsetzen … Wir müssen nicht darüber diskutieren, dass er der beste Center ist, der jemals bei Alba … Wir müssen nicht diskutieren und philosophieren, wir müssen uns durchsetzen ... das Beste für ihn? ... Wir spielen um unsere Zukunft, nicht nur um seine ... Wenn du ihm da helfen kannst ... Das Beste für ihn ist, sich durchzusetzen ...« Baldi wird wieder leise und legt dann auf.

»Die Rolle des Managers ist es«, sagt Baldi, als ich ihn später auf das Telefonat anspreche, »dass Autoritäten und Hierarchien gewahrt bleiben. Ich rede nicht mit den Spielern über ihre Probleme. Das machen der Coach und der Teammanager. Sonst brechen die Dämme. Und wenn das nicht Adi gewesen wäre, sondern irgendein Agent, dann hätte ich ihn gefressen.« Baldi lächelt. Die Haut wird dünner, die Nerven liegen blank.

Am Eingang der Halle stehen heute doppelt so viele Fans wie letzte Woche. Die Identifikation, von der Marco Baldi in Sevilla gesprochen hat, scheint zu wachsen. Die Jungs vom Block 212 haben ihr Megafon mitgebracht. Die Geschäftsstelle ist angereist und sitzt hinter der Spielerbank. Im Kabinengang zerreißt der Doc eine Klatschpappe mit dem Logo der Frankfurter darauf. Er ist sich der Symbolik nicht bewusst, er braucht einen Trichter für die Elektrolytgetränke. Der Frankfurter Power Forward Roger Powell sieht die zerrissene Pappe und guckt grimmig unter der Schutzmaske für sein gebrochenes Nasenbein hervor. »I don't like that shit«, murmelt er.

Femerling ist wieder dabei, es ist seine erste Auswärtsfahrt seit Monaten, man sieht ihm seinen Willen an. Vor wichtigen Spielen bekommt sein Gesicht eine fast wächserne Blässe, er bändigt seine Haare mit Gel, und der Schweiß steht ihm auf der Stirn. Beim Morgentraining hat er versucht, die Stimmung aufzulockern, er stakste und scherzte beim Aufwärmen. Er ist der Kapitän dieser Mannschaft, seine Achillessehne ist wieder intakt, und jetzt will er zurück auf die Brücke. Aber dann ermahnte ihn der Coach, als wäre Femerling eine Nachwuchskraft. »Patrick, mir wäre es lieber, wenn du normal laufen würdest. Und benimm dich nicht wie ein Clown.« Femerling hielt an, sichtbar in seinem Stolz verletzt, als Basketballer, als Kapitän, wohl auch als Rekordnationalspieler, vielleicht sogar als Mann und Familienvater. »Ich bin kein Clown«, sagte er ehrlich entrüstet. Coach Katzurin ruderte sofort taktisch klug zurück. »Du bist kein Clown, aber du benimmst dich wie einer«, sagte er wie ein Lehrer, der das Grundvertrauen seines Schülers nicht erschüttern will (nicht du selbst bist schlecht, sondern das, was du getan hast). Femerling lief weiter. Er wirkte umso konzentrierter.

Immanuel McElroy hat das Interesse der Presse an ihm mit Schweigen vertrieben. Auch ohne geschwollene Lippe würde er nicht sprechen wollen. Er ist froh, dass es weitergeht.

Yassin Idbihi ist das Gegenteil von McElroy. In den bisherigen Spielen der Serie war Yassin die große Konstante. Er hat sich in den vergangenen Monaten stetig verbessert und sogar seine eigenen Trainer überrascht. Er hat Geduld bewiesen und Kampfgeist. Das Bild vom Spielende in Frankfurt ist in allen Köpfen: Yassin mit erhobenen Armen und dem Ball in Siegerpose. Die Journalisten hören genau zu, wenn er spricht, weil seine Worte gute Geschichten bilden. Yassin lacht und gibt Auskunft. Es ist die beste Phase seiner Karriere, er beweist sich auf der großen Bühne.

Seine Gelassenheit war mir schon in den ersten Trainingseinheiten aufgefallen. Yassin hatte einen Dreijahres-vertrag in Berlin unterschrieben. Seine Familie hat sich in Berlin eingelebt, er mag die Stadt und war erstaunt, dass ihm sein Wunsch nach Kontinuität anfangs als Trägheit ausgelegt wurde.

In aller Gelassenheit hat er sich vor ein paar Tagen ent-schieden, dem Bundestrainer für den Sommer und die Europameisterschaft in Litauen abzusagen, weil seine Frau Kim das zweite Kind erwartet.

»Sie sind der beste deutsche Spieler auf Ihrer Position«, sagt ein Journalist, »wird sich Bauermann nicht in den Arsch beißen, dass Sie in Litauen nicht dabei sind?« Yas-sin lächelt, aber er ist ein Diplomat vor dem Diktiergerät. Der Journalist spielt mit seiner Frage auf Yassins zwei-malige Streichung aus dem Kader der deutschen Natio-nalmannschaft an und würde gerne über einen Konflikt und über Rache berichten. Yassin beherrscht die Kunst, interessante und zugleich unmissverständliche Antwor-ten zu geben. Er lässt keinen Raum für Komplikationen, und wahrscheinlich hätte wohl jeder Journalist morali-sche Bedenken, schlecht über Yassin zu schreiben. Er ist entwaffnend ehrlich und albert herum, wenn er herumal-bern will, aber niemals ist er unfreiwillig komisch. Heute, kurz vor dem Spiel, macht Yassin Yoga, er steht an der Grundlinie vor dem Frankfurter Fanclub »Skybembels« und biegt sich wie eine Tanne im Wind.

Ich bin zurück auf den Frankfurter Presseplätzen. »Mein Gefühl sagt mir, dass sie heute keine Chance haben«, erklärt Henning Harnisch, »aber vielleicht ist das auch nur mein schlechtes Verhältnis zu dieser Halle.« Vor mir putscht sich ein Fotograf mit klatschenden Schlägen ins eigene Gesicht selbst auf. »Komm schon! Komm schon!«, sagt er und schultert seine Objektive. Baldi verharrt regungslos in der ersten Reihe, das Gesicht in den Händen verborgen, und sieht erst auf, als die Lichter wieder angehen.

Das Spiel beginnt zögerlich. Beide Mannschaften treffen nicht, aber Coach Katzurin rotiert, und seine Taktik geht langsam auf. Er stellt Rochestie, McElroy und schließlich Schaffartzik in Woods Weg. Schon im ersten Viertel verteidigt Alba zweimal die 24-Sekunden-Uhr herunter. Schaffartzik erstickt Wood mit enger Verteidigung, und der gelbe Block schreit. Yassin spielt wieder auf seinem höchsten Niveau, der maskierte Powell trifft keinen Wurf. Lucca Staiger kommt unerwartet früh und verteidigt sehr gut. Bryce mit seiner geschundenen Wurfhand trifft nicht, aber er holt neun Rebounds und springt dabei so hoch, dass sogar die Frankfurter oohen und aahen. Und als Alba in fremder Halle mit 18:43 vorne liegt, schreibe ich *nicht zu früh freuen* in mein Notizbuch, zu mehr reicht es nicht. Ich klappe das Buch zu und haue gleich darauf jubelnd auf den Pressetisch. Ich werde vom Frankfurter Kollegen neben mir ermahnt. »Wir sind hier Journalisten, keine Claqueure.« Meine eigene Neutralität ist endgültig verschwunden.

Heute ist Frankfurt ohne jede Chance, aber die Erinnerung an das letzte Spiel verschwindet nicht so einfach aus den Köpfen. Immer, wenn der Vorsprung zu schrumpfen droht, greift Coach Katzurin ein und nimmt eine Auszeit. Man hat ständig das Gefühl, dass Frankfurt aufwachen und genauso unfassbar zurückkommen könnte wie im letzten Spiel. In den Gesichtern sieht man das Vier-zu-Fünfundzwanzig von vor drei Tagen noch: Alle befürchten das Unglaubliche.

»Wir leben noch!«, schreit der Hallensprecher im vierten Viertel. *Nicht zu früh freuen*, schreibe ich, mein magisches Denken ist zurück, das ich noch von früher kenne: Wenn ich *nicht zu früh freuen* schreibe, banne ich die vorzeitige Freude und trage keine Schuld am Umschlagen der Dinge ins Negative. Aber nichts schlägt um, beim 31:58 sieben Minuten vor Ende hat Alba gewonnen, der Rest ist Verwaltung (Pavićević hätte in Minute 33 seine Anzugjacke wieder angezogen). Auswärtssieg, 52:68.

Wir lernen aus der letzten Woche. Als die Mannschaft im Bus sitzt und die Fans die Spieler noch einmal sehen wollen, verbieten Demirel und Baldi den Tanz und den Jubel und ordnen die sofortige Abfahrt an. Zurück im Hotel in Bad Homburg gibt die Rezeptionistin Yassin seinen Zimmerschlüssel. »Ich hab's im Fernsehen gesehen«, sagt sie. »Geiles Spiel, geiles Spiel!« In Dominiks Bar sitzen heute keine Endokrinologen, und Dominik steht allein am Tresen. Wir winken aus sicherer Entfernung. Wieder gibt es Steak und Pommes zur Belohnung, dazu sechs verschiedene Fleischsalate. Die Schlagzeilen der deutschen Zeitungen werden von Ehec bestimmt, der Seuche der Stunde. Niemand feiert. »Abfahrt morgen 9.30 Uhr«, sagt Coach Katzurin. Die Spieler verschwinden in ihren Zimmern. Die Manager ziehen sich zurück.

Am nächsten Morgen steht Konsti um halb sieben in seinem Hotelzimmer zwischen halb gepackten Taschen und seinem Analysematerial und gibt den viel zu früh viel zu wachen Morgenmenschen von Kiss FM ein Interview. Konsti hat die Nacht durchgearbeitet, er will nichts Falsches sagen und kann nichts Großes versprechen.

»Wir freuen uns, aber es gibt keinen Grund für hemmungslose Euphorie«, sagt er und klappt seinen Rechner zu. In den Playoffs packt man ständig ein oder aus, man begrüßt die Orte, man verabschiedet sich von ihnen. Nie weiß man, was die nächsten Tage bringen. Also ein letzter Lauf durch den Märchenwald über der Rhein-Main-Ebene, durch Obstwiesen und Lichtflecken. Insgeheim rechnen wir nicht damit, noch einmal nach Frankfurt zu müssen. Aber das sagen wir nur den Kühen über der Stadt.

BERLIN, 29. MAI 2011. Zurück in Berlin hat es einen halben freien Tag gegeben, dann Video, Training, Spannung halten. Irgendwie versuchen, den Takt und die Intensität aus Frankfurt nach Berlin zu retten. Die Frankfurt-Serie ist ein schnelles Hin und Her, ein Austeilen und Einstecken *(One for You, One for Me)*. Bei einem Sieg hätte man ein paar Tage Zeit und könnte sich auf die Final-Serie vorbereiten. Niemand spricht darüber, aber aus der Entfernung beobachten alle die Bamberger, die in der zweiten Playoffrunde unerwartete Probleme mit den Artland Dragons haben. Alle wissen, dass die deutsche Meisterschaft über Bamberg laufen wird, aber keiner verliert ein Wort darüber. Die prophylaktischen Hotelbuchungen werden diesmal klammheimlich erledigt. Der Bus ist bestellt, der dicke Micha weiß Bescheid.

Und plötzlich fehlt Staiger. Zur Videoanalyse ist sein Platz leer. Niemand hat etwas gehört, er hat sich nicht abgemeldet. Die Jungs rufen ihn an, aber er geht nicht ans Telefon. Sie hinterlassen Nachrichten, aber Staiger ruft nicht zurück. Sorgen und Spekulationen wechseln sich ab. »Ich kannte mal einen im College«, sagt Femerling. »Der lag ein paar Stunden in der Dusche, bis er gefunden wurde.«

»Schlechtes Sushi.«

»Staiger hat Ehec. Der hatte eine spanische Gurke zum Abendessen.«

»Der hat kein Ehec, der hat gesoffen.«

»Lucca *ist* eine spanische Gurke.«

»Seine Jungs aus der Urspringschule sind da.«

»Ein gutes Spiel gemacht, die Freunde in der Stadt: Da muss man feiern.«

»Ganz im Ernst. Heult das ganze Jahr rum, dass er Spielzeit will. Und dann macht er sowas. 22 Jahre alt, spielt bei Alba Berlin, und dann macht er so was. Weißt du, was ich dafür gegeben hätte mit 22?«

Coach Katzurin bemerkt Staigers Fehlen, schüttelt den Kopf und bespricht dann die Schwächen Frankfurts. In den Videoclips sieht man Staigers beste Saisonleistung in der Verteidigung.

Im Profibasketball ist unentschuldigtes Fehlen ein bedeutsames Vergehen, weil es auf vielen Ebenen die gemeinsame Arbeit boykottiert. Unentschuldigtes Fehlen ist respektlos, es untergräbt den Teamgeist und bedeutet Verantwortungslosigkeit. Das Training kann nicht wie geplant durchgeführt werden. Disziplin ist notwendig, um als Team durch eine Saison zu kommen.

»Sushi?«, fragt jemand in der Kabine. »Hat er wirklich Sushi gesagt?«

Eine Fischvergiftung scheint wie eine billige Ausrede, also macht sich der Doc auf den Weg, Kamillentee und Zwieback in der Hand. Später gibt er Entwarnung, er hat Staiger selbst und tatsächlich auch den Eimer neben Staigers Bett untersucht. Kein Alkohol. Und weil der Doc nicht unehrlich sein kann, glaubt man Staiger die Sushi-Story. Er sei abends beim Japaner gewesen und habe dann die ganze Nacht auf den Knien vor dem Klo verbracht, sagt der Doc, und als er endlich habe schlafen können, habe er geschlafen. Und jeder weiß, dass Staiger immer und ausdauernd schlafen kann (manchmal verschläft er Tommys Weckanrufe).

Am Spieltag geht es Staiger immer noch nicht besser, aber er steht in der Halle. Katzurin schickt ihn in die Kabine, Lucca schleicht aus der Halle. Er sieht niedergeschlagen aus, denn sicherlich wird er abends nicht im Vollbesitz seiner Kräfte sein. Das Shootaround verläuft ansonsten reibungslos. Am Nachmittag trifft sich der Kaffeeclub über den Dächern von Berlin und isst Himbeertorte. Die deutschen Spieler reden über Tarantino und *Inglorious Basterds*, Israel und den Nahen Osten. Sie erzählen vom Frankfurter Kapitän Pascal Roller, für den dieses Spiel wahrscheinlich das letzte seiner Karriere sein wird. Wenn wir gewinnen. Coach Katzurin beschränkt sich vor dem Spiel auf eine technische Rede. Er betont Rebounds und die Intensität in der Verteidigung, diesmal verzichtet er auf die motivatorischen Floskeln. »They know«, sagt er, als wir die Halle betreten.

Und dann liegen wir 16:0 zurück. »Schwer zu begreifen«, wird Coach Katzurin in der Pressekonferenz nach dem Spiel sagen. Die Halle ist voll, und Bürgermeister Wowereit sitzt im Publikum. Über dem Gästetunnel haben die Frankfurter Fans ein riesiges Poster mit einem Brathähnchen im Alba-Trikot gehängt. Das Spiel über rennt Berlin dem Rückstand und den Frankfurtern hinterher, 9:29, ein

Rückfall in alte Muster. Wir verlieren das Reboundduell zwanzig zu zehn.

Wood wirft heute mehr, und er trifft. 33:49 steht es zur Halbzeit.

»Beschwert euch nicht über alles und jeden«, sagt der Coach. »Keine Panik. Konzentriert euch. Ihr habt zwanzig Minuten, um das Spiel zu gewinnen. Spielt nicht wie das Hühnchen auf dem Poster.« Dann wiederholt er all die Dinge, die in den letzten Tagen und Wochen gesagt worden sind.

Als er fertig ist, fängt Sven Schultze an zu klatschen, weil er immer zu klatschen anfängt, wenn die Ansprache vorbei ist und das Spiel weitergeht. »Let's go, guys«, ruft er, »come on!« Aber Coach Katzurin legt den Finger an die Lippen. Die Mannschaft stockt und bleibt verwundert sitzen. Das übliche Ende für die Kabinenpredigt ist immer Sven Schultzes Klatschen und Anfeuern. »Ich kenne dieses ›Come on, come on!‹«, sagt der Coach. »›Come on, come on!‹ heißt: Wir haben keine Ahnung.« Die Mannschaft wirkt verblüfft, dass der Coach ihrem Motivator über den Mund fährt. Katzurin lässt sich sein Taktikbrett reichen und entwirft eine neue Verteidigungsvariante.

Ich höre nicht mehr zu, sondern notiere mir die Reaktion der Kabine. Die Spieler starren auf das Taktikbrett oder durch das Taktikbrett hindurch ins Leere. Es herrscht regelrechte Verwirrung, ein solcher Augenblick könnte der Moment sein, in dem ein Trainer seine Mannschaft verliert. Coach Katzurin weiß, dass ihm im Eifer des Gefechts ein Fehler unterlaufen ist, er hat sich in der Fremdsprache und im Basketballvokabular härter ausgedrückt, als es seine Absicht war. Während der Coach spricht, sieht er immer wieder zu Sven hinüber.

»Und jetzt«, sagt der Coach, als wolle er sich für die

Zurechtweisung seines alten Haudegens entschuldigen. »Let's go!«

Basketballspiele laufen in Wellen ab. Katzurins Verteidigungsvariante funktioniert, und Alba startet mit einer 15:0-Serie in die zweite Halbzeit. Alba ist bis auf einen Punkt heran, die Halle steht Kopf. Dann bricht die Welle, die Frankfurter kommen zurück und legen nun ihrerseits eine Serie hin, Pascal Roller trifft zwei wichtige Dreier. Frankfurt gewinnt mit 74:83.

Playoffserien passieren in Wellen. Heute Nachmittag haben die Spieler noch über Pascal Rollers Karriereende gesprochen, jetzt liegt das eigene Saisonende in der Luft. Tadija Dragićević ist der Unmut anzusehen, Yassin Idbihi ist mit sich und dem Spiel unzufrieden, Sven Schultze wirkt regelrecht wütend. Der Matchball ist vergeben, die Serie steht zwei zu zwei, und mit einem weiteren Auswärtssieg in Frankfurt will niemand rechnen. Marco Baldi steht nachdenklich und allein auf dem Balkon der O2 World und raucht, in der Hand ein Weizenbier, sein Ritual für Niederlagen. »Einen schönen Abend noch«, sagt Max Drübeck, der heute ausnahmsweise mal am Ausgang steht. »Was ist in diesem Jahr eigentlich los?«, fragt er höflich.

FEMERLINGS KNOCHEN

FEMERLING SAGTE, ER KÖNNE MICH MITNEHMEN. Ich musste zum Bahnhof, er musste zur Reha. Es war kurz vor Ostern, und der Kapitän ging seit Wochen jeden Tag ins Rehazentrum an der Friedrichstraße und zum Physio im Trainingszentrum. Er wollte zurück in die Mannschaft. Morgens brachte er seine Tochter zum Kindergarten, dann fuhr er mit dem Fahrrad quer durch die Stadt zum Trainingszentrum, egal bei welchem Wetter. Wenn es regnete, trug der Kapitän Ölzeug. Jeden Morgen hob er Gewichte und fuhr stundenlang auf dem Ergometer, erst mit stillgelegtem rechten Sprunggelenk, später mit getaptem Knöchel. Jeden Morgen kam der Physio, und Femerling ließ seinen Körper dehnen, ausstreichen und elektrotherapieren.

Heute war er mit dem Auto unterwegs, er hatte dieses und jenes zu erledigen, denn seine Frau Caroline arbeitete, und dieses und jenes musste erledigt werden. Einkauf, Apotheke und so weiter. Mia musste vom Kindergarten abgeholt werden. Patrick Femerling ist ein Familienmensch.

Wir stiegen in sein schwarzes Porsche SUV, das riesig war, aber für Patrick Femerlings Körper gerade groß genug. Der Kapitän ist für viele der größte Mensch, den sie jemals mit eigenen Augen gesehen haben. Aus den Fenstern des Trainingszentrums drangen die dumpfen Kommandos der Spieler. Femerling schnallte sich an, dann fuhr er los. Wir bogen um die nächste Straßenecke, um noch eine, dann standen wir im Stau auf der Friedrichstraße. Zähfließender Verkehr auf der Leipziger. Stau am Gendarmenmarkt. Mitte ist bei Sonne voller Touristen, und Femerling ist ein ruhiger Fahrer. Er hupt nicht, er fährt das Fenster herunter und wieder hoch.

»Wann geht dein Zug?«

»Zwanzig Minuten.«

»Nimmst du den nächsten.«

Das letzte richtige Spiel von Patrick Femerling war die Niederlage in Sevilla gewesen, vierzehn Punkte im eiskalten Palais Municipal de Deportes San Pablo. Er war zurück nach Berlin gekommen und hatte sich zwei Wochen mit seiner schmerzenden Haglund-Ferse und den Schuhen des Teamausrüsters herumgeschlagen. Gegen Bonn spielte er wenig, und beim Rückspiel gegen Sevilla nur noch vier Minuten.

Vor dem entscheidenden Eurocupspiel gegen Benetton Treviso hatte er die Zähne zusammengebissen, aber als er beim letzten Abendtraining in der O2 World zu einem freien Linkskorbleger hochgestiegen war, zehn Minuten vor Trainingsende, links-rechts-hoch, hatte er einen plötzlichen Schmerz in der rechten Wade gespürt. Femerling hatte sofort Heiko Schaffartzik verdächtigt, der Schmerz fühlte sich an wie ein Tritt eines kleinen Aufbauspielers. Schaffartzik war der einzige gegnerische Spieler in seiner Nähe gewesen. Aber er *hatte* ihn nicht getreten.

Also Kernspin. Am nächsten Morgen war Femerling in aller Frühe in Schleichers Praxis am Bayerischen Platz gefahren und hatte sein Bein in die Magnetresonanzröhre gehalten. Im Lärm der Magneten hatte er gehofft, dass sein Bein mit ein paar Spritzen und Physiotherapie wieder in Ordnung käme. Er hatte an die entscheidenden Eurocupspiele gedacht, an seine Verantwortung als Kapitän und seinen Beitrag zur Rettung der Saison, an Brian Skinner, Aron Baynes und Torin Francis, die Center der nächsten Gegner.

Femerling hatte in fünfzehn Jahren als professioneller Basketballspieler etliche kleinere Verletzungen gehabt, er hatte sich die Menisken glätten lassen, Muskelfaserrisse überstanden. »Das Übliche«, sagte er. »Leistungssport ohne Schmerzen geht nicht. Der Alltagsschmerz ist immer da. Knie, Füße, Rücken, Arme, Hände. Du lernst, den Schmerz einzuschätzen. Du lernst, ihn vom richtigen Schmerz zu unterscheiden.« Der Kapitän ist ein Veteran, und sein Körper seit Jahren ein Schlachtfeld, seine Knochen geschunden, sein pharmazeutisches Wissen enorm. Eine große Verletzung hatte er nicht gehabt. Aber als sich Schleicher die Kernspinbilder ansah, konnte er Femerling nicht beruhigen. Die Achillessehne war angerissen. Wenn man das Bein für mehrere Wochen fixieren könnte, würde die Verletzung ohne Operation heilen. Am Abend erschien Femerling auf Krücken zum Spiel gegen Treviso. Am nächsten Tag wurde ihm ein riesiger abnehmbarer Gipsersatz aus Plastik angepasst. Erst am 8. Juni 2011, 108 lange Tage nach seinem letzten Einsatz, würde Patrick Femerling wieder auf das Spielfeld zurückkehren. Im zweiten Finalspiel gegen Bamberg, für 33 Sekunden. Dazwischen lagen 108 Tage Angst und Grübelei, Arbeit und Gewichte, Eisbeutel und Blutegel.

Fünf Tage nach seiner Verletzung spielte die Mannschaft in Oldenburg, und Femerling humpelte durch die Altbauwohnung. Nur Vater und Tochter waren zu Hause. Das Haus lag in einer ruhigen Straße in Wilmersdorf, ein Treppenhaus mit Sisalmatten und geschwungenen Geländern. Die Wohnung selbst war riesig, ein wenig wie aus *Schöner Wohnen*, an den Wänden Filmplakate und französische Werbeplaketten der 1930er, in der Mitte der Küche ein Tresen. Kinderbilder und Spielzeug überall. Alles hier war größer als woanders: das Sofa, der Fernseher, die Kunst, die Zimmer. Die Decke hing hoch.

Femerling sortierte das mitgebrachte Bier in den riesigen Kühlschrank. Mia rutschte aufgeregt über das Parkett und zeigte mir die Räume: das Wohnzimmer, das Kinderzimmer (rosa), das Arbeitszimmer. Und hier das Badezimmer! Ich hatte gehört, dass Femerling ein eigenes Zimmer für Erinnerungsstücke hatte, sämtliche Schuhe seiner Karriere seien dort in beleuchteten Vitrinen aufgebahrt (ein Museum einer Laufbahn). Femerling sei die Imelda Marcos des deutschen Basketballs, war mir erzählt worden. Aber als ich hinter Femerlings Tochter durch die Wohnung spazierte, deutete wenig darauf hin, dass hier ein Basketballprofi wohnte: Es gab keine halb gepackten Koffer, keine Pokale, keine Trikots und keine Playstation. Und nur spärliche Hinweise auf Femerlings Karriere: Über einem Schreibtisch baumelten die gesammelten VIP-Ausweise und Akkreditierungen, an der Garderobe hing eine schwarz-rot-goldene Regenjacke der deutschen Nationalmannschaft. Diese Wohnung war über Jahre gewachsen und wurde bewohnt. Hier lebte kein Saisonarbeiter für ein paar Monate, hier hatte sich jemand Gedanken über das Leben gemacht.

»Und hier!« Mia verschwand in einem weiteren Flur,

der wahrscheinlich zu den Schlafzimmern führte, vielleicht zum Schuhmuseum. Ich überlegte, ob ich hinterhergehen und heimlich fotografieren sollte, ließ es dann aber sein, um nicht mit Kamera in Femerlings Kleiderschrank erwischt zu werden (Recherche!, hätte ich gerufen, während Femerling mich am Schlafittchen packte und vor die Tür setzte). Ich nahm mir vor, später einmal nachzufragen, und ging zurück. »Mia«, rief Femerling aus der Küche, und Mia kam angerannt. »Siegerländer mit Teewurst«, sagte Femerling. »Sie könnte sich ausschließlich davon ernähren.«

Das Spiel begann. Femerling stellte das Abendbrot auf den Tisch: Wurstbrot und Wasser für Mia, Pistazien und Bier für uns. Wir sahen zu, wie die Mannschaft einlief, wie die Kommentatoren analysierten, wir hörten, wie auf Femerlings Fehlen hingewiesen wurde. Mia aß und stand immer wieder auf.

»Wer ist das?«, fragte sie.

»Das ist der Sven«, erklärte Femerling. »Den kennst du doch. Der Papa von Nicola.«

»Und das?«

Mia baute einen Fitnessparcours durch den Raum, sie kletterte über das Sofa, krabbelte unter dem Tisch durch, sie keuchte, sie machte Liegestütz, wie Fünfjährige Liegestütz machen. Sie setzte sich auf den Gipsersatz ihres Vaters und schaukelte. »Zirkeltraining, Papa«, rief sie. »Mach mit!« Aber Femerling konnte nicht mitmachen, und als Mia müde wurde, wippte er sie auf dem Plastikstiefel in den Schlaf. Femerling hob seine Tochter hoch und trug sie ins Bett. Dann sahen wir zu, wie seine Mannschaft gegen Oldenburg ihre Krise beendete.

Femerling feuerte an, obwohl ihn die Mannschaft

nicht hören konnte. Er schrie leise, weil er seine Tochter nicht wecken wollte. Alba lag schnell mit zehn Punkten zurück, holte dann aber stetig auf. Wir sahen, wie Yassin Idbihi um einen Offensivrebound kämpfte. »Immer dabei, Yassin ist bei jedem Rebound dabei!« Femerling war enthusiastisch. Man sah ihm an, wie gerne er in Oldenburg sein würde statt in Berlin mit einem Schriftsteller vor einer Schüssel Pistazien.

»Siehst du? Der ist immer mittendrin!«

Alba übernahm kurz vor der Halbzeit die Führung, aber das Spiel blieb knapp. Auf dem Bildschirm lieferte Derrick Allen ein sehr gutes Spiel ab, 28 Punkte und zehn Rebounds, und Taylor Rochestie führte Regie, als wäre er schon die ganze Saison der Berliner Aufbau. Femerling klatschte, er stöhnte und hätte mit einem Handtuch gewedelt, wenn er ein Handtuch gehabt hätte. Femerling war gelernter Kapitän. Das Spiel ging mit 81:93 an Berlin.

Zwei Wochen nach Femerlings Verletzung verpflichteten Baldi und Mithat einen Spieler, der zur nächsten Center-Generation gehörte. Miro Raduljica war 22 und galt als eines der größten europäischen Talente. Er hatte ähnliche Qualitäten wie Femerling, er war beweglich, körperlich stark und spielintelligent (er war exakt gleich groß). Miro Raduljica hatte eine Stimme wie eine Basstrommel, einen Hang zu Geschwindigkeitsübertretungen und wohldosierten Lügengeschichten. Wenn er sprach, sah er oft zu Boden und erst wieder auf, wenn die Pointe kam. In der Pressekonferenz zu seiner Begrüßung erzählte er, dass er sich für Autos und Rassekatzen interessiere (Russian Blue). Wen er denn aus seinem neuen Team bereits kenne, wurde er gefragt. Raduljica sah auf, und man konnte erkennen, dass er jetzt die

Wahrheit sagen würde. »Everyone knows Femerling«, sagte er. »Femerling is a legend.«

Drei Wochen nach seiner Verletzung waren Femerling und ich im Möbelhaus Höffner in Berlin Marzahn. Heute war der zweite von drei Samstags-Promotion-Terminen, die Femerling in dieser Saison zu absolvieren hatte. Es ging um die Präsentation eines riesigen Betts in Alba-Farben. Femerling trug noch immer den klobigen Schutzstiefel, aber er hatte sich an das stillgelegte Fußgelenk gewöhnt.

Drei Männer in identischen dunklen Anzügen und roten Höffner-Krawatten begrüßten uns am Hintereingang des Möbelhauses: der Marktleiter, der Leiter der Bettenabteilung, der Marketingleiter. Alle trugen die gleichen Bärte und die gleiche Frisur. Es kam zu freundlichen Worten und jovialem Schulterklopfen. Femerling setzte sein höfliches Lächeln auf und schüttelte die angebotenen Hände, weil Händeschütteln ein Teil des Profilebens ist. »Man traut sich gar nicht zu fragen«, sagte einer der Männer. »Fragen Sie einfach«, sagte Femerling. »Wie groß sind Sie?« Femerling lächelte, die drei identischen Männer lachten und eskortierten uns durch die Katakomben. Der Marketingleiter oder Marktleiter lief voraus, dann Femerling, dann die anderen beiden. Femerling bückte sich unter Türrahmen und Deckenverkleidungen hindurch. »Für so jemanden ist das Leben sicher nicht einfach«, sagte der Erste, und der Zweite nickte zustimmend. »Für so jemanden«, flüsterte der Dritte, »muss das Leben fürchterlich sein.«

In der Bettenabteilung standen die Fans Schlange. Es gab Alba-Basketbälle, Alba-Kissen, Alba-Fahnen. Es gab riesige Femerling-Pappaufsteller, Femerling-Poster, ein Femerling-Gewinnspiel. Es gab ein Glücksrad. Ein paar Cheerleader begrüßten den Kapitän.

»Endlich gibt es Betten, die uns gewachsen sind« stand auf einem Poster. Das Alba-Bett war eine Sonderanfertigung und stand mitten im Möbelhaus, ein Monstrum in Türkis und Gelb, 2,40 mal 2,40. Der Albatros, das Berliner Maskottchen, saß auf der Bettkante und ließ sich fotografieren. Einer der Männer winkte dem Moderator, einem solariumverbrannten Mittvierziger mit »Hansi« auf dem Namensschild. Er trug bunt karierte Cowboystiefel und schweren Silberschmuck. »Der Kapitän persönlich!«, annoncierte er in sein kabelloses Mikrofon. »Patrick Femerling, ein ganz großer Typ!« Hansi betonte jedes Wort, als wäre es das wichtigste Wort des Satzes, er hatte eine Losbudenstimme, einen Autoscootertonfall. »Das ist ja einfach der Hammer hier und heute!« Er hob den Daumen und führte uns zu einem vorbereiteten Tisch. »Zett, zett, meine Damen«, sagte er, »zügig, zügig!«

Femerling schüttelte Hände, lächelte und schrieb in aller Ruhe Autogramme. »Für den lieben Berndt zum Geburtstag«, schrieb er, und »Für Martina«. Ein Koch in Küchenuniform stand in der Schlange, rotes Halstuch, Blutflecken und das Firmenmännchen auf der Kochbrust. Ein paar Türkenjungs drängelten sich vor, Katja von der Beeck war auch hier wieder dabei und wartete geduldig. Femerling führte den ewigen Größendialog, er schluckte die Kommentare zur Saison. »Ihr müsst mal gewinnen, Alter, ihr seid Berlin, Digger!«, sagte ein Zwölfjähriger mit Lederjacke und Schnurrbart. »Alter, wenn ich so groß wär wie Sie, würde ich den so stopfen, boom!« Femerling wurde ein Piccolo angeboten, aber er blieb beim mitgebrachten Kaffee. Manchmal zeichnete er seinem Gesicht auf der Autogrammkarte Brillen und Schnurrbärte und Augenklappen. Ich hielt mich abseits und schrieb mit. »Ist das dieser Nowitzki?«, fragte eine ältere Dame, die eine Zonenschaummatratze probelag. »Nee«, sagte ihr Mann, »Nowitzki is Handball, gloob ick.«

Ein schwerer, rotgesichtiger Mann stand zwischen zwei Paravents an einem CD-Player und spielte Klaus Lage. »DJ Murmel jagt geile Mucke durch die Boxen«, sagte Hansi und sang mit, »hau rein, Murmel!« Murmel war ein Freund von Hansi, ein »Kollege«, sagte er und vergaß dabei, das Mikrofon auszuschalten. Er war überall in der Bettenabteilung zu hören, aber niemand hörte ihm zu. »Wir arbeiten bei solchen Events oft zusammen, Stimmung machen und so.« Hansi drehte am Glücksrad und zog weiter durch die Bettenabteilung. Manchmal verschwand er hinter Betten und Möbeln, seine Karussellansagen waren weiter zu hören. Plötzlich tauchte er bei den Cheerleadern wieder auf. »Na?«, sagte er. »Wie heißt du denn? Marie Luise? Hast du einen Freund?« Hansi verschwand hinter einem Stapel Kopfkissen, Murmel spielte Heinz-Rudolf Kunze, Hansi tauchte neben Femerling wieder auf. »Wie groß ist der Ka-pi-tän?«, wiederholte Hansi, denn das war die Preisfrage des Tages. »Einemeterfünfzehn? Zweimeterfünfzehn? Dreimeterfünfzehn?« Hansi sah erwartungsvoll ins Publikum. »Ich glaube ja sechs Meter! Ha!« Hansi hob den Daumen, DJ Murmel lachte. Und Femerling schrieb und ließ sich fotografieren, weil Autogrammstunden und Fototermine zum Beruf des Profibasketballers gehörten.

Sieben Wochen nach seiner Verletzung standen wir im Stau auf dem Weg zum Bahnhof. Es ging nicht vor und nicht zurück. Vor uns leuchteten Blaulichter, man sah das Flackern an den Wänden der Häuser, den Grund dafür erkannte man nicht.

Am Armaturenbrett seines Wagens hing ein Bild, das Mia für eine Freundin gemalt hatte, Buntstift auf Tonpapier. Wir sprachen von unseren Töchtern, seine kurz vor der Einschulung, meine gerade zwei Wochen alt. Apropos Kindheit. Wir sprachen von Düsseldorf und Hagen und Hamburg. Das Gespräch bog ab, irgendwie führte es zum Coming-out meines Onkels mit 55, wir redeten über den Sieg der Genetik über das soziale Umfeld. »Was kommt, das kommt«, sagte Femerling. Apropos Genetik. Wir kamen auf den Tod seines Vaters vor elf Jahren zu sprechen, Krebs, und dass der Anruf mit der schlechten Nachricht kam, als er und Caroline in einer Mall in Santa Monica waren. Er sei sofort nach Hamburg geflogen, aber seinen Vater habe er nicht mehr gesehen. Er habe ihn nicht sehen wollen, es ging ihm um die Bilder, die seine Erinnerung sein würden. Seine Mutter starb vier Jahre später in einem Krankenhaus in Düsseldorf, er erinnert sich an den letzten Nachmittag mit ihr, direkt nach der Rückkehr von der Hochzeitsreise nach New York 2004.

Apropos Düsseldorf. Apropos Westen. Wir überquerten Unter den Linden und sprachen von der Zeit, als wir gegeneinander gespielt hatten, Femerling für ART Düsseldorf, ich für Brandt Hagen. Wir hatten beide verschwommene Erinnerungen an diese Jahre, ein paar allerdings waren klar und deutlich: ein Mitspieler hier, ein bestimmtes Spiel dort, ein Endergebnis, eine Spielszene. Femerling erzählte, wie er das erste Mal einen Basketball in die Hand genommen hatte, er erzählte von Gerrit Terdenge, der damals der beste Spieler im Westen gewesen war, wie wir Jahrgang 1975. Die Leverkusener waren damals die beste Mannschaft im Westen gewesen, wir erinnerten uns an den langhaarigen Marian Soundso, sein Gegenspieler, mein Gegenspieler. Cizicki? Cyzycki? Der Nachname war uns entfallen. Ich erinnerte Femerling an meinen Dunking über ihn, zumindest war er in der Nähe gewesen, aber er wusste nicht, wovon ich sprach. Es war in der zweiten Halbzeit gewesen, mein bestes Spiel in all den Jahren. Ich erinnerte mich an den Geruch der Leverkusener Carl-Diem-Halle und das Geräusch der Autobahn nebenan. An das Gefühl des Absprungs, rechts, links, hoch, an den kurzen Schmerz am Handgelenk und das Zurücklaufen danach. »In deiner Erinnerung, Herr Autor«, sagte Femerling. »Im Leben nicht.«

Patrick Femerling war erst mit fünfzehn Jahren zum Basketball gekommen, und als er achtzehn war, hatten sich die Bundesligaclubs für ihn interessiert. In seinem letzten A-Jugend-Jahr war er mit Düsseldorf bei den nordwestdeutschen Meisterschaften in Berlin-Lichterfelde angetreten, aber Femerling hatte nicht gut gespielt. »In jedem Spiel habe ich elf Punkte erzielt«, sagte er, »keinen mehr, keinen weniger. Elf.« Nach dem letzten Spiel habe er mit seinem Team vor der Halle herumgelungert, als die Trainerlegende Svetislav Pešić vorbeikam. Pešić sei extra wegen des dünnen Düsseldorfer Jungen nach Lichterfelde gekommen, der er damals gewesen sei. »Zwei dreizehn und neunzig Kilo.« Er habe auf einer Bierkiste gesessen und eine Zigarette geraucht, als Pešić die Halle verließ. Damals hätten alle geraucht und nach dem Spiel Bier getrunken. Pešić habe den Kopf geschüttelt und sei gegangen. Achtzehn Jahre später, im Stau auf der Friedrichstraße, musste Femerling darüber lachen. Er sprach oft von Svetislav Pešić, dem »Alten«, mit dem er seine größten Erfolge und besten Jahre verbracht hatte. Jeder in der Mannschaft hatte seine Pešić-Anekdote, die Deutschen, die Serben. Alle konnten ihn imitieren. »Aus dieser Femerling«, sagt Femerling mit rollendem R und schelmischem Grinsen, »aus dieser Femerling wird nie was!«

Eine beispiellose Karriere folgte. Anstatt nach Berlin zu gehen, wechselte Femerling zunächst an die University of Washington in Seattle. Drei Monate litt er unter dem Kulturschock, verlor an Gewicht und ließ sich im Training durch die Zone schubsen. Er hatte keine Ahnung gehabt, was ihn am College erwarten würde. Einmal erwischte ihn sein Coach hinter dem Studentenwohnheim beim Rauchen und las ihm die Leviten. Femerling biss sich durch, gewöhnte sich an die neue Umgebung und das winzige Zimmer, das er mit drei anderen Studenten teilen musste, »das schwarze Loch«. Femerling studierte Soziologie mit Schwerpunkt Kriminologie, ernährte sich von hochkalorischen Eiweißdrinks und legte an Gewicht zu. Ab dem zweiten Jahr bildete er mit dem späteren NBA-Center Todd McCulloch ein gefürchtetes Center-Duo. Als Svetislav Pešić anrief, um ihn nach Berlin zu locken, war sein Studium noch nicht beendet. »Aber ich mache den Abschluss noch«, sagte Femerling im Stau. »Irgendwann. Wenn das alles vorbei ist.«

Nach drei Jahren kam er zurück nach Europa. 1998 wurde er gemeinsam mit Pešić Deutscher Meister und Pokalsieger. »Wir haben damals unfassbar hart trainiert«, sagt Femerling, »und wir hatten eine wirklich gute Mannschaft. Wendell Alexis. Henrik Rödl. Jörg Lütcke. Marco

Pešić. Mithat Demirel.« Als er die Namen seiner Mannschaftskameraden aufzählte, hupte Femerling. »Tommy Thorwarth«, sagte er und wirkte dabei fast wehmütig. Er warf Namen in den Raum, er sprach von Städten und Arenen. Die Max-Schmeling-Halle. Olympiakos Piräus, FC Barcelona, Panathinaikos Athen, Caroline war immer dabei.

Die Liste seiner Mitspieler aus den letzten Jahren ist lang, und wenn er sie erzählt, er singt sie fast, dann klingt sie wie eine Best-of-Platte des europäischen Basketballs. Dejan Bodiroga. Šarūnas Jasikevičius. Der blasse Italiener Gregor Fučka! Wie alle Basketballer erinnert sich Femerling an einige Dinge bis ins kleinste Detail, andere sind verschwommen und zur eigenen Legende geworden.

Seine besten Jahre hat Femerling beim FC Barcelona verbracht, 2003 gewann er mit Pešić als Trainer das Triple aus Meisterschaft, Pokalsieg und Euroleague-Titel. »Wir waren irre gut«, sagte Femerling. »Das Leben war gut.« Seine Augen leuchteten. Der wahnsinnige Brasilianer Anderson Varejao! Nacho Rodriguez. Der junge Juan Carlos Navarro, immer unrasiert. Femerling erinnerte sich, dass er sich die Spielzeit mit dem 2,25-Meter-Riesen Roberto Dueñas teilte, fifty-fifty, zwanzig Minuten für jeden von ihnen. Und später Champagner für alle.

Nach dem Triple wechselte Femerling wieder nach Griechenland, wo sich der Serbe Željko Obradović bei Panathinaikos gerade zur Trainerlegende machte. Also wurde Femerlings Tochter Mia in einer Athener Privatklinik geboren, sechs Wochen zu früh. An ihre ersten Monate kann er sich kaum noch erinnern, seine erste Knieverletzung kam dazu, die miserable medizinische Versorgung und die Flüge zum Physiotherapeuten nach Leverkusen. Femerling erzählt von fliegenden Feuerzeugen, Münzen und Schlägereien. Vom hitzköpfigen Dino Raða. Von seinen teils sporadischen, teils massiven Einsätzen unter Obradović. In Athen schuldete man ihm immer noch Geld, deswegen kehrte er nach Spanien zurück. Sevilla. Die Mannschaft sei gut gestartet, habe dann stark nachgelassen. »Einer von den Amis hat im Suff eine Ampel auf der größten Verkehrsinsel der Stadt umgemäht«, lacht Femerling. »Und der andere war mehr an sämtlichen Stränden Andalusiens anstatt in der Halle. Und so hat er auch gespielt.« Femerling holt sein iPhone aus der Tasche und zeigt mir ein Bild seiner Tochter in dem Sevillana-Kleid, das er vor ein paar Wochen gekauft hat. Sevilla sei super gewesen, aber die Halle immer viel zu kalt. Im Sommer, im Winter, sie war immer zu kalt.

Dann zurück nach Berlin, zurück in die Stadt, aus der Caroline kam. Schon seit Jahren hatte Familie Femerling die Altbauwohnung in Wilmersdorf, wo sie ihre Sommer verbrachten. »Mia sollte in den Kindergarten, also wollten wir auch in Berlin spielen.« Patrick Femerling sagt »wir«, wenn er von Entscheidungen spricht. Caroline und er beschließen die Dinge gemeinsam. Femerlings Agent Joel Bell sondiert den Markt, aber Entscheidungen werden am Küchentisch getroffen. »Wenn man sich so lange kennt, wie wir uns kennen«, sagte Femerling, »dann muss man ständig reden, dann muss man sich für den anderen interessieren. Dann muss man zusammen entscheiden.«

Luka Pavićević war in seinem zweiten Jahr als Trainer bei Alba gewesen, und Femerling erinnerte sich an die Vertragsverhandlungen. Der Agent habe Grundsätzliches vorbereitet, dann sei Marco Baldi zum Frühstück zu ihnen nach Hause gekommen. Zwischen Brötchen und Ei hätte man die Details besprochen. Sie hatten damals eigentlich mit komplizierten Verhandlungen gerechnet, aber es sei tatsächlich nur noch um Einzelheiten gegangen. Man habe sich schnell geeinigt. Als Baldi gegangen sei, hätten Caroline und er einige Sekunden sprachlos im Flur gestanden. Sie hätten sich erstaunt angesehen, dann ihre Berliner Wohnungstür, und dann hätten sie gejubelt. »Vielleicht haben wir sogar getanzt. Aber nur vielleicht.« Sieben Jahre nach seiner ersten Alba-Saison war Patrick Femerling zurück in Berlin.

1996 hatte Femerling in der Nationalmannschaft debütiert, Vladislav Lušić war der Coach. Ein untergewichtiger Collegespieler beerbte Hansi Gnad und Christian Welp auf der Centerposition. Fünfzehn Jahre später war Patrick Femerling Rekordnationalspieler, 221 Länderspiele für Deutschland. Seine Mitspieler waren Henning Harnisch und Henrik Rödl, später Dirk Nowitzki und Ademola Okulaja, Mithat Demirel und Marko Pešić. Die Spieler um ihn herum hatten gewechselt, aber Femerling war geblieben. Er war außer Nowitzki der einzige deutsche Spieler seiner Generation, der sich international durchgesetzt hatte, alle anderen waren ohne internationale Titel geblieben. Nach Michael Koch und Henrik Rödl herrschte Leere, bis Femerling kam. Er wusste, wie man Meisterschaften feiert. Er wusste, wie man Meisterschaften gewann. Er sprach nicht darüber, aber man sah ihm die Erfahrungen an.

Dass seine erste Rückkehr nach Berlin unschön endete, lag an seinem Knie und seinem Coach. Femerling hatte sich während der Hauptrunde erneut am linken Knie operieren lassen müssen, diesmal wurde ein Knochensporn entfernt. Ein paar kleinere Dinge kamen dazu, eine Harnwegsinfektion, eine Grippe. Femerling hatte etliche Wochen gebraucht, um wieder richtig fit zu werden, sein Körper hatte mehr Zeit benötigt als gewohnt. Alba hatte mit Blagota Sekulić angemessenen Ersatz verpflichtet, 2,09 Meter, Jahrgang 82 und aus Podgorica wie Pavićević. Als Femerling schließlich fit war, wollte der Coach ihn nicht mehr einsetzen. Es hatte nicht in Pavićevićs Vorstellung gepasst, einen rekonvaleszenten Center in der entscheidenden Saisonphase zu integrieren. Femerling war damit nicht einverstanden gewesen. Er wollte spielen und wollte der Mannschaft helfen. Femerling war jemand, der ungemütlich wurde, wenn ihm etwas nicht passte. Der Kapitän hatte Krisen überstanden, er hatte Trainer gehen und kommen gesehen, er konnte einstecken, er konnte austeilen.

»Das Seltsame an Patrick«, sagte Konsti einmal, »ist gleichzeitig seine größte Qualität. Dass er nach all den Jahren und dieser Karriere immer noch diesen Furor in sich hat. Er kennt das Geschäft so gut wie kein anderer und kann sich immer noch über schlecht gelaunte Jugos aufregen und darüber, dass die Amis nicht richtig trainieren. Das ist das Business, aber Patrick hat immer noch die Energie, sich darüber zu echauffieren und das auch zu äußern. Ihm sind diese Dinge einfach nicht gleichgültig.«

Pavićević hatte Femerling auf die Tribüne gesetzt, also war der Kapitän für eine Saison nach Antalya gewechselt. Er pendelte zwischen der Türkei und Deutschland, telefonierte und verbrachte seine Abende vor dem einzigen deutschen Fernsehsender. »Sonne, Meer und ZDF«, sagte Femerling. »Ich bin mir wie ein Rentner vorgekommen.« Als sich Alba erneut meldete, habe er sich das Angebot angehört und zugesagt. »Ich bin ein Freund klarer Worte«, sagte er. Pavićević und er hatten sich unterhalten, und er war nach Hause zurückgekehrt.

Der Stau löste sich auf, wir konnten den Bahnhof Friedrichstraße sehen. Es regnete jetzt heftiger. Femerling glaubte mir immer noch nicht, als ich noch einmal meinen Dunking über ihn erwähnte (ich war mir selbst nicht mehr sicher). Er parkte den Wagen vor dem Rehazentrum, wir verabschiedeten uns, und ich rannte zum Zug. Kurz hinter Spandau rief ich zum ersten Mal seit mehr als zehn Jahren meinen alten Trainer an. Ob er sich an unsere Spiele gegen Düsseldorf erinnern könne, ob er vielleicht noch ein Video davon habe. Der Trainer hatte ein paar unserer Spiele filmen lassen und die sperrigen VHS-Tapes seit fünfzehn Jahren nicht mehr angesehen. Die Kiste aus den Neunzigern liege irgendwo im Keller seiner Eltern, sagte er, da müsse er erstmal seine Mutter anrufen. Er würde mich zurückrufen, sagte mein alter Trainer, was ich denn jetzt eigentlich mache. Ich schriebe ein Buch über Alba Berlin, sagte ich. Es gehe um Patrick Femerling. »Der war ein Guter«, sagte er. »Der war oldschool.«

Femerlings Kampf mit dem Körper ging weiter. Der Frühling kam, und mit ihm verschwand der monströse Immobilisierungsstiefel. Femerling fuhr mit dem Fahrrad durch die Stadt, hob täglich Gewichte und ließ sich behandeln. Er versuchte, den Rest seines Körpers in Form zu halten, er hängte sich in Schlingen und Gummibänder, er arbeitete sich fit, ohne seinen rechten Unterschenkel zu belasten. »Was Patrick für Schmerzen haben muss«, sagte Demirel, der nach seiner Verletzung ebenfalls etliche Monate um seine Rückkehr gekämpft hatte, »der Körper macht das einfach nicht mehr mit. Es ist ja nicht nur die Sehne, sondern auch die Knie. Patrick beißt sich eben immer durch. Wenn er weiter spielt, tut er seinem Körper keinen Gefallen.« Mithat hatte selbst chronische Beschwerden mit der Achillessehne gehabt. Er kannte den Schmerz in den Knien, er schien von seinem eigenen Karriereende zu sprechen, wenn er über Patrick redete.

Weil die Schwellung und Entzündung von Femerlings Achillessehne aber auch nach einem Monat Stilllegung und mehreren Wochen intensiver Reha nicht verschwanden, wechselte er inoffiziell zu seinem ehemaligen Physiotherapeuten Ramón Garcia, der jahrelang Alba-Physio gewesen war und Femerlings Knochen in- und auswendig kannte. »Ramón hat gute Hände«, sagte Femerling. Wenn die beiden arbeiteten, fachsimpelten sie wie zwei Apotheker, die in ihrer Freizeit wertvolle Oldtimer restaurierten.

Langsam verschwanden die Schmerzen, aber immer noch war Flüssigkeit in Femerlings verletztem Bein. Eine Heilpraktikerin kam zu ihm nach Hause, und während der Kapitän ausgestreckt auf dem riesigen Sofa lag, wurden ihm drei Blutegel um die entzündete Stelle gesetzt, und die Egel tranken Femerling leer. »Ich habe ein wenig nachgeblutet«, erklärte er. »Diese Tiere sondern einen Stoff namens Hirudin ab, der das Gerinnen deines Blutes verhindert.« Nach der Behandlung sei es dem Bein besser gegangen. »Aber den Tieren ging es miserabel«, lachte er. »Die waren zehn-, fünfzehnmal so groß wie vorher, und als die Heilpraktikerin sie abgenommen und in so ein Einmachglas gelegt hat, haben sie die ganze Brühe wieder ausgekotzt. Blut, Lymphe, Sekret. Alles. Das war zu viel für die, die kann man danach nicht mehr verwenden. Die werden eingefroren und weggeschmissen.«

Nicht alle mochten Patrick Femerlings Spielweise, seine hochgezogenen Socken, die in Barcelona mit seinem Namen bestickt und nach Berlin geschickt wurden. Sein Freiwurfritual, den Ball in der linken Hand, die Rechte auf dem Herzen. Das gelbe Lance-Armstrong-Live-Strong-Armband. Femerling sprang nicht hoch, sein Gang wirkte Jahr für Jahr ein wenig ungelenker, es gab keine Highlight-Filmchen im Internet und keine spektakulären 40-Punkte-Spiele. Wir werden älter. Normalen Zuschauern fiel es oft schwer, seine Qualitäten zu erkennen. Ich selbst hatte mich manchmal gefragt, warum ausgerechnet Femerling eine derart grandiose Karriere gemacht hatte, wie er zu all seinen Meistertiteln und Pokalsiegen gekommen war. Als wir vor zwanzig Jahren gegeneinander gespielt hatten, hatte es bessere Spieler gegeben als ihn (als mich sowieso). Die Fachleute allerdings wussten, warum. Als Luka Pavićević mir in seinem Bonner Hotelzimmer gezeigt hatte, warum Femerling sein intelligentester Spieler war, war es eine kleine Erleuchtung gewesen. »Siehst du? Hier? Hier? Und hier? Da steht man, wenn man das Spiel versteht. Femerling hat keine Angst, er hat Wissen, er hat den Willen.« *Basketball schon wieder falsch gelesen*, hatte ich mir am nächsten Morgen notiert, *nur auf billig buntes Zeug geachtet, nur Offensichtliches bemerkt.*

Patrick Femerling und ich waren fast gleich alt. Ich hatte ihn all die Jahre spielen sehen, auf Videos aus Barcelona, bei den Weltmeisterschaften in Indianapolis 2002, bei den Olympischen Spielen 2008. Ich hatte ihn immer gern beobachtet, aber während der 108 Tage, in denen Patrick Femerling an seinem Comeback arbeitete und auf seine erneute Einwechslung wartete, wurde mir klar, dass meine Sympathie nicht nur persönlich war. Es war nicht nur der Zufall unserer Biografien. Patrick Femerling spielen zu sehen, bedeutete für mich, dass immer noch alles möglich war, er war der Stellvertreter meiner nicht gemachten Profikarriere. Solange die Nationalspieler älter sind als man selbst, ist man jung. Solange Femerling spielte, bestand noch Hoffnung.

Am 1. Juni rief mich mein alter Jugendtrainer zurück. Die Mannschaft und ich warteten gerade am Flughafen Tegel auf den Abflug zum letzten Playoff-Spiel nach Frankfurt. Femerling und Schultze saßen am anderen Ende der Wartehalle und tranken wie immer ihren Kaffee, zwei Veteranen auf dem Weg zur Arbeit. Femerling war wieder zurück im Team, er reiste wieder mit, aber auf seine Einwechslung musste er noch eine Woche warten. Flug LH 185 zum Spiel nach Frankfurt würde Patrick Femerlings letzte Auswärtsreise per Flugzeug sein.

Die 108 Tage, in denen er um seine Rückkehr und um seine Karriere kämpfte, sollten bei mir einen bleibenden Eindruck hinterlassen. Verletzungen gehören zum Basketball, Rehabilitation ist ein Teil des Berufs, und jede Sportlerlaufbahn endet irgendwann. »Ans Ende denkt man nicht«, hatte Femerling gesagt und dabei gewirkt wie ein Junge, der laut pfeifend in den Keller geht.

Jeder weiß, dass es irgendwann vorbei sein wird, aber niemand spricht gerne darüber. Jeder Sportler will seinen Erfolg und die Anerkennung konservieren, jeder will seinen Körper vor der Zeit retten. Femerlings Kampf mit seiner Verletzung kam mir exemplarisch vor.

»Ans Ende zu denken, wäre fatal.« Auch das war eine Wahrheit des Spiels: Wer zu oft ans Ende denkt, hat schon aufgehört. Femerling aber arbeitete weiter, um weiter spielen zu können.

Ich beobachtete ihn, wie er zwischen den Jungs am Gate saß. Femerling fuhr nach Frankfurt, um zu spielen. Er war unterwegs, um noch einen Titel nach Hause zu holen. Mein alter Jugendtrainer redete ins Telefon. Er habe alles durchsucht, sagte er. »Die Kiste mit deinem Dunk ist weg«, sagte er. »Die Neunziger sind unauffindbar.«

NICHT ZU FRÜH GEFREUT

»HEUTE MACHE ICH MIR KEINE SORGEN.« Seit Tagen trägt Bobby einen Rucksack voller Arbeitspapiere und Talismane mit sich herum, er trägt seine Kreuze und Amulette und Armbänder. »Schwer bepackt«, sagt einer der Spieler, als Bobby in den Bus geklettert ist und sein Zeug auf den Sitz gewuchtet hat. »Schwer bepackt, leicht beknackt.« Seit Tagen scheint Bobby ständig bereit zur Abreise. Warum er ausgerechnet heute optimistisch ist, ist mir ein Rätsel. Er ist gut gelaunt, er lächelt und spielt mit seinen Amuletten. Er hält den Titty-Twister-Monolog. »Heute ist kein Tag, an dem man ausscheidet«, sagt er. »Heute ist ein guter Tag.«

Schon wieder ein fünftes Spiel. Das Wetter ist perfekt, als wir aus Bad Homburg zur Halle fahren, 25 Grad und verheißungsvoller Himmel, Vatertag und Christi Himmelfahrt. Der Busfahrer spielt *Walk of Life* von den Dire Straits, und die Trainer summen mit. Der Busfahrer spielt *Keep on Loving You* von Toto, und Bobby singt. Die Spieler verstecken sich unter Kopfhörern und hinter ihrer Konzentration. Lil Wayne. Kid Cudi. Femerling telefoniert mit seiner Tochter. Wir fahren durch den Sommer auf die Halle zu, und die Trainer sprechen bereits über die Finalserie, sie sprechen über Bamberg. Bamberg hat sein fünftes und entscheidendes Spiel gegen die Artland Dragons gewonnen, jetzt bereiten sie sich bereits auf ihren Finalgegner vor. Über Bamberg zu reden, ist nicht arrogant, sondern notwendig. Wenn wir heute gewinnen, müssen die Coaches vorbereitet sein, die Zeit zwischen den Spielen ist zu kurz, um jetzt von Bamberg zu schweigen. Ich entscheide mich schon wieder für Coldplay, *Fix You*, weil ein solcher Moment nach Pathos-Instrumentierung verlangt, weil entscheidende Spiele orchestral begleitet werden müssen. Weil wir gewohnt sind, dass zu großen Geschichten große Musik spielt. Mit *Fix You* haben wir bisher immer gewonnen. Auf dem Parkplatz warten die Berliner Fans und singen.

In den letzten leeren Minuten vor Spielbeginn laufe ich durch die Frankfurter Ballsporthalle. Heute ist ausverkauft, die Zuschauer sind früher da als noch vor einer Woche. Es gibt Schlangen am Bierstand und Schlangen bei den Brezeln. Die Spieler beider Teams werfen sich ein, ich beobachte Wood, McKinney und Powell. Hinter dem Frankfurter Korb steht heute eine regelrechte gelbe Wand, über 300 Fans sind in Bussen gekommen. Die komplette Geschäftsstelle ist angereist. Das Fernsehen. Pascal Roller wirft sich ein. Ich zähle mit, er wirft zehn Dreier und trifft zehn Dreier hintereinander. Heute könnte sein letztes Bundesligaspiel sein.

Am anderen Ende des Spielfelds dekliniert Femerling in aller Ernsthaftigkeit seine Post-Up-Moves durch. Sein Gesicht hat die wächserne Blässe, die es vor wichtigen Spielen immer bekommt, sein Gesicht schimmert, er arbeitet sich durch seine Bewegungen. »Man sollte niemals ans Ende denken«, hat er gesagt, aber für einen der beiden ist heute das Ende erreicht. Roller oder Femerling spielt heute zum letzten Mal. Für Frankfurt oder Berlin ist die Saison heute zu Ende.

Eine ernsthafte Spannung hängt in der Halle (ich bilde mir ein, dass der Popcorngeruch verschwunden ist). Es geht wieder einmal um alles. Für die Frankfurter spricht, dass noch nie eine Mannschaft eine Playoff-Serie mit drei Auswärtssiegen gewonnen hat. Für uns spricht, dass wir in dieser Saison alle Spiele in Frankfurt gewonnen haben. Die Halle fühlt sich heute besser an als noch letzte Woche. Ich umrunde das Spielfeld, ich sehe den Spielern beim Stretching zu. Die langen Fransen unten an den Baumwollnetzen erinnern mich an die Leverkusener Dopatka-Halle in den frühen Neunzigern, an italienische Hallen, an Griechenland. An die große europäische Basketballwelt. Bryce und Sven werfen ihre Serien, und wenn der Ball glatt durch den Ring geht, fliegen die Fransen nach oben (es sieht aus wie Jubel). Für ein paar Minuten sitze ich auf der Auswechselbank und sehe die Spieler, die Zuschauer, die Würfe. Vielleicht ist heute auch mein letztes Spiel, meine letzte Auswärtsfahrt. Vielleicht endet meine Profisaison heute, vielleicht ereilt mich das Ende in Frankfurt am Main.

Die Playoffbärte wachsen, die Mannschaft ist in einem guten Zustand. Nur Julius hat gestern wieder einmal nur am Rand gesessen und zugesehen. Erkältung. Coach Katzurin hat ihn aus dem Training genommen und ihm Schonung verordnet, als wolle er von vornherein jegliche Ausreden unterbinden. Sowieso scheint sich niemand Sorgen um ein Spiel ohne Julius zu machen, denn auch das erste Spiel vor knapp zwei Wochen haben wir hier ohne ihn gewonnen. Lucca Staiger hat seine Lebensmittelvergiftung überwunden, aber heute hängt er sein Trikot in der Kabine auf und steht einige unentschiedene Sekunden davor, als wisse er nicht, ob er es überhaupt anziehen soll. Yassin hat beim letzten Spiel müde gewirkt, die kleinen Frankfurter scheinen Spiel um Spiel Schicht um Schicht seiner Kraft abzufeilen. Er macht seine Yogaübungen länger als sonst. Der Daumen von Bryce' Wurfhand schmerzt, und er lässt sich vom Physio bei jeder Gelegenheit Eis auf die Gelenke binden. Seine Knie schmerzen sowieso. »Es ist fast peinlich, dass ich die meisten Rebounds in dieser Serie hole«, sagt er. »Aber werfen kann ich nicht richtig.« Miro Raduljica bewegt sich heute besser, sein Kreuzbein scheint langsam wieder an die richtige Stelle zu rücken. Coach Katzurin hat ihn bei der Videoanalyse vor der versammelten Mannschaft herausgefordert: »Entscheide dich«, hat er gesagt. »Entweder du beschwerst dich oder du spielst Basketball. Deine Entscheidung.«

Sven Schultze ist ein Thermometer. Er liegt vor der Bande und absolviert seine Vorbereitungsroutine: körperstabilisierende Übungen, Stretching, Konzentration. Sven hat schwierige Wochen hinter sich. Er hat in den ersten Spielen der Serie wenig gespielt, und wenn er Spielzeit bekam, war er nicht gut. Dass ihm der Coach in der Halbzeit des vierten Spiels über den Mund gefahren ist, hat ihm zugesetzt. Er hat sich nicht beschweren wollen, er wollte keine Konfrontation, stattdessen hat er sich mit seiner Frau beraten. Sven hat wie immer weiter trainiert, er hat sich vorbildlich verhalten. Er ist schweigsamer als sonst, er behält seine Scherze für sich. Aber die Mannschaft bemerkt solche Dinge, an Sven kann man die Temperatur des Teams ablesen. Er konzentriert sich. Mithat hat mit ihm gesprochen und ihm die Situation zu erklären versucht. Der Coach habe erst mal wieder Tadija ins Boot holen wollen, der brauche gerade einen gewissen Zuspruch, und Derrick habe gegen die Frankfurter von der Position fünf auf die Vier gewechselt. Svens Position, wenn auch völlig unterschiedlich interpretiert. Sven will spielen, und er weiß, dass er seiner Mannschaft helfen kann. Heute sitzen seine Eltern hinter der Bank, sie sind extra aus Bamberg angereist. Sven hat sich viel vorgenommen. »Wenn es darauf ankommt«, hat Mithat zu Sven gesagt, »dann wird sich der Coach auf dich verlassen.«

In der Kabine vor dem Spiel redet der Coach noch länger als gewohnt. »Guys, Frankfurt sieht dieselben Filmaufnahmen wie wir, sie sehen dieselben Mannschaften. Und sie sehen, dass sie sich den Rebound nehmen können, wann immer sie wollen. Heute entscheidet sich, ob wir Männer sind oder Mädchen. Seid hart. Nehmt eure Knie hoch, nicht die Eier!« Der Coach wird den lädierten Bryce gegen den erkälteten Julius austauschen. Er will das Spiel von Anfang an weit und schnell machen und die Frankfurter gleich zu Beginn zu langen Laufwegen zwingen. Er will sie müde machen. Unser Vorteil in der Mitte soll sichtbar werden, er will Yassin und Miro in Korbnähe gegen die kleinen und schmalen Frankfurter isolieren. Ohne die Hilfe ihrer giftigen Außenspieler sind Powell und Muurinen zu klein für Berlin. Die Mannschaft wird unruhig, aber Coach Katzurin erinnert noch einmal an die schnell wechselnden Verteidigungsvarianten. Im Training hat das Team an plötzlichen Systemwechseln in einer Verteidigungssequenz gearbeitet, von Zone auf Mann-gegen-Mann und umgekehrt. Manchmal etwas dazwischen. Die Hoffnung ist, dass die Frankfurter von dieser Taktik noch verwirrter sind als wir. »Let's go, guys!«, sagt der Coach, und die Mannschaft kommt zusammen. Huddle in der Kabine, Huddle im Gang, Huddle im Mittelkreis.

»Diesmal geht es mir nahe«, sagt Baldi. Er zeigt auf seinen Magen und macht eine Handbewegung, die wie Wringen oder Würgen aussieht. Er setzt sich auf die Presseplätze mit Sicht auf die Bank, mein Platz ist schräg dahinter. Die Lichter gehen aus, DaShaun Wood macht seine Klimmzüge am Ring, und die Skybembels direkt hinter uns werden noch lauter, als sie sowieso schon sind. Heute Morgen beim Training hat Baldi wie immer bei Auswärtsspielen seine Liegestütz gemacht, ein paar Sit-Ups und Rückenübungen. Jetzt sitzt er wieder direkt am Parkett, vornübergebeugt, das Gesicht in beide Hände gestützt. Wir sehen der Vorstellung der Spieler zu.

Marco Baldi ist ein schwer zu knackender Mann, er verliert selten die Fassung. Baldi argumentiert in Gremien, er verhandelt mit Agenten, er führt die Geschäfte. Er kalkuliert die Wirkung seiner Worte. In dieser Saison hat er Spiele verloren, den Trainer beurlaubt und Spieler entlassen. Er hat seine eigenen Überzeugungen überarbeitet. Er ist der Chef. Aber als die Spieler vor der Bank zum letzten Huddle vor dem entscheidenden Spiel zusammenkommen, sieht Baldi zur Hallendecke, als würde er beten. Die Spieler umarmen sich, einige distanziert, andere herzlich, zuletzt wie immer Femerling und Schultze. Plötzlich erinnere ich mich an die Fernsehbilder der letzten Meisterschaft, 2008, Baldi inmitten seiner Spieler, Femerling schüttelt den Meisterschild, und Baldi scheint mit den Tränen zu kämpfen. Er umarmt jemanden, den man auf den Fernsehbildern nicht erkennen kann. Jetzt sitzt Baldi direkt am Spielfeldrand, die Fotografen um ihn herum scheint er gar nicht wahrzunehmen. Der Manager hat seine Arbeit erledigt, jetzt wirkt er plötzlich machtlos. Wie wir alle. Ich schlage mein Notizbuch auf und will notieren, aber mir fehlen die Worte. Für ein Eingreifen ist es zu spät. Baldi sitzt unbeweglich. Angespannt. Konzentriert. Das Spiel beginnt.

Alba startet so fokussiert, wie der Coach es sich wünscht. Katzurins Plan geht auf. Der Ball läuft schnell, die Frankfurter Verteidigung muss laufen und kommt zu spät. Erst punktet Miro unter dem Korb, er ist schwerer und dreht sich schneller als seine Gegenspieler. Dann trifft McElroy zwei schnelle Dreier. In der Verteidigung ist er ständig vor Wood und neben Wood und um Wood herum. Nach einem weiteren Korb starrt er dem Einwerfer direkt ins Gesicht, leicht vornübergebeugt und bereit zur Verteidigung. Er hält den Blick, klatscht zwei-, dreimal in die Hände, die Cincinnati-Bearcat-Geste aus seinen Collegejahren, wenn sie den Gegner zerfetzen wollten: Zähne blecken, starren, klatschen. Und dann erstickende Verteidigung. Alba führt 13:26. Coach Katzurin wechselt heute wenig, er scheint zufrieden mit der Leistung seiner Starter.

Seine Zufriedenheit verfliegt im zweiten Viertel. Rochestie verschenkt gegen Robertson einen Rebound und wird gleich im nächsten Angriff böse abgeräumt. Zwei Ballverluste später ist Frankfurt zurück im Spiel. Coach Katzurin, der sonst selten laut wird, flucht hebräisch, damit ihn niemand versteht, und bringt Heiko Schaffartzik. Berlin startet Runs, aber Frankfurt geht nicht weg. Powell und McKinney treffen Dreier, Berlin verliert ein paarmal den Ball oder nimmt schlechte Würfe. Frankfurt holt auf. Yassin ist sichtlich müde, zumindest ist er nicht so konzentriert wie sonst und schließt einen Angriff aus schlechter Position mit einem wilden Hakenwurf ab. »Wir wollen ins Finale!«, schreit der Hallensprecher in jeder Auszeit, und Frankfurt ist dran. »Wir wollen ins Finale!«

»Wir müssen besser kommunizieren«, sagt der Coach in der Halbzeit. »Wir müssen als Team verteidigen, und wir müssen als Team angreifen. Bewegt den Ball, um Himmels willen! Und attackiert den Korb. *Attackiert den Korb!* Verdammt nochmal! Wenn wir hier gewinnen wollen, müssen wir zumindest ab und zu den Korb attackieren.« Wenn sich Coach Katzurin in Rage redet, bricht sein Akzent durch sein Englisch, seine Konsonanten verschwimmen, und sein scharfes S wird stumpf. Der Coach hat seine Rede beendet, aber Yassins Hakenwurf hat den Coach wütend gemacht, er schüttelt sein Taktikbrett in Richtung seines Centers. »Und wenn du noch einmal so einen Wurf nimmst, Yassin, dann hacke ich dir die Hand ab. *What is this? Four meter hook-shot out of nowhere?* Ich hacke dir die Hand ab! Das ist hier ein ernsthaftes Spiel! Wenn ihr keinen guten Wurf habt, spielt zum Teufel noch mal weiter, bis ihr einen findet!« Der Coach sammelt sich. »Zum größten Teil war es gut, Guys, lasst uns schnell und aggressiv sein. Greift an! *Push the ball!* Und wenn wir die Rebounds gewinnen, gewinnen wir das Spiel. *Let's go!*«

Heiko ist heute der bessere Aufbauspieler, er jagt Wood durch die Halle, zwei Mal stellt er ihn kurz hinter der Mittellinie. Rochestie sitzt und sieht zu. Derrick Allen, der noch vor wenigen Wochen tränenüberströmt in der Kabine vom Siegen gesprochen hat, ist vor seinem ehemaligen Publikum ein zuverlässiger Scorer. Aber Frankfurt bricht immer noch nicht, einmal sind es nur vier Punkte Vorsprung. Frankfurt verlässt sich überraschenderweise auf Quantez Robertson. DaShaun Wood hat bisher noch keine zehn Punkte erzielt, aber alle rechnen damit, dass er gleich aufwacht und explodiert.

Das Publikum ist hin- und hergerissen. In unseren Köpfen ist Raum für beide Möglichkeiten: Frankfurt kann gewinnen. Berlin kann gewinnen. Und weil das Spiel auf ein knappes Ende zusteuert, steigt die Lautstärke der Halle. Robertson verkürzt mit einem flatternden Dreier auf vier Punkte. Eine überraschend lange Weile trifft Alba vorne nicht, und als Derrick Allen sein viertes Foul kassiert, muss er auf die Bank. Coach Katzurin sieht die Bank hinunter und überlegt. Und ehe er Sven Schultzes Namen zu Ende gesprochen hat, sitzt Sven auf der Einwechselbank, er reibt sich kurz die Hände. Ich beobachte seine Eltern, ich beobachte Patrick Femerling, ich beobachte meine eigene Erwartung. Und dann betritt Sven Schultze das Feld.

Meine bisherige Saison war bestimmt von Ereignissen, mit denen die wenigsten gerechnet haben. Ich bin gewohnt, dass meine Voraussagen nicht eintreffen. »Pass auf«, sage ich zu dem Journalisten neben mir, obwohl wir den ganzen Abend noch kein Wort miteinander gesprochen haben. »Jetzt ein Dreier von Nummer sechs.« Der Journalist sieht mich fragend an, die Uhr geht an und Schaffartzik dribbelt nach vorne. Sven hängt leicht nach, er sieht, wie Heiko sich gegen zwei Mann festzudribbeln scheint. Schaffartzik wechselt die Richtung, Sven will einen Block setzen, aber Heiko nutzt den Block nicht aus. Also bietet Sven sich an. Er steht mit ausgebreiteten Armen direkt vor der Frankfurter Bank. Ich werde mir meiner gedrückten Daumen bewusst. Ich will Berlin gewinnen sehen. Heiko sieht Sven, er passt aus dem Doppeln heraus. »He's a microwave«, wird Taylor Rochestie später über Sven sagen. »Heats up quickly.«

Sven Schultze fängt den Ball genau sieben Sekunden, nachdem er das Spielfeld zum ersten Mal betreten hat. Er steht fast einen Meter hinter der Dreierlinie, das Spiel steht auf der Kippe. Der Frankfurter Muurinen, blass und unfassbar langarmig, sprintet in seine Richtung, aber Sven Schultze hat vor ein paar Tagen entschieden, dass er seine Gelegenheit nutzen wird, wenn sie sich bietet. Er weiß, dass er werfen kann, und deswegen wirft er ohne das kleinste Zögern. Jedes knappe Basketballspiel hat solche Augenblicke, in denen eine einzige Entscheidung die Temperatur des Spiels verändert. Wir sehen Sven werfen, wir sehen Muurinen fliegen, wir verfolgen den Ball, der ohne den Ring zu berühren ins Netz fällt.

Das Gefühl heißt Erleichterung.

Erleichterung, dass ein Wagnis belohnt wird. Dass Alba jetzt wieder mit sieben vorn liegt. Dass Übermut nicht bestraft wird. Dass der Wille, etwas beizutragen, zu einem entscheidenden Beitrag wird. Dass dieser Wille nicht dumm ist, sondern das Spiel entscheidet. Wer trifft, hat recht.

Sven wirft noch zwei weitere Dreier, einen Buzzerbeater, und die ganze Mannschaft ist im letzten Viertel derart erhitzt, dass der Sieg uns unter normalen Bedingungen nicht mehr zu nehmen ist. Ich scheue mich, an die nächste Runde zu glauben, ich schreibe: *(nicht zu früh freuen!)*

(nicht zu früh freuen!) (nicht zu früh freuen!), aber erst als die Ballsporthalle nur noch nach Pascal Roller schreit, der Frankfurter Legende in ihrem allerletzten Spiel, dämmert es mir, dass Spiel und Serie tatsächlich gewonnen sind. High Fives auf dem Weg in die Kabine, aber hinter der Tür dann müde Gesichter, Eisbeutel und der Geruch von Pferdesalbe. Yassin sitzt auf einem Tisch und baumelt langsam mit den Beinen. Ist das Glück oder völlige Erschöpfung? Mithat kommt mit der Statistik in der Hand in die Kabine. »Beste Serie deines Lebens, oder?«

Nach dem Spiel wird Tanzen gestattet, der Himmel leuchtet dunkelblau. Sven umarmt seine Eltern, weil er jetzt nach Bamberg kommen wird. »Wir sehen uns Sonntag«, sagt sein Vater. Die Spieler gehen durch ein Spalier aus gelbem Jubel zum Bus, Yassin strahlt, Bryce tanzt, Mithat sieht ehrlich froh aus. Wir fahren durch die Frankfurter Dämmerung, der Bus ist innen rot, samtfarben, feierfarben, krönungsfarben. An der Hotelbar trinken wir ein Bier, wir reden nicht viel vor Erleichterung, und bald verabschieden wir uns völlig ausgelaugt vom Barkeeper. Im Treppenhaus des Hotels umarmt mich Marco Baldi plötzlich sehr herzlich und echt, er haut mir auf die Schulter, er sieht älter aus als noch heute Morgen. Leichter auch. »Wahnsinn«, sagt er und schüttelt den Kopf. Er sucht nach fazitären Worten, aber findet keine. Ich stelle irgendeine Frage, von der wir beide wissen, dass die Antwort nicht von Belang wäre. »Wahnsinn«, sagt Baldi. Die Saison ist ein Erfolg. Und jetzt kommt der Showdown.

ENTSCHEIDUNG AN DER REGNITZ

DREIZEHN TAGE VOR DER ENTSCHEIDUNG ist die Mannschaft müde, aber glücklich. Sie hat zehn Playoff-Spiele in den Knochen, vor drei Tagen erst haben wir gegen Frankfurt gewonnen, vor zwei Tagen sind wir wieder in Berlin gelandet. Wir haben die Trikots gewaschen und die Kinder geküsst, heute treffen wir uns wieder. Der Sommer ist da, die Sonne knallt auf das Dach des Trainingszentrums, sie ballert durch die Fenster, der Staub flirrt in den schrägen Strahlen. Bryce und Sven spielen Eins-gegen-Eins. Der Bus nach Bamberg wartet schon, und weil so wenig Zeit ist, soll die Mannschaft am Morgen noch einmal trainieren, zumindest soll sie es versuchen.

Der Physio hat beide Hände voll zu tun, er bekommt einen Spieler nach dem anderen auf den Tisch. Es fühlt sich an wie ein Sommercamp, nicht wie das letzte Training vor dem ersten Finalspiel um die Deutsche Meisterschaft. Taylor Rochestie trägt Flip-Flops, die Jugos waren beim Friseur. Bryce trägt seine Oregon-Shorts, seine Glücksbringer, Sven eins seiner schwarzen Hemden aus Carife. Sven und Bryce sind schon vor dem Training tropfnass, sie arbeiten sich aneinander ab. Die anderen schauen zu und schreien ihnen ins Spiel, sie oohen und aahen bei jedem Wurf, den Sven heute Morgen nimmt, denn Sven hat die Mannschaft gerade erst ins Finale geworfen. Zum ersten Mal seit Kranjska Gora habe ich den

Eindruck, dass diese Mannschaft Deutscher Meister werden wird. Jetzt geht wieder alles von vorne los, jetzt ist alles möglich. Die allgemeine Erleichterung hallt durch das Trainingszentrum, der Mannschaft ist ein Stein vom Herzen gefallen.

Ein paar Stunden später überqueren wir die ehemalige deutsch-deutsche Grenze zwischen Thüringen und Bayern. Ich habe das Gefühl für Distanz und Zeit verloren. Ich weiß nicht mehr, ob wir immer noch oder schon wieder Richtung Westen fahren. Die Spieler sitzen wie festgenagelt auf ihren Plätzen – immer noch oder schon wieder. Sven liest die Schlagzeilen der letzten paar Tage, die seine Geschichte erzählen. »Operationen am Gesicht« titelt eine Zeitung, denn Coach Katzurin hat Sven nach dem Frankfurter Sieg als Gesicht der Mannschaft bezeichnet, und dieses Gesicht hat sich in der Frankfurt-Serie verändert. Auf der Pressekonferenz hat Coach Katzurin geklungen wie ein leicht melancholischer Oscargewinner. Er hat Konsti und Bobby als »mehr als nur Assistenten« bezeichnet, er hat sie Partner genannt. Die Frage nach der Identität der Mannschaft ist in dieser Saison zahllose Male gestellt worden, nach jeder Niederlage neu, nach jedem Spielerwechsel, nach dem Austauschen des Trainers. Die letzte Serie hat die Begeisterung und Identifikation der Fans neu befeuert, und die Journalisten scheinen sich von diesem Enthusiasmus anstecken zu lassen.

Schultzes mutiger Auftritt hat für ein paar Tage die Frage nach dem Charakter des Teams beantwortet. Jetzt soll seine Rückkehr nach Bamberg die Geschichte dieser Finalserie werden, die Fragen der Journalisten vor der Halle und kurz vor der Abfahrt des Busses deuten darauf hin. Heute Morgen hat er der ARD Fragen beantwortet.

Was er vom Bamberger Publikum erwarte? Welche Gefühle er habe, wenn er an Bamberg denke? Ob er sich vorstellen könne, für Bamberg zu spielen? Schultze kann diese Geschichte schon jetzt nicht mehr hören. Er hat ein Ziel, und Bamberg steht im Weg.

Zwanzig Stunden später sitzen wir zur letzten Videoanalyse im Schlosshotel, in einem anderen Zimmer wie noch im Winter unter Luka Pavićević. Heute ist es heiß, es gibt hier keine Klimaanlagen. Die Spieler tragen kurze Hosen und Badelatschen, die Coaches schwitzen. Bobby verzweifelt an der Hitze. Zur Feier des ersten Finalspiels stehen Obst und Eiscreme auf einem Tisch, die Eiscreme schmilzt vor sich hin. Konsti hat Videoclips zusammengestellt, die zwei Fragen beantworten: Wer sind wir? Und wer ist Bamberg?

In der Hauptrunde haben beide Mannschaften zweimal gegeneinander gespielt, Bamberg hat zweimal gewonnen. Einmal vernichtend in Bamberg, einmal knapp in Berlin. Die Bamberger sind ein eingespieltes Team, das meist mit vier guten Schützen und einem Center auf dem Spielfeld steht. Sie passen flüssig, sie werfen hochprozentig. Und sie sind schlecht auszurechnen. Bamberg hat sieben Spieler, die Topscorer sein können. Ihr Aufbauspieler ist der mit allen Wassern gewaschene John Goldsberry, ein exzellenter Passgeber und Balldieb. In den Videos der letzten Spiele trägt er halblange Haare und einen wilden Playoffbart, ein Dirigent im Holzfällerhemd. Er ist ein unangenehmer Gegner, weil er Basketball und Schauspielerei gleichermaßen beherrscht. Er ist ein Provokateur. »The league's #1 flopper«, steht in den Papieren. Alle wissen, dass Goldsberry das Spiel auf allen Ebenen spielt.

Der Forward Casey Jacobsen hat einmal für Berlin gespielt, er ist ein hervorragender Dreierschütze und galt eine Weile als bester Spieler der Liga. Die Berliner kennen ihn in- und auswendig. Jacobsen ist ein kalifornischer Mormone, an seinem College in Stanford ist er eine Legende. Er hat für die Phoenix Suns, Memphis Grizzlies und New Orleans Hornets gespielt, später in Spanien. Überall, wo er anheuert, lobt er das Publikum als die besten Fans der Welt. Die Berliner erinnern sich an seine Bubblegum-Freundlichkeit, aber auf dem Spielfeld ist er aggressiv und attackiert ohne Unterlass, er ist ein Trashtalker und Mitreißer. Sein Zahnschutz leuchtet, wenn er schreit und lamentiert.

Unter dem Korb beginnt Bamberg die Spiele mit dem jungen Tibor Pleiß, einem milchgesichtigen, aber riesigen 2,15-Talent. Wenn Pleiß ausgewechselt wird, kommt Kyle Hines, den sie Karl-Heinz nennen, ein Center mit unfassbarer Armspannweite und blitzschnellen Bewegungen. Hines ist ein besserer Spieler als Pleiß, älter und schlauer, aber er kommt von der Bank, um das zerbrechliche Selbstbewusstsein des Talents zu stabilisieren. Hines explodiert zum Korb, aber er wirft nur im äußersten Notfall von außen. Er wirkt sympathisch, und man hört Gerüchte, dass er Bamberg verlassen wird. Aber jetzt ist er da.

Genau wie Predrag Šuput da ist, der Spieler, den die Berliner am meisten fürchten. Šuput ist Šuput. Und auch der Rest des Teams besteht aus exzellenten Basketballspielern, die ihre Rolle im Team kennen und entsprechend spielen. Der korbgefährliche Aufbau Anton Gavel, ein äußerst unangenehmer Verteidiger, der mit Heiko Schaffartzik befreundet ist. Reyshawn Terry, ein gleichermaßen athletischer wie erratischer Flügelspieler. Der

Shooting Guard Brian Roberts, der in dieser Saison schon ein paar Spiele im Alleingang für die Bamberger gewonnen hat. Der Defensivhund Karsten Tadda. Ein schmaler Kader, aber mit großer Qualität, der durch ein paar talentierte Jugendspieler ergänzt wird. Der Bamberger Coach ist Chris Fleming, ein hagerer Mann, der einmal ein kräftiger Spieler war. Die Bamberger sind bereit, sie stehen seit Tagen in den Startlöchern. Sie spielen zu Hause, seit Tagen warten sie unruhig auf die Berliner. Sie scharren mit den Hufen wie Rennpferde mit guter Quote. »Sie werden uns gleich im ersten Viertel erledigen wollen«, sagt der Coach. »Seid nicht naiv.«

Und die Mannschaft wirkt nicht naiv, als sie zwei Stunden vor dem ersten Finalspiel ihre Zimmer verlässt. Sie wirkt gleichzeitig hellwach und todmüde. McElroy hat in den letzten Tagen Zahnschmerzen gehabt, aber ist nicht zum Arzt gegangen. In der Nacht vor dem Spiel hat er kein Auge zugetan. Der Doc ist nach dem Sieg gegen Frankfurt direkt ins West-Berliner Martin-Luther-Krankenhaus gefahren, weil er für zwei Nachtdienste und zwei Tagschichten eingetragen war. Er hat wenig geschlafen und viel operiert. Danach ist er direkt zum Zug und der Mannschaft hinterher. Als er in Bamberg ankommt, ist McElroy seit zwei Tagen wach. Also setzen sich Doc und Mac in ein Taxi und lassen von einem freundlichen Zahnarzt in Bischberg bei Bamberg mitten in der Nacht Macs Backenzahn aufbohren, um den Druck abzulassen und die Schmerzen zu lindern. Mac und der Doc sehen also müde aus, und Tadija trägt schon seit dem letzten Frankfurtspiel seinen gekränkten Stolz im Gesicht. Er hat fast nicht gespielt, und nach dem Spiel hat er sich geweigert, mit dem Coach in einem Aufzug zu fahren. In den Tagen danach hat sich

Coach Katzurin um ihn bemüht, denn das Team braucht ihn, um Šuput auszuschalten.

In der Sonne vor dem Hotel lagert eine russische Hochzeitsgesellschaft im Garten des Hotels, Sommerhemden und Panamahüte. In der Auffahrt steht der seltsam eckige Fuhrpark eines Lamborghini-Treffens, Camouflage-Boliden und Speedneedles. Die Spieler gehen schweigend an den russischen Gästen und italienischen Autos vorbei, aber Femerling und Sven werden für Fotos aufgehalten. Sie setzen ihr Lächeln für solche Gelegenheiten auf, aber man sieht, dass sie sich nichts lieber wünschen, als jetzt in Ruhe gelassen zu werden.

Als die Mannschaft das Schlosshotel verlässt, begegnen uns Hesse und Reiter, die beiden Referees, die das erste Spiel leiten werden. Die Spieler ignorieren die beiden, die Manager nicken ihnen höflich zu. Niemand sagt, was er denkt. Man beäugt sich. Reiter ist für seine Kraftlosigkeit in Heimhallen bekannt. Der Lärm scheint ihn weich und nachgiebig zu machen, er gilt als Heimschiedsrichter. Hesse stolziert braungebrannt durch die Hotellobby und bezahlt seine Minibarrechnung mit gewedelter Kreditkarte. Es kann losgehen.

Bamberg ist bereit, und Bamberger Bereitschaft bedeutet nichts Gutes für den Gegner. Als der Berliner Bus durch die schmalen Gassen fährt, bekommen wir eine Ahnung davon, was uns heute Abend erwartet. Bamberg ist eine malerische mittelalterliche Stadt, aber als Micha und Micha uns langsam durch die putzige Kulisse navigieren, zeigt uns die mittelalterliche Universitätsstadt ihr heutiges Gesicht. An jedem dritten Auto hängen Bamberger Wimpel, die Häuser und Geschäfte tragen das Grau und Rot der Brose Baskets. Ein weißhaariges Rentnerpaar steht auf einer Brücke, er schüttelt seinen Gehstock in Richtung Bus, sie reckt beide Mittelfinger, ein absurder Anblick.

»Ich habe ein seltsames Gefühl«, sagt Bobby und blickt den schimpfenden Senioren nach. »Drei zu Null für uns.«

»Ich hatte ein gutes Gefühl«, sagt Mithat. »Aber dann hat Bobby ein Drei zu Null vorausgesagt.«

Für eine Weile wird der Weg zur Straße von einem Biermobil blockiert, einer Mischung aus Fahrrad und Tresen, mit einem Lenker und zehn pedaltretenden Trinkern. Alle tragen Rot. Ein Bierglas fliegt Richtung Bus, aber verfehlt uns um Längen. »Wenn wir Meister werden«, sagt einer der Busfahrer, »dann fahre ich euch mit so einem Ding durch die Stadt.«

Als wir die Bamberger Halle betreten, werden wir von den Helfern abschätzig gemustert. Sie sehen an uns vorbei, sie drehen uns den Rücken zu, sie tun so, als wüssten sie nicht, wer wir sind (sie spielen das Spiel vor dem Spiel). Wie beim letzten Mal ist Predrag Šuput auch heute schon längst in der Halle und wirft sich warm, er begrüßt Yassin wie einen alten Bekannten und lächelt dazu sein trickdiebisches Lächeln. Die Fernsehkameras sind da, die Experten und Kameraleute. Das kalte Licht, die große Bühne.

Die Bamberger Halle ist ein Wirrwarr aus Werbetafeln und Sponsorenbannern, ein grau-schmutzigrotes Durcheinander. Sie macht es einem leicht, sie nicht zu mögen. Sie mag uns auch nicht. Die Trommler räumen ihre Instrumente in die Halle, die Fanclubs hängen ihre *Alba-*

Killer-Plakate auf. Gerade ist Soundcheck, ein Mallorca-Schlager mit Bamberg-Text dröhnt durch die Halle, Freak-City-Schalala. Svens Vater Rudi begrüßt seinen Sohn heute in violettem Hemd.

»Blau für Berlin und Rot für Bamberg«, sagt er. »Ergibt Lila.«

»Schultze raus«, sagt ein vielleicht fünfzehnjähriges Mädchen, als sie ihre Trommel an uns vorbeischleppt. Sie lächelt nicht, sie meint es ernst. Das Mädchen sieht aus, als würde sie selten lachen, eine irritierende Humorlosigkeit liegt in der Luft. Ihre kindliche Determiniertheit gibt mir auf einmal ein ungutes Gefühl.

Im Spielertunnel wartet Ravi Sharma von Sport1 und fragt Sven, ob dieses Spiel für ihn als Bamberger besondere Bedeutung habe. Sven sieht zu Boden. Nein, sagt er diplomatisch, das sei das Finale, es gehe hier nicht um ihn und Bamberg, es gehe um die Deutsche Meisterschaft.

Die Gästekabine ist Teil des Spiels. Es gibt professionelle Kabinen, es gibt Schulumkleiden. Die Gästekabine ist immer ein Signal an den Gegner. Wenn man die Gästekabine betritt, wird einem klar, was man zu erwarten hat. Die Gästekabine setzt den Tonfall. In Berlin ist die Gästekabine größer als die der Heimmannschaft, hier zieht sich sonst eine Eishockeymannschaft um. Sie hat ein Ermüdungsbecken, es gibt kalte Getränke, es gibt ein Therapie- und Massagezimmer. In Oldenburg sind die Kabinen hellhörig wie ein Zeltplatz. Während der Besprechung hört man die Spülung der Toiletten und Musik von irgendwoher. Man wird herzlich begrüßt und bekommt frischen Kaffee – aber dann wird man mit einer Niederlage nach Hause geschickt. In Quakenbrück steht an der Kabinentür »Mädchen«. Die Spieler passen kaum auf die schmalen Bänke und direkt nebenan hat »Tobi der Drache«, das Quakenbrücker Maskottchen, eine Kabine ganz für sich allein. In Sevilla sind die Wände aus kahlem Beton, und vor der Tür wacht ein uralter Mann mit Cowboyhut und Winterjacke wie ein Totengräber über die Gäste. In Caserta steht »Ultras for Life« über den Spülsteinen (Piccolo erzählte mir die Geschichte von der Besetzung der Halle durch die Fans, von Morddrohungen und dem Zwang, zu siegen). In Frankfurt sind die Kabinen nagelneu und nüchtern, zwei riesige Räume, und dazwischen etliche Duschen, Bäder und Gänge. Ein verwirrendes Konstrukt, in dem die Gastmannschaft die Übersicht verlieren soll und ihre Mitspieler aus den Augen. In diesem Jahr hat es nicht geholfen.

Die Bamberger Gästekabine ist eine unmissverständliche Ansage. Ihr sollt euch hier gar nicht erst wohlfühlen, sagt sie, ihr könnt gleich wieder gehen. Ihr *wollt* gleich wieder gehen. Der Linoleumboden ist ungewischt, die Reste des zuletzt zerschlagenen Gegners Artland Dragons sind zur Abschreckung überall im Raum verteilt, Bananenschalen unter der Bank, Socken auf den Jackenhaken, die vergeblichen Taktikbretter und Tape-Rollen in der Ecke. An einem Ende des Raums steht ein orangener Blechspind, jemand hat »Wir holen uns den Titel zurück, Alba Berlin, oder er geht nach Bonn« mit schmieriger Handschrift auf das Blech geschrieben, ein Kaugummi als Komma. Niemand weiß, wer das geschrieben hat und von wann es stammt. Niemand weiß, was es bedeuten soll. Der Physio versucht, seine Liege aufzubauen, aber zwischen drei Waschmaschinen und mehreren Wäscheständern voller Wischmopps ist kein Platz für die Pflege der geschundenen Gästeknochen. Fliegen kreisen um den Mülleimer wie Geier um ein totes Tier. Ein vergessenes Playbook der Dragons liegt in der Dusche, sämtliche Systeme liegen offen, sämtliche Pläne sind nutzlos gewesen. Die Halle ist zu hören, ein bedrohliches Dröhnen und Krachen. »Nichts hat den Dragons geholfen«, sagt uns die Kabine, »und euch wird auch nichts helfen. Auch eure Überreste bleiben hier.«

Coach Katzurin belässt es bei technischen Anweisungen. »Don't be naive, guys«, wiederholt er zum Schluss noch einmal. »Die wollen uns gleich im ersten Viertel killen. Wir müssen von Anfang an da sein.« Dann Huddle, dann noch einmal fünf Minuten Zeit für Aspirin und Eis und Tapes, vier Minuten unter Kopfhörern, drei Minuten auf der Toilette, zwei Minuten am Telefon, eine Minute der Selbstvergewisserung. Dann: Schweigen. *Schweigen mit Alba Berlin in einer winzigen und unfassbar verlotterten Kabine,* notiere ich, *kurz vor dem ersten Finale um die Deutsche Meisterschaft.* Während der ganzen Saison habe ich nicht daran gedacht, aber jetzt fällt mir auf, dass nur Spieler und Trainer in der Kabine sind. Und ich. Ich bin mittendrin. Wir schweigen.

Die Spieler sitzen im Vorraum zur Hölle und warten. Das Dröhnen wird lauter, die Bamberger werden jetzt die Halle betreten. Dieses erste Dröhnen ist eine harmlose Ouvertüre des unfassbaren Lärms, der hier bei großen Spielen herrscht.

»Darüber haben wir das ganze Jahr gesprochen, dafür haben wir das ganze Jahr gearbeitet!« Zwischen Waschmaschinen und Reinigungsequipment bricht ausgerechnet Julius Jenkins die Stille und seine eigene Verschwiegenheit. Wie wir alle hat er nicht damit gerechnet, jetzt hier zu sein und am Ende dieser wilden Saison noch eine Chance auf die Meisterschaft zu haben. In Bamberg. Mit Berlin. »Playoffs!«, ruft Julius. »Finals! We're here!«

Rochestie schubst Jenkins, wie sich Spieler schubsen, um sich anzustacheln. »I'm hyped!«, sagt er und schubst Miro, Miro schubst Tadija, Tadija schubst Staiger. Rochestie wiederholt immer wieder sein Mantra der Stunde: »I'm hyped! I'm hyped! I'm hyped!« Yassin legt seinen Arm um Schaffartzik, McElroy spuckt in die Ecke des Gangs, Femerlings Gesicht nimmt wie auf Kommando die gewohnt konzentrierte Blässe an.

Die Spieler stehen wie Gladiatoren in den Katakomben eines Kolosseums, sie rasseln mit den Ketten und erwarten einen Löwen. Trainer und Manager sehen zu. Ich sehe zu. Ich sollte fotografieren, denke ich, aber meine Kamera liegt im Bus oder in der Kabine. Konsti wirkt nervös. Er sortiert seine Papiere und starrt in sein Telefon. Bobby scheint regelrecht in seinen Ritualen und Gebeten gefangen, seine Linke schlägt ein Kreuz, die Rechte hangelt sich seine Gebetsketten entlang.

»Eine Minute«, ruft Konsti, und die Spieler formen einen Kreis. Schultze in ihrer Mitte geht von einem zum anderen, langsam erst, dann beginnt er zu tanzen und toben wie ein Derwisch, die Stimmen werden lauter und lauter, dann gehen die Fäuste zusammen.

»Finals, Baby!«, brüllt Sven. »We know what we gotta do!«

Wir wissen, was zu tun ist, wir atmen ein, wir atmen aus. Wir atmen ein. Die schwere Stahltür öffnet sich. Die Mannschaft tritt hinaus in die Bamberger Halle.

Coach Katzurin richtet seine Krawatte.

»Wer jetzt nicht motiviert ist«, sagt er, während sein

Team in der Halle verschwindet. »Wer jetzt nicht spielen will und sein Bestes gibt, der ist nicht für den Sport gemacht. Der ist kein Basketballspieler.«

Dann betreten auch wir die Arena.

Die Kulisse muss für den neutralen Zuschauer beeindruckend sein. Die Halle trägt Rot. Rote Perücken, rote Schminke, rote Teufelshörner. Ihre Trommeln sind nicht einfach laut, sie donnern direkt in die Gedanken. Die Pyrotechnik kracht. Bedrohlich kreisen dunkelrote Strahler über das Parkett. Der Hallensprecher ist ganz in Weiß gekleidet, er kaut sein Kaugummi wie ein Stier sein Gras. Die zweihundert Berliner Fans sind weder zu sehen noch zu hören. Wenn die Kulisse das einzig Entscheidende wäre, hätte Berlin heute keine Chance. Ich suche nach dem Trommlermädchen in der Menge, ich befürchte das Schlimmste, ohne genau zu wissen, was schlimmer sein könnte als die letzte Niederlage hier. In der Menge sind keine Gesichter auszumachen, es scheint mehr Wut als Freude zu herrschen.

Die Berliner Bank ist umzingelt von Rot. Die Journalisten verstopfen ihre Ohren mit Wachswatte. Und dann kündigt der Hallensprecher die Nationalhymne an, und Gotthilf Fischer wird in den Mittelkreis geführt. Er dirigiert eine alte Aufnahme der deutschen Nationalhymne, und die Halle singt mit. Ein alter Mann steht im Mittelkreis einer Turnhalle und dirigiert einen atonalen Chaos-Chor. Hinter der Berliner Bank beginnen zwei Männer mit fransigen wilhelminischen Schnurrbärten zu pöbeln. Tommy solle sich hinsetzen, man könne nichts sehen, sie hätten schließlich bezahlt. *Setz dich hin!* Plötzlich ist die Bedrohlichkeit der Inszenierung verflogen.

Und dann wird das Spiel den großen Erwartungen nicht gerecht, nicht sofort jedenfalls. Es ist ein zögerliches und vorsichtiges Abtasten. Coach Katzurin sucht die funktionierende Fünf, er wechselt schnell und spielt schon im ersten Viertel mit zehn Spielern. Er ist ein Coach, der Taschenspielertricks beherrscht (später wird man ihn dafür kritisieren). Beide Mannschaften scheinen sich zu prüfen. Erst als kurz vor Ende des ersten Viertels Sven gegen Casey Jacobsen verteidigt und dabei zu Boden geht, als der Schiedsrichter auf Verteidigerfoul entscheidet, glasklar für das entrüstete Bamberger Publikum und völlig unerklärlich für die Berliner, erst als der Amerikaner den unter ihm liegenden Sven anbrüllt, »Get off the fucking floor you pussy«, als die Schiedsrichter dabei nicht genau hinhören, die Spieler auf dem Feld aber sehr wohl, und als es daraufhin zu ein paar kleinen Schubsern kommt, finden Erwartung und Wirklichkeit zueinander. Die Halle erklärt Sven Schultze zur persona non grata. »Schultze raus, Schultze raus!«, skandieren die Bamberger, und ich frage mich, was genau zu dieser Abneigung geführt hat. Bamberg führt, dann holt Berlin auf, 19:18. Das Finale hat begonnen.

Einer der beiden Schnurrbartträger in der ersten Reihe hinter der Bank gerät langsam in Wallung. Er sitzt zwar leicht erhöht, aber wenn die Spieler aufspringen und anfeuern, nehmen sie ihm die Sicht. *Setzen!* Als das Spiel Fahrt aufnimmt, verliert der Schnurrbart die Fassung. Er nölt in Tommys Ohren, wenn der seine Handtücher sortiert, er brüllt auf Femerling ein, wenn er sein Handtuch schwingt. Er flucht und zetert und lamentiert. Er habe bezahlt, um Bamberg spielen zu sehen, also sollen sich die Berliner Spieler setzen. Ein Theaterbesucher, der die

Schauspieler beschimpft. Schließlich beginnt er, Tommy auf die Schulter zu tippen, wenn der in seine Nähe gerät. Tommy ist sichtlich bemüht, den Mann zu ignorieren, aber er scheitert. Der Schnurrbart scheint das Spiel aus den Augen zu verlieren, für das er bezahlt hat. Seine ganze Konzentration gilt jetzt der Bank und dem Teambetreuer vor ihm. Er hält die Hand zum Tippen bereit in die Luft, und als Tommy wieder in seine Nähe kommt, tippt er zu.

Tommy Thorwarth ist einiges gewohnt, aber als er sich umdreht und die Hand des Schnurrbarts von seiner Schulter entfernt, als er den zudringlichen Mann aus seiner Privatsphäre stößt, wird er Zeuge eines unerwarteten Schauspiels. Der Schnurrbart sinkt zurück auf seinen Sitz, als könne er sich nicht zwischen Herzanfall und K. o.-Schlag entscheiden. Vielleicht sogar ein Blitz. Es kommt zu Gebrüll und Gezeter. Sicherheitsleute werden hinter die Bank beordert. Ich fotografiere, und als mein Fotografieren bemerkt wird, wird von irgendwo gespuckt, aber mein Bamberger Nachbar getroffen. Die Rotze läuft seine rote T-Shirt-Schulter hinab. Der Schnurrbart brüllt und klatscht weiter.

Aggressive Grundstimmung & Kleingärtnerhass, notiere ich und bemerke dabei meine eigene Aufregung, meine eigene vollkommene Parteilichkeit. Mir ist klar, dass die Bamberger Kulisse von ebendieser Aggressivität lebt. Bamberg hat nichts zu verschenken. Bamberg will nicht freundlich sein, Bamberg will Meister werden. Eine großartige Kulisse, aber auch ich will eine Meisterfeier beschreiben, deshalb bin ich seit zehn Monaten unterwegs. Ich bin nicht neutral, ich bin es nie gewesen. Für den Rest des Spiels sieht der Schnurrbart zufrieden aus, denn er hat erreicht, was er wollte: Die Kulisse ist in unseren Köpfen angekommen.

In der zweiten Halbzeit nutzen die Bamberger die Berliner Schwächen besser aus, sie sind härter und kompromissloser. Es ist, als setzten sie jetzt konzentriert um, was das Publikum verlangt. Es ist, als hätten sie die erste Halbzeit gebraucht, um unsere Schwächen zu erkennen, um sie nun gnadenlos zu nutzen. Und weil die Schiedsrichter genauso pfeifen wie erwartet, setzt sich Bamberg ab und gewinnt am Ende 90:76. Ein deutliches Ergebnis für ein knappes Spiel.

In der letzten Szene macht sich Bryce gegen John Goldsberry frei, und der Direktor des Bamberger Spiels knickt um. Der Bamberger Coach sieht nach Abpfiff nach seinem Regisseur, anstatt den Berliner Coaches die Hand zu reichen. »Arrogant bastard«, sagt Bobby und verschwindet im Tunnel.

In der Kabine bleibt die Stimmung hitzig. »Das sind die Playoffs«, flucht Femerling. »Die hauen uns eine rein, und wir geben denen die Hand? Fuck! This is the playoffs, fuck!«

Berlin hat verloren, aber niemand lässt die Köpfe hängen. Alle wissen, dass die Serie gerade erst begonnen hat. Alle wissen, dass Julius heute nur drei Punkte erzielt hat. Dass McElroy vor Zahnschmerz und Schlafentzug neben sich stand. »Wir haben gegen zwölf Mann gespielt, gegen 8000 Leute und drei Schiedsrichter«, sagt Derrick Allen, der für die wichtigen Zusammenfassungen zuständig ist. »Wir müssen aufhören, uns mit dem ganzen Bullshit zu beschäftigen. We have to fucking focus! Wir sind ganz nah dran.«

8. JUNI 2011. Coach Katzurin gerät unter Beschuss. Während der Fernsehübertragung des ersten Finalspiels hat Frank Buschmann, der kommentierende Basketballeuphoriker vom Fernsehsender Sport1, die Wechseltaktik des Coaches kritisiert. Zumindest wird uns das nach dem Spiel erzählt. Katzurin würde die Spieler verunsichern, die schnellen Wechsel würden den Rhythmus des Teams zerstören. Zwischen Heiko Schaffartzik und Taylor Rochestie stimme die Chemie nicht, soll Buschmann gesagt haben. Bei einem Wechsel hätten sich die beiden unschöne Worte gesagt. Nach dem Spiel soll Buschmann zu Mithat gekommen sein, um sich zu erklären oder zu rechtfertigen. Aber die Basketballwelt ist klein. Buschmanns Kritik ist noch während des Spiels in den Internetforen diskutiert worden, seine Formulierungen sind zitiert und wiederholt worden, sie sind längst als Tatsachen im Umlauf.

Nach dem Spiel standen die Berliner Journalisten zunächst noch im Tunnel vor der Kabine, und ihre Artikel am nächsten Morgen waren Beobachtungen aus erster Hand. In den Tagen nach dem Spiel tauchen Buschmanns kritische Bemerkungen dann auch in einigen Zeitungen auf. Plötzlich ist die Rede von einem Chemieproblem auf der Aufbauposition und von der Planlosigkeit des Trainers (»Chaos-König« wird der Coach genannt).

Basketballspiele kann man auf völlig unterschiedliche Weise lesen, notiere ich. Jeder sieht, was er sehen kann. Jeder sieht, was er schon kennt. Jeder sagt, was er weiß. Alle wollen erkennen, woran sie sowieso glauben. Über Spielerzwist und Coachingfehler zu schreiben, ist oft einfacher und für die meisten spannender, als die komplexen taktischen Überlegungen zu durchschauen und zu besprechen.

Was die Zeitungen schreiben und was die Zuschauer sehen, unterscheidet sich in der komplex anspruchsvollen Playoff-Zeit sehr deutlich von den Strategien und Überlegungen, an denen die Mannschaft arbeitet. Ich habe Mühe zu folgen.

Basketball wird auf einer Bühne gespielt, fast wie ein Theaterstück. Die Mannschaften sind die Schauspieler, der Trainer führt Regie, die Manager sind die Intendanten. Die eine Hälfte des Spiels ist eine Aufführung, *Macbeth* meinetwegen. Der Rest ist Improvisation. Das Publikum leidet mit, ist wütend oder trauert. Wenn das Spiel vorbei ist, nimmt der Zuschauer seine Gefühle mit nach Hause, die Journalisten schreiben über die Inszenierung und das Stück. Aber die Schauspieler gehen in die Kantine und kehren in ihr Leben zurück, Macbeth und Macduff trinken gemeinsam ein Bier. Gavel und Schaffartzik stehen hinter der Bühne und scherzen.

Die Spieler verfolgen in dieser Saisonphase die Berichterstattung nur selten. Coach Katzurin kennt die Mechanismen der Presse gut und ignoriert sie, wo er kann. Er ist freundlich, weil er freundlich sein muss.

Die Coaches erörtern ihre Rotation. Sie diskutieren die Matchups, wer gegen wen, defensiv, offensiv. Sie diskutieren ihr Arsenal an Spielzügen und beschließen Variationen. Sie passen das Team dem Gegner an und antizipieren dann die möglichen Anpassungen des Gegners. Bamberg und Berlin sind amorphe Formen. Und Videos, immer wieder Videos. Die Coaches sehen Videos des letzten Spiels und extrapolieren das Gesehene in die Zukunft. Spiel zwei, Spiel drei. Von Spiel vier zu sprechen verbietet der Aberglaube.

Ich gerate an die Grenzen meines Spielverständnisses, und selbst Konsti kann mir das Wenn und Dann und Aber und Vielleicht der Überlegungen nicht mehr völlig plausibel machen. Es ist zu wenig Zeit. Ich bemerke, dass auch ich meist nur die Dinge beschreibe, die ich beschreiben kann, weil ich sie kenne. Ich muss mir eingestehen, dass mir für den Rest oft die Worte fehlen. Es kommt mir vor, als säßen die Coaches im Büro und spielten eine komplexe Partie Schach. Die Spieluhr tickt. Ich sitze daneben und kann nur das Schwarz-Weiß der Spielfiguren beschreiben.

Bis zum nächsten Spiel ist gerade genug Zeit für ein paar Stunden Schlaf und einen halben Nachmittag mit den Kindern. Einen halben Nachmittag Tiefschlaf. Ein langes Telefonat. Zeit ist in diesen Tagen so knapp bemessen, dass es sich anfühlt, als wäre die ganze Serie ein Tennisspiel mit drei Gewinnsätzen. In gleißender Sonne. Wir tragen Flip-Flops. Ich bin geblendet.

Seltsam: In der Kabine wird in diesen Tagen viel gelacht. Schaffartzik und Rochestie sind so zerstritten wie Ernie und Bert. Von ihrem Zerwürfnis ahnen sie nichts. Die Mannschaft wirkt mehr denn je wie eine Einheit. Als habe jeder Spieler seine Rolle und ihre Bedeutung für die Mannschaft begriffen. Heiko und Taylor werfen sich bei Auswechslungen oft Nonsens an den Kopf und gestikulieren, als würden sie erbost Kommandos geben. »Lollipop, Lollipop«, sagt Schaffartzik bei seiner Auswechslung und zeigt Richtung Goldsberry oder Roberts. »Lollilollilollipop.«

    »Blablabla«, erwidert Rochestie und guckt fachmännisch.

Vor dem Training sitzen die beiden in der Ecke und machen Witze. »Meine Wohnung ist eine verfickte Sauna«, sagt Rochestie. »Ich dusche, ich setze mich aufs Sofa, und nach einer halben Stunde kann ich an nichts anderes denken als an die nächste Dusche.«

»Vielleicht machst du mal deine Heizung aus«, erwidert Schaffartzik.

Im Training ist der Tonfall härter und konzentrierter. Auf der Rückfahrt aus Bamberg sieht die Mannschaft den Film *Law Abiding Citizen*. Ein Familienvater aus Philadelphia rächt sich an dem Mörder seiner Frau und Tochter, bringt dann die Strafverteidiger des Mörders um und nimmt schließlich Rache an der Justiz Pennsylvanias, blutig und spektakulär. Um den Bus herum tobt passenderweise ein Sommergewitter, die Blitze scheinen aus dem Film selbst zu stammen. Alle sehen zu, Spieler, Trainer und sogar Coach Katzurin. Unten im Bus philosophiert Bobby über Rachekonzepte. Oben im Bus werden Vorsätze gefasst. Im ersten Spiel haben die Bamberger getrashtalkt und gefloppt, sie haben sich in den Köpfen der Berliner eingenistet, Stück für Stück haben sie uns die Konzentration geraubt. Jetzt finden Femerling und Schultze klare Worte. »No shake-hands«, sagt Femerling. »Wenn sie wieder anfangen, zu quatschen«, sagt Schultze und donnert seine Faust an die Rückenlehne vor ihm, »dann boom!«

Coach Katzurin wird die Taktik ändern. Auf den kleinen Positionen will er anders rotieren, er ordnet eine Mann-gegen-Mann-Presse über das ganze Spielfeld an. Miro Raduljica sollte eigentlich beweglicher als Tibor Pleiß sein, schwerer ist er sowieso. Tadija hat gegen Šuput gut funktioniert. Er hat sich seit dem letzten Spiel der Frank-furt-Serie beruhigt, der Coach hat ihm immer weiter gut zugeredet und bei einer Auswechslung seine Wange ge-tätschelt. Das erste Finalspiel hat Tadijas Ego gekühlt, für eine Weile versteht auch er wieder seine Rolle im Team. Bei McElroy geht es eigentlich nur darum, ob er diesmal genug Schlaf bekommen hat. Das Team versteht jetzt, dass ein Meistertitel für die turbulente Saison ent-schädigen würde. Die Mannschaft weiß, dass jeder Ein-zelne von der Meisterschaft profitieren würde. Es würde ein Monatsgehalt Prämie geben, für manche sogar mehr. Die Meisterschaft wird von einer abstrakten Idee zu ei-nem konkreten Vorhaben. Die Mannschaft ist im Finale angekommen.

In den letzten Tagen war es schwül in Berlin, und Bobby stand trotz der Hitze jeden Tag in seiner Regenjacke auf dem Laufband. Dann gingen die Gewitter nieder, vor dem Fenster steht heute eine solide Wasserwand. Bobby legt dem Coach seine taktischen Änderungsvorschläge schriftlich vor, ein Stapel nervöser Skizzen, Tabellen und Diagramme. Auf der Plexiglaswand hinter Katzurin sind sämtliche Taktikideen und -änderungen visualisiert.

»Staiger is ready to play«, sagt Bobby. Coach Katzurin überfliegt die Papiere, Bobby schultert seine Taschen und Täschchen. »Es sei denn, er isst vor dem Spiel wieder Su-shi oder so was.« Coach Katzurin schmunzelt. »Aber sag ihm das nicht, sonst kommt er mir völlig unterzuckert zum Spiel.«

Nachdem Bobby im Regen verschwunden ist, legt der Coach die Unterlagen zur Seite und steht auf. Er starrt auf die Plexiglaswand. Normalerweise ist er immer der

Erste, der geht. Aber heute gewittert es, heute müssen wir ausharren und formulieren und beschwören. Mir fällt auf, dass die Schnapsflasche mit dem gläsernen Basketballer seit letztem Sommer unberührt auf dem Schreibtisch steht, ein gläsernes Geschenkdenkmal für Luka Pavićević.

»Wir brauchen diesen Sieg«, sagt der Coach mehr zu sich selbst als zu uns. »Unbedingt. Wir brauchen diesen Sieg. Dann haben wir eine Best-of-Three-Serie. Und das ist dann eine ganz andere Geschichte. Ganz einfach. *Wir brauchen diesen Sieg.*«

Kurz vor Spielbeginn ist Zeit für Voraussagen. Außer Bobby haben sich während der Saison die meisten mit Prognosen und Tipps zurückgehalten. Heute allerdings ist die Ungewissheit so groß, die Offenheit des Ergebnisses so verunsichernd, dass fast alle über die Zukunft sprechen wollen. Oder was sie dafür halten. Die Spieler. Die Geschäftsstelle. Max Drübeck an der Tür. Die meisten tun es hinter vorgehaltener Hand und mit dem Nebensatz, dass sie eigentlich niemals Spielergebnisse tippen würden. Nur heute. Ausnahmsweise. Alle wissen, dass es fast unmöglich wird, die Meisterschaft zu gewinnen, wenn man heute verliert. Alle wollen einen Sieg herbeiprognostizieren. Mit einem 2:0-Rückstand nach Bamberg zu fahren, wäre der sichere Sweep.

Vor dem Spiel ist Zeit für Rituale. Während die Mannschaft im Hotel ausruht, schwimme ich 45 Bahnen für 45 Minuten Konzentration (falls es eine Verlängerung geben sollte). Später mache ich meinen Rundgang durch die Halle, vielleicht zum letzten Mal. Ich trinke meinen Espresso mit Samii Selant. Als ich zurückkomme, schwören sich die Bamberger in den Katakomben auf das Spiel ein, Pleiß stößt mit dem Kopf fast an die Neonröhren (sie scheinen zu beten, aber ich bin mir nicht sicher).

Konsti schreibt mir eine Textnachricht aus der Kabine der Coaches: *Guter Regen. Wäscht Bamberger Druck/ Dreck weg. Momentaner Zustand: Ahnung, dass alles auch ganz anders aussehen kann & Hoffnung, dass Bobby heute nichts prognostiziert.*

»Wisst ihr, wie viele Spiele ihr in diesem Jahr gespielt habt?« Coach Katzurin hat seine technischen Anweisungen beendet, aber seine Faust bleibt unten. Er hat noch etwas zu sagen, er entlässt die Mannschaft noch nicht in die Halle. Der Coach wartet und wartet und sieht seine Spieler an. Ich sitze zwischen Schultze und Dragićević und beobachte die wippenden Beine, die knackenden Finger, den immer wieder neu gerichteten Krawattenknoten. Die Luft steht in der Kabine, die Zeit steht still.

Ihre Gesichter. Wir sind seit fast zehn Monaten gemeinsam unterwegs. Baldi hat die Arme verschränkt, er wirkt in sich gekehrter denn je. Nach dem Spiel in Hagen hat er von der Angst gesprochen, die das Gewinnen unmöglich machte. Die erste Playoff-Runde gegen Oldenburg war noch bestimmt von dem Druck, nicht verlieren zu dürfen, Erwartungen nicht zu enttäuschen und als Team nicht schmählich zu scheitern. Die Frankfurt-Serie oszillierte zwischen Bedenken und Euphorie. Jetzt ist die Angst verflogen, der Druck stammt nicht mehr aus der Angst vor Niederlagen, er ist nach vorn gerichtet.

Die Fehler im ersten Spiel gegen Bamberg waren so deutlich sichtbar, dass sie einfach korrigierbar scheinen. Die Spieler wissen, dass sie Bamberg schlagen können. In ihren Gesichtern liegt eine Vorfreude, die ich in diesem Jahr selten gesehen habe.

»Wie müde seid ihr?«, fragt der Coach, und die Spieler ermessen die Schwere ihrer Körper. »Wie oft habt ihr in diesem Jahr trainiert? Wie viele Tage wart ihr unterwegs? Wie viele Spiele habt ihr gespielt?« Bryce Taylor hält seine Hände gefaltet, Femerling denkt an die Wochen und Monate in den Schlingen und Gewichten des Rehazentrums, McElroy denkt an Zuhause. Denke ich.

Der Coach lässt seine eigenen Fragen in der Kabine verhallen. Die Augenringe der Spieler sind Antwort genug. Die Tapeverbände und Eispakete und betenden Hände.

»Es ist ganz einfach«, sagt Katzurin. »Wir müssen drei Spiele gewinnen, dann sind wir Champion.« Der Coach stellt sich in die Mitte der Kabine und sieht sich um. »It's that simple.« Dann hebt er die Faust, und die Spieler springen auf.

One

    two

        three

            Alba!

Und sofort liegen wir 0:8 hinten. Der Halle stockt der Atem. Berlin trifft nicht, Bamberg trifft. Coach Katzurin wechselt wieder schnell, aber findet nicht das richtige Team. Die taktischen Varianten funktionieren alle nicht, Bamberg spielt die Ganzfeldverteidigung auch ohne ihren verletzten Strippenzieher John Goldsberry geduldig aus. Raduljica vergibt einen freien Dunk. Coach Katzurin nimmt eine Auszeit und redet auf die Mannschaft ein. Die Spieler hören aufmerksam zu. Der Bamberger Coach Chris Fleming sagt kein einziges Wort zu seiner Mannschaft. Er schweigt und beobachtet die Berliner.

Beim Stand von 6:21 nimmt der Coach noch eine Auszeit, und Marco Baldi beugt sich zu mir. »Pass auf«, sagt er, »wir gewinnen dieses Spiel«, und ich bin mir nicht sicher, ob seine Worte beschwörend oder selbstvergewissernd gemeint sind. Vielleicht sind sie der letzte Strohhalm. »Schreib dir auf, dass ich das gesagt habe«, sagt Baldi. »Notier dir das!«

Seine Worte sind Seherei. Im zweiten Viertel greifen die taktischen Ideen der Coaches plötzlich, und Alba legt einen 14:0-Run hin. Die Halle wacht auf und wird direkt unfreundlich. Bei einem fragwürdigen Pfiff der Schiedsrichter fliegen Klatschpappen auf das Feld. Schaffartzik trifft einen Dreier, und zwei Angriffe später läuft der Ball perfekt durch die Berliner Reihen, zwei, drei, vier Stationen, landet wieder bei ihm, und Heiko wirft und trifft erneut. Schaffartzik-Geschrei. Dann zweimal Jenkins. Zur Halbzeit steht es nur noch 49:50, alles ist offen.

Im dritten Viertel winkt Coach Katzurin Patrick Femerling zu sich und wechselt ihn nach 108 Tagen Wartezeit für 33 Sekunden ein.

Im vierten Viertel wird es noch einmal knapp, aber Alba bleibt ruhig. Zum ersten Mal in diesem Jahr gewinnt Berlin gegen Bamberg. »Fuck Freak City!«, schreit Sven in der Kabine, und Femerling schimpft über seine 33 Sekunden auf dem Feld. Er will mehr. Alle wollen mehr.

»Diese Mannschaft«, sagt Konsti, »ist ein sehr langsam anspringender Motor. Aber sie fährt gut. Sie lässt nicht locker. Sie will.« Er wiederholt den Satz wie ein Mantra. »Sie will.« Jenkins hat 23 Punkte erzielt, und die Berliner haben das Spiel unter den Körben kontrolliert – Kyle Hines hat nur drei Punkte gemacht. Baldi lächelt, weil seine Weissagung wahr geworden ist. Es steht eins zu eins. »Noch zwei!«, sagt Coach Katzurin und hebt die Faust. Huddle. Duschen. Der Bus nach Bamberg fährt in zwei Tagen.

EINE WOCHE VOR DER ENTSCHEIDUNG bekommt Tommy Thorwarth Post. Obwohl sich der Bamberger Trainer Chris Fleming längst bei ihm für das Handgemenge mit dem Fan aus der ersten Reihe entschuldigt hat, ist Ende der Woche ein Fax des Schnurrbarts in Berlin angekommen, vertreten durch eine Anwaltskanzlei. Der Anwalt soll der Schwager des Schnurrbarts sein. Schnurrbart will Geld, 1500 Euro. Er behauptet, massive körperliche Schäden aus der Begegnung mit Tommy davongetragen zu haben. Hämatome, erhebliche Schmerzen, so was. Zudem habe Tommy ein Friedensangebot Schnurrbarts lautstark abgelehnt. Alle wissen, dass das ein schlechter Scherz ist. Der Mann hat sich das Spiel in aller Ruhe zu Ende angesehen. Auf meinen Fotos freut er sich über den sich abzeichnenden Sieg. Aber der Brief lässt uns nervöser werden. Zumindest denken Mithat und Tommy und die Geschäftsstelle länger darüber nach als nötig. Zumindest denken wir einige Minuten an Dinge, die mit dem Spiel nichts zu tun haben. Zumindest bindet der Brief Gedanken, zumindest raubt er eine weitere Winzigkeit Konzentration.

Die Anspannung weitet sich aus. Mithat entdeckt beim Morgentraining eine Kamera über der Bamberger Haupttribüne. Vom Spielfeldrand ist die Kamera nicht zu sehen. Wir haben uns oben auf die Tribüne gesetzt, um einen besseren Überblick über die Halle zu haben. Alles ist vorbereitet. Auf allen Plätzen liegen die roten Klatschpappen, die sich heute Abend in den Händen der Bamberger in ein ständiges Tosen verwandeln werden. Auf den Plätzen für die mitgereisten Berliner liegen keine Pappen.

Die Kamera ist neben der Plattform für die Fernsehtotale unauffällig an die Wand geschraubt und auf das Spielfeld gerichtet. Ein schwarzes Gitter schützt sie vor Entdeckung und Demontage. Mithat prüft den Winkel und die Ausrichtung. Für eine Sicherheitskamera hängt sie an einem ungewöhnlichen Ort und filmt ungewöhnliche Dinge: das Spielfeld, auf dem Alba Berlin gerade die taktischen Variablen für das dritte Finalspiel trainiert. Die Mannschaft läuft noch einmal durch die Neuheiten und Anpassungen: wie man Tadija gegen Šuput isolieren will, weil Šuput ihn nicht halten kann (Tadija könnte der beste Vierer der Liga sein, wenn sein Kopf zuverlässiger funktionieren würde). Wie die Bamberger Pleiß-Eröffnung zu kontrollieren ist und wie man die Überlegenheit Miros gegen den jungen Center ausspielen kann. Wie wir den Raum besser aufteilen, damit die Bamberger Schützen seltener frei stehen.

»Ist das Teil an?«, fragt Mithat, und die Kamera blinkt, als wolle sie um Ruhe und Konzentration bitten. »Nee, oder?« Mithat guckt kurz verwirrt. Dann klemmt er eine Klatschpappe vor die Kameralinse.

Ich erinnere mich an die katastrophale 52:103-Niederlage im Dezember, als Coach Pavićević im bereitgestellten Wasserkasten ein paar eingetrübte Flaschen fand. Schwebeteilchen in geschlossenen Flaschen sind verdächtig, also hatte er sie mit nach Berlin nehmen lassen. »You never know«, hatte er gesagt und Hi-Un die Flasche in die Hand gedrückt. Es war ihm um Kontrolle sämtlicher Details gegangen, auch der unwahrscheinlichsten, um lebensmittelchemische Beweise. Zu der Untersuchung war es dann nicht gekommen, denn die Niederlage war zu verheerend gewesen. Die Spieler hatten miserabel gespielt. Sie hatten apathisch gewirkt, nicht vergiftet. Jegliche Untersuchung hätte lächerlich gewirkt. Die Nerven hatten blank gelegen. Baldi sprach später von einem System der Ausreden und Erklärungen, das sich durch die erste Hälfte der Saison gezogen hatte. Zusammenhänge, wo keine Zusammenhänge sind. Trotzdem hatten wir jetzt eigene Wasserkästen dabei.

Vor dem dritten Finalspiel verstopft Mithat also die Kamera, von der wir nicht wissen, ob sie das Berliner Morgentraining filmt. Nur zur Sicherheit. Die trainierende Mannschaft unter uns bemerkt nichts. Mithat sieht man an, dass er sich freut. Von der Tribüne sehen wir einer Mannschaft zu, die längst abgeschrieben war, »Alba-Schlaffis« und »Versager« und »Die Bocklosen«. Wir beobachten die Spieler, die von Anfang an dabei waren, und die, die während der Saison gekommen sind. Ich beobachte Marco Baldi, seine Liegestütz und seine Sit-Ups am Spielfeldrand. Ich erinnere mich an Hollis Price und Marko Marinović. Coach Katzurin steht an der Mittellinie und kontrolliert seine Assistenten bei der Arbeit. Ich erinnere mich an Luka Pavićević im Schnee vor dem Bamberger Hotel, Agassis Buch in der Hand.

Mithat liebt wichtige Spiele, er stand immer gern auf der großen Bühne. Diese Mannschaft hat er gebaut und umgebaut. Er lacht, und seine Augen blitzen. »Bleib mal hier sitzen«, sagt er und steht auf. »Ich habe eine *richtig* gute Idee!«

Ich bleibe sitzen und beobachte, wie Mithat von der Westtribüne herunterklettert, langsam um das Spielfeld herumspaziert und mit den Händen fuchtelt. Dann verschwindet er aus meinem Blickfeld. Ich beobachte weiter, wie Julius Jenkins in vollem Lauf durch die Zone schneidet und um zwei, drei Blöcke herumfliegt, wie er dabei immer weiß, wo sein Verteidiger steht. Er weiß, wo er den Ball bekommen wird und positioniert sich schon in der Luft. Er wirft und trifft. Ich beobachte Taylor Rochesties sichere Pässe, obwohl Schaffartzik ihn auch im Training beißt. Ich höre Sven schreien. Ich notiere die winzigen Mauseschritte Miro Raduljicas, die nicht zu seinem riesigen Körper zu passen scheinen. Wenn er rennt, winkelt er die Arme an wie ein kleines Tier mit großen Augen, und im Sprung zieht er bisweilen die Beine an wie ein kleiner Junge beim Sprung vom Einmeterbrett.

Die Mannschaft arbeitet ernsthaft an der Eröffnung über Miro gegen Tibor, später dann Yassin gegen Hines. Coach Katzurin wird plötzlich laut, ich kann ihn sogar oben auf der Tribüne verstehen. »Wenn wir den Ball auf die Großen bringen können«, ruft er, »dann bringt den Ball verdammt nochmal auf die Großen.« Coach Katzurins Kommandos, seine Überbetonungen und Wiederholungen. Eine Playoff-Serie besteht aus Wiederholungen und Variationen. Der Gegner ist derselbe, die Spieler sind dieselben, die Spielsysteme bleiben bei all den Variationen im Kern gleich. Was sich ändert: Coach Katzurin nennt Casey Jacobsen mittlerweile nur noch Casey, obwohl er ihn niemals persönlich getroffen hat. Aus Pleiß ist »that Tibor-Kid« geworden.

Als das Training fast vorbei ist, und die Bamberger schon um die Ecke blicken, bekommt Miro unter dem Korb den Ball und dunkt ihn krachend. Ich höre das metallene Abklappen des Korbs, ich höre das Gebrüll der Spieler. »In your sweet face, Tibor!«, schreit jemand. »In your fucking beautiful face!« Coach Katzurin stellt sich in den Mittelkreis der Bamberger Arena und hebt die Faust, die Mannschaft kommt zusammen. »Ich weiß nicht, warum wir immer so miserabel anfangen. Eröffnet ein Spiel einfach mal mit 24:6. Nicht umgekehrt. Guys, noch zwei Spiele. Zwei Siege.«

Und als Femerling den Schlachtruf erledigt hat, laut und klar, wie ein guter Kapitän den Schlachtruf in fremder Halle erledigen muss, und als die Spieler ihre mitgebrachten Berliner Wasserflaschen leeren und ihre Sachen packen, sehen wir den Schriftzug. Die Spieler stehen auf dem Spielfeld in der Bamberger Halle und sehen auf zur Gegentribüne. Tommy und Mithat stehen an der Seitenlinie und lachen. Baldi lacht. Femerling lacht. Bryce lacht. McElroy lächelt (er wird selten laut). Tadija legt seinen Arm um Staigers Schultern. Auf die schmutzig roten Blöcke E links bis D links, in das Klatschpappenmeer, in die Vorbereitungen für den Bamberger Höllenlärm, haben Mithat und Tommy vier riesige blaue Buchstaben in das rote Klatschpappenmeer auf der Bamberger Tribüne geschrieben.

Am Abend ist die Halle voll. Heute sind fünfhundert Fans aus Berlin gekommen, sie stehen sofort nach Öffnung in der Halle und halten ihre Banner in die Luft. Nach dem Ausgleich in Berlin sind sie zuversichtlich, fast euphorisch. Bamberg hat sich verwundbar gezeigt. Die Gästekabine ist heute aufgeräumt und frisch gewischt.

Ich rede kurz mit Sven Schultzes Vater, der heute eigentlich zu Hause bleiben wollte, weil ihm die Entscheidung zwischen Familien- und Heimatverbundenheit schwerfällt. Rudi Schultze ist ein jovialer und grundsympathischer Mann, der die Welt nicht mehr versteht. Er ist dann doch gekommen. »Der bleibt nicht weg«, hat Sven gegrinst, denn die Stechert-Arena ist seine Halle. Und sein Sohn ist das Gesicht der Berliner Mannschaft. Obwohl er lacht, ahnt man, dass Rudi Schultze die »Schultze-raus«-Rufe zusetzen. Wir verabschieden uns, wir wünschen uns ein gutes Spiel (wir sehen uns am nächsten Wochenende in Berlin).

Als ich in die Kabine gehen will, fällt mir ein kleiner Mann mit grau-weißem Haar auf. Rotes T-Shirt, weißer Kragen, rotes Gesicht. Er steht über dem Spielertunnel und stiert mich an. Seine Augen glimmen rot. Er sucht meinen Blick und weicht nicht aus. Ich blicke verwundert zurück. »Kennen wir uns?«, frage ich.

»Haben Sie diesen Artikel geschrieben?«, fragt der kleine Mann, und seine Mundwinkel zittern dabei ein wenig.

»Welchen Artikel?«

Ich habe für die *FAZ* einen Artikel über die beeindruckende und einschüchternde Bamberger Kulisse geschrieben. Der Artikel ist gestern erschienen, ich habe darin die Gästekabine beschrieben. Ich habe aus meinen Notizen zitiert, *winzig und unfassbar verlottert,* habe ich erwähnt. Der Mann sieht nicht so aus, als habe ihm der Artikel gefallen.

Diesmal ist die Kabine sauber, und die Nationalhymne wird von einer Frau gesungen, die singen kann, der gelbe Block und die roten Blöcke sind sich kurz einig in der

Melodie. Nach einer Schweigeminute für eine verstorbene Bamberger Basketballlegende wirkt der folgende Lärm umso schmerzhafter. Julius Jenkins hält sich die Ohren zu.

Die Mannschaft erfüllt die Bitte des Coaches und eröffnet das Spiel mit 2:7. Coach Katzurin wechselt langsamer als noch in den ersten beiden Spielen (vielleicht hat er die Kritik an seiner Rotation doch nicht ignorieren können). Dann aber fangen sich die Bamberger und finden mithilfe ihrer Halle zurück ins Spiel, 13:9 und 25:18.

Heute ist Boris Schmidt der Schiedsrichter, ein erfahrener, aber profilneurotisch scheinender Mann, der sich sonst nicht scheut, ganze Hallen gegen sich aufzubringen. An seiner Seite der junge Toni Rodriguez und Oliver Krause. In bedeutenden Spielen ist es für die Auswärtsmannschaft wichtig, dass die Schiedsrichter das Rückgrat haben, der Heimhalle zu widersprechen. Ein guter Schiedsrichter trennt das Spiel auf dem Parkett vom Spiel auf den Tribünen. Diesen Referees traut man diese Leistung zu.

Aber heute neigt sich das Spiel auf dem Parkett in die Bamberger Richtung. Trotz aller Bemühungen, trotz aller Versuche und trotz aller Motivation ist die Mannschaft nicht in der Lage, das Spiel an sich zu reißen. Es ist einer dieser Tage, an denen sich die Wirklichkeit grundlegend vom eigenen Anspruch und der eigenen Hoffnung unterscheidet. Die Zeit rennt uns davon, das Spiel ist nicht greifbar. Berlin spielt nicht schlecht, aber in den entscheidenden Momenten ist Bamberg immer besser und präziser. Die Zuschauer finden ins Spiel und lassen die Schiedsrichter ungenau werden, als seien auch sie vom Schwung des Bamberger Spiels mitgenommen. Der Rhythmus der Heimmannschaft ist der Rhythmus des Spiels, der Bamberger Tonfall bestimmt seine Melodie.

»No foul, du Fotze!«, sagt der Bamberger Aufbau Karsten Tadda Richtung Schiedsrichter, als er McElroy beim Wurf foult, aber nichts passiert.

Zur Halbzeit führt Bamberg mit 53:35.

»Schämen Sie sich!« In der Halbzeit steht der kleine Mann mit den wütend glimmenden Augen wieder am Spielfeldrand. Während des Spiels ist er hinter den Presseplätzen aufgetaucht. Nach dem Spiel wird er am Spielfeldrand auf mich warten. Ob ich dieser »Mensch« sei, der dieses Buch schreibe. Seine Hände zeichnen bei »Mensch« zwei Anführungszeichen in die Luft. Der Mann spuckt mir das Wort »Buch« entgegen, als sei ihm eine Fliege in den Mund geflogen. Sein Unterkiefer zittert leicht. Der Mann sieht aus, als könne er sich gerade eben noch beherrschen. In seinen Augen toben die Gedanken, sein Mund kann sich gar nicht schnell genug bewegen, um sie herauszuschleudern.

»Ja«, sage ich. »Warum?«

»Ja«, sagt er, er wisse, dass die Kabine verlottert sei, das wisse er. Das wisse jeder. Aber wenn ich Anstand hätte, dann würde mein Anstand mir verbieten, über so was zu schreiben. Anstand und Moral. Kabinen! Wen interessieren schon Kabinen! Bananenschalen! Ich hätte doch keine Beweise für so was! Mein Buch würde niemanden interessieren! Unterste Schublade! Peinlich! Stimmungsmache! Feuer ins Öl! Schindluder an der Region Oberfranken! Wenn das jeder machen würde! Das lesen die ja auch in Frankfurt! Oder in München! Ich sei peinlich. Ein peinlicher »Mensch«. Ich könne nicht verlieren, so sei das nämlich, und ob ich wisse, was ich damit angerichtet habe. In Berlin seien die Kabinen doch auch nicht besser. Schindluder! »Feuer ins Öl!«, schreit er mir ins Gesicht. Ein Ordner kommt näher und beobachtet uns. »Öl ins Feuer«, sagt er.

Ich versuche, das Gespräch abzubrechen, denn die Kabinentür ist längst zu, und ich verpasse Coach Katzurins Ansprache. Aber der Mann fühlt sich ernsthaft angegriffen. Er hat eine diffuse Wut im Blick, er hat noch viel zu sagen. Ob er mir seine E-Mail-Adresse geben könne, frage ich, ob wir diese Unterhaltung in aller Ruhe fortführen könnten? Das Spiel fange gleich wieder an (E-Mail geben lassen und niemals schreiben). Ja. Der wütende Mann gibt mir tatsächlich seine Karte. Er ist cholerisch wie Rumpelstilzchen, aber seinen Namen gibt er preis. Paul Neumann. Versicherungsvertreter bei einer großen Versicherung, sein Büro liegt in einem Vorort von Bamberg.

Im dritten Viertel bemühen sich die Berliner, den Druck zu erhöhen. Heiko Schaffartzik geht gegen seinen alten Freund Anton Gavel wieder und wieder in die Zone. Er wird gefoult und punktet von der Freiwurflinie. Die Berliner halten die Intensität so hoch wie möglich. Sven Schultze kommt ins Spiel und versucht, das Spiel mit Härte zu verändern. Aber nichts hilft. Bamberg behält die Kontrolle und baut den Vorsprung sogar aus, Svens Entschlossenheit wirkt in ihrer Vergeblichkeit schon fast verzweifelt. Bamberg freut sich, ausgerechnet ihn so klar scheitern zu sehen, und als im dritten Viertel die Schultze-raus-Rufe überhandnehmen, schäme ich mich fast, ohne recht zu wissen, für wen eigentlich. »Hui«, sagt eine Frankfurter Journalistin neben mir, »so was ist unschön.«

Ich sehe, dass Svens Vater aufgestanden ist und die Bamberger anfeuert. Lauter! lauter! sagen seine Gesten. Rudi Schultze steht in seiner Halle und muss über seine Halle spotten, Rudi Schultzes Herz ist bei seinem Sohn.

Das Spiel endet klar und deutlich mit 90:74. Bamberg war die eindeutig bessere Mannschaft. Konzentrierter, rhythmischer, konkreter. In den entscheidenden Momenten haben sie den Takt vorgegeben. Und auch die Halle hat wieder ihr Möglichstes getan, um Berlin zu verunsichern »Excellent Basketball-Setup«, hätte Luka Pavićević gesagt. Ich bemerke, dass ich der verpassten Gelegenheit nachtrauere. Ich hatte auf einen Sieg gehofft, ich hatte ein Triumphgefühl beschreiben wollen, und muss jetzt meine Enttäuschungen aufzählen.

Plötzlich steht wieder Paul Neumann vor mir. Ich solle mich schämen, wiederholt er und erklärt mir dann unvermittelt, wie sehr er Sven Schultze hasse. Was ist der Grund, Paul Neumann? »Weil er foult!«, schreit Paul Neumann. »Weil er nichts kann!« Er gerät wieder in Rage. Der weißhaarige Paul Neumann hasst einen 33-Jährigen, weil der, wie Paul Neumann erkannt hat, nichts kann. Wie der sich aufführe! »Der kommt hierher und führt sich auf!«, schreit er, und seine Stimme schlägt ein ungelenkes Rad dabei. »Der kann nur foulen!« Und hätte ich Schultzes graue Haare gesehen? Rentenalter! Ein Rentner! »Weg mit dem Rentner!«, sagt der weißhaarige Versicherungsvertreter Paul Neumann, seine Stimme dabei wütend und traurig zugleich.

Vielleicht, notiere ich später im Bus, *vielleicht ist Paul Neumann ein exemplarischer Fan.* Paul Neumann weiß, dass die Kabine verlottert ist, aber er will es nicht lesen.

Paul Neumann weiß, dass Fouls zum Spiel gehören, aber er will nicht, dass die andere Mannschaft foult. Vor allem nicht Sven Schultze. Ich betrachte die Visitenkarte des Versicherungsvertreters. Paul Neumann versteht keinen Spaß. Er will siegen. Er sehnt sich nach dem Gefühl, gesiegt zu haben. Er wird wütend, wenn jemand dieses Gefühl gefährdet, in das er so viel Hoffnung setzt. Leute wie Paul Neumann machen Auswärtssiege in Bamberg zur Seltenheit. Er hat klar umrissene Feindbilder. Paul Neumann ist ein Symbol für das Irrationale und Impulsive des Fandaseins.

Ich denke das, während wir über die nächtliche Autobahn zurück nach Berlin fahren. Es ist spät, die Spieler schlafen. Ich beobachte meine eigene Enttäuschung im Fenster des Busses, ich bemühe mich um Kontrolle und Beherrschung, das Rumpelstilzchen in mir bleibt verborgen (der innere Paul Neumann). Vielleicht sind wir uns ähnlicher, als ich gedacht habe. Vielleicht bin ich auch ein wenig Fan geworden. Ich male mir aus, wie wir beim nächsten Mal gewinnen werden. Ich stelle mir Paul Neumanns Wut vor. Sein Blutdruck würde steigen, er würde röter und röter, dunkelrot würde er, und schließlich würde er platzen wie Rumpelstilzchen. Ich muss laut lachen, und Bobby sieht mich an, als würde ich in der Oper telefonieren.

Vielleicht, notiere ich, *werden wir Meister, und Paul Neumann platzt. Vielleicht fühlt es sich so an, richtiger Fan zu sein: Man hofft auf das Platzen der anderen.*

14. JUNI 2011. Das vierte Spiel ist ein kurzer Prozess. Es gibt solche Tage, an denen alles zusammenpasst und eine

Niederlage nicht infrage kommt. Vor der Halle begrüßen uns deutlich mehr als hundert Fans. Sie sind trotz der Niederlage in Bamberg euphorisch. Sprechchöre und High Fives. Der Hallensprecher Tom hält bereits jetzt ein Bier in der Hand. »Gegen die Nerven«, sagt er und prostet uns zu.

Eigentlich stehen wir nach der klaren Niederlage in Bamberg mit dem Rücken zur Wand. Bamberg führt. Bamberg kann heute gewinnen. Im Gang neben der Kabine steht ein Rollwagen mit den vorbereiteten Siegergestecken, einer Deutschlandfahne und den Trophäen. Er habe gerade die Siegerehrung für Bamberg proben müssen, sagt Tom, komplett, mitsamt aller Namen. Goldsberry. Šuput. Terry. Unter der Hallendecke hängen Eimer mit Konfetti und Glitter. Man kann sie vom Spielfeld aus sehen, von der Bank und von den Plätzen in den ersten Reihen. »Wir gratulieren dem alten und neuen Deutschen Meister Brose Baskets Bamberg«, habe er immer wieder sagen müssen, sagt Tom, und das gehe an die Substanz. Tom ist ebenfalls Fan. Aber eigentlich sind wir sicher, dass die Glittereimer heute wieder abgehängt werden müssen. Heute ist eben so ein Tag.

Zum letzten Heimspiel der Saison erscheint Patrick Femerling mit lackierten Zehennägeln. In den frühen Morgenstunden nach Spiel drei hat er vor dem Fernseher gesessen und zugesehen, wie Dirk Nowitzki gegen die Miami Heat seine erste Meisterschaft gewonnen hat. Seine Tochter ist aufgewacht und durch das Wohnzimmer geturnt. Weil er gerührt war, wie wir alle gerührt waren, hat Femerling ihr erlaubt, seine Zehen zu lackieren. Damit sie still war, während Nowitzki die Trophäe reckte.

Ich habe das Spiel mit Konsti und Henning Harnisch in der Magnet Bar in Mitte gesehen. Der Laden zeigt sonst Fußball, aber er war mitten in der Nacht so voll, dass die Menge bis auf die Straße stand, und als Nowitzki in die Kabine rannte, um allein zu sein, war auch die Magnet Bar gerührt. All die Jahre, die man Nowitzki zugesehen hat! Im Morgengrauen sind wir euphorisiert nach Hause gelaufen, es hat sich angefühlt, als könnten auch wir eigentlich nur gewinnen. So ein Tag.

In der Umkleidekabine sieht man den deutschen Nationalspielern den Stolz auf Nowitzki an. Stolz wandelt sich vor so einem wichtigen Spiel schnell zu Zuversicht und Selbstbewusstsein, aber auch den Bambergern wird das nicht anders gehen.

Mithat redet in leuchtenden Worten über seinen Zimmerkollegen. Die Zeitungen wollen Interviews mit Leuten, die Nowitzki kennen, Nowitzki selbst ist nicht zu erreichen. Es ist ein wenig, als hätten wir alle seine Meisterschaft mitgewonnen. Mithat liest die Textnachrichten vor, die er mit Nowitzki geschrieben hat. Nowitzki wünscht Glück gegen Bamberg. Femerling hört Mithat zu. Femerling steht in der Kabine und ist bereit für den Gegner, rechts trägt er Pink und links trägt er Lila.

Vor dem Spiel haben Femerling und die anderen zum letzten Mal im Café über den Dächern Kaffee getrunken und Torte gegessen. Sie haben davon gesprochen, wie sie nach dem letzten Spiel nach Hause kommen werden. Marko Marinović und seine Freundin sind mit einem geliehenen Auto nach Belgrad zurückgefahren, einen Tag und eine ganze Nacht, das Auto so vollgepackt, dass sie sich nicht bewegen konnten, Taschen und Tüten überall. Tadija und Miro haben bereits Freunde bestellt, die sie abholen werden. Die Spieler tauschen ihre Telefonnummern aus, als ob sie sich nicht mehr wiedersehen würden. »Noch zwei Spiele«, hat Coach Katzurin gesagt. Also heute das letzte Mal Cheesecake mit Blick auf die Lichtenberger Plattenbauten im Osten, auf die O2 World, auf die Stadt, die die meisten wohl bald verlassen werden.

Dass Bamberg gut ist, weiß jeder. Dass Bamberg schlagbar ist, weiß der Coach. Für Katzurin ist die Niederlage eine Kopfsache gewesen. Mentale Fehler und Konzentrationsmängel haben den Sieg gekostet. Der Coach hat sich mit Konsti und Bobby zurückgezogen und das Spiel mehrmals angesehen, ohne mechanische oder taktische Lösungen für das nächste Aufeinandertreffen zu finden.

»Sollen wir wieder zurück zur Zone?«

»Ist vielleicht besser.«

»Wenn wir Zone spielen, finden sie andere Lücken. Hier.«

»Wo?«

»Wenn die Zone so nicht funktioniert, lassen wir uns eben auf ganz traditionelle Weise beißen.«

»Ich bin für Zone.«

Also Psychologie. Der Coach hat dem Team gestern Abend nur wenige Szenen gezeigt. Die Sequenz, in der Sven und Jacobsen aneinandergeraten und Bamberg aufwacht, hat er immer wieder zurückspulen lassen.

»Okay, seht ihr das hier? Das ist Jacobsens Foul. Der Winkel stimmt nicht, er floppt. Natürlich! Aber der Schiedsrichter gibt Sven das Foul. Natürlich schreie ich die Schiedsrichter an. Natürlich! Aber warum spielt ihr das nicht genauso? Das ist das Spiel. Ihr müsst genauso arbeiten. Ihr erwartet Fair Play, aber das Leben funktioniert so nicht. Fuck the referees! Bamberg haut euch hinten um, und vorne erlauben ihnen die Refs alles. Expect dirty, expect unfair! Wenn wir unkonzentriert sind und die Energie nachlässt, bringen uns solche Dinge aus dem Konzept. *Wir dürfen uns nicht aus dem Konzept bringen lassen.* Fuck the referees! Wir spielen hier nicht gegen uns selbst. Wir spielen gegen ein Team auf einer Mission.«

Das erste Viertel gehört Bamberg, aber Berlin beißt sich ins Spiel. Katzurin wechselt langsamer als im letzten Spiel, der Chaos-König kommt zur Ruhe. Auch beruhigend: Alle Spieler sind bei der Sache. Jeder, der eingewechselt wird, spielt sofort mit. Auch die Halle ist wach, 14.118 Zuschauer, eine Rekordkulisse für ein deutsches Finalspiel. Tadija hat seine Nerven im Griff, Mac verteidigt, und Jenkins punktet. Kurz vor Ende der ersten Halbzeit blockt Jenkins spektakulär einen Bamberger und treibt danach die Halle an. Solche Emotionen sieht man selten von ihm. Aber heute ist so ein Tag.

In der Halbzeitpause stehen die Journalisten versammelt im Spielertunnel. Sie wollen dabei sein, wenn die Mannschaft Geschichte macht. Nach der Pause kommt die Mannschaft nun auch konzeptuell wach aus der Kabine, sie zieht nun ihr Spiel auf, sie spielt Berliner Basketball. Zwar werfen die Bamberger hochprozentig Dreier, aber alle anderen wichtigen Statistiken gehören uns. Die Schiedsrichter fallen heute nicht auf, der beste deutsche Referee Robert Lottermoser ist fast unsichtbar (was ihn zum besten deutschen Schiedsrichter macht).

Wir gewinnen die Rebounds, spielen 28 Assists und begehen nur zwölf Turnover. Taylor Rochestie liefert sein bestes Spiel in diesen Playoffs ab, dreizehn Punkte, zehn Assists, sechs Rebounds. Die Berliner Aufbauspieler rebounden besser als die Bamberger Center. Derrick Allen trifft in der zweiten Hälfte von überall und immer. Die Halle ist enthusiastisch. Und diesmal klappt Bamberg zusammen. Bei sechs Minuten zwanzig auf der Uhr ballt Yassin die Faust, als er zurückläuft. Berlin schickt Bamberg mit zwanzig Punkten Differenz nach Hause, 87:67. Die Eimer mit Glitter und Konfetti werden noch heute Nacht abgehängt, die Trophäen fahren heute Nacht noch nach Bamberg. Und wir hinterher, um sie zu holen.

ZEHN STUNDEN VOR DER ENTSCHEIDUNG, am Morgen des 18. Juni 2011, sitzt Alice Cooper im Schlosshotel und beißt einem Mangojoghurt den Kopf ab. Oder war das Ozzy Osbourne? Cooper hat gestern ein verregnetes Open-Air-Konzert irgendwo in der Nähe gegeben. Beim Frühstück ist er abgeschminkt und trinkt Pfefferminztee. Für Bobby ist das ein schlechtes Omen.

»We can't win in this hotel!«, sagt Bobby neun Stunden vor der Entscheidung. »I'm telling you. We simply cannot!«

Coach Katzurin bringt heute kaum einen Bissen herunter. Konsti und ich erledigen den letzten Morgenlauf der Saison in Bestzeit, zwölf Kilometer in einer Stunde, schnurgerade durch Mohn und Kornblumen, die Regnitz entlang bis zur Mündung in den Main. Auf dem Schlossberg erkennt uns ein Passant an Konstis Logo auf dem T-Shirt als Berliner.

»Das muss man sich mal vorstellen«, sagt Konsti. »Du stehst morgens in einer mittelalterlichen Stadt auf dem

Platz vor dem Schloss und wirst von einem einzelnen Fußgänger ausgepfiffen. Großartig, oder?«

Als wir zurückkommen, sind es noch acht Stunden bis zur Entscheidung.

Die Zeit fliegt. Wir fahren zum Shootaround und kurz danach sind wir schon wieder zurück. Noch sieben Stunden. Vor dem Hotel lässt sich Alice Cooper für die Prominenten-Bilderwand fotografieren. Alice Cooper reist ab, die Schiedsrichter reisen an, die Fernsehmoderatoren. Auf dem Tagesplan steht eine Mittagspause, aber niemand scheint schlafen zu können. Ich zumindest nicht. Also Sauna. Ich überlege kurz, ob ein Saunabesuch heute Mittag die Gewinnchancen heute Abend erhöht, und finde: ja.

Noch sechs Stunden. Drei Saunagänge ohne richtige Pause. Eine dicke Dame macht ein Nickerchen auf der römischen Liege. Nach Durchgang drei wacht sie auf. »Was Sie da machen«, gähnt sie, eine Hand pietätvoll vor den Mund gehalten, »ist bestimmt anstrengend. Entspannen Sie doch mal.«

Noch fünf Stunden. Ein doppelter Espresso auf leeren Magen macht das Warten nicht angenehmer, denn die Zeit vergeht noch schneller. Bryce Taylor geht spazieren, Jenkins sitzt in der Lobby, den Laptop auf den Oberschenkeln. Sven bekommt Besuch von seinen Eltern und seiner Frau. Seine Kinder toben durch die Lobby. Die meisten Familien sind mitgekommen: Taylor Rochesties Vater trägt bereits jetzt das Trikot seines Sohnes über dem Hemd. Tadijas Zwillingsbruder und Tadija sprechen ernst miteinander. Familie Schultze redet heute Morgen nicht über die Pfiffe und Schreie in der Halle. Konstis Vater und seine Frau sind mit den Fanbussen unterwegs nach

Bamberg. Bobby steht allein vor dem Hotel und raucht eine Zigarette nach der anderen. Ich stelle mich dazu. Die Zeit und wir.

Vier Stunden vor der Entscheidung sitzt Frank Buschmann in der Lobby, und wir sprechen über seine Arbeit als Basketballbotschafter und -enthusiast. Coach Katzurin kommt vorbei. Buschmann sieht kurz so aus, als habe er ein schlechtes Gewissen. Man sieht, dass seine Kritik am Coach in seinem Kopf herumspukt. Sie stellen sich einander vor, aber der Coach will heute nicht reden (*Same questions, same answers*). Er nickt höflich und verschwindet.

Drei Stunden noch, Snacks. Professor Mika ist heute zum ersten Mal seit der Entlassung von Luka Pavićević wieder bei einem Auswärtsspiel dabei. Die Saison war lang, seit 248 Seiten hat er seine Brille nicht mehr fallen lassen. Aber jetzt. Das Alba-Präsidium trinkt Kaffee. Vizepräsident Peter Schließer trägt heute gelbe Socken und eine senfgelbe Hose. Er sitzt zwischen den Spielern und erzählt von vergangenen Meisterschaften, aber die Mannschaft will heute über die Zukunft reden.

Aus den Fugen geratendes Zeitempfinden. Das Hin und Her zwischen Zuversicht und Pessimismus. Baldi stellt sich zu uns, zum immer noch rauchenden Bobby und mir. »It's my turn now«, sagt Bobby auf einmal, als hätte er sich das beim Rauchen überlegt. »Ich warte seit Jahren auf eine Meisterschaft. Jetzt hole ich sie mir.«

Zwei Stunden vor der Entscheidung wird das Schweigen lauter. Einer nach dem anderen überqueren die Spieler die Straße vor dem Hotel und steigen in den Bus. Micha verlädt die Taschen und Koffer, denn nach dem Spiel werden wir direkt zurück nach Berlin fahren. Ein Trauerzug, denke ich, und weil ich schon seit Stunden an beide Alternativen denken muss: ein Triumphbus.

Vor dem Bus umarmen sich Baldi und der Coach.

»Let's finish this, okay?«

»Bringen wir es zu Ende.«

Jenkins' Kopfhörer und Femerlings Blässe. Bryce' kurz geschlossene Augen und Svens Blick auf seine Stadt. Ein beflaggter Fiat Panda, rot und grau geschmückt, hält neben dem Bus und hupt. Der Fahrer trägt blinkende Teufelshörner. Ich denke an Paul Neumann, ich denke an die Hitze, den Rauch und den Lärm. Das Spiel ist ein Experiment: Wir wissen, was uns erwartet. Wir kennen alle Voraussetzungen und Parameter. Uns fehlt allein das Resultat.

Die Spieler haben sich in ihre Welt und ihre Vorstellungen der nächsten Stunden zurückgezogen. Femerling. Bryce. Rochestie. Tadija. Miro. Schultze. Staiger. Derrick Allen. McElroy. Yassin. Heiko. Ich stelle mir vor, wer von ihnen spielen wird und wie. Bei allen scheint mir ein sensationelles Spiel denkbar. Tadija trifft, Heiko verteidigt, Bryce fliegt.

Und dann stelle ich mir das komplette Versagen vor, ein neuerliches 52:103.

Ich zwinge mich zurück zur Zuversicht, denn in diesen Playoffs hat die Mannschaft trotz allem am Ende *doch* gewonnen. Also auch heute.

Ich bin mir sicher. Ich bin mir unsicher.

Meine Geschichte sieht das so vor, denke ich, ein Sieg wäre das richtige Ende für meine Mannschaft. Ich denke tatsächlich »meine Mannschaft«. Unser Finale.

In den Köpfen der Spieler: Gegner und Sequenzen, Würfe und Bewegungsabläufe. Konfetti. Sie hören ihre Musik.

Sie denken an das Bier nach dem Sieg und wie Champagner in den Augen brennt. Sie denken an den Geschmack der Tränen, wenn sie verlieren. Als Micha den Motor anlässt, erinnere ich mich an das Gefühl, das mich als Spieler bei wichtigen Spielen überfallen hat: ein kaltes Gemisch aus Angst und kompletter Konzentration, die Schnelligkeit sämtlicher Augenblicke vor dem Match und ihre gleichzeitige monumentale Langsamkeit. Ein Flackern der Zeit. Als würde man einen Film sehen und dabei jedes Einzelbild wahrnehmen, nichts davor, nichts danach. Jede Sekunde vierundzwanzig Einzelbilder für sich. Ich hatte darüber den Film aus den Augen verloren. Die ganze Geschichte und ihre Zusammenhänge. Das Spiel.

Ich beobachte die Jungs und höre das Hupen des Teufels im Fiat. Der Bus gleitet durch die Stadt, es ist ein klarer Sommertag. Bamberg schüttelt wieder die Fäuste, aber heute achten wir nicht darauf. »Konzentrieren wir uns«, hat Coach Katzurin heute Morgen gesagt. »Wir wollen alles ignorieren, was außen ist. Die Halle. Die Zuschauer. Die Referees. Die Pfiffe der Referees. Wir wollen zuversichtlich sein.« Coach Katzurin meint eine gedankliche, körperliche und emotionale Zuversicht. Das ganz einfache Wissen, dass man gut spielen wird. Das, was die Basketballer Momentum nennen. Beim letzten Spiel in Berlin fiel das leicht.

»Let's go, guys!«, sagt der Coach, als der Bus hinter der Halle hält. Vor den Fenstern warten die ersten gelben Fans. »Welcome to Bamberg!«, sagt der Coach, aber als die Türen sich öffnen, riecht es nach Brathähnchen.

Die Halle ist voll, und wieder sind alle da. Alle. Siebenhundert gelbe Fans, die Familien der Spieler, die Journalisten, die Agenten. Rudi Schultze trägt ein Polohemd von Svens altem Team Snaidero Udine, farblich neutral und trotzdem solidarisch mit seinem Sohn. Ein leichter Nebel liegt in der Halle, als würde sich heute Großes ereignen. Auf den Presseplätzen hat man die Berliner Journalisten aufgereiht. Man sieht ihnen ihre Verwunderung an. Eine Stunde vor der Entscheidung tippen sie ihre Texte für einen Sieg, Texte für die Niederlage. Befürchtung und Begeisterung oszillieren. Niemand hat damit gerechnet, am Ende dieser Saison vielleicht eine Meisterschaft erzählen zu können, möglicherweise ein Märchen.

Ich laufe einmal um die Halle. Berliner und Bamberger stehen getrennt voneinander und starren sich an. Ich rechne mit Paul Neumann und einer neuerlichen Tirade, ständig sehe ich mich um. Fünfzig Minuten vor der Entscheidung gehe ich zum letzten Mal in die Kabine.

Wie nervös ich bin, merke ich daran, dass ich mein Notizbuch im Bus vergesse. Also fotografiere ich Patrick Femerlings Trikot #13 über der Rückenlehne eines Stuhls. McElroy, betend, das linke Knie auf einem Badeschlappen. Den verschwitzten Physio. Eine Packung Zigaretten auf dem Kabinenboden (Marlboro Medium). Niemand nimmt Notiz, ich bin unsichtbar geworden.

Der Coach betritt die Kabine und verzichtet auf die Motivationsrede, weil zu Bamberg alles gesagt ist. »Come«, sagt er und hebt die Faust. Man hört das Surren der Lüftung und die Kraft der Halle. Die Spieler stehen auf und umarmen sich. Ein ernst gemeintes Huddle am Ende eines langen, eines gemeinsamen Wegs.

One

    two

        three

           Alba!

Das letzte Spiel meiner Saison im Profibasketball ist eine Serie aus Momentaufnahmen, die Minuten und Sekunden werden verschwinden. Ich werde später nicht mehr wissen, wer die Nationalhymne gesungen hat. Ich mache ein Bild vom Einlauf der Bamberger, aber es zeigt nur das dunkelrote Leuchten der Halle. Das erste Viertel wird laut Statistikblatt fast ausgeglichen verlaufen sein, 16:13, aber ich habe keinen einzigen Wurf in Erinnerung. Lottermoser, Schmidt und Barth sind die Schiedsrichter, und ich erinnere mich an keinen fragwürdigen Pfiff.

Im zweiten Viertel zieht erst Bamberg davon, 28:20, dann ziehen wir nach und übernehmen, 29:30. Die Führung wechselt hin und her. Coach Katzurins Ansage scheint geholfen zu haben. Alba beschäftigt sich nicht mit dem Schiedsrichter, nicht mit Goldsberrys Strategie und nicht mit dem Schultze-Geschrei. An Julius erinnere ich mich, weil er heute von überall trifft, weil er uns im Spiel und in der Erinnerung hält.

Ein weiteres klares Bild, als Jenkins den Ball im Rückfeld klaut und direkt zu Schaffartzik passt. Heiko macht das Spiel schneller, der Ball gelangt in den Rücken der Verteidigung, er landet bei Bryce Taylor, der die Lücke sieht und von der rechten Seite über die Baseline zum Korb zieht. Šuput ist zur Stelle, aber Bryce hat bereits abgehoben. Šuput hebt die Arme, aber Bryce fliegt einfach über ihn hinweg und dunkt den Ball mit rechts. Er baumelt den Bruchteil einer Sekunde über Šuput, dann lässt er los, landet, starrt auf den am Boden Liegenden nieder.

Die Berliner Journalisten und ich springen auf, die Hände fassungslos am Kopf. »Hoffentlich hat das jemand fotografiert«, sagt mein Nebenmann. Hoffentlich. Es sieht kurz so aus, als würden die beiden aneinandergeraten, der Schmäher und der Geschmähte, aber Bryce dreht sich um und läuft zurück, die gelbe Wand aus Berlinern vor sich. Die Halle stöhnt, sogar ein paar Bamberger müssen klatschen. 37:40. Auszeit *(nicht zu früh freuen)*.

Bryce ist aufgekratzt und will mehr, aber als er Casey Jacobsen den Ball klauen will, knickt er um und muss ausgewechselt werden. Das Spiel bleibt eng und wird immer enger, die Zeit läuft ab.

Im vierten Viertel kommt Sven für Derrick Allen und gibt dem Affen Zucker, er schenkt der Halle drei harte Playoff-Fouls. Auf der Tribüne hinter den Presseplätzen sehe ich das Trommelmädchen von letzter Woche, das sich vor Wut fast verschluckt. Miro verletzt sich am Knie und wird hinterher sagen, dass ihm noch nie etwas so wehgetan hätte wie das heute.

Anderthalb Minuten sind noch zu spielen, als Bryce Taylor einen aus der Not geborenen Dreier versenkt und wir mit zwei Punkten in Führung gehen. Das Spiel ist fast vorbei, die Serie ist fast gespielt, die Drei-Mal-fünf-Spiele-Playoffs. Die Saison wird gleich zu Ende sein. Es steht zwei zu zwei, 62:64 für uns, 1:22 zu spielen.

Wir stellen uns vor, wie es wäre. Es fühlt sich so an, als wäre es möglich. Es fühlt sich so an, als könnten wir tatsächlich zurückkommen nach all den Niederlagen, Artikeln, Beschwerden, Konsequenzen, dem Gerede, den Reisen, den Wartezeiten, Hotelzimmern, gehobenen Gewichten, geschundenen Knochen, geschluckten Tabletten, Passkontrollen, Autobahntoiletten. *Gentlemen.* Wir standen am Abgrund, jetzt scheint der Gipfel erreichbar.

(nicht zu früh freuen)
(nicht zu früh freuen)
(nicht zu früh freuen)

Und es bleibt nur ein Gefühl. Im nächsten Angriff kann sich Goldsberry clever von Rochestie befreien. Das ganze Spiel hat er die gleichen Laufwege genommen, Rochestie kennt sie und spekuliert. Goldsberry sieht das und improvisiert. Er wirft der Berliner Bank einen Dreier ins Gesicht. 65:64.

Und Berlin punktet nicht.

Und Kyle Hines greift sich den Rebound.

Und der Ball kommt wieder zu Goldsberry, und wieder funktioniert die defensive Rotation nicht. Goldsberry findet Brian Roberts und Roberts steht frei an der Dreierlinie. 68:64.

Die letzte Auszeit.

Als die Mannschaft wieder auf das Spielfeld kommt, ist die Saison vorbei. Zwei Unkonzentriertheiten genügen. Die Verzweiflungsdreier und Stop-the-Clock-Taktik reichen danach nicht. Goldsberrys Dreier läuft als Film in meinem Kopf ab, Rochestie spekuliert, Goldsberry trifft, wieder und wieder. Und als Julius Jenkins an der Mittellinie die Uhr hinunterlaufen lässt, schwappt der Jubel auf das Spielfeld. Wenn Goldsberry nicht getroffen hätte, denke ich, wenn, dann, und die Zeit läuft ab.

Ich stehe auf und klappe mein Notizbuch zu.

Glitterkanonen.

Bier für Bamberg. Ihre Feier beginnt. Die Saison ist vorbei.

CHAMPAGNER IN DEN AUGEN

GOLDSBERRY TRIFFT NICHT. Bei der Arbeit an diesem Buch habe ich darüber nachgedacht, was geschehen wäre, wenn Taylor Rochestie 1:22 vor Schluss nicht versucht hätte, smarter als John Goldsberry zu sein. Wenn seine Hand stattdessen in Goldsberrys Gesicht ist, als der den wichtigsten Dreier des Spiels wirft, ganz dicht dran. Was wäre dann geschehen?

Goldsberry trifft nicht. Bryce Taylor rebounded, und wir nehmen zwanzig Sekunden von der Uhr, ehe Jenkins beim Wurf aus der Mitteldistanz gefoult wird. Er trifft beide Freiwürfe. Oder sagen wir: Er trifft nur einen, dann ist das Spiel spannender. Es steht 62:65. Noch eine Minute.

Bamberg wird nervös, denn noch nie in dieser Saison war es so knapp. Und ausgerechnet im fünften Spiel um die Deutsche Meisterschaft liegen sie zurück. Im nächsten Angriff will Berlin nur keinen Dreier zulassen, sie stehen dicht an ihren Gegenspielern und können fünfzehn Sekunden von der Uhr herunter verteidigen. Dann penetriert Goldsberry gegen Rochestie und jetzt trifft er einen schwierigen Floater über Yassin Idbihi. Noch 44 Sekunden. 64:65.

Bamberg liegt nur mit einem Punkt hinten und will nicht foulen. Jetzt folgt der entscheidende Angriff des Spiels. Fast verliert Schaffartzik den Ball gegen Anton Gavels harte Verteidigung, aber er bringt ihn nach vorne.

Bamberg macht dicht, Berlin bekommt keinen Wurf. Die Uhr tickt. Die Pässe der Berliner wirken unsicher, der Druck ist immens. Drei Sekunden vor Ablauf der Shot Clock wird Sven Schultze gefoult. Ausgerechnet Sven Schultze. Die Halle findet: Fehlentscheidung. Die Halle brennt. Sven geht an die Linie und trifft beide Freiwürfe, Laserpointer im Gesicht und irrsinniges Gebrüll in den Ohren. 64:67 und noch 23 Sekunden. Auszeit. Bamberg braucht einen schnellen Zweier oder besser noch einen Dreier, Goldsberry bringt den Ball. »Kein Dreier«, brüllt Konsti an der Seitenlinie. Goldsberry findet Šuput, und der trifft über Schultze, mit Brett, zum 66:67.

Auszeit.

Noch zwölf Sekunden, und Bamberg muss in Ballbesitz kommen, wenn sie gewinnen wollen. Gavel foult und Heiko geht an die Linie.

00:09 Heiko Schaffartzik zum 66:69.

00:05 Brian Roberts zum 68:69.

00:03 Julius Jenkins zum 68:71.

Der Boden vor der Berliner Bank ist klebrig vor Bier und Glitter. Femerling reckt den Pokal in die Luft. Sven Schultze sucht und findet seine Eltern. Marco Baldi küsst Coach Katzurin auf die Stirn. Schaffartzik sitzt auf Yassins Schultern und schneidet das Netz vom Ring, Jenkins wird zum MVP der Finalserie gewählt. Yassin trägt Mithat durch die Halle. Miro vergisst den Schmerz in seinem Bein und tritt versehentlich auf Professor Mikas Brille. Tommy Thorwarth weint. Tadija Dragićević läuft mit erhobenem Zeigefinger durch die Halle, er küsst Predrag Šuput dreimal auf die Wangen, links, rechts, links. Das Pfeifkonzert endet, die Halle leert sich. Die Lichter gehen an. Oben auf der Tribüne kommt es zu einer kleineren Schubserei. Auf dem Siegerfoto stehe ich ganz hinten links, hinter Staiger und Bryce, und reibe mir Champagner aus den Augenwinkeln. Champagner brennt. Ich bin nur zu sehen, wenn man es weiß.

In der Gästekabine packt Bobby eine Zigarre aus. Irgendwer stellt zwei Kisten Bier in die Mitte, die Journalisten dürfen mittrinken. »Das war's!«, sagt Femerling und zündet sich eine Zigarette an. Hinter der Halle stehen die siebenhundert gelben Fans Spalier zum Bus. Wir steigen ein und wieder aus. Auf dem Parkplatz hat Alba ein Zelt mit Freibier und Bockwurst aufgebaut. Wir trinken und singen und sehen die Bamberger im Parkplatzlicht nach Hause schleichen. Tommy verschenkt sämtliche Trikots und Socken und Handtücher an die Fans. Paul Neumann kommt vorbei, wir trinken ein Versöhnungsbier. Gegen Mitternacht steigen wir in den Bus, aber der Bus wird blockiert, und wir steigen wieder aus. »Gib mir ein A« – »A!« – »Gib mir ein L« – »L!« – »Gib mir ein B« – »B« – »Gib mir ein A« – »Was heißt das?«

Wir steigen wieder ein, und als wir in Berlin ankommen, ist die Nacht noch nicht vorbei. Wir können uns an die Tankstellen und Rastplätze nicht recht erinnern. Am nächsten Tag tragen wir Sonnenbrillen. Luka Pavićević schickt eine Glückwunschnachricht. In der Woche nach dem Titelgewinn unterschreibt Muli Katzurin einen Zweijahresvertrag, dann Jenkins, dann McElroy. Die Mannschaft bleibt zusammen. In der nächsten Saison verlieren wir erst im Halbfinale um den Euroleague-Titel knapp gegen ZSKA Moskau. Wir gewinnen dreimal hintereinander die Deutsche Meisterschaft, aber jedes Jahr verlieren wir das Auswärtsspiel in Hagen.

Aber so war es nicht.

Der Kapitän bekam seine Medaille zuerst. Die Reihenfolge der Siegerehrung verlief strikt nach Protokoll, und als Sven Schultze an der Reihe war, verfiel ein Teil der Halle wieder in ihr Schultze-raus-Schultze-raus-Gebrüll. Diesmal sah man Sven an, dass ihm diese Rufe zusetzten. Kurz wehrte er sich, kurz hob er die Arme, als wolle er die Wut des Publikums auf sich nehmen. Aber dann besann er sich. Sven Schultze senkte den Kopf und ließ sich die Medaille um den Hals hängen, es sah so aus, als würde er aufgeben. Und dann hob er den Kopf und blickte ins Publikum. Vielleicht war es gut, dass man in der dunklen Halle Svens Gesicht nicht erkennen konnte.

Einer nach dem anderen erhielten die Spieler ihre Medaillen, einer nach dem anderen senkte den Kopf. Ich erinnere mich an den bitteren Geschmack der Unumkehrbarkeit. Für ein paar Minuten dachte ich nicht an meine Geschichte, ich notierte nichts und fotografierte nichts. Wir ließen die Siegerehrung über uns ergehen, die Glitterkanonen und den Trockeneisnebel. Casey Jacobsen streckte die Trophäe in die Höhe, Karsten Tadda schnitt das Netz vom Ring und hängte es dem Kapitän um den Hals. Die Berliner verschwanden einer nach dem anderen in der Kabine. Ich sah noch zu, wie die Bamberger ihr Siegerfoto machten, als mir plötzlich jemand in den Nacken schlug, viel zu fest und hinterrücks, um sportlich gemeint zu sein. »Das«, sagte Paul Neumann, »ist für die verlotterte Gästekabine.«

Stille ist ausdauernd. In der Kabine rasierten sich die Spieler die Playoffbärte ab. Niemand sprach. Rochestie starrte lange Zeit apathisch vor sich hin. Miro ließ sein

Knie behandeln, Bobby befürchtete das Schlimmste. Femerling trat halbherzig gegen das Flipchart, aber nichts ging kaputt. Die Vibration eines stumm gestellten Telefons war zu hören.

Vor der Tür warteten die Journalisten. Heiko Schaffartzik kam als Erster aus der Kabine und sagte ein paar Worte in die Mikrofone und Diktiergeräte. Coach Katzurin sprach mit ein paar Berliner Journalisten und schimpfte, denn die Feierlichkeiten hatten die Pressekonferenz verzögert. Also ging er. Dann kam Bryce, frisch rasiert und mit Eispaketen auf seinen Knochen. Dann die anderen, zuletzt Yassin. In der Halle wurde gesungen, also nahmen wir den Hinterausgang, denn draußen war die Stimmung gnädiger.

Die Nacht war warm, die Nacht wurde lang. Als die Mannschaft die Saison durch den Hinterausgang verließ, standen die siebenhundert gelben Fans zwischen uns und dem Bus Spalier. Ein Spieler nach dem anderen humpelte die Stufen hinunter zum Parkplatz, jeder Spieler bekam seine Abschiedsration Liebe. »Soooo sieht ein Center aus!«, riefen sie für Femerling, »McEl McEl McEl McElroy!« für McElroy. Als Sven durch den Korridor aus Zuneigung ging, musste er lächeln. »Šuput! Šuput! Der Sven macht dich kaputt!«, sangen die Siebenhundert. Ich ging dicht hinter ihm, irgendjemand hatte sich gemerkt, was ich hier tat, es gab einen Sprechchor für mich. »Thomas schreibt ein Buch, Thomas schreibt ein Buch, Thomas, Thomas, Thomas schreibt ein Buch!«

Situation merken, notierte ich, *das passiert Schriftstellern eher selten.*

Auf dem Parkplatz hatte Alba tatsächlich ein Zelt mit Bockwürsten und Freibier aufgebaut. Die Fans schienen nicht wütend zu sein, im Gegenteil. Sie waren stolz, dass ihre Mannschaft nach einer schwierigen Saison den scheinbar übermächtigen Meister bis an den Rand der Niederlage gebracht hatte. Sie schienen dankbar für eine erinnerungswürdige Saison. Die Mannschaft mischte sich unter ihre Fans, wir sahen gemeinsam den Bambergern zu, die singend Richtung Innenstadt zogen. Dann fingen die ersten Fans zu singen an. Bryce trank in schnellem Takt ein paar Pappbecher Bier. Sven Schultze schien erleichtert. Er sang in ein Megafon und dirigierte. Wir tanzten auf einem Teppich aus Pappbechern, wir sangen ihre Lieder. Tatsächlich verschenkte Tommy sämtliche Trikots und Socken und Handtücher aus dem Bus. Gegen Mitternacht stiegen wir ein, aber der Bus wurde blockiert, und wir stiegen tatsächlich wieder aus. »Gib mir ein A« – »A!« – »Gib mir ein L« – »L!« – »Gib mir ein B« – »B« – »Gib mir ein A« – »A!« – »Was heißt das?«

Meine Saison im Profibasketball endete, wie sie begann: mit einer Busfahrt. Wir hielten an mehreren Tankstellen und Rastplätzen, wir tranken billigen Tequila und teuren Whisky aus kreisenden Flaschen. Jemand kaufte Zigaretten. Rochestie wurde zum Lachen gezwungen, dann klappte er seinen Laptop auf und machte Musik. Er begann zu singen. Zum ersten Mal verwischten die Grenzen. Bobby saß oben im Bus und rauchte, ich wurde plötzlich so müde, dass ich kaum noch gerade gucken konnte. Es waren anstrengende Monate. Ich wollte darüber nachdenken, was ich vermissen würde, ich wollte mir ein paar Dinge notieren, ich wollte ein Fazit ziehen, also setzte ich mich nach unten zu den Coaches, schlief dann aber sofort ein.

Als wir Berlin erreichten, ging die Sonne auf. Als ich wieder aufwachte, verließ der Bus gerade die Autobahn. Ich hatte seltsam verdreht geschlafen, meine Knochen knackten, mein Nacken schmerzte. Micha hatte einen anderen Weg als sonst genommen, er wollte die Siegessäule weiträumig umfahren. Es roch nach Rauch und Erbrochenem. Femerling war der ideale Kapitän. Er wachte über seine Männer. Jenkins kletterte, nur mit seiner Boxershorts bekleidet, durch den Bus. Die Trainer schliefen. Ein Morgeninferno über dem Rollfeld, als ich mich zu Femerling setzte. Der Kapitän öffnete zwei Bierflaschen und hielt mir eine hin.

»Und?«, fragte ich.

»Scheiße«, sagte Femerling. »Ich werde das vermissen. Unterwegs mit den Jungs. Spielen. Das wird mir fehlen.«

»Was genau?« Wir hoben die Flaschen. Femerling sah aus dem Fenster.

»Sagen wir so. Das Ganze ist eine Verlängerung der Jugend nach hinten heraus. Eine sehr, sehr lange Klassenfahrt.«

»Machst du weiter?«

Femerling atmete ein und atmete aus. »Wenn ich den Körper nochmal auf Linie bekomme«, sagte er, brach dann aber ab. Er sah mich an. Patrick Femerling, Kapitän, 36 Jahre alt, ein Bier in der Hand und eine Medaille in der Hosentasche, lächelte.

»Ich glaube, es ist an der Zeit aufzuhören.«

DANKSAGUNG

Dieses Buch ist die Erfüllung eines alten Traums. Ich danke den Spielern, den Coaches und dem Management von Alba Berlin für die besondere und einmalige Gelegenheit, mich ein Jahr lang in ihrer Mitte umsehen zu dürfen. Ich danke für ihre Offenheit und ihre Geschichten. Die Arbeit an einem solchen Buch ist immer eine Gratwanderung zwischen Innenleben und Außenwelt. Ich erzähle eine Geschichte aus dem Bauch des Teams, und hoffe sehr, das mir entgegengebrachte Vertrauen zu rechtfertigen.

Mein großer Dank gilt: Adler & Söhne; Christoph Biermann; Tim Dinter; Bettina Friedl; Daniela Greven; Martin Grof; Henning Harnisch; Juliane Henrich; Patrick Hutsch; Konstantin Lwowsky; Christine Marth; Jens Pfeifer; Winfried und Elisabeth Pletzinger; Tilman Rammstedt; Tobias Schnettler; Gerald Stern; Justus Strauven; Jan Valk; Tilo Wiedensohler.

Olaf Petersenn danke ich für seine Freude an Ideen wie dieser und seinen Ernst bei ihrer Umsetzung.

Saša Stanišić danke ich für sein scharfes Auge und seine Akribie. Er weiß, wie man Geschichten erzählt.

Vor allem danke ich Bine Nordmeyer – für ihre unfassbare Ausdauer und Unterstützung in den letzten Monaten. Auch dieses Buch gehört ihr (und Martha).

ALBA
2010/2011

Thomas Pletzinger
Geschäftsstelle